U0921330

首届“三个一百”原创图书
广东省原创精品出版资金扶持项目

东南亚华侨史丛书

朱杰勤 主编

印尼华侨史

李学民 黄昆章 著

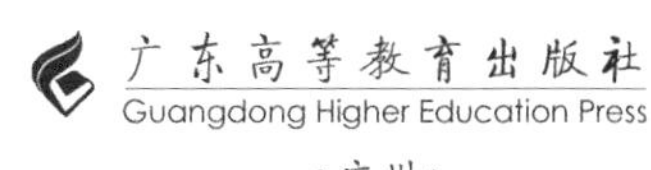

广东高等教育出版社
Guangdong Higher Education Press
·广州·

图书在版编目（CIP）数据

印尼华侨史/李学民，黄昆章著．—广州：广东高等教育出版社，2016.7
（东南亚华侨史丛书/朱杰勤主编）
ISBN 978-7-5361-5640-1

Ⅰ．①印…　Ⅱ．①李…②黄…　Ⅲ．①华侨-历史-印度尼西亚　Ⅳ．①D634.334.2

中国版本图书馆CIP数据核字（2016）第123091号

出版发行	广东高等教育出版社 地址：广州市天河区林和西横路 邮政编码：510500　电话：(020)87553335
印　刷	广东信源彩色印务有限公司
开　本	890毫米×1 240毫米　1/32
印　张	14.5
字　数	380千字
版　次	2016年7月第1版
印　次	2016年7月第1次印刷
定　价	68.00元

东南亚华侨史丛书总序

朱杰勤

一

这部东南亚华侨史丛书策划于1982年，中经组织人力，进行研究，分科编写，征求意见，反复修订，定稿付印种种程序，至今天才能与读者相见。趁这套丛书出版的机会，我作为主编，受有关方面的委托，谨将我们编写这部丛书的原因、目的和经过敬告读者。

华侨史的研究和编写很有必要。华侨是中华民族移居海外的一部分，所谓“海外赤子”。我们研究和编写以各族人民为主体的本国史，就不能不涉及华侨史，编写中国通史和地方史都包括华侨。最近各省、市和自治区正在进行地方志的编纂工作，凡有本地人侨居海外者，都特辟华侨一栏以载，以备将来国史的采摘。可见华侨史既是地方志的重要内容，又可备修国史者参考。

华侨又是中华民族的优秀儿女。他们绝大多数是劳动人民出身；有些因反抗封建王朝，失败后流亡海外；有些饱受地主阶级压迫和剥削，失去土地，无以为生，而移居异国；有些被西方殖民者欺骗掳掠，威逼利诱，而留在南洋各岛。他们具有刻苦耐劳的体质和坚强不屈的意志，未离开祖国前，已受尽旧社会的歧视和阻挠；出洋时，又历尽旅途风波的险恶；到外国后，又要

“披荆斩棘，以启山林”，与疾病和猛兽作斗争，来创造生活条件，并协助当地居民共同开发资源，建设社会，进行经济交流和文化交流，对侨居地和祖国都作出有益的贡献。我们对这些历史人物及其事迹就应加以宣扬，著于史册，传之久远。

华人侨居国的历史或地方志，如果作者毫无偏见，也会提到华侨。因为华人在东南亚国家全人口中占有相当大数目，而且他们早已和当地人民一同劳动，开拓资源，推动社会向前发展，共同创造历史，就应该在历史上占有恰如其分的地位。例如在新加坡的总人口中，华族人口约占75%。如果要写一部新加坡史，就不能不提及占人口过半的华人。

华侨史是中外关系史的重要部分，华侨是中外友好关系的媒介和当事人。中国的海外交通、国际贸易、文化交流等等都有华侨参加，并发挥积极作用。因此，研究中外交通史、中国国际关系史、中外经济和文化交流史、中国外交史等，都要涉及华侨史。我国制定和执行华侨政策的人们，也必须掌握华侨历史知识和现状。所以华侨史研究是一门符合国家需要，有裨实用的学科，在今天执行的对外开放政策中，尤有现实意义。

海外华人不仅爱乡爱国，同时又具有国际主义精神。中国人侨居海外，一向同当地人民和睦相处，协助他们建设社会，甚至彼此通婚，在生活上打成一片。及至侨居国受到西方殖民者的侵略，并沦为殖民地前后，华人与当地人民同甘苦，共患难，投入反抗斗争。例如19世纪末菲律宾人民的革命战争和19、20世纪之交的抗美战争，多有华人参加。这就是国际主义精神的表现。华侨的爱国思想和行动更为突出。在旧民主主义革命时期，孙中山先生宣传革命，得到海外华侨大力支持。辛亥革命时，华侨汇款回国充军饷的，仅东南亚地区就达数百万元。回国参加战斗的人也为数不少。自民国成立后，他们又支持各种革命运动，如反英帝的省港大罢工和抵制日货运动等。抗日战争时期，海外华侨热血沸腾，奔走呼号，不少人毁家纾难，捐输物资，并且回国参加实际斗争，不仅出力，而且献身。在祖国人民积极进行社会主义建设，向四个现代化进军的时候，海外华侨渴望祖国富强康乐，纷纷捐献物资，协助社会建设，还有不少人回国服务。他们高度的民族意识，爱国热情和具体事迹，值得大书特书。所以我们有华侨史的编纂。

最近有些人认为：自从1955年万隆会议以来，由于种种原因，海外华侨除一部分保持中国国籍外，其余越来越多地加入当地国籍。在这种情况下，华侨史的研究对象势必大减，华侨史研究恐怕没有多大发展前途了。我们认为，只要海外有华侨存在，我们都可以研究。中国移民海外，已有二千多年历史了。商周之际，华人从海路移入朝鲜。秦汉之际，华人成批移入日本。唐宋之际，移居海外就更多了。唐代求法印度的玄奘法师，“周游西宇，十有七年”（包括旅程）。义净在室利佛逝（印尼古国）著书译经，亦居留12年之久。有些中国法师还老死于该地。宋代朱彧的《萍洲可谈》卷二曾提到：“北人（华人）过海外，是岁不归者谓之住蕃。”有的“住蕃虽十年不归”。这些十年不归的住蕃华人，当时无华侨之名，却有华侨之实。明清之际和近代，移居外国特别是东南亚各国的华人更为众多：如果我们把二千年来的海外华侨作为研究对象，就不愁没有材料可写。而且在第二次世界大战前的海外华人普遍具有双重国籍，因此，在第二次大战前，“华侨”与“华人”这两个概念是相同的，不须严格分开，即使在第二次大战后或近年来加入外国国籍的人，已不属华侨，但在他们尚未加入外籍时，仍然是华侨的一分子。因此编写华侨史绝对不能把这一大批“昨天的华侨”排除出外。何况一个人口众多的海外华人家庭，其成员有中国籍的，也有外国籍的。他们父母子女同一血统，骨肉情深，不能把一家人拆开，分别对待。我们写他们的历史时，必须作为整体来叙述。根据中国和西方传统的史传体裁，凡为某人立传，可以附带提及他的子孙后代，亦可上溯他的家世源流。我们为华侨人物立传，也不妨提及他的后裔和家族先辈事迹。

海外华人学者用华族史或华人史来代替华侨史，是根据当地的政治社会等条件来拟定的。我们毫无异议。但由于我国和外国国情不同，在外国认为适当可行的，在我国反而窒碍难通。百年来，中国政府和民间沿用华侨这个名词，没有不便之处，一旦改称，反易使人发生误会。西人把华侨、华人或华族统称为“海外华人”，与华侨这个名词的含义基本相同。日本人至今还沿用华侨一词，可谓不谋而合。

二

中华民族素以勤劳、勇敢、智慧著称，有四方之志。华人的足迹遍布于全球，世界主要国家和地区都有华侨的存在。可是至今还没有一部观点正确，体例严谨，内容丰富，有独到之处的世界华侨通史出版。这不能不说是憾事。

1981年，我参加北京华侨历史学会成立大会，受代表们的委托，写了一份《关于编写华侨史的倡议书》，向大会提出，得到全体代表赞成。大会委托我召集到会的有关单位负责人，开会商讨协作编写世界华侨通史事宜。可惜时间限制，仅集会一次，还未就绪，而大会结束，代表云散，此事遂暂作罢论。这一件事使我感觉到，集体编写全面的庞大的华侨通史在目前还有一定的困难。虽然国内有条件执笔的学者大有人在，但他们散处四方，各有工作单位和任务，一时难以集中起来，分工合作。除非在有关领导部门大力支持下，组织一个有代表性的编纂委员会领导起来，从全国各地抽调人力，给予编写人员以优厚待遇，提供各种便利条件，在可能范围内，还须争取海外侨胞的参加和外国学术团体的合作。我们相信，在坚强正确的领导下，群策群力，团结合作，在十年内，写出一部能够代表我国这方面学术水平的华侨通史，并非不可能的。

为着编写世界华侨通史准备条件，最好先多写一些国别华侨史，待五洲各国华侨史都写成出版后，我们进而编写庞大的世界华侨史就有比较牢固的基础。英国人珀塞尔先写了一部《马来亚华人》(1947 年)，又在这个基础上再写出一部《东南亚华人》(1951 年)，他就省力得多。这是循序渐进，从无到有，由小到大，从点到面的办法。

1981 年华侨历史学会在北京成立时，廖承志同志到会讲话，希望我们尽快地写出美国华侨史和东南亚华侨史。可谓真知灼见，知所先务了。自中美复交后，双方经济交流和文化交流，日有发展。这是与美国华侨或华人的努力分不开的。我国执行对外开放政策，与美国讲信修睦，对中美关系的历史和现状，特别是对于美国华侨的历史和现状，都希望有所了解。故有编写美国华侨史的建议。又早在二千年前我国与东南亚各国已建立政治和经济的关系。华人移入东南亚各国为时最早，为数最多。中国与越南和缅甸领土相接，唇齿相依，关系更为密切。印度尼西亚、马来西亚和新加坡当中西交通的要冲，在亚太地区占有重要地位。我国与东南亚各国同属第三世界，亦有互相了解，团结合作的必要。我们也很想知道东南亚华侨的历史和现状。廖承志同志希望我们赶快写出东南亚华侨史是有深意的。

由于对华侨史的重视，这几年来，各省和地区的华侨历史学会纷纷成立，有关华侨史的书刊的出版也逐年成倍增多。1982 年，广东华侨历史学会和广东历史学会共同委托我负责主持东南亚华侨史的编写工作。

三

我们的编写计划得到领导上的支持后，就由暨南大学历史系东南亚史研究室、华侨研究所华侨史研究室和东南亚研究所吸收一些教师和研究人员参加编写工作。他们多数已具有20年以上的教学和科研经验，也懂得一门以上的外语（包括东南亚语种）。我们根据各人的专长和志愿，请他们分别担任撰写与本人专业对口的东南亚各国华侨史共六种，即越南、柬埔寨、老挝华侨史，缅甸华侨史，泰国华侨史，印度尼西亚华侨史，菲律宾华侨史，新加坡、马来西亚华侨史，每种15万~35万字。1986年全部完成，定名为东南亚华侨史丛书，由广东高等教育出版社陆续出版。

这部丛书的公开出版在国内还算是一种尝试。但大辂椎轮，难免简陋，后来居上，理所当然。丛书的作者认识到华侨史的撰述和出版，是符合国家建设的需要和广大群众的要求，对华侨史工作者是一项不能旁贷的任务。他们于是惨淡经营，按时完稿，出版问世，以就正于专家学者，希望借此提高自己的学术水平，同时为华侨史研究提供木屑竹头之用。

我与丛书的作者长期共事，关系亦深，互相了解合作无间。在漫长的写作过程中，我们曾多次集会，共同讨论丛书编写的指导思想和方法问题，大家各抒己见，互相启发，集思广益，结果往往形成一种合理的意见和可行的措施。我作为一个主编人，唯有小心翼翼，进行丛书的修订和定稿的工作而已。

丛书不设总的体例。各国华侨史的体例由作者自定。只有这样，一方面，可以贯彻百家争鸣的方针；另一方面，由于作者主攻方向并不一致，而东南亚各国的历史背景又各不相同，各国华人社会的历史发展，虽有一般规律可循，但仍有特殊之处，不能一概而论，还是由作者自定体例为宜。关于华侨史时期的划分亦同样由作者自己掌握。作者可以根据历史事实，由古到今，顺序论述。一般要求写到第二次世界大战结束，或东南亚各国独立自主时期为止。至于东南亚各国独立后，华人社会性质的变化，华人处境及其前途，可由作者作简括适当的说明，或另作专书来论述。我们要求作者要实事求是地反映华侨历史情况，还要从我国对外的方针政策出发，既尊重以平等待我的民族，又团结第三世界的国家，不偏不激，立论得宜。

广东高等教育出版社请我任这部丛书的主编，并负责审定全部书稿。我在反复审阅和润饰书稿过程中，虽然付出相当多的时间和精力，但也从中吸取了很多专业知识，得到较大的好处，特别是这部丛书的出版，实现了我晚年的夙愿而有以自慰。我应该向作者和出版社表示感谢。

这部丛书从草创到出版过程中，都获得各方面的大力支持。厦门大学南洋研究所、中山大学东南亚历史研究所、北京大学南亚研究所、暨南大学东南亚研究所和华侨研究所、广东中山图书馆等都向我们提供不少有参考价值的图书资料和有益的意见。广东省把它列为重点科研项目，补助我们一笔科研经费，使工作得以顺利进行。广东高等教育出版社热心文化事业，重视侨务工作，不计成败利钝，慨然承担这套丛书的出版任务，使它今天能与读者相见。如果没有上述机构的热情支持和协助，我们的工作必不能顺利开展，更谈不到“三年有成”了。我们于此表示由衷的感谢。

昔曹植（子建）说：“世人之著述不能无病。”由于我和作者的学识经验还浅，参考资料不足，调查研究工作又做得不够，这部东南亚华侨史丛书一定有很多错误和不足之处。我们恳切希望广大读者和海外侨胞们批评指正。我们还希望这部丛书出版后，能有更多更好的同类著作出现，既可以满足读者对华侨史更高的要求，又可以尝到“倒啖蔗渐入佳境”的滋味。谨序。

修 订 说 明

《印尼华侨史》自1987年12月问世之后，受到广大读者的欢迎和社会的关注，并曾荣获广东省社会科学界联合会1989年4月颁发的优秀科研成果三等奖、中南地区大学出版社1989年11月颁发的优秀教材二等奖、广东省高等教育厅1995年8月颁发的人文社科研究优秀成果三等奖、广东省归国华侨联合会1995年12月颁发的省归侨科技成果三等奖。长期以来，此书在海内外读者中引起浓厚兴趣；特别是印尼华人读者，他们在极难找到此书的情况下，热心地争相传阅、复印和珍藏，有人还把此书的部分章节翻译成印尼文，予以发表和引用。

2016年4月，广东高等教育出版社决定再版此书，作者对书中若干错漏做了必要的修订，并对若干内容和史料做了必要的增补。本书作者之一黄昆章不幸已病逝，全书的校改由李学民负责。出版社编辑对本书每次修订再版均提出宝贵意见，作者谨致衷心感谢。

作　者

2016年6月15日

目 录

前　言

印度尼西亚（以下简称印尼）位于东南亚洲的南端，拥有1 904 443平方公里的领土，17 508个大小岛屿（其中有人居住的岛屿约6 000个），是世界上最大的群岛之国。现有人口2.55亿（2015年），有100多个民族。[1]得天独厚的热带温湿海洋性气候，火山熔岩和火山作用所形成的河流和肥沃的土质，极其丰富的地上自然资源和地下矿藏，使这个国家显得格外富饶而美丽。印尼的中国移民，据估计，在20世纪60年代初期约有250万人[2]；至20世纪80年代初期约有440万人（一说600万人），其中约有50万～60万人仍保留华侨身份，约有390万人（占88.6%）（一说540万人，占90%）已加入当地国籍[3]，成为印尼籍华人，不再是华侨。[4]

印尼之开始有华侨定居，据考古发掘资料，也许可以追溯至两千年前的汉代。据可信的文献资料，9世纪下半叶（唐末黄巢起义时期）开始有成批的中国移民在印尼苏门答腊岛定居，巨港一带地区几为集中。故汉代可作为印尼华侨史的序幕，唐代可作为印尼华侨史的开端。至宋代，特别是南宋（12—13世纪），印尼华侨社会初步形成。元末明初（14世纪中叶至15世纪初），印尼华侨社会已相当繁荣。

自古以来，印尼华侨同当地居民世世代代和睦相处，共同开发，成为沟通中国与印尼之间经济文化交流和政治外交友好关系的重要桥梁。华侨的经济（包括农、工、商业），长期以来成为当地社会经济和人民生活不可缺少的、有益的经济成分，对于发

展和繁荣当地经济起了不可磨灭的积极作用。

自从16世纪特别是17—18世纪西方殖民主义者入侵印尼和亚洲其他国家之后，华侨和当地居民同受殖民主义压迫和剥削，灾难深重。尽管殖民主义者长期以来惯于耍弄挑拨离间手段，实行民族隔离和分化的狡猾政策，力图破坏华侨同当地居民之间的友好关系，以期达到各个击破和分而治之的卑鄙目的，然而共同的遭遇、共同的命运却使华侨和当地居民始终站在一条战线上。不论是联合起来并肩战斗，抑或进行分散斗争，也不论是流血的还是不流血的反抗形式，华侨和当地居民的反殖民主义斗争总是起着互相呼应、互相支援的作用。在这个意义上，可以说，华侨和当地居民在近代和现代民族解放斗争史上始终是荣辱与共的战友。

爱中国，也爱侨居国，这是东南亚以至全世界各大洲华侨的共同特点，印尼华侨也不例外。由于生活环境和文化教育素养等不尽相同，新客华侨（指出生于中国的，以及出生于印尼而接受华文学校教育的华侨）和土生华侨（指出生于印尼并且受荷文或印尼文学校教育的华侨）在对待中国和侨居地的感情上难免有深浅程度之差距：新客华侨一般都强烈地热爱着自己的祖国，同时也亲切地把侨居国称为“第二故乡”；土生华侨则较多地视侨居国为“第一故乡”，但也从未忘怀自己祖辈的故土。这种双重感情之存在，是十分自然的，也是完全可以理解的。这种双重感情之真挚和可贵，也是应当加以肯定的。正是因为华侨普遍具有这种纯洁高尚的双重感情，所以不论新客华侨和土生华侨，在近代和现代史上都同样对中国和侨居国的反殖民主义斗争做出了不同程度的有益的贡献，这也是任何人都抹杀不了的历史事实。

当然，华侨不是单一的阶级和阶层。正像世界各国的民族和人民一样，华侨在不同的历史时期里总是既有先进分子、革命分子，也有落后分子、反动分子；既有民族英杰，也有民族败类。但是，华侨的绝大多数，华侨的整体，华侨的主流，始终是好的。干坏事的，逆历史潮流而动的人，在华侨中仅占绝对少数，始终构不成华侨群体和华侨历史的主流。由于华侨是属于受殖民主义欺凌、奴役、剥削的被压迫民族，他们对于殖民主义怀有仇恨的心理，也有反抗的言行，因此，他们是东方各国民族和人民反殖民主义斗争的伟大动力之一，他们在人类历史舞台上扮演的是推动历史车轮向前滚动的光彩的角色。也正因为华侨属于被压迫民族，所以华侨的工农劳动者固然是革命的力量，而华侨的商人阶层，绝大多数也像东方各国的民族资产阶级和小资产阶级一样，具有不同程度的反殖民主义斗争性，在民族矛盾激化的时候，在民族危亡的关头，也能毅然站在广大人民群众的革命行列，对正义和进步的事业做出不可忽视的贡献。即使是占华侨人口极少数的殖民主义御用工具，如华人官员（甲必丹、玛腰之类），也并非个个都是“铁板一块”，其中也有一些人没有完全丧失民族自尊心。在华侨的上层人物中，也不乏热心于社会公益，为华侨和当地居民做过不少好事的。这些历史事实，都需要我们运用历史唯物主义的观点，实事求是地进行分析，给予恰如其分的评价。

以上各点，是我们撰写《印尼华侨史》的指导思想和基本观点。

本书内容，从古代、中世纪写起，到第二次世界大战结束后的 1949 年为止。由于我们对印尼华侨史的分期问题尚未考虑成熟，在撰写方法上，古代、中世纪部分暂且以中国历代王朝的更迭作为不同历史阶段的分界线，近现代部分则以西方殖民主义入侵印尼之后，殖民统治机构和殖民政策制度的重大变更，并结合世界近现代史的分期标准，来作为不同历史阶段的分界线。地名方面，一律采用历史上的旧地名（在书中第一次出现时附上现今地名）。

本书是1984—1987年在广州暨南大学华侨华人研究所名誉所长、中国华侨历史学会顾问朱杰勤教授指导下撰写的，完成于1987年3月中旬。前言和第一、二、三章由李学民执笔；第四、五、六、七章由黄昆章执笔。在撰写过程中，曾得到厦门大学南洋研究所所长汪慕恒教授、中山大学东南亚历史研究所副所长黄重言教授的热心关切和大力支持，为我们借阅和复印资料提供许多方便；厦门大学南洋研究所蔡仁龙副教授、中山大学东南亚历史研究所温广益教授、北京大学南亚研究所周南京教授、北京中国华侨历史学会秘书长郑民，在搜集和复印资料方面给了我们热情无私的帮助，并且对我们的撰写工作提出不少很有价值的建议和意见，使我们增添了工作的勇气和信心，加速了工作的进程。我们谨向他们深表谢忱。广东高等教育出版社为本书的问世出了大力，詹家豪副编审对本书做了认真细致的审阅，提出了不少宝贵意见。第一版问世后，一些读者指出了错漏之处，在此一并谨致衷心感谢。

本书是写给大学生和一般读者阅读的。由于作者水平和掌握的资料都很有限，本书疏漏或错误之处在所难免，敬祈学术界老前辈、同行和读者们批评指正。

注　释

〔1〕《世界知识年鉴2003—2004》，世界知识出版社，2003年版，第264～265页。

〔2〕巴素：《东南亚的华人》（Victor Purcell，*The Chinese in Southeast Asia*），纽约—墨尔本，1965年第2版，第384页。又，麦克威主编：《印度尼西亚》［Ruth. T. Mc Vey（ed.），*Indonesia*］，纽黑文（New Haven），1963年版，第492页，估计1960年印尼华侨约有255万人，除去1959—1960年排华时期遣送回中国的10万人，至1961年只剩下245万人。

〔3〕蔡仁龙：《试论东南亚华人同化问题》，载《广东华侨历史学会通讯》，1982 年第 2 期，第 14 页。又，谢清雨的《当前印尼的华人经济》（载香港《华人》月刊，1984 年第 7 期）提到：《华盛顿邮报》1982 年 12 月 10 日载，在印尼的中国人约有 450 万，法新社的报道则约为 600 万人，估计约有 60 万人未加入当地国籍（仍保留华侨的身份）。

〔4〕中国人在侨居国仍保留中国国籍者，称为华侨，已放弃中国国籍而加入所在国的国籍（或者加入其他国籍）者，称为外籍华人（简称华人），不再称为华侨。第二次世界大战前，出生于印尼的中国人普遍具有双重国籍。荷兰政府在 1892 年 12 月公布了《荷兰国籍及居住条例》，并于 1907 年 7 月加以修订和颁行，1910 年 2 月荷印殖民政府又专门制定和颁布了《荷属东印度籍民条例》。根据上述国籍条例，凡是出生在印尼的中国人，都按上述国籍法的“出生地主义”原则，被规定为荷兰国的籍民（臣民、属民）。1909 年 3 月，清朝政府也制定和颁布了第一部中国国籍法（《大清国籍条例》），规定凡出生于海外的中国人，皆按“血统主义”原则，归属于中国国籍。中荷双方在谈判中互相做了某些让步，在 1911 年 5 月签订了《中和（荷）在兰领殖民地设领条约》，其中规定了出生于印尼的华侨应归属于荷兰国的籍民（臣民、属民），但若离开印尼而回到中国或者迁居其他国家，愿不愿意保留荷兰籍民身份可听其自便。1912 年，中华民国政府制定和颁布了《中华民国国籍法》，并于 1929 年修订和实施，该国籍法承袭了清朝国籍法的“血统主义”原则。

以上所述，便是印尼华侨双重国籍问题的由来。从那以后，华侨双重国籍问题一直悬而未决。1955 年 4 月，周恩来总理在参加万隆亚非会议期间，代表中华人民共和国政府，同印尼共和国政府签订了关于双重国籍问题条约，规定凡具有双重国籍者应以本人自愿为原则，选择中华人民共和国或印尼共和国一种国籍，并规定在选择了印尼国籍之后，即丧失中华人民共和国国籍，这也就是放弃了清朝政府以及中华民国政府所制定的国籍法的“血统主义”原则。1980 年 9 月颁布的《中华人民共和国国籍法》，也明确规定“中华人民共和国不承认中国公民具有双重国籍”，“定居外国的中国公民，自愿加入或取得外国国籍的，即自动丧失中国国籍”，从而在法律上解决了华侨双重国

籍的问题。从1955年起，加入印尼国籍的中国人逐渐增多，区分华侨和华人这两个不同含义的概念也就越来越有必要了。

本书内容写到1949年，其时华侨双重国籍问题尚未解决，出生于印尼的华侨仍具有双重国籍，无法严格区分华侨和华人这两个概念，也没有必要做硬性的划分。因此，本书的书名仍定为《印尼华侨史》。

第 一 章

西方殖民者入侵前的印尼华侨

（公元前2世纪—16世纪）

第一节　唐代以前印尼是否已有华侨

一、印尼有华侨可溯源于汉代

古代东南亚之开始有华侨定居，是和当时中国是否已同东南亚及南亚诸国发生海路交通和海上贸易关系，中国是否已有自己制造的海船出洋，有很密切关系的。

公元前221年（始皇帝二十六年），秦始皇统一中原，随后又在公元前214年（始皇帝三十三年）攻略百越，将中国版图伸展至岭南（包括今广东、广西、越南北部），并在此地设置桂林郡（今广西）、南海郡（今广东）、象郡（今广西合浦及越南北部湾河内一带，旧称北圻），从而为古代中国开辟了通向东南亚及南亚的航海门户。然而，中国是否在秦始皇时代就已有自己制造的海船出洋呢？我国史籍未见记载。

据西汉淮南王刘安撰述的《淮南子》卷十八《人间训》记载，秦始皇在公元前214年发兵50万攻略百越，占领今越南北

部，并在该地设置象郡，其目的之一，是为了获得犀角、象齿、翡翠、珠玑之利。[1]由此可知，在秦始皇占领今越南北部并设置象郡之前，越南和东南亚诸国的民间商人早已以今越南北部地区作为贸易渠道，把上述名贵的地方特产输进中国。据此可以推测，秦代中国的民间商人，说不定也通过同一渠道，同越南及东南亚诸国发生民间贸易关系。如果他们需要进一步跨海远涉南洋群岛甚至印度的话，大概是搭乘印度或者东南亚（包括印尼）的外国船去的。[2]

中国何时开始有自己制造的海船出洋？在我国史籍中，班固（东汉人）撰述的《汉书》卷二十八《地理志》“粤地”条才开始有较为明确和可信的文字记载。据此，我们只能姑且把中国开始有自己制造的海船出洋的时间，确定为西汉武帝时期（公元前140—前87年）。

公元前206年，刘邦灭秦，建立了汉王朝。至汉武帝时期，曾两次派遣张骞通西域（第一次在公元前139—前126年，第二次在公元前119年），以求得沟通中国与中亚、西亚以至欧洲大秦国（罗马）之间的陆上交通和贸易（这条陆上交通和贸易的路线，史称“丝绸之路”），并且在公元前111年（汉武帝元鼎六年）平定了南越，在该地设置了九郡[3]，其中有3个郡在今越南境内，即交趾郡（原秦置象郡之一部分，今越南河内）、九真郡（今越南清化、义安、河静三省）、日南郡（属秦之象郡）。这3个郡以及珠崖郡，都是汉代中国通向东南亚及南亚的海路交通门户，是汉代中国人出洋的起点，也是外国人从海路来到中国的入口处。[4]

当张骞第一次通西域时，在大夏国（今阿富汗境内）市场上看到有中国四川特产邛竹杖和蜀布出售，甚为惊奇。经询问当地人，方知这些中国商品是由大夏国的商人从身毒国（印度）采购的，由此获知原来当时印度商人早已由陆路同中国四川民间商人发生贸易关系。[5]汉武帝在公元前122年（元狩元年）听了张骞的禀告之后，便决定沟通从四川经云南至印度的陆路交通，企图通过陆路同印度建立官方贸易关系；但因受到云南“昆明夷”的阻挠，未能如愿，只得改变主意，另辟一条海路以通印度。自此，中国开始有自己制造的海船，在南中国海上航行。

《汉书·地理志》记载了汉武帝至汉平帝期间（公元前2世纪至1世纪初），中国政府派遣外交使节和随行商人，搭乘本国海船（中途转换外国商船）前往东南亚和南亚做友好访问和通商的活动。虽然记载过于简略，但是提供了唯一可信的珍贵史料。由于《汉书·地理志》对许多外国地名的译法同今天的译法相差太大，使人难以辨认。中外学者对这些古地名做了大量考证，各家见解不尽相同，甚至有很大分歧。本书为节省篇幅，仅以朱杰勤教授的近著《汉代中国与东南亚和南亚海上交通路线试探》[6]作为辨认这些古地名的主要依据。其他各家之说，均在本章注释中略为介绍，不拟评论。[7]

《汉书·地理志》记载了汉武帝派遣外交使节及随行商人出洋访问东南亚及南亚的行程是这样的：[8]从日南、徐闻、合浦出发，先后到达都元国（今越南沱瀼，即土伦〔Tourane〕，现名岘港）、邑卢没国（今泰国叻丕〔Ratburi〕）、谌离国（今缅甸丹那沙林〔Ternasserin〕）、夫甘都卢国（今缅甸卑缪〔Prome〕）、黄支国（今印度建志补罗〔Kanchipura，Conjeeveram〕）、已程不国（今斯里兰卡），再从已程不国返航。在归国途中，不再途经马来半岛的克拉（Kera）地峡陆路，而是经由马六甲海峡，绕过马来半岛南端，到达皮宗（今越南平山〔Binh-san〕），最后回到日南郡的象林界。[9]一去一回，全程费时约2年。

《汉书·地理志》还记载了一些值得我们注意的情况：自汉武帝以来，已有一些东南亚和南亚国家派遣使节来中国朝贡。这实际上是一种特殊形式的官方贸易。[10]当时中国政府派遣出国访

问和从事官方贸易的人员，除了属于“黄门”（汉代官名，属宦官）的外交官员之外，还有应政府招募而随行的一批商人。这些商人携带黄金、杂缯（帛），同被访问的国家交换明珠、璧琉璃、奇石异物。当时中国的海船还不能直接到达印度，必须中途转换外国海船驳渡。中国的外交使节和应募随行的商人在海途中常遇风暴或海盗，航海时间常受耽搁；如果没有遇害，一去也得数年才能返回中国。

综上所述，可以得出如下几点看法：

1. “中国同印度及东南亚的海上贸易始于汉初，大致在公元前后，中国航海船舶已知使用风帆行驶大海上。”[11]

2. 西汉时期我国使节和随行商人出洋的主要目的地是印度，而东南亚只不过是中途必经之地。他们在东南亚地区，同中南半岛、马来半岛接触较多，同印尼接触较少，且只限于苏门答腊岛的局部地方。据朱杰勤的判断，汉代中国使节和随行商人前往印度时，是“采取捷径，由暹罗湾入缅甸坐船转到印度，不必经过马六甲海峡”；回国时则“先由锡兰（今斯里兰卡）坐船回到孟加拉，通过马六甲海峡达南海，沿柬埔寨、越南海岸线回国。船经马六甲海峡的时候，可能在马来半岛或苏门答腊补充购买船上人员的日用品，特别是粮食，但不会进行大规模的贸易，则可断言。因为汉使和商人都已在印度和锡兰交易而退，满载而归了”[12]。

3. 当时海船航行速度并不快，扬帆出海必须等待季候风的来临，中途又常须换船，或穿插着陆路步行，而且还会遇到风暴和海盗的袭击，所以航海时间常受影响，每次出国须“数年来还”。据朱杰勤估计，“来回所用的时间至少三年，除在海上航行二年之外，还有一年是用于候船、贸易、居住等等”[13]。

4. 既然出洋贸易人员都是政府外交使节和应募随行的商人，可见当时我国与东南亚及南亚诸国的海上贸易属官方性质，这种贸易也不可能是大规模的。当然，我们不能因为《汉书·地理志》没有提及我国民间商人出洋，就否定西汉时期我国已有私商出洋的事情。既然西汉时期四川民间商人比官商更早同印度发生贸易关系（通过陆路交通），那么，我们也可以推测西汉时期我国私商也会比官商更早出洋从事海上贸易，而且人数和次数都会比官商更多。但是，我们对这方面的估计也不宜过高。因为西汉时期我国航海和造船技术毕竟还处于幼稚阶段，没有多少海船可供运载商贾出洋。另外有一点也须注意到，《汉书·地理志》只记载官商搭乘本国海船出洋，这也许是因为当时政府不鼓励私商出洋。尽管当时尚无明文规定，但从我国历代封建王朝都存在着不同程度的重农抑商，视中国为“天朝大国”，视外国为“蛮夷戎狄”之异邦，视本国人民出洋为“化外”（归化异邦）这种传统观念来看，西汉政府对于民间商人出洋贸易采取抑制的态度，不是不可能的。这就有可能迫使当时的中国民间商人只能搭乘外国海船出洋，从而大大限制了我国民间商人出洋贸易的活动机会。

5. 既然汉代中国外交使节和随行商人出国访问和从事贸易的主要对象是印度而不是东南亚，更不是印尼，而且每次出洋和来回时间又拖得很长，几年才往返一次，因此出国的官商人数和次数都是很有限的。

6. 基于上面的分析，我们可以推测，西汉时期我国出洋商人（不论官商或民间商人），久留或定居海外的可能性也是很小的。

以上谈的是西汉时期。到了东汉（25—220 年），情况仍和西汉相同。据范晔（南朝刘宋人）撰《后汉书》的记载，东汉顺帝永建六年（131 年），爪哇西部的叶调国派遣使节从日南到达洛阳，向东汉政府朝贡。[14]这是爪哇古国同中国发生官方友好交往和贸易关系的最早的文字记载。

作为我国最早和最可靠的历史文献资料的《汉书》和《后汉书》，均无记载中国民间商人出洋贸易的事情，这就难以准确判断，汉代是否已有中国人长期居留或者永久定居印尼而成为当地华侨。

也许有人会说，我国历代封建帝王钦定的正史，一向未能摆脱封建统治者的传统观念，只津津乐道于外国使节如何朝贡中国，而对于民间商人出海贸易以及人民出国移民的活动却不屑一提。因此，要知道汉代是否已有华侨在印尼，还得查阅非官方撰述的史籍。可惜这方面的史料也不多，且未必可信。例如，新中国成立前出版的《中华民族拓殖南洋史》（刘继宣、束世澂著）引录了清代人薛福成《庸盦笔记》卷四中的一段记载：东汉时期，定海（今浙江省镇海县）有一位茂才（即秀才）被南粤（南越）“匪寇”抓走，逃出来之后，改业为商贾，租赁了一艘帆船，航行至新加坡，中途遭到风暴袭击，漂流至爪华岛（即爪哇），在那里流寓5年才得回国。这位定海茂才曾经对人说，爪华岛的南境有个村落，叫刘庄，那里的居民约有数千家，皆姓刘。他们聚族而居，因为他们都是西汉惠帝（公元前194—前188年）的后裔。他还说，刘庄的人想重修刘氏宗谱，请他代为作序，于是他翻阅了刘氏宗谱的首卷，看到里面记载着刘氏族人流落爪华岛的始末：西汉惠帝时，吕太后病危，把将相大权交给吕氏人掌握。吕太后一死，诸大臣就杀吕氏人，并杀死惠帝的儿子少帝。少帝之妻张皇后用重金买通了宦官，乘夜把刚出世3个月的男婴（少帝之子，即惠帝之长孙）抱出北宫，送至南宫侯张偃（张皇后之弟）处暗中收养。这男孩稍长大后，张偃就乘南粤王（南越武帝）赵佗遣使朝贡汉廷之机，暗中将这男孩送至南粤。赵佗得知这男孩是惠帝的长孙，就给这男孩封官赐地。可是传到几十代之后，这些赐地都丧失了，于是刘氏后裔沦为编民（即平民）。刘氏族姓繁衍，虽然辗转迁徙，但是两千年来刘氏宗谱仍秩然可稽。在爪华岛的刘家祠中，仍藏有三件宝物，一是汉宫小玉玺，一是古铜镜，一是玉如意。这三件宝物都是张皇后授予她的男孩（即少帝之子、惠帝之长孙）的纪念品，它成为刘氏族人的传世之宝。刘氏家祠十分宽敞，前祀帝子（即少帝）为祖，后祀惠帝和张皇后，塑像都制造得非常精致。照这个传说，汉代（东汉）已有一部分皇室的后裔流落在爪哇，并在爪哇定居下来，一直传至清代。但这只不过是传说而已，连引录者也认为“此说虽恢诡可喜，然实无征”[15]。

当然，我们也不能因为缺乏文字记载就草率地断定汉代没有华侨定居印尼。事实上，某些考古学家根据出土文物，不仅证明汉代确实已同印尼的 3 个主要岛屿发生经济文化交往，而且在苏、爪两岛已有华侨定居。

1934 年，荷兰考古学家海涅·赫尔德恩（Heine Geldern）在苏门答腊南部的帕塞玛（Pasemah）发现了史前时期的石碑雕刻，其风格与中国陕西省兴平县汉武帝时期的大将霍去病（公元前 140—前 117 年）之墓前诸石刻有相似之处。他由此而断言，公元前 2 世纪至公元前 1 世纪（即汉武帝时期）中国人的足迹已到达印尼的苏门答腊岛。又，在苏岛中部西海岸附近的科林芝（Korinci）古塚出土诸明器（即随葬品）中，发现有一件陶器，上面写有“初元四年”的字样，证明是西汉元帝初元四年（公元前 45 年）的制品，由此而推知公元前 1 世纪苏门答腊已有中国人定居。[16]

1936 年，荷兰学者奥赛·德·弗玲尼斯（Orsey de Flines）在爪哇西部的万丹（Bantan）发现供祭祀用的汉代陶器。他认为埋葬这种陶器的坟墓必然是中国人的坟墓，由此而推测中国已有人在公元前后来到爪哇岛，有的可能在万丹定居下来。[17]

1938 年，巴达维亚（今雅加达）博物院的人员在苏门答腊中部东岸茵德拉奇利（Indragiri）的关丹（Kwantan，位于占碑

〔Jambi〕北部）地区发现汉代的两耳陶钵。该钵所刻的图画，具有汉代武氏祠的人物画像作风。该博物院的人员还曾经在婆罗洲（今加里曼丹）西部的三发（Sambas）发现汉代薄绿釉瓷龙勺，它是1世纪（即西汉末期至东汉和帝时期）的制品。[18]

考古发掘的成果确实是令人兴奋的。但是我们也不能单凭几件考古出土文物就确断汉代已有华侨定居印尼。因为古墓未必一定是定居下来的华侨之墓，有可能是出洋遇险或因病客死异邦的汉代我国使节和随行商人或者民间商人安葬之地；大量汉代瓷器也可能主要是通过官方和私营海上贸易而输入印尼销售的商品，它可以证实两千年前的汉代我国已和印尼发生经济和文化交流，但却未必百分之百能证实已有华侨定居下来。从汉代我国社会经济发展的水平以及当时我国航海造船技术水平来看，当时出洋贸易的我国商人不会很多，即使这些古墓可以证明汉代已有华侨定居于印尼，但这种现象也只能是极为偶然和特殊的现象。

也许有人会说，旅居海外谋生的中国人，不一定要长期居留甚至定居在外国才算华侨，只要他们在外国居留两年以上就可算为华侨了，因为据说新中国成立前上海华侨联合会的章程就规定："凡在国外侨居二年以上的，即为华侨。"[19]据此，汉代我国出洋从事贸易的商人，纵使极少定居异邦，但在外国谋生逗留了两三年即回国者，或许不少，这些人总该算是华侨了，所以印尼华侨史应以汉代为开端。

这个看法固然有一定的道理，但我们认为必须强调指出，汉代我国出洋者不外有三种人：一是外交使臣，他们是带着本国政府特定的政治使命出国的，不论他们在外国逗留多长时间都不能算华侨；二是应募随行的商人，他们是官商身份，不是私自出洋谋生的，严格地说，也不能算是华侨，而且他们每次出洋往返时间约需3年，其中航海时间约占2年，在外国居住、经商、候船等所费时间约1年，把他们看成是华侨，显然太勉强；三是自行出洋的民间商人，他们的行动不受朝廷约束，在海外逗留的时间全由自己支配。但是，他们同样受到自然条件的约束。因为汉代航海和造船技术水平、对外海上贸易规模都很有限，这就决定了汉代我国民间商人每次出洋贸易的往返时间，在正常的情况下，不会短于（也不会超过）一般所需的 3 年（即航海时间 2 年，逗留外国 1 年）。由于不是大宗买卖，往返旅途又十分漫长和艰险，汉代我国民间商人每次出洋不能不考虑货物和资金的周转率以及安全的问题，在海外逗留时间太长，显然不利于营业，定居外国更无必要。至于偶然和特殊情况，如航海途中遇到风暴或海盗，这种意外事故的发生，在古代、中世纪任何时期都是不可排除的。问题在于汉代我国出洋至印尼的商人本来就不多，再加上汉代我国社会政治经济环境和阶级矛盾的状况，还远未发展到迫使广大农民和手工业者必须成批地离乡背井移居海外的程度，所以汉代中国人出洋者，主要（或者也可以说唯一）是从事海上贸易的商人，而汉代海外华侨的主要（或唯一的）来源，也只能是来自这些出海遇难而被迫流落异邦的民间商人。据此，汉代印尼华侨人数之稀少，是可以断言的。

不过，话又得说回来。虽然汉代我国出洋至印尼的商人（不论官商或私商）人数很少，出洋遇难而流寓或定居海外的民间商人演变为华侨的人数更少，但也不可否认，他们在海外的贸易活动是受到当地政府和居民欢迎的，因此，他们对于促进中国同印尼之间的友好关系，起了重要的桥梁作用。这一点，印尼考古出土文物已提供了有力的证据：自汉代直至明代，中国的彩釉陶瓷一向是畅销东南亚的珍贵物品。“尤其特者，居住婆罗洲各种土人，自古皆目我（中国）之古瓮及古瓶为有神灵呵护，视为传家之宝，其家产之财富，以其所藏之古瓮及古瓶多少以为衡，……故婆罗洲遗留之我国古瓮及古瓶特多。”[20] 这些大受土著居民欢迎并且被广为珍藏的中国古代陶瓷用具之所以能够大量

输进印尼，无疑是汉代以来中国出洋商人（不论官商和民间商人）以及由出洋的民间商人演变的海外华侨的巨大功绩。

基于以上种种理由，我们认为：汉代虽然不可视为印尼华侨历史的开端，但可视为印尼华侨历史的序幕。

二、三国至隋代的对外海路交通、贸易与华侨

东汉之后，中国经历了三国时代（220—265 年）、两晋南北朝时期（265—581 年）、隋代（581—618 年）。从三国至隋代将近 400 年间，我国的航海和造船技术水平比汉代有了很大提高，与东南亚及南亚的海路交通和海上贸易关系也比汉代有了很大发展。可惜这个阶段海外华侨的情况，中外史籍均无明确的文字记载，因此仍须依靠推测。

三国时代的东吴，据有江东，以水军立国，并且积极向南方扩展势力。为了适应水战和江河海洋交通的需要，东吴的造船技术有了重大发展，航行海上的大船，船身长达 20 多丈，其高去水 2 ~3 丈，可载 600 ~700 人，可装万斛（相当于 1 000 吨）重量。[21]这种大海船，在三国时代叫作“舶”。[22]据苏继庼的考证，“舶”字是外来语，指有舱（俗名夹板）之大船。东南亚的孟语、泰米尔语、爪哇语、马来语都有 kapal 一词，指航海之舱船，“舶”字可能就是 kapal 的省音。[23]东吴的海船已常航行于东海和南中国海。

东吴也十分重视同东南亚各国建立友好关系。在黄武五年（226 年）至黄龙三年（231 年）期间，孙权曾派遣朱应、康泰两人访问东南亚各国，向它们宣扬中国的政治和文化。朱应、康泰曾出使扶南国（今柬埔寨），还搭乘扶南国的海船游历东南亚各国。他们回国之后，把亲身经历和听来的各国情况记录下来，写成《扶南异物志》（朱应撰述）和《吴时外国传》（康泰撰

述）。可惜两书皆于唐代散佚，后人只能散见于《唐书·艺文志》、《隋书·经籍志》、《太平御览》、《水经注》、《艺文类聚》等书的引文之中。已故新加坡华人著名历史学家许云樵对这两部书评价很高，认为它们是“古代南海最早文献，足与2世纪时希腊地理学者陀利弥氏（Ptolemy）之地理志相媲美，皆历史地理之瑰宝”[24]。

朱应、康泰搭乘扶南国的海船游历过哪些国家和区域？有无到过印尼？学术界意见不一。已故我国著名学者冯承钧认为：“康泰等足迹未逾满剌加（马六甲）海峡，或曾附扶南舶，历游南海诸岛，绝未亲至印度，可断言也。”[25]这就是说，朱应和康泰可能游历过印尼，只是没有到过印度。许云樵则说：“康泰等，不特足迹未逾满剌加海峡，抑且未渡金邻大湾（暹罗湾），至多经历湾内各国。”[26]但是，不管康泰等人是否到过印尼，我们从《吴时外国传》可以窥见三国时代我国对东南亚的地理知识，已比汉代大为丰富。

《吴时外国传》提到了不少印尼古地名。比如，它提到“诸薄国女子织作白叠花布”（即棉布）。据许多专家考证，这“诸薄国”即指爪哇岛，其梵名为Java-dvipa，意即“大麦岛（国）”，“诸薄”是dvipa（岛或国）的音译。它又提到“诸薄之东有马五洲，出鸡舌香”。这“马五洲”，据法国学者伯希和（Palliot）的考证，是指峇厘岛（Bali）。但据许云樵的解释，鸡舌香“乃丁香之雌者”[27]，而峇厘岛不产丁香，所以马五洲似乎更像摩鹿加（Moluccas，今马鲁古〔Maluku〕）的安汶岛（Ambon）。它还提到“诸薄之西有薄叹洲，土地出金，常以采金为业，转卖与诸贾人，易粮米杂物”。这“薄叹洲”可能是指苏门答腊岛，其梵名为Suvarna-dvipa，意即“金岛（国）”，又译为“金洲”。它还提到“诸薄之东南有北护洲，出锡，转卖外徼”。这“北护洲”，许云樵认为是指产锡的勿里洞岛

(Beliton)。它又提到“诸薄之北有巨延洲”，这“巨延洲”是指婆罗洲。上述地名，其地理位置都很准确，只有北护洲的地理位置不对，它不是在诸薄之东南，而是在诸薄之西北。

从上述地理知识可以推测，三国时代的东吴，对于东南亚及印尼的海路交通和海上贸易关系决不会逊于两汉。此外，荷印殖民政府时期的巴达维亚博物院，收藏有爪哇中部扎巴拉(Japara)发现的我国六朝（即吴、东晋、宋、齐、梁、陈这6个先后建都于建康〔今南京〕的王朝）时代的有盖陶罐[28]，这或许可以作为三国（直至北朝）时代我国与印尼经济文化交往关系密切的佐证。

到了两晋南北朝时期，由于西域的陆路交通被北朝完全隔断，迫使南朝同西方的交往只能通过海路，这样反而促进了南朝的航海造船技术和海上贸易事业的发展。

南朝对外海路交通和海上贸易关系的发展，同当时佛教在中国及东南亚的广为传播也有密切关系。印度的佛教，是在西汉末、东汉初期，从西域陆路传入中国的[29]，至南北朝时期盛行于中国。东南亚的宗教，也是在5—6世纪（相当于我国南北朝时期）开始从婆罗门教占优势过渡到佛教占优势。东南亚各国同中国的东晋及南北朝各政权的友好交往，也由于宗教关系而显得更加密切了。当时出洋的中国人，除了外交使节和商人之外，还有不少佛教僧侣。

东晋的高僧法显，于399年（安帝隆安三年）从长安（今西安）出发，由陆路向西行，过葱岭，到天竺（印度）求佛经。411年（安帝义熙七年），他从师子国（今斯里兰卡）取海路回国，搭的是可载200人的“商人大船”。航行时，在印度洋途中遇到风暴，漂流至一个岛上（可能是尼科巴岛〔Nicobar〕），经修补船漏完毕之后又继续东航。接着又遇大浪，漂流至耶婆提(爪哇或苏门答腊)。[30]在耶婆提停留5个月，再搭另一艘可载

200 人的“商人大船”[31]，携带 50 天的粮食，向广州的方向航行。中途又遇暴风雨，漂流至我国青州长广郡界的牢山（今山东省胶州湾东北岸，即墨县东南 60 里的崂山），由此登岸，终于踏上国土，时为 412 年（义熙八年）。法显回国后写了《历游天竺记传》，又名《法显传》和《佛国记》。此书“表明在印度尼西亚与南中国（指广州——引者）之间此时（指 5 世纪——引者）已有横渡南海的直接交通”[32]。

《佛国记》没有写明法显从师子国搭乘的“商人大船”是哪国船，从耶婆提搭乘的“商人大船”又是哪国船，因而引起中外学者的种种推测和争议。有人认为法显是搭乘印度船；也有人认为是从师子国搭乘印度船，从耶婆提改乘昆仑船（即马来半岛和印尼群岛的船）；还有人认为是乘中国船，如韦尔斯认为：4 世纪（西晋和东晋）中国船已经往来于印度洋，同其他国家的海船相比，中国船的船身特大而又坚固，耐风浪，所以印度和阿拉伯商人的海上贸易，“随即由中国船为任其劳”[33]。苏继庼同意此说，并补充说明：“法显离师子国所乘商人大船，有小船随行。其大船曾遭风受损，漏水寄泊小岛，旋即修复，具见法显所乘者为中国船。盖我国大船每有小船相伴，大船遭风失事时，小船可充救生船。……再我国大船，其底舱有隔槽设备，受损处如有水漏入，亦不致漫延他处，因而修复亦易。此制为我国人所创，迟至近代，西方船只始采用之。”[34]朱杰勤也认为，法显从师子国及耶婆提搭乘的商人大船都是中国船，其理由是“公元 5 世纪初年（即东晋义熙年间——引者），中国的造船技术达到了一个新的更高的水平。当时中国人所制造的八槽船［如《义熙（405—418 年）起居注》曰：‘卢循新造八槽舰九枚，起四层，高十余丈。’见《艺文类聚》卷七十一‘舟’条及《太平御览》卷七七〇‘舰’条］，船底舱分有隔槽凡八，即使触礁进水，不致漫延他处，且修补极易，敢于在惊涛骇浪中做远距离的海上航

行。此种船底舱隔制是中国人所发明，西方迟至近代始采用之。中国船于5世纪前半期出现在波斯湾头和幼发拉底河中，非常活跃。如据阿拉伯人汉萨（Hanza）及马苏地（Ma'sudi）所述，当时常有中国船及印度船由波斯湾头溯幼发拉底河而上，泊于巴比伦西南的于罗（Hira）市区建筑物之前”[35]。

从法显《佛国记》所述可知，5世纪初的东晋时期，船舶航行速度比公元前1世纪的汉武帝时期快捷得多。如果说，汉代中国海船构造尚属简陋，往往只能靠近海岸航驶，那么，到了“魏晋以后，情形慢慢的改变，一方面因为造船技术进步了，一方面因为航海的知识也增加了，船舶不只靠岸而行，而且在风平浪静的时候，也可以横渡海洋，同时，人们会利用季候风而驶，航行的时间，更加缩短”[36]。《汉书·地理志》说，汉代中国船从日南或徐闻、合浦启航，到都元国（越南土伦或马来半岛和苏门答腊）需要5个月，而《佛国记》说商人大船从耶婆提（爪哇或苏门答腊）启航到广州，在正常情况下只需1个月至50天。由于航海时间大大缩短了，海路交通和海上贸易也必然会比西汉时代频繁得多。由此可以断言，东晋法显《佛国记》虽然只提到耶婆提盛行婆罗门教而未盛行佛教，没有提到该地有无中国商人和华侨的情况，但是东晋时期中国商人和华侨在印尼的人数及其活动区域范围，肯定不会小于两汉的。

印尼土生华人学者林天佑著《三宝垄历史》一书提到，爪哇华侨有一种家喻户晓的传说：很早以前有一位中国佛教徒，在爪哇中部的扎巴拉附近海上遇险，后来他在扎巴拉附近的韦拉汉（Welahan）收了很多佛教门徒，人们敬奉他，称他为“先帝公祖”，每年都有华侨从爪哇各地去到那里做14天的膜拜。[37]这个传说，同法显漂流至耶婆提的史实有点接近，如果是可信的，那么法显可能就是在爪哇中部的扎巴拉登岸，停留在韦拉汉5个月，并且曾经为当地培养了一批佛教僧侣，受到当地华侨的敬慕。由此也可以从侧面证明法显漂流至耶婆提时，该地已有华侨定居。

刘裕篡夺东晋政权而建立刘宋王朝（420—479 年）之后，我国长江南北以至南方沿海地区的汉族封建统治进入了南朝时期（420—589 年）。华北地区和长江上游、黄河流域地区，自西晋亡后由匈奴、羯、鲜卑、氐、羌这 5 个游牧民族先后建立的“十六国”，到 386 年统一于鲜卑族建立的北魏，同长江南北的汉族政权（即南朝）相对峙。这就是我国历史上的“南北朝”时期。这时期，我国通往西域的陆路交通，因受北朝的隔绝而大为衰落，南朝与西方之间的交往只能经由海路，无形中促进了南朝的航海造船技术和海上贸易的发展。

据记载，南朝时期的梁王朝（502—557 年），造船技术在东吴的基础上又有了较大的提高，大船的载重量达 2 万斛[38]，比三国时期增大一倍。《宋书》、《梁书》、《南史》等我国史籍记载了天竺、师子国、南海诸国（亦称海南诸国，均指东南亚）屡遣使节来中国进贡，尤其以南朝的刘宋王朝和梁王朝最为旺盛，其中提到印尼向中国朝贡的情况，就有：（1）爪哇中部（或西部）的诃（呵）罗单国（Haratan），在刘宋文帝元嘉七年至廿九年（430 452 年）这 22 年间，来中国朝贡达 8 次，平均近 3 年朝贡一次。[39]（2）爪哇西部的多罗磨国（Taruma，又译为阇婆婆达国、阇婆达国），在刘宋文帝元嘉十二年（435 年）遣使入贡，其使节呈递的国书充满亲善友好的言词。[40]（3）苏门答腊东南部的干陀利国（Kandari）[41]，在刘宋孝武帝孝建二年（455 年）遣使朝贡[42]，在梁武帝天监元年（502 年）即梁武帝刚建立自己的王朝时，又遣使朝贡，至天监十七年（518 年）再来朝贡，普通元年（520 年）又献方物（即地方特产）。[43]（4）苏门答腊的另一个国家婆皇国（Tulangbawang，又译婆皇国、蒲黄国），在刘宋元嘉十九年（442 年）、元嘉廿六年

(449 年)、元嘉廿八年（451 年）均来朝贡，刘宋孝建三年（456 年)、大明三年（459 年)、大明八年（464 年)、泰始二年（466 年）皆来朝贡，在这 24 年中，共朝贡 7 次。[44]（5）峇厘岛的婆利国（Bali，又译婆黎)，在刘宋后废帝元徽元年（473 年）遣使朝贡，在梁武帝天监十六年（517 年）又朝贡，梁武帝普通三年（522 年）又献方物。[45]

从朝贡的情况可知，南朝时期中国同印尼群岛的不少国家建立了十分友好的外交和海上贸易关系。可以想象，当时除了以朝贡为形式的官方贸易，还可能存在着没有载入史册的民间贸易。爪哇中部扎巴拉发现我国六朝时代的有盖陶罐（藏于荷印殖民政府时期的巴达维亚博物院内，已如前述)，或许可以作为从三国至两晋南北朝时期我国与印尼存在着民间商人海上贸易关系的佐证。

581 年，隋朝建立。隋炀帝时期（605—617 年)，十分重视对东南亚的友好关系。大业三年（607 年）派遣了常骏、王君政两人出使赤土国，接着又访问罗刹国。[46]赤土国，中外学者大多数人认为是在马来半岛。罗刹国，按杜佑（唐代人)《通典》卷一八八云："在婆利之东。"[47]似乎应属印尼小巽他群岛的某一岛屿。罗刹和婆利都曾遣使朝贡于隋朝。[48]隋朝如果不是短命的王朝，它对东南亚和印尼的海上贸易关系必然会取得更大发展。

综上所述，可知：从三国时代至隋代近 400 年间，我国同东南亚和印尼的海路交通及海上贸易关系是在不断发展的；我国的官方和民间商人出洋的机会、人数、活动的区域范围也必然是不断地增长的。由此可以推测，这个时期出洋的我国民间商人之中，长期居留或者定居海外的人数也必然会比汉代有所增长。

当然，我们对这个时期的海外华侨人数的估计也不能过高。首先要看到，这时期我国和外国的海船尚未能够经得起大海洋的疾风暴雨的袭击，航海事业在当时还是一种冒险事业。东晋高僧法显从师子国乘商人大船回国时经历了多次风险，几乎丧命，最后虽然能够回到祖国，却不是在预定的港口（广州）上岸，而是漂流至山东青岛附近的崂山。正是由于旅途艰险，当时出国取经的僧侣都是一些意志非常坚强的人，其人数屈指可数。据考证，东晋时期出国僧侣，有名可考者，有法显、法净、慧常、慧应、智严、智远等 51 人；南朝刘宋时期出国僧侣有 70 余人，其中 60 余人佚名；北朝的北魏、北齐、北周，出国僧侣共 19 人，佚名者 3 人。[49] 这些出洋僧侣，大多数取陆路，所以途经东南亚和印尼者不多。像法显那样来回花费了 14 年时光，赴印度求经，回国时取海路，中途遇险而暂住印尼爪哇数月，可以姑且算为自费出洋学习而长期旅居印度的华侨，却不能算是旅居印尼的华侨；对于印尼，他只能算是一位暂住耶婆提的过路客。至于中国商人的情况，大概出洋人数会比僧侣更多，但居留外国的时间却不一定比僧侣在外国逗留的时间更长，因为他们出洋是去做生意的，做完买卖就可以走。由此可以推知，这个时期我国商人居留或定居印尼的人数虽然可能比以往增多，但毕竟也还是有限的，不宜过分夸大。

其次还要看到，我国在 5 世纪初（东晋）造船技术已相当先进，且能制造“八槽船”，但从世界航海史的角度来看，自 1 世纪（汉代）至 8 世纪（唐代中期）以前，波斯湾、印度洋至南中国海的海路交通和海上贸易始终是印度人、波斯人、阿拉伯人占优势：（1）1—5 世纪时（西汉末期至南北朝），印度商人在东南亚的贸易活动大为增加，并且在东南亚建立了许多“印度化”国家。（2）3—4 世纪时（三国至两晋），波斯商人经常在中东和远东之间从事贸易活动，4—7 世纪时（两晋至唐初）所有东非、阿拉伯、印度、东南亚输进中国的货物，通常标明来自波斯，因为那时候来到中国贩卖货物的大多是波斯商人。（3）7—8 世纪时（唐代前中期），在印尼的苏门答腊东南部又

兴起一个强大的海上贸易国家——室利佛逝（Srivijaya），它控制着马六甲海峡的海上贸易。[50]（4）7世纪中叶（唐初，高宗永徽、显庆年间），大食国（阿拉伯）崛起于西亚，并由海道向东方推广其商业。（5）8世纪中叶至9世纪中叶（唐代中后期），阿拉伯国家达到最繁盛时期，尤其是在8世纪后半叶，阿拔斯·哈里发（Abbasid Caliphate）于762年建都巴格达（Bagdad）之后，阿拉伯商人对于海上贸易的经营不遗余力，常常来往于波斯湾、印度洋、南中国海之间，这种状况一直延续到15世纪（明代）西方殖民者东来之前。可以说，8世纪时，中西海路交通和海上贸易，主要是掌握在阿拉伯商人之手。[51]（6）中国的海船，只是到了9世纪（唐代中后期）才开始在波斯湾、印度洋、南中国海的航路上称雄而凌驾于外国海船之上。[52]因此，到了10世纪（唐末）才开始有成批的中国移民出现在印尼的苏门答腊东南部。

成批出海移民之开始出现于唐末，固然应归因于唐末发生黄巢领导的农民大起义（当起义军攻陷广州城时，对城内的外国商人进行屠杀，并使城内的我国商人受到威胁，迫使这些人成批地逃离广州，流亡至东南亚各地避难），但也不应忽略另一个重要的因素，这就是唐代中后期我国对外的海路交通和海上贸易关系的发展状况，在客观上给予成批出洋逃难的人提供了足够数量的海船（不论是中国自制的或外国驶来的）。所以，从汉代直至两晋南北朝及隋朝，以至唐朝的前中期，我国商人前往印尼从事贸易并且长期居留或者定居印尼的人数尽管不断增加，但成批出海的现象却迟至唐末才出现，这并不是偶然的，而是同唐代中后期我国和别国航海、造船技术发展水平有密切联系的。

第二节　唐代末期开始有成批中国移民定居印尼

7—10 世纪，中国的历史先是唐代（618—907 年），接着是五代十国时期（907—960 年）。

唐代——更准确地说，是唐代末期（9 世纪下半叶），已有华侨定居于印尼，这是中外学者所公认的。其根据来自 10 世纪一位阿拉伯游历家马素提（Al Mas'oudi，一译马斯欧迪）撰述的《黄金牧地》（Les Prairus d'or，一译《金草原》）。它记载了马素提本人游历非洲、南亚、东南亚、中国时，在 943 年（后晋天福八年）途经印尼苏门答腊东南部沿海地区，看见那里有许多中国人从事耕种，尤其是在巴邻旁（巨港）一带，中国人最为集中，他们都是在唐末黄巢起义军攻占广州城（879 年，唐僖宗乾符六年）之后，逃难至该地的。[53]马素提的记载，是迄今为止中外学者所能找到的唯一足以证明唐代已有成批中国移民定居印尼的明确和可靠的文字记载。

西方学者莱佛士著《爪哇史》、坎贝尔著《爪哇的过去和现在》，也有这样的记载：在 10 世纪上半叶（即五代十国时期），有一艘中国海船在爪哇三宝垄附近的海上沉没，船员和乘客（中国人）分别在扎巴拉（Japara）、三宝垄、直葛（Tegal）上岸，其管仓者向直葛土王献上宝石之后，获得土王的许可，定居该地，并且受到良好的待遇。[54]这件事证明，继唐代之后的五代十国时期，爪哇中部地区已有华侨定居。当然，这两个文献资料的可靠性远不及马素提的《黄金牧地》，因为它们毕竟不是莱佛士和坎贝尔本人亲身经历的记录。不过，由于没有其他更为明确和可信的文字记载，尤其是中国史籍未见记载，所以它们仍不失

为珍贵的文献资料。

印尼华侨史开端于何时？如果以有明确和可靠的文字记载为标准，则应是唐代，更准确地说，是唐末。

事实上，唐代中国社会经济的发展水平，确实已为中国人民成批地出洋提供了良好的物质条件。

唐帝国在中国以至世界中世纪史上，占有特别重要的地位，正如我国已故著名历史学家范文澜所说："唐朝国威强盛，经济繁荣，在中国封建时代是空前的，在当时的世界上也是仅有的。"[55]

唐代中国的经济繁荣，从唐代初期和中期（7—8 世纪上半叶），也就是从唐太宗贞观年间（627—649 年）至唐玄宗开元、天宝年间（713—755 年），就已形成。这时中国国内基本统一，政权相对稳定，农业、手工业、商业都有了显著发展，同外国的陆上和海上贸易十分频繁。为了管理好对外海上贸易和征收关税的事务，从唐玄宗开元年间（713—741 年）开始在广州设置市舶使的官职。[56]当时停泊于广州港口的外国商船，就有波斯舶、师子国舶、婆罗门（印度）舶、昆仑（东南亚）舶、西域或西南夷（多属阿拉伯）舶、日本舶等等。这些外国商船接踵而至，数以千计，使广州帆樯林立。从当时的首都长安至南海重港广州，都住着大批外国商人，仅广州一地就数以万计。为了便于对侨居广州的外商进行管理，唐朝政府还设置了蕃坊，其盛况可想而知。

唐代对外海路交通和海上贸易之频繁，大大促进了我国航海和造船技术的发展。据唐代人玄应撰述的《一切经音义》卷一记载，当时我国海舶"大者长达二十丈，载六七百人"[57]。这种大海舶的航程，据阿拉伯佚名商人所撰《中国印度见闻录》的记载，可远达波斯湾。由于船身太大，只能停泊于波斯湾口的尸罗夫（Siraf，位于伊朗南部），然后由吃水浅的小船把货物转运至巴士拉（Bassorah，位于伊拉克境内的幼发拉底河口）。来自巴士拉和阿曼（Oman）等地准备运销东方的商品，也都由停泊在尸罗夫的中国大海舶装货。正因为这样，唐代中国大海舶的远航，促使尸罗夫成为 9 世纪至 10 世纪时期波斯湾上最繁荣的贸易港口。[58]

唐代中国大海舶的构造，同阿拉伯海船相比，各有优缺点。据日本学者桑原骘藏著《蒲寿庚考》一书所述："大食（阿拉伯）海舶虽轻快，比诸华舶，构造脆，形体小，抵抗风涛之力不强。"[59]因此，当时"外商虽多乘本国船，乘中国船者亦不甚少"[60]。

唐代中国大海舶的航速，也比南北朝时期快捷得多。据唐德宗贞元年间（785—805 年）宰相贾耽撰述的《皇华四达记》（《新唐书·地理志》引录）所列出的七条"边州入四夷之道"，其中第七道是"广州通海夷道"，它是从广州到波斯湾和伊拉克的巴格达的海路交通线。按照这条航海路线，从广州东南 200 里的屯门山（今九龙半岛西北部）扬帆航行至马六甲海峡和苏门答腊的室利佛逝（巨港），需时 18 天半；再从室利佛逝向东航行至爪哇的诃陵，需时 4～5 天。[61]贾耽所记的航海速度，是当时国际航船的速度，似应包括唐代中国大海舶的航速。东晋时，高僧法显从师子国乘船回国，从耶婆提至广州，按正常航速，需时 30～50 天，比唐代海船的航速慢 7～8 天以至 27～28 天。

既然唐代中国已能自己制造足以同外国船相媲美的大海船，又有众多的外国商船停泊在广州，"海上丝绸之路"就是在唐代形成的。因此，唐代中国人民出洋的条件显然比两晋南北朝时期优越得多。再加上唐代政权对外较为开放，因此中国人出洋的机会也必然比两晋南北朝时期更多。

另一方面，由于佛教在唐代中国以及同时代的东南亚诸国都很盛行，这种宗教关系促使我国同东南亚（包括印尼）的友好

关系比前代更为密切，从而也为中国人出洋贸易提供了更良好的客观条件。

上面略述了唐代中国的情况，下面略述同一时代印尼的情况。

7世纪（唐初），印尼社会开始从奴隶制过渡到封建制。在这个时期，印尼兴起了几个强大的印度化佛教国家。比如，在7世纪中叶，苏门答腊东南部（原先干陀利国的位置）兴起了室利佛逝国。它在7世纪80年代，先后吞并了邻近的末罗游国（Malayu，又译末罗瑜、摩罗游，位于今苏门答腊中部的美南加保地区）[62]、婆皇国在巨港之南，今楠榜〔Lampung〕地区），还占领了邦加岛、马来半岛的克拉地峡，进攻和威胁爪哇西部，控制了马六甲海峡和巽他海峡这两个中西海路交通和海上贸易的要道，成为8世纪末至9世纪上半叶东南亚著名的海上贸易强国和佛教中心地。它拥有强大的商船队，同印度、中国都保持着定期的海上交通。[63]室利佛逝同唐代中国的关系相当密切，在唐高宗咸亨年间至唐玄宗开元年间（670—741年）曾多次朝贡中国。[64]又如，在爪哇中部，7世纪初兴起了一个著名的印度化佛教国家——诃陵国（Kaling），建都于扎巴拉。如果说，室利佛逝由于地处马六甲海峡，扼印度洋和南中国海之间的海路交通的咽喉，从而获得很大的经济利益，使它迅速成为富裕和强盛的海上贸易国家，那么，诃陵则由于巽他海峡在中西海路交通中具有与马六甲海峡相似的重要性，使爪哇在7—8世纪时海路交通也逐渐发展起来，从而使诃陵成为当时沟通中国、印度、波斯、阿拉伯之间的海路交通和海上贸易的孔道，并且也同室利佛逝一样成为当时东南亚的佛教中心地之一。

8世纪后半叶至9世纪末（即唐代中后期），室利佛逝和诃陵这两个国家皆由夏连特拉（Syailendra）家族统治。关于夏连特拉家族的来源，有两种说法：一说夏连特拉家族起源于南印度的室利夏拉山地区，他们由南印度的羯馂伽（Kalinga）迁往缅甸南部，再迁往马来半岛，起初统治着苏门答腊岛的末罗游国（占碑），后来退往爪哇中部；[65]一说夏连特拉家族起源于扶南国（柬埔寨），是扶南王室的后裔。[66]

关于夏连特拉家族统治室利佛逝和诃陵这两个国家的情况，大致如下：760 年，夏连特拉家族在爪哇中部诃陵国的疆域建立了夏连特拉王朝（一译山帝王朝），建都于甫兰班南（Prambanan）。原先的诃陵王族逃往爪哇东部，从此不同爪哇中部交往，它对唐代中国的朝贡关系也被迫中断了。夏连特拉王朝统治下的爪哇中部，叫作迦吒呵（Kataha）[67]，我国史籍（新旧《唐书》）仍称它为诃陵国。775 年（唐代宗大历十年），夏连特拉王朝又统治了室利佛逝。但是在夏连特拉王朝统治下的迦吒呵和室利佛逝，彼此仍然是各自为政的。到了 9 世纪中叶（大约是 850 年），夏连特拉王朝在爪哇中部由于动用数十万农奴的劳动力兴建婆罗浮屠大佛塔（Candi Borobudur）及其他佛塔，引起阶级矛盾的激化，迫使夏连特拉王朝把政治中心从爪哇中部移至苏门答腊。至 903 年或 904 年，夏连特拉王朝合并了迦吒呵、室利佛逝以及马来半岛，国号总称为“三佛齐”（Sambojaya）[68]，迁都于占碑。原先室利佛逝的首都巴邻旁（巨港），这时成为三佛齐国的属领。[69]

从我国史籍的记载可以约略地看到，夏连特拉王朝统治下的迦吒呵和室利佛逝在合并为三佛齐之前，仍然同唐代中国保持着友好的交往。比如：迦吒呵在唐宪宗元和年间（806—820 年）、唐文宗太和年间（827—835 年）、唐懿宗咸通年间（860—873 年），都曾遣使进贡。[70]室利佛逝在唐宣宗大中六年十二月（853 年初）、唐懿宗咸通十二年（871 年），曾遣使进贡。[71]三佛齐建立之后，也曾于唐哀帝天祐元年（904 年）遣使进贡[72]，这时候，唐帝国已濒临灭亡了。

以上所述，都是印尼群岛的几个著名强国。至于其他一些中小国家，如苏门答腊中部的婆鲁师国（Barus）、末罗游国（Malayu），爪哇西部的婆登国（又译堕婆登，在今万丹地区），它们在被室利佛逝吞并之前，也都曾遣使进贡于唐帝国。

从上述唐代中国同印尼之间的官方友好交往，可以想象唐代中国民间商人在印尼的贸易活动也绝不会少于前代。可惜我国史籍仅有关于唐代佛教僧侣到过印尼室利佛逝和诃陵国的记载，其中最详细的是义净撰述的《大唐西域求法高僧传》，它提到义净本人在唐高宗咸亨二年（671 年）从广州搭乘波斯船前往印度求经，南航不到 20 天，先到印尼的室利佛逝，在此停留 6 个月，学习“声明”（即梵文文法），再乘室利佛逝国王的船前往末罗游（当时该国已被室利佛逝吞并），然后到达印度。义净一去 10 年，于武则天垂拱元年（685 年）（一说垂拱二年）带着佛经回到室利佛逝，在该地用 4 年时间翻译佛经。武则天永昌元年（689 年），他中途返回广州，聘请 4 名助手，再到室利佛逝从事翻译，又历时 6 年。直至武则天天册万岁元年（695 年）才最后离开室利佛逝，回到洛阳，头尾在室利佛逝住了 10 年。

据义净《大唐西域求法高僧传》和《南海寄归内法传》的记载，唐代初期（7 世纪）我国僧侣去印度求经者，计有 60 人，乘船去的占半数以上，其中有 19 人到过室利佛逝或诃陵，个别僧侣“恋居佛逝，不返番禺（广州）”（如孟怀业），有人甚至“后便归俗，住室利佛逝”（如运期），也有人因病而葬身在诃陵（如法朗）。[73]这些僧侣，如果按旅居海外 2 年以上者即可算作华侨的话，未必不可视为华侨，但他们决不能算是华侨的主体，则可断言。由于这些僧侣在海外的活动反映了唐代初期我国同印尼海路交通的发展以及宗教关系之密切，因此又可由此而推测两国之间的民间贸易关系必然也像宗教关系那样密切的；从而也可推测唐代初期我国已有民间商人长期居留或定居于印尼的可能性。

当然，对于唐代印尼华侨的情况，我们仍然不宜估计过高，因为：

1. 唐代中国对外贸易虽然较为开放，却仍以朝贡形式的官方贸易为主。“那就是说，对外贸易并不是对所有的商人（包括中国人和外国人）一律自由开放的，它只限于蛮族各‘属国’（或至少所谓‘属国’）统治者向中国皇帝‘进贡’的使团。”[74]这就必然在一定程度上限制了海外华侨人数的增长。

2. 前面说过，唐代中后期（9 世纪）我国海船已同外国海船并驾航驶于波斯湾、印度洋、南中国海，并且开始比外国海船更具优势。但据荷兰学者沃尔特的分析（英国学者霍尔同意他的看法），直至 11 世纪末（北宋），中国在东南亚的海上贸易仍然依赖于外国船，这种情况到了 12—13 世纪（南宋）才有所改变。南宋时代中国的商船队有很大发展，中国商船才开始直接同东南亚的各海港进行贸易。[75]

3. 唐代中国航海条件虽然比前代好得多，但由于上述两个原因，我国民间商人出洋的机会和人数不会太多。所谓“多”，也只是同前代相比较而言的。只有到了唐末黄巢起义军攻占广州之后，才开始出现成批中国移民定居东南亚和印尼的现象。但是这些人在南洋定居下来之后，并非个个都继续经商，而是有许多人从事农业等生产劳动，这大概也是前代未曾有过的。

华侨的成分，从过去单一的商人发展到除了商人之外还有许多生产劳动者，必然会进一步促进中国同东南亚国家（包括印尼）之间的经济和文化友好交流。唐代中国输出至东南亚以至波斯湾地区的物品，多为陶瓷和丝绸锦绢，还有金银铜铁及其制品（包括铜钱），后者是禁止出口的，但仍走漏不少；从东南亚和波斯湾地区输进唐代中国的物品，除了珠宝、象牙、犀角之外，多为香、药二类，例如乳香、苏木、龙脑香、安息香、青木香、苏合香、胡椒、白豆蔻、骐骥竭（又称血竭、龙血）等

等[76]，这当然不全是供统治阶级享受的奢侈品，其中也有有益于人民生活的医药用品和烹饪调味品，而这些物品有不少是产于印尼的，唐代中国出洋商人和定居海外（包括印尼）的华侨，在上述物资交流中充当了重要角色，起了卓越的桥梁作用，这是可以肯定的。

第三节　宋代的中印（尼）海上贸易关系与印尼华侨社会的初步形成

10世纪下半叶至13世纪下半叶，是中国历史的宋代（北宋：960—1127年；南宋：1127—1279年）。宋代继承了唐代重视对外贸易的政策，并且有所发展。北宋时期，宋太祖开宝四年（971年）消灭南汉之后，直至宋真宗咸平二年（999年）这28年间，先后在广州、杭州、明州（今宁波）设置市舶司的机构，谓之“三司”，从宋哲宗元祐二年（1087年）至宋高宗绍兴十六年（1146年）这半个多世纪里，又设福建泉州、山东密州、浙江秀州、江苏上海和江阴市舶司或市舶务。[77]如果说，汉代中国对外的海路交通和海上贸易的重要港口是在徐闻、合浦、日南，那么，从东晋直至宋代，广州一直是中国通向东南亚、南亚、波斯、阿拉伯的海路交通和海上贸易的重要港口。北宋时期，广州市舶司的关税收入占了“三司”全部关税收入的90%。南宋时期，由于同北方女真（金国）作战，造成财政困难，更是迫切想从市舶司的税收方面解决国库收入的问题。福建泉州市舶司大约是在北宋哲宗元祐二年（1087年）设置的。泉州港口的地位，由于中外商舶可以直接出入而日益显得重要，成为我国通往东南亚的门户，海舶来往之多，外商聚居之众，仅次于广州。到了宋末元初之际，泉州的地位甚至凌驾于广州之上。[78]

海上贸易的繁荣，是同航海和造船技术的发展互相促进的。宋代中国造船技术比唐代又有了长足进步。据吴自牧（宋人）撰述的《梦粱录》记载，宋代海商之舰，大者 5 000 料，可载 500～600 人，中者 1 000～2 000 料，可载 200～300 人。[79] 根据明朝万历重修的《明会典》的计算，5 000 料等于 5 000 石粮，则舰身的长度应在 50～60 丈之间，阔度在 14 丈左右。[80] 桑原骘藏《蒲寿庚考》综合了朱彧（北宋末期人）撰《萍洲可谈》等中外各类地理书籍所提供的资料，对宋代中国远航海船做了较为详尽的描述：船身极为巨大，船上设备也很齐全，有帆、橹桨、锚。悬帆的桅杆，从 4 桅至 6 桅，甚至 12 桅。航行时，有风则扬帆，无风则用橹桨划船。每船有 8 橹、10 橹以至 12 橹。橹极大，每橹用 4 人、10 人、15 人乃至 30 人。每船有 2 锚，一大一小，俱在船首，用藤索绑着，用辘轳拉上拉下。船上还有测水的铅锤。航行时，下铅锤以测定水的深浅。还用长绳下钩，沉至海底取泥，以测泥质来确定方位。每艘大船必随带若干小舟，以备泊岸时汲水、取柴之用，叫作“柴水船”。船上还备有兵器，以防海盗袭击。有些船还有人数颇多的射手、盾手、发火箭的弩手。船内划分为几十区，用坚壁严密隔开，使船的一部分受损坏时，其他部分不会受影响。造船的木料，以松木为主。船侧用双重松板，以便坚固。船底用三层松板。船的甲板用四层松板。船的下侧渐呈狭尖形，如同刀刃状，以便破浪。船腹的两旁，又缚以大竹为槖（一种没有底的袋），以拒海浪的冲击。船上人员，组织颇为严密，有纲首（船长）、副纲首（副船长）、杂役。船舶还必须持有市舶司发给的登记凭证，叫作“朱记”。“朱记”上载有纲首和副纲首的姓名、乘客的人数，等等。更值得一提的是，到北宋末南宋初（11 世纪末，12 世纪初），我国海舶在航海时已懂得使用水罗盘针（也叫指南浮针）。[81] 这种罗盘针在 13 世纪（元朝）才由阿拉伯人传入欧洲。

宋代中国海舶的航速，据我国史籍记载，广州至三佛齐（苏门答腊）顺风 20 天可达；泉州至三佛齐顺风 1 个多月可达。[82]广州至阇婆（爪哇）顺风昼夜航行 1 个月可达；[83]泉州至阇婆顺风昼夜航行月余可达。[84]

从南宋至元代，我国海舶的构造、设备、航海技术，在当时世界上已属第一流，因此，“宋、元时阿拉伯商人多乘中国船”[85]。

10 世纪初至 12 世纪（唐末至宋代），苏门答腊和爪哇两岛都经历了多次政治动荡和战争，但是它们仍然同中国保持着不同程度的友好往来。“宋代中国与东南亚海岛国家的贸易往来最多的国家还是印尼。”[86]这一点是很值得注意的。因此，要了解宋代中国商人前往印尼从事贸易以及华侨在印尼的情况，还得先了解当时中国同印尼之间的海上贸易关系。

我们先来看爪哇岛。

原先在 760 年被夏连特拉王朝从爪哇中部驱逐至爪哇东部的诃陵王族后裔，到了 9 世纪下半期又趁夏连特拉王族在爪哇中部的势力衰微之机，逐渐强大起来，并于 907 年（唐亡之年）重新占领了爪哇中部，建立了马打蓝国（Mataram）。[87]至 929 年（后唐明宗天成四年），其国王辛托（Sindok）把首都从爪哇中部迁至东部（可能是因为害怕夏连特拉王朝统治下的三佛齐对马打蓝进行报复），并且开始重视发展对外关系，同摩鹿加、苏门答腊、马来半岛建立了海上贸易关系。至 991 年（北宋太宗淳化二年），达尔玛旺夏（Dharmawangsya）当国王，更重视与中国的关系，993 年初（淳化三年十二月）恢复对中国朝贡，贡献象牙、真珠、檀香、玳瑁、白鹦鹉等宝物。[88]

然而，达尔玛旺夏热衷于同苏门答腊的三佛齐打仗。[89]991—992 年（淳化二年至三年），达尔玛旺夏进攻三佛齐，并且降服了它。至 1006 年（北宋真宗景德三年），后印度（即中南半岛，当时是三佛齐的属领）的国王邬拉瓦里（Wurawari）集合军队准备进攻爪哇东部，三佛齐乘机同邬拉瓦里联合起来。这次战争，马打蓝失败，达尔玛旺夏战死（1007 年），他的王宫也被敌军焚毁了。达尔玛旺夏的外孙爱尔朗卡（Airlangga）带领随员逃至丛林中隐蔽下来，直至 1019 年（北宋真宗天禧三年）正式宣布为马打蓝的国王。在爱尔朗卡执政期间（1019—1041 年）马打蓝是否曾经遣使朝贡北宋，史籍未见记载。但爱尔朗卡十分重视对外贸易，他在爪哇东部的普兰达斯河（Kali Brantas）河口（在泗水附近）修筑了防洪长堤，使河口的乌宗卡鲁（Ujung Galuk）成为当时印尼岛际海上贸易的货物集散地，爪哇东部的金、银、大米和贵重木材，弗罗列斯岛（Flores）的檀香，摩鹿加的香料，中国和印度的丝绸、陶瓷品等货物，都运至此地销售。此外，杜板（Tuban）也是爱尔朗卡执政时期爪哇东部地区的重要商港。从这些情况来看，爱尔朗卡执政时期的马打蓝国，同中国的海上贸易关系应该是相当密切的。

1041 年（北宋仁宗庆历元年），爱尔朗卡把马打蓝国分成两部分，赐给他的两个儿子。从此，爪哇东部出现两个分裂的国家：谏义里（Kediri）和戎牙路（Janggala，一译重迦卢）。后来谏义里吞并了戎牙路，成为 12 世纪的一个商业强国，控制了峇厘岛和小巽他群岛中的某些岛屿，并且在婆罗洲西南岸、西里伯士（今苏拉威西）行使主权。这样一来，在三佛齐的旁边，又出现了第二个海上贸易强国谏义里，同三佛齐相抗衡。

谏义里海军力量的发展，影响到 12 世纪印尼群岛的总形势，使印尼的海上贸易迅速地发展着，来自印度等国的大批商人不断地增加。这些外国商人在谏义里境内采购胡椒、香料、贵重木材，或者在前往中国之前，在这里稍事休息。据记载，谏义里在 1069—1077 年（北宋神宗熙宁二年至十年）曾遣使向中国朝贡[90]，1109 年（北宋徽宗大观三年）又遣使入贡。[91]而且，在

整个宋代，爪哇中部和东部对待前往该地从事贸易的中国商人是十分友好亲善的，“中国贾人至者，待以宾馆，饮食丰洁”[92]。这些中国商人是官商还是民间商人，史籍没有写明，大概主要是民间商人（下面还要谈到）。

到了13世纪（南宋时期），谏义里发生了重大的政治事件：农民出身的根·昂洛（Ken Aangrok）在1222年推翻了谏义里国的政权，建立了新柯沙里国（Singhasari），其疆域包括爪哇中部和东部的大部分领土。后来，新柯沙里国由格尔达纳卡拉（Kertanagara）充当国王时（1268—1292年），变得十分强大，连爪哇西部也承认他的宗主权。他还把势力伸展至三佛齐的海外属领，甚至在1286年左右征服了苏门答腊的末罗游（三佛齐的属领），使末罗游沦为新柯沙里的附庸国，并在苏门答腊中部驻扎军队达17年之久。

新柯沙里国是否同南宋中国建立朝贡关系，史籍未见记载，但即使中断了朝贡，爪哇岛与南宋中国的民间贸易关系仍然是不会中断的。据南宋人赵汝适《诸蕃志》记载，爪哇中部，位于“杜板之西，巽他之东”的一个地区（可能就是扎巴拉），土著商人常常搭乘商舶前往中国从事民间海上贸易，以象牙、犀角、真珠、檀香、丁香、豆蔻、胡椒等特产，同中国的绫绢、漆器、铁器、瓷器相交易，并且冒犯宋朝政府的禁令，潜载中国铜钱。宋朝政府屡次颁布法令禁止私营商人买卖违禁商品和私运中国铜钱出洋，迫使这些爪哇中部土著商人冒充自己是从婆罗洲西南岸的苏吉丹（Sukadana）来的。[93]《诸蕃志》还提到：这个被土著商人冒充为“苏吉丹”的爪哇中部地区，接待来自外国的商人甚为殷勤，“厚遇商贾，无宿泊饮食之费”[94]。虽然赵汝适没有指明是厚遇哪国的商贾，但我们可以肯定是包括中国商人，而且主要是中国民间商人。由此可以窥见，爪哇中部的扎巴拉同南宋中国之间的民间贸易十分频繁，关系十分亲密。

至于爪哇东部，虽然未见有类似上述爪哇中部情况的记载，但我们从新柯沙里国在格尔达纳卡拉统治时期国势强大，压倒了苏门答腊的三佛齐这种情况（已如前述）来看，新柯沙里国同南宋中国的民间贸易关系大概不会逊于爪哇中部的扎巴拉。荷兰学者编撰的《荷属东印度百科全书》“杜板”条提到：“东爪哇之杜板（今属 Rembang）在 11 世纪时（即北宋中期——引者）为重要商埠，华商之东至者，集中于此。”[95]既然早在北宋时期，爪哇东部已成为中国民间商人集中之地，那么，到了南宋时期就更可想而知了。

我们再来看苏门答腊岛。

三佛齐对宋代中国的朝贡关系，从我国史籍的记载来看，可以说比爪哇岛更为密切。960 年，即北宋建国之年（宋太祖建隆元年），三佛齐即遣使进贡。第二年（建隆二年）夏、冬两季，又进贡两次。962 年（建隆三年）春、冬两季，再入贡两次。此后，在 971 年（开宝四年）、972 年（开宝五年）、974 年（开宝七年）、975 年（开宝八年）、980 年（太平兴国五年）、983 年（太平兴国八年），我国史籍都留下了三佛齐遣使朝贡北宋皇帝的记录。[96]在上述 23 年中，共朝贡 11 次，平均每 2 年朝贡一次。988 年（北宋太宗端拱元年），三佛齐又遣使朝贡。至 991 年初（北宋太宗淳化二年冬），当三佛齐朝贡使节准备返国并抵达广州时，听到关于爪哇的马打蓝国（当时是达尔玛旺夏执政）征伐三佛齐的消息，不敢回国，逗留广州一年才离去，但中途至占城（今越南南部）又遇风向不利，再折回广州，并请求北宋政府诏谕三佛齐，证明他们延期回国的理由。992—1006 年间，三佛齐虽未灭亡，但也许是因为战争的影响，它向北宋中国进贡的次数大为减少，除了 1003 年（北宋真宗咸平六年）之外，史籍不见有三佛齐朝贡的记载。

在 1003 年的朝贡中，三佛齐对北宋王朝表现得格外忠顺和

亲热，除了贡方物之外，还向北宋王朝禀告：三佛齐本国欲建立佛寺，为北宋皇帝祝寿，请求北宋皇帝为佛寺赐名和赐钟。对此，宋真宗大为嘉赏，赐予“承天万寿”的寺额和铸钟，并授予朝贡使者“将军”的荣誉衔头。三佛齐这次朝贡，除了同平时一样进行特殊形式的官方贸易之外，显然还带有宗教和政治上的强烈意图，希望通过同北宋王朝的亲善关系，借助中国的声威来抵御爪哇马打蓝国王达尔玛旺夏的侵略。到了 1006 年（北宋真宗景德三年），三佛齐联合其属领后印度的国王邬拉瓦里进攻爪哇东部，击毙达尔玛旺夏（已如前述）之后，三佛齐又于 1008 年（北宋真宗大中祥符元年）、1017 年（北宋真宗天禧元年）向中国朝贡。[97]

1026—1030 年，三佛齐遭到南印度东岸的注辇国（Chola，在今科罗曼德尔沿岸）的猛烈进攻（可能是由于双方在亚洲海上贸易利益的冲突，也可能是由于注辇国企图掠夺财富）。[98]三佛齐国王被俘，都城被洗劫。爪哇的马打蓝国（这时由爱尔朗卡执政）面临注辇国侵略的威胁，同三佛齐言归于好。注辇国的军队不久即撤走。几年之后，三佛齐又强大起来，其领土包括苏门答腊全岛和爪哇西部的新拖（巽他）。但是三佛齐的国力仍不如爪哇东、中部的马打蓝国以及后来的谏义里国。在 12 世纪时，印尼的海洋控制在谏义里国手中。幸亏谏义里继承了爱尔朗卡执政时期马打蓝国对三佛齐言归于好的政策，同三佛齐保持着良好关系，双方没有发生过战争。因此，从 1028 年（即北宋仁宗天圣六年）起，三佛齐又恢复了同中国的朝贡关系，1077 年（北宋神宗熙宁十年）、1079 年（北宋神宗元丰二年）、1083 年（元丰六年）皆来朝贡。其后，在 1086—1097 年（北宋哲宗元祐年间和绍圣年间）都曾遣使入贡。[99]

从上述有关三佛齐向中国朝贡的概况可知，三佛齐对北宋中国有着十分密切的朝贡关系，每隔一两年朝贡一次是常有的事情。就整个北宋时期而论，三佛齐向中国朝贡的平均次数为5～6年一次。

南宋时期，三佛齐向中国朝贡的次数，见于史籍记载的有：1137年（高宗绍兴七年）、1156年（绍兴廿六年）、1168年（孝宗乾道四年）、1172年（乾道七年）、1178年（孝宗淳熙五年），共5次，平均8年一次，而且都是在南宋初期（高宗至孝宗）。[100]南宋中后期（13世纪）未见有三佛齐入贡的记载，也许是史籍有漏载，也许是由于三佛齐受到爪哇新柯沙里国的侵略和排挤，国力已逐渐削弱的缘故。

据赵汝适《诸蕃志》所述，在南宋时期，三佛齐仍拥有15个属领，其中有：（1）马来半岛中的蓬丰（彭亨）、登牙侬（丁加奴）、凌牙斯加（狼牙修，其地跨半岛东西岸，西至吉陀〔Kedah〕，东至宋卡〔Songkha〕）、吉兰丹、佛罗安（Beranang，在马来半岛西岸的Langat河上）、日罗亭（Yirudingan，在马来半岛中部）、单马令（Tambralinga，今Lingor，在北大年附近）、加罗希（Grahi，今茶耶〔Chaiya〕，在克拉地峡之南）。（2）苏门答腊岛上的拔沓（可能是Battak部落），蓝无里（Lamuri，在苏岛西北部），监篦（Kampar，Kampe，在苏岛东岸），巴林冯（巨港）。（3）爪哇岛西部的新拖（巽他）。（4）潜迈（吉蔑，今柬埔寨）。（5）细兰（锡兰，今斯里兰卡）。[101]这说明：三佛齐在南宋后期仍然是个控制着马六甲海峡、巽他海峡和克拉地峡，“扼诸蕃舟车往来之咽喉”[102]的强国。从阿拉伯、印度来到中国的海船，都必须以三佛齐的属领兰无里作为航海中停站。东西方的货物也都须以三佛齐为集散地。三佛齐还凭借自己的水军势力，逼迫过境的外国海船必须停泊于三佛齐。“蕃舶过境，有不入其国者，必出师尽杀之。”[103]

但必须指出，在南宋中后期，三佛齐对它的属领地的控制已有松弛的征象。比如，苏门答腊中部的末罗游国，在12世纪初

就已恢复独立。又如，马来半岛北部的单马令，在13世纪时成为新的独立国家，而且受到泰族侵略的威胁。更为严重的是，爪哇东部自从1222年根·昂洛推翻了谏义里国的政权，建立了新柯沙里国之后，这个国家在13世纪下半叶由格尔达纳卡拉执政时，占领了全爪哇岛，并于1275年（南宋末期）派遣军队进攻末罗游国，使它变为新柯沙里的附庸国。马来半岛的彭亨也承认新柯沙里的宗主权。于是，三佛齐就在强大的新柯沙里国的侵略和排挤之下，逐渐走向衰落了。[104]看来，南宋中后期我国史籍未见有三佛齐入贡的记载，很可能是同三佛齐国势衰微有关系。

三佛齐在南宋中后期虽然趋于衰微，但是它同整个宋代中国的民间海上贸易关系却从未间断，而且到了南宋时期贸易规模特大，这一点是值得注意的。

下面让我们来观察一下宋代中国对外的海上贸易政策以及民间商人出洋贸易的情况。

宋代也同唐代一样，一方面，十分重视发展海外贸易，鼓励外国商舶前来中国贸易（当时外国商舶抵达广州或泉州港口，市舶司必设宴招待，外国商舶离境时亦必设宴欢送）；另一方面，又把这种贸易限于以朝贡为形式的官方贸易，严禁私营海上贸易。

早在北宋初期，宋太宗太平兴国元年（976年）就颁布了《禁海之例》，并于第二年设置“榷易院”（即朝廷专利贸易机构）于京师（汴梁），对于外国商舶输进中国的货物，尤其是香料、香药之类，实行严厉的朝廷专卖制度（名曰“禁榷”），不准民间商人同外国商人自由贸易。每当此类商品运抵广州或泉州，必先经由市舶司“抽解”（即抽税），然后挑选其精细和价值较高者，优先送往京师，由朝廷“博买”（也叫“官市”）。例如乳香，是香药之一，盛产于三佛齐，北宋政府定为“榷货”，必须全部由朝廷收购，不准民间商人私自向外国商人购买。只有朝廷挑剩的一些粗重和价值较低的次货，才允许民间商人同外国商人进行交易。[105]按《禁海之例》的规定，凡私自与蕃商贸易，值满百钱以上就要论罪，值满十五贯以上者就要黥面流放海岛。然而，违禁的事情照样发生；至宋太宗淳化五年(994年)，政府又重申太平兴国元年的《禁海之例》，但具体规定已有修改，把“值满十五贯”改为“值满二十贯”，把“黥面流放海岛”改为“发配本州为兵役”。这一修改，反映出禁令的效果不佳，迫使政府一方面重申禁令，一方面又不得不略有放松。尤其是把“流放海岛”改为“发配本州为兵役”这一点，反映出当时私自同外国商人发生贸易关系甚至冒险出洋经商的我国民间商人，一反历来封建王朝统治者视外国为“蛮夷戎狄”，视出洋为“化外”的传统观念，根本不把“流放海岛”看成是一种耻辱，利之所在，仍然敢于违禁。[106]南宋时期，违禁现象更为发展。

宋朝时代，不论中国和印尼政府之间，还是民间商人之间的海上贸易活动都比唐代大大发展。从我国史籍所记载的资料可以看到，宋代中国同印尼之间的民间海上贸易关系，大致有以下两种形式：

（一）官僚贵族的私营海上贸易

当时不论中国和印尼都存在着这种不是代表官方的官僚贵族的海上贸易活动。

早在北宋时期就已经出现这样的现象：印尼群岛中的某些国家，除了由国王派遣的使节前往中国朝贡之外，还出现了地方首领（这些人可能是地方官吏，也可能是有权势的地方豪绅贵族）自己派遣使者前往广州或泉州，以“奉贡”或“献方物”为名，从事私营海上贸易。本来，地方首领是没有资格和权力代表本国政府向中国皇帝朝贡的，这些地方首领所派遣的使者只能代表地方首领本人。这些使者来到中国之后，只能停留在广州或泉州，

而不能上京师谒见中国皇帝；他们所带来的货物，由市舶司按照中国政府规定的条例，先行抽税，然后选择其中属于“榷货”者，归政府专卖。剩下的次货，属于“非榷货”或者“非绝对榷货”，才准许自由买卖。这种由地方首领遣使来“奉贡”或“献方物”的贸易活动，显然不属于以朝贡为形式的官方贸易，而只能属于私营贸易，因此可以归入民间海上贸易之一类。然而它又不是普通的民间商人所从事的海上贸易，而是属于地方首领的私营海上贸易，因此它是一种特殊形式的民间海上贸易。由于地方首领是凭借自己在政治上的特殊地位和权势，才能够从事这种特殊形式的民间海上贸易的，而且他们的财力也比那些纯民间商人更为雄厚，因此他们从事私营海上贸易的规模，也比纯民间商人大得多。

据《广州重修天庆观记》（碑文）的记载，北宋英宗治平年间（1064—1067 年），三佛齐有一位名叫地华伽啰的“地主都首领”（即地方大首领），派遣一位名叫至啰啰的亲人作为使者，带领自己的海舶来到广州。至啰啰在广州见到一座名叫“天庆观”的庙宇的废墟（此观于北宋仁宗皇祐四年即 1052 年广源州僮族首领侬智高围攻广州时被焚毁）。他回国后向地华伽啰本人汇报。地华伽啰再次派遣使者前来广州，向广州当局表示愿意捐资重修天庆观，得到广东地方政府的允许，于北宋英宗治平四年（1067 年）开始动工，至北宋神宗元丰二年（1079 年）全部完成，还捐资“五十万金钱”购置田地，将地租充作天庆观的经费，神宗“嘉其意而允其请”，并且赐他“保顺慕化大将军”的荣誉衔头。[107]这也反映出北宋时期三佛齐地方大首领同中国之间的私营海上贸易关系是十分友好、密切的。

据《宋史》记载，这位三佛齐地方大首领地华伽啰，后来在北宋神宗熙宁十年（1077 年）曾经以三佛齐国家贡使的身份来到中国。[108]地华伽啰这次出使中国，显然是代表本国国王向北宋朝廷进行特殊形式的官方贸易，这同上述地华伽啰自己派遣亲人至啰啰押舶访问广州的私营贸易性质截然不同。

《宋史》还有这样的记载：北宋太宗雍熙二年（985 年），三佛齐有一位名叫金花茶的舶主，“以方物来献”[109]。这位舶主，可能是兼做私营海上贸易的地方官吏，或者是有权势的地方豪绅贵族，当然也不排除是个纯粹民间富贾的可能性。但他既然敢以“献方物”的名义来到中国，恐怕他做的是特大规模的私营海上贸易，这不是普通民间商人的财力和社会地位所能胜任的。

以上谈的是印尼人来中国的情况。中国人去印尼的情况，据史籍记载，宋代中国的官吏，从朝廷大臣到地方官僚，特别是掌管对外海上贸易事务的市舶司监官，除了有贪污受贿的弊病之外，更有不少人利用政治上的特殊地位和权势，从事违法的私营海上贸易。这种现象愈来愈严重，政府想禁也禁不住。前述《禁海之例》的三令五申也说明了这一点。南宋时期，情况更为严重，“任官以钱附纲首（即船长），商旅过蕃买物”，甚至“发舶舟，招蕃贾贸易宝货”[110]，这种大规模的私营海上贸易活动，不断出现。举个例子：南宋大官僚张俊，付给一个闲着没有事干的老卒 50 万缗钱，让他出洋从事私营海上贸易。这老卒建造了一艘极其华丽的巨舰，带了 100 余名能歌舞音乐的美女，又募集了 10 多人穿着紫衣（五品以上官服），伪装成轩昂闲雅的文武官员，还有 100 多人充作卒徒，并广收绫罗锦缎、奇玩珍馐以及佳果和金银器皿等宝物，冒充“大宋回易使”，扬帆访问当时同中国有朝贡关系的东南亚国家，并以带去的美女和宝物换取这些国家国王馈赠的骏马、犀角、真珠、香药等方物，头尾花了一年多时间，获利数十倍而归。由于怕被这些国家识穿，故不敢再冒这种险了。[111]南宋大官僚私营海上贸易规模之特大，由此例可见一斑。

（二）普通民间商人的海上贸易

宋代中国政府既无法禁止官僚贵族所从事的私营海上贸易，也无法禁止普通民间商人的海上贸易。《诸蕃志》记载了南宋时期爪哇中部的扎巴拉冒充苏吉丹，同中国进行了频繁的民间商人海上贸易，并且热情欢迎中国商人前往该地贸易，食宿免费招待，已如前述。《宋史》也提供了三佛齐的民间商人来到中国从事海上贸易的零星史料，比如：北宋太宗太平兴国五年（980年），有一位名叫李甫诲的三佛齐蕃商，搭乘船舶，载运香药、犀角、象牙等商品，在海途中由于风势不利，漂泊了60天，来到潮州，其香药全部送往广州。[112]《宋史》还载有中国民间商人前往印尼经商的零星史料，比如：北宋太宗淳化三年十二月（993年初），有一位名叫毛旭的主舶大商，是福建省建溪（今建阳县南部）人，他多次搭乘自己的海舶前往阇婆国（即达尔玛旺夏执政时期的爪哇马打蓝国）。阇婆国王请他给前往中国朝贡的阇婆使节充当向导。[113]《宋史》还提到阇婆国热情接待中国商人，“待以宾馆，饮食丰洁”，已如前述。

日本学者和田久德很重视毛旭充当阇婆国王遣使朝贡宋代中国的向导的记载。他认为：“在东南亚，估计当时本国资本还没有在民间积累起来，而是由各地的政权主宰者同时掌握着。当本国资本受外国人——阿拉伯商人和中国商人活动的刺激因而有所行动者，就表现为王家贸易（对宋朝的关系上就表现为朝贡贸易）。在这种情况下，往往采取依靠先进的海上商人——阿拉伯和中国航海商人的运输能力、航海技术等较为便当的方法。”因此，类似毛旭这样的航海商人，“他们在连系东南亚当地政权同中国本国的朝贡贸易中起了桥梁作用”。同时，“由于宋朝商人连年去东南亚（而且，如去占城的陈惟安和去阇婆的毛旭等人，还可以看出他们对贸易的对方国家具有固定化的趋向），因而熟悉当地情况就成为必然的趋势。当时，和他们进行贸易的主要对象是各地为数有限的贵族阶层，主要是当地政府。从当地政府来说，当它同先进国家宋朝进行官方贸易（朝贡）时，便利用不断来本国进行贸易的宋朝商人，以便在有关航海情况及对宋朝应该输出何种物品（朝贡品）等方面获得确实可靠的情报，使得对宋朝的贸易顺利进行并获得利润，这乃是最方便的办法。而另一方面，从宋朝商人来说，由于施惠当地政权，就可以在与当地进行贸易时，取得更为顺利开展的条件，……这样，宋朝商人就同当地政权之间建立了相互利用的关系，其结果，宋朝商人在当地就日益站稳脚跟，以先进国家商人的身份而受到优遇”。宋朝商人“同当地政权这样密切的结合，从某种意义上说，表示他们正在向着半土著化的趋向发展”[114]。虽然，类似毛旭这样的航海商人同当地政府密切结合，“是以个人的形式进行活动的，所以具有暂时的性质”，但是“应当充分估计到：这种情况对于华侨社会的形成与发展会产生重要影响”[115]。

如果说，类似毛旭这样的民间海商只是为数不多的富商大贾，他们在印尼的贸易活动仅限于同当地国王及贵族阶层发生密切关系，亦即走上层路线，因而他们的“土著化”趋向对于宋代印尼华侨社会的形成和发展所带来的重大影响，主要是指对于华侨上层社会方面的影响而言，那么，华侨下层社会的形成和发展，理应建立在由民间中小商人和劳动阶层所组成的广大中国移民群体的基础上。据朱彧《萍洲可谈》卷二记载，宋代中国普通民间商人出洋贸易的活动相当踊跃，在深阔各数十丈的海舶中，挤满了旅客，每人只占得数尺许的容身之地，下面放置货物，上面睡人。旅客们携带的货物，大多是陶器，大小相套，放得满满的，使船上没有多少空隙之地。这些普通民间商人出洋时需向富人借债，约好回国后才偿还，借一还二；即使借债人出国10 年不归，利息也不增加。由于放债人向借债者支付实物（缯帛和陶货）而不是现款，因此放债人乘机囤积货物，抬高其价

格，他们向借债者所计的利息，实际上不止一倍。[116]可见，当时借债出洋的人都是一些不甚富裕的中小商人，而且这些人往往是一去“十年不归”。这些人应该可以算作华侨了。

《宋会要辑稿》记载了北宋末期徽宗政和二年（1112 年）朝廷大臣发现自从哲宗元祐年间（1086—1093 年）海禁开始松弛之后，“入蕃海商……时有附带曾经赴试士人（即知识分子——引者）及过犯停替胥吏（即犯了罪被罢官的低级官吏——引者）过海入蕃，或名为住冬，留在彼国数年不回，有二十年者，取妻养子”，因而建议朝廷严格执行宋神宗元丰年间（1078—1085 年）“编配人（即犯了罪罢了官的胥吏——引者）不许过海”的法令，并严禁知识分子“占户为商，趋利过海”[117]。和田久德认为，“从以上这段材料可以看出：在北宋末年，有中国人居住在南方（指东南亚——引者）各国达二十年之久，在当地与土著女子结婚，并生儿育女的情形。这段禁令是直接针对着罪犯、士人等具有特殊身份的人犯有上述的行为而发的，企图禁止他们这样做。当然，普通的老百姓，特别是商人们同样也有长期居留海外娶妻养子的情形，因为没有禁止这些人这样做，所以可以推想，此后这些现象会越来越多。”[118]

由于宋代末期我国民间商人及其他阶层的人士出洋谋生往往10～20 年不归，并且同土著妇女结婚和生男育女，因此在侨居国开始出现“土生唐人”（宋代仍习惯称中国人为唐人）。同时，由于华侨与土著居民杂居的结果，华侨同土著居民在风俗习惯和宗教信仰方面也出现了某种互相影响、互相渗透的现象。例如，三佛齐的属领佛啰安（Beranang，位于马来半岛西岸），华侨和土著居民都习惯于每年阴历 6 月 15 日共同行动，隆重烧香敬拜该地区的海港守护佛——飞来佛，亦即观音菩萨。在巴邻旁（巨港）、打板努里（Tapanuli，位于苏门答腊中部）、渤泥（婆罗洲西北部）也都有类似情况。[119]由此也反映出华侨同土著居民之间的关系是十分融洽的。但是，当时印尼华侨即使是土生的第二代，仍未完全同化于土著社会，“而仍旧保持着中国本国的生活方式与文化”，“还保持着一个特殊的社会集团”。华侨和土著居民的不同特征，可以从服饰和语言上加以区别。[120]

第四节　元至明代的对外海上贸易与印尼华侨

一、元代印尼华侨贸易活动范围的扩展

1206 年（南宋宁宗开禧二年），铁木真统一了蒙古各部落，被蒙族各奴隶主贵族推举为全蒙古的大汗（即国主），尊号成吉思汗。到了 1260 年（南宋理宗景定元年），元世祖忽必烈通过内部斗争继承了蒙古国的汗位，并于 1271 年（元世祖至元八年）宣布改国号为“大元”，是为元朝的开端。1279 年（至元十六年），元世祖最终消灭南宋，从此中国进入元代的历史阶段（1279—1368 年）。

元世祖建国初期，在消灭南宋的同时，就十分注意对外的海上贸易，并沿袭宋代的海外贸易制度。1277 年（至元十四年）元军占领浙江、福建之后，便在泉州、庆元（今宁波）、上海、澉浦（浙江海盐县之南）设置市舶司 4 所[121]，并于 1278 年（至元十五年）命令中书左丞唆都、蒲寿庚诏谕南海（即东南亚）诸国，以求恢复海上贸易关系。[122]第二年（1279），占城国（Champa，今越南中部）、马八儿国（Mabar，印度东岸）首先来中国通商，其他国家也依次仿效。从此，元代中国同东南亚及南亚诸国的海路交通和海上贸易日臻繁盛。[123]虽然元世祖曾经进攻过占城国（1282—1284 年）、安南国（今越南北部，1284

年，1287—1288年）、缅甸（1285年，1287年）、爪哇（1292—1293年），但总的来看，元代中国和东南亚诸国（包括印尼）的关系是友好的。

元代中国政府没有明文规定禁止私营舶商从事海上贸易，而只规定凡是自行造船出海贸易的商人，其船只、人员、货物均须经过市舶司审核批准，发给公凭、公验（即许可证），才能成行。船舶出海，只许往原先申请前往的地区贸易，不得越投他国，并须在规定的期限内返回，在原先发给公凭、公验的市舶司抽税，不得越投他处。在完成上述手续之后，才允许私营舶商发卖货物。因此，在元代中国私营舶商之中，有不少自己拥有海船和雄厚资金的大商人；此外，还有许多中小商人因无力自备海船而只得充当有船的大商人的“伴人”，下海贸易，或者在船上充任各种职务或“搭客”，捎带货物出洋贸易。[124]

据《元史》记载，1284年（至元二十一年），元朝政府在泉州、杭州两地设置都转运司，“官自具船、给本，选人入蕃，贸易诸货。其所获之息，以十分率，官取其七，所易人得其三”。还规定“凡权势之家，皆不得用己钱入蕃为贾，犯者治罪，没收其家产之半”[125]。可见这是一种官办性质的海上贸易，其经营方式是由官方自备海舶和出本钱，借给私营舶商出洋贸易，所获利润由官方与私营舶商双方按七三开的比例来分配。

上述官办海上贸易，是一种垄断贸易，但它既然采取政府贷款给私商的经营方式，客观上有利于民间商人出洋贸易。因此，“透过由国家主办的这种贸易，华人大量的前往南洋”[126]。何况元朝政府又不像两宋那样对蕃货实行禁榷政策，所以元代对外国的海上贸易比两宋开放得多；尽管官办的海上贸易占垄断地位，但是政府对于私营海上贸易的管制显然放宽了。这样，在客观上必然对民间商人出洋贸易起着促进的作用。

13世纪末期，元朝政府对若干出口商品加以禁止。比如：

1288年（至元二十五年）禁止“广州官民”运大米至“占城诸蕃”出售；1293年（至元三十年）规定“凡金、银、铜、铁、男女（奴隶）并不许私贩入蕃”[127]。至14世纪初，元朝政府甚至实行过海禁政策，但是时兴时废。比如：1303年（元成宗大德七年）取消市舶司，“禁商下海”；至1308年（武宗至大元年）又恢复市舶司；1311年（元仁宗至大四年）再次取消市舶司，而1314年（元仁宗延祐元年）又恢复市舶司，“诏开下蕃市舶之禁”[128]，不过“仍禁（贾）人下蕃，官自发船贸易”[129]。1320年（延祐七年）又以“下蕃之人将丝银细物易于外国”为理由，合并和停罢市舶司；到了1322年（元英宗至治二年）才又在泉州、庆元、广州三处恢复市舶司，但仍“申严市舶之禁”[130]。1323年（至治三年）元朝政府才最后放弃海禁政策，“听海商贸易，归征其税”[131]。从此以后，不再出现海禁。因此总的来说，元代中国的对外海上贸易，比起前代更为兴旺。元代中国海上贸易的繁荣，同当时我国航海造船技术已具世界先进水平有密切关系。宋代中国海船虽已能航驶至波斯湾，再由波斯湾转驳小船往阿拉伯诸国，但是大多数以印度西部的马拉巴尔（Malabar）海岸为终点，而很少进入波斯湾。元代中国海舶则已常常出入于波斯湾的巴斯拉和非洲东部的层拔罗（桑给巴尔〔Zanjibar〕）。据当时意大利游历家马可波罗（Marco Polo，1254—1324年）的《马可波罗行纪》所述，元代中国海舶不仅比欧洲船更大，而且较为舒适。摩洛哥游历家伊本·拔图塔（Ibn Battuta，1304—1377年）的《伊本·拔图塔游记》谈到元代中国海舶，“大者有船员千人，即水手六百，卫兵四百。有三帆至十二帆，皆以篾编成，并有随行船相随。……此等往来于马拉巴尔海岸与中国间之大船，除泉州、广州之外，他处皆无造之者。船底系以三层板，用巨钉接合而成。舱有四层，有公私房间多间，而盥洗与其他便利，无不俱备。船员常在木盆中栽种蔬

菜、生姜等。橹大如樯，每橹缚有铁链两条，摇橹时有十人至十五人，分两排对立，互相拉送”[132]。还谈到：从印度到中国航海只能搭乘中国商船。[133]至于元代中国海舶航驶至印尼的速度，据元代人周致中撰《异域志》所述，自泉州舶一月可到爪哇。[134]在这种先进的航海技术条件下，我国民间商人前往印尼从事贸易活动的机会和人数肯定比前代有增长。

元代中国同印尼的关系，非一言能简述。在元世祖建国初期，爪哇的新柯沙里国正由雄心勃勃的国王格尔达纳卡拉统治，国势强盛，压倒了苏门答腊的三佛齐国。新柯沙里国同元朝政府本来已经建立了朝贡贸易关系，但因1289年（至元二十六年）元世祖遣右丞孟淇出使爪哇，诏谕格尔达纳卡拉亲自入贡，触怒了格尔达纳卡拉，孟淇被黥面后驱逐回国，遂有1292年（至元二十九年）元世祖发兵2万及海舰1 000艘远征爪哇的战事发生。当元军从爪哇东部的杜板和戎牙路港口（即泗水）登陆时，新柯沙里国内发生动乱，谏义里的地方官吏查雅卡特旺（Jayakatwang）叛变，杀死格尔达纳卡拉。格尔达纳卡拉的女婿拉登·威查雅（Raden Wejaya）率军讨伐查雅卡特旺，不胜，乃向元军求援，终于打败查雅卡特旺，旋又倒戈袭击元军。元军挨此意外打击，伤死3 000人，被迫撤离爪哇。1293年，拉登·威查雅建立了麻喏巴歇（Majapahit，又译门遮巴逸、满者伯夷）王国。这个国家不久即成为印尼中世纪史上的著名强国。元代中国自从1314年元世祖逝世后，继位者不再征伐爪哇，从此麻喏巴歇同元朝帝国建立了友好关系，“与中国为商，往来不绝”[135]。

元代中国商人在印尼贸易活动的区域范围，比唐宋有所扩展，从苏门答腊、爪哇、婆罗洲三大岛屿延伸至印尼东部的摩鹿加（今马鲁古）、帝汶、西里伯士（今苏拉威西）。据元代人汪大渊撰《岛夷志略》记载，文老古（即摩鹿加）的土著首领，每年都盼望“唐舶”前来贸易；他们用“五梅鸡雏”（即五指小鸡）来占卜，拿出一只“五梅鸡雏”就会有一艘中国商船到来，拿出两只“五梅鸡雏”就会有两艘中国商船泊岸，十分灵验。[136]这个记载虽然带有迷信色彩，但是从中可以看到当时摩鹿加人民对于中国商人是非常欢迎的。《岛夷志略》还提到：有泉州吴宅商人带领100多人发舶至古里地闷（即帝汶岛）进行贸易，做完生意之后，遇到瘴气，竟病死80~90人，幸存者也变得羸弱乏力，只得驾舟随风回舶。[137]这也反映了元代中国商人已远涉印尼东部的岛屿，他们具有为开辟新的海上贸易市场而不畏艰险的奋斗精神。

日本学者田角政治著《外国地理集成》一书，引用了华侨郑福碌（原文如此，疑“碌”为“禄”字之误。——引者）的一段话：“望加锡附近之莪哇（Gova，一译卧阿）武乞族（Boegis，一译武吉斯）部落，其酋长有刀，为元时之物，相传酋长之祖先，当时直接得之中国人，以传迄今。”[138]虽然这条资料的可靠性值得商榷，但姑且可充作元代中国商人足迹已达苏拉威西岛南端的一个证明。

既然摩鹿加、帝汶、望加锡已成为元代中国商人新开辟的海上贸易市场，这就给华侨留居或定居在这些地方提供了条件。

爪哇岛是元代中国商人常去贸易的地方，而且爪哇东部的几个重要海港城镇如杜板、锦石、泗水，在元末明初已成为华侨集聚的村落。据明初跟随郑和下西洋的通译马欢所写的《瀛涯胜览》记载，杜板居民有千余家，其间多有广东及福建漳州人流寓于此，鸡羊鱼菜甚贱。杜板之东的革儿昔（锦石），原是沙滩之地，自从有中国人来到此地居住，遂名“新村”，华侨住户千余家，村主是广东人，各处土著居民都来到“新村”做买卖，居民的生活十分殷富。在苏鲁马益（泗水），亦有村主，管理土著居民千余家，其间亦有中国人。[139]该书还提到，在上述几个

海港城镇以及满者伯夷王国的首都（同名），“中国铜钱通行使用”[140]。足见元代末期中国商人及华侨在爪哇东部的沿海和内地经济上已占有很重要的地位和作用。

在婆罗洲，据《岛夷志略》及明初随郑和下西洋的费信所撰《星槎胜览》记载，当元军远征爪哇时，取婆罗洲海道，途中遇风，大部分海船遭损坏，停泊于婆罗洲西南海岸假里马达（Karimata）附近的小岛勾栏山（Gelam，又译交栏山），待伐木造舟之后又继续向爪哇进发，其中有100余名病卒留在该岛，同当地人民杂居，后来成为该岛华侨。[141]又据《岛夷志略》，婆罗洲西北部的渤泥（今文莱〔Brunei〕，也可能包括今坤甸一带），“尤敬爱唐人，醉也则扶之以归歇处”[142]。足见当地人民同元代中国商人及华侨贸易关系密切，态度亲善。

二、明代印尼华侨的经济文化活动及其作用

14世纪下半叶至17世纪上半叶，是我国历史上的明代（1368—1644年）。

明太祖洪武年间（1368—1389年），大部分精力用于恢复农业生产和消灭尚盘踞在北方、云南的元朝贵族残余势力，并平定元末明初出现于我国东南沿海地区的海盗和倭寇[143]，因此对于外交关系和对外海上贸易关系采取消极保守的态度。尽管洪武二年（1369年）曾遣使访问爪哇（满者伯夷王国）、三佛齐、渤泥等国，表示修好，这些国家也曾在洪武初年遣使入贡，明太祖对于入贡者也采取“厚往薄来”的怀柔政策，但明太祖强调的是加强海防，厉行海禁。

早在洪武四年（1371年），明太祖就下令“禁濒海民不得私出海”[144]，洪武十四年（1381年）又下令“禁濒海民私通海外诸国”[145]。洪武二十三年（1390年）又“申严交通外番之

禁”[146]。洪武二十七年（1394 年）又下令“敢有私下诸蕃互市者，必置之重法”[147]。洪武三十年（1397 年）再次“申禁人民无得擅自出海与外国互市”[148]。在厉行海禁政策期间，明太祖从洪武七年（1374 年）起废除了广州、泉州、宁波这 3 个市舶司，对于自动来中国朝贡的国家也严加限制，从 30 多国减至 10 多国，朝贡的次数和贡品的数量也都加以限制，规定只准“三年一贡”，超过者即被拒绝，竟说“入贡既频，劳费太甚，朕不欲也”[149]。更有甚者，自从洪武十三年（1380 年）发生“胡惟庸谋叛案”之后，东南亚及南亚诸国同明帝国的关系大大疏远了，从洪武十三年至三十年这 17 年间，几乎中断了同中国的朝贡贸易。[150]这就使明初洪武年间的对外海上贸易衰落下去了。

到了明成祖永乐年间（1403—1424 年）以及明宣宗宣德年间（1426—1434 年），海禁政策才有所松弛。明成祖登位之后，对于外交和海外贸易，从消极保守态度变为积极争取的态度，其目的在于进一步实现洪武时期以来的国泰民安和国际和平友好的环境。永乐元年（1403 年），遣使访问朝鲜、琉球、安南、占城、真腊、暹罗、爪哇、苏门答腊诸国，以示“怀柔”，并于同年恢复了洪武年间曾被废除的广州、泉州、宁波三市舶司。永乐三年（1405 年）又设置三处迎宾馆，即福建的“来远馆”、浙江的“安远馆”、广东的“怀远馆”。对于朝贡使者所携带的物品也予以放宽，即使发现违禁物品，也不予追究，其目的在于吸引更多的“蕃国”同中国建立和发展以朝贡为形式的贸易关系，改变洪武年间那种冷冷清清的局面。从永乐三年至宣德八年（1405—1433 年）这 28 年间，更有三保（宝）太监“七下西洋”[151]之壮举。这表明，永乐至宣德年间，明朝政府在继承明太祖的海禁政策的同时，在一定程度上实行对外开放的政策。

明成祖之所以能够实行一定程度的对外开放政策，并派遣郑和下西洋，是因为经过明太祖 30 多年来的努力，在政治上清除

了元朝贵族残余势力而统一了中国，在经济上恢复和发展了农业生产，使明帝国在洪武末年已出现了“仓廪充积，天下太平”的繁荣景象，惠帝建文年间（1399—1402 年）更是达到“家给人足，外户不阖”、“人间道不拾遗”的盛况。到了明成祖永乐年间，除了更进一步鼓励垦荒和发展农业生产之外，手工业尤其是瓷器制造业和棉纺织业也有了显著的发展，造船业的水平也居世界前列，这就为对外开放和派遣郑和下西洋创造了雄厚的物质基础。郑和下西洋的大宝船，最大者长 44 丈（按 1 尺 =31 厘米计算，相当于 137 米），宽 18 丈（相当于 56 米），其载重量，据英国学者米尔斯（Mills）的推算，约为 2 500 吨，排水量为 3 100 吨。[152]据摩洛哥游历家伊本·拔图塔的估计，这种大海船可容纳 1 000 人，包括水手 600 人，士兵 400 人。[153]郑和下西洋的大宝船“是当时世界上最大的航海巨船，被称为木船航海史上的奇迹”[154]。

郑和下西洋的目的和性质，主要是向东南亚、南亚、西亚、东非诸国寻求和平与友谊，建立和发展友好的外交关系、平等互惠的海外贸易关系，使明帝国能够有一个和平友好的国际环境，并且在这种良好的国际环境中更加有效地清除洪武以来就已存在的我国东南沿海地区的海盗之患，使明帝国更加国泰民安。当然，明成祖所寻求的和平友好的外交关系及平等互惠的海外贸易关系，仍然离不开我国历代封建帝王的对外关系基本原则，也就是要求“四夷蕃国”承认中国是“天朝上国”。但是，这个“天朝上国”对臣属于它的“四夷蕃国”毫无侵犯领土主权和掠夺其财富的野心。相反地，为了赢得“四夷蕃国”对“天朝上国”的朝贡，中国历代封建帝王宁肯在朝贡关系上采取“厚往薄来”的政策。郑和下西洋之所以受到东南亚、南亚、西亚、东非诸国的热烈欢迎，以致出现“天书到处多欢声，蛮魁酋长争相迎”[155]的场面，绝非偶然。

郑和七下西洋，前后历时 28 年，访问过 30 多个国家和地区。每次出洋都率领了由许多大中小型海船和大批官兵及各类随员组成的庞大舰队。船的数量，每次都有 100 ~ 200 艘；人的数量，每次都有 27 000 ~ 28 000 人。开船地点，多数是在苏州刘家港（今太仓浏河口。第四、五次下西洋时的开船地点，文献记载不很清楚；第七次下西洋时的开船地点在南京下关龙湾）。每次出洋都是由福州府长乐县五虎门港口离开中国国境，乘东北季候风向着西南方向航驶，首达印度支那半岛的占城国，然后依次访问东南亚及南亚诸国。前三次下西洋最远到达印度西海岸的古里（今卡里库特），后三次下西洋最远到达阿拉伯半岛的阿丹（今亚丁）和麦加，以及东非的竹步（Jobo）、麻林（Malinde）等地。印尼是郑和每次下西洋时的必经之地，其中爪哇和苏门答腊更是几乎每次下西洋时的必访之地。由此可知，郑和七下西洋同印尼发生了非常密切的关系。

史载郑和第一次下西洋时（1405—1407 年）曾于 1406 年（永乐四年）来到爪哇东部，适值满者伯夷国发生内战。西王都马板，即威克拉玛·瓦尔达纳（Wikrama Wardhana，他是已殁的满者伯夷国王哈奄·乌禄〔Hayam Wuruk〕的女婿，被哈奄·乌禄指定为王位继承人）同东王威拉甫美（Wirabumi，他是哈奄·乌禄的庶子，哈奄·乌禄死前指定他为东爪哇侯，其领地在巴兰邦安〔Balambangan〕）为王位纠纷而动干戈。第一次战争发生于 1401 年，第二次是在 1404—1406 年。在混战中，西王的军队误杀了郑和的随员 170 人。事情发生后，西王当即遣使向明成祖谢罪。郑和查明这是一场误杀，所以没有兴兵讨伐。明成祖也只是责令西王偿付黄金 6 万两赎罪了事。郑和第二次下西洋时（1407—1409 年），曾于 1408 年（永乐六年）来到东爪哇，其时西王没有践约，只向明朝政府偿付 1 万两黄金，尚欠 5 万两。礼部大臣建议把西王的使者拘留入狱，明成祖答曰："朕于远

人，欲其畏罪而已，岂利其金耶？且既能知过，所负金悉免之。”[156]如此宽宏大量，足见郑和下西洋的目的和性质是为了寻求和平与友谊。正是这个缘故，满者伯夷王国自此年年向明帝国朝贡。[157]

郑和的舰队兼有外交使团和官方贸易商队的性质和任务。他们每到一国，照例先向当地国王或首领宣读诏书，赠送礼品，然后进行官方贸易，搜集当地奇珍异宝，以供明朝皇族享受。办完“皇差”之后，郑和及其随员还同当地商人进行一般的交易，既有官家进行的，也有以私人名义进行的。[158]马欢《瀛涯胜览》也简略地记载了郑和下西洋时在爪哇的贸易活动，说爪哇“国人最喜中国青花磁（瓷）器、麝香、锁金纻丝、烧珠之类，则用铜钱买易”[159]。在爪哇人民中有许多关于郑和下西洋的传说，其中有一条是说：“有一位富裕的船长，名叫丹布·阿旺（Dampo Awang，爪哇人对郑和的尊称，意即三保大人），他有好多艘满载货物的海船，而且他是一位乐善好施的商人。”[160]可见，郑和在爪哇人民的眼中是一位和平使者和善良德厚的商人，而不是凶恶贪婪的海盗和侵略者。

郑和下西洋时的贸易活动，虽有私人贸易的成分在内，但总的说来，应属于官方贸易的性质。何况明成祖始终没有取消过明太祖的海禁法令，一切民间商人的私营海上贸易皆属违法行为。可以说，明成祖之派遣郑和下西洋以及实行一定程度上的对外开放政策，只是为了维护以朝贡和回赐为形式的官方海上贸易的垄断地位，压制民间商人的私营海上贸易。但是，明成祖对海禁政策的放松，以及郑和下西洋在海外所造成的“声威”，都在客观上大大鼓舞了我国东南沿海地区的居民出洋贸易和谋生的积极性。

事实上，我国东南沿海地区的一些大地主，对于从事海上贸易活动越来越感兴趣，而且也有能力自造海船和组织船队出海经商。这种情况自宋、元以来就已出现，到了明代更为突出。与此同时，我国东南沿海地区的普通居民，也往往迫于生计而违禁出海。据估计，当时私造两桅尖底船出海的人，为数不少。[161]因此，洪武年间的海禁政策并不能阻止我国东南沿海地区居民出洋贸易和谋生的行动。洪武年间多次颁布海禁法令，也从侧面证明了这一点。不仅如此，从洪武初年至永乐初年，将近 40 年的海禁，迫使我国东南沿海地区居民在出洋之后宁肯长期留居海外，也不愿或不敢回国，因为怕遭到明朝政府的严厉惩罚。明成祖于洪武三十五年（即建文四年，1402 年）一登位就向“流落诸蕃与之杂处”的海外华人下敕令，向他们表示“咸赦前过，俾复本业，永为良民”[162]。永乐元年（1403 年）又遣使赍敕海外流民：“朕已大赦天下，可即还复业，安土乐生。若执迷不悟，失此事机，后悔莫及。”[163]永乐四年（1406 年）再次向海外流民表示宽恕，并催促他们返国，提到：“尔等皆为良民，……思还故乡，畏罪未敢。朕比闻之，良用恻然，兹特遣人赍敕谕尔：凡前所犯，悉经赦宥，譬之春冰涣然消释，宜即还乡复业，毋怀疑虑以取后悔。”[164]然而几乎无效。这种情况，当然有利于海外华侨社会的形成和发展。在明代，流寓南洋的华侨，有的人成为对当地统治者有用的人（如梁道明等），有的人则成为海盗（如陈祖义等）。[165]

梁道明、陈祖义等人在苏门答腊旧港（巨港）和爪哇锦石等地的活动事迹，反映了明代初期印尼已有若干华侨上层人物，在当地社会中拥有相当大的经济政治实力和影响。史载梁道明是广东南海人，洪武年间（具体时间不详，可能是洪武初年）带着家眷流寓旧港。1377 年（洪武十年）爪哇满者伯夷国王哈奄・乌禄进攻三佛齐。大约在三佛齐濒临灭亡的这一年，有数千家闽粤军民随从梁道明，控制了旧港城镇，并推梁道明为首领，“雄视一方”，但满者伯夷的军队对他没有进行干涉。明成祖曾

于永乐三年（1405 年）派遣孙铉访问南洋诸国，并挟持梁道明的儿子梁二奴回国。同年又派遣谭胜受和杨信招抚梁道明，梁随即回国朝贡，受赐而还。[166]朱杰勤认为：“梁道明可能是一个私商，长期在旧港做买卖的。此地很肥沃，容易生活，又是一个良好港口，贸易方便，所以许多福建的海商都集中在这个地方成家立业，以数千家而论，大概有过万人了。为首的梁道明当然可以‘雄视一方’了。梁道明的身份可能是‘港主’。明成祖既然招他回国，他本来可以不受约束的，但不妨通过朝贡方式来进行一次贸易。”[167]

陈祖义是广东潮州人，洪武年间（洪武初）[168]全家逃至旧港，投奔当时的三佛齐国王麻那者巫里，当一名头目。国王死后，他纠集海盗自封为酋长。[169]虽然他在永乐四年（1406 年）曾遣其子陈士良回国朝贡，但他为人甚是豪横，凡有商船经过旧港，动辄抢劫财物。[170]印尼学者萨努西·巴尼认为，陈祖义等人的海盗行为造成很少有商船开往旧港，使这个城市日益衰颓。[171]郑和第一次下西洋回航时（1407 年）曾抵旧港，诏谕陈祖义。陈祖义诈降谋劫官军，但被施进卿（详下）告发。郑和在施进卿的协助之下，对陈祖义的袭击行动早有提防，在战争中杀死陈祖义军 5 000 余人，焚毁陈祖义船 10 艘，俘获 7 艘，并夺得陈祖义铜印 2 枚。陈祖义本人也被生擒，押至京师斩首。[172]朱杰勤认为：“郑和等的舰队往东南亚各国进行官方贸易是具有垄断性质的，对于私商的海外贸易是有排斥作用的。……被郑和所擒拿正法的陈祖义是巨港的私商头子，也许因他有反对明朝的倾向，所以明成祖不放过他。不过郑和的船队实力雄厚，纵横于印度洋和波斯湾，保障中国到非洲航线的安全，客观上对中国民间的海外贸易也有好的地方。”[173]

施进卿何许人也？据新加坡著名华人历史学家陈育崧的考证，施进卿是三佛齐国崩溃（1377 年）之后由爪哇满者伯夷国王任命至旧港处理宗教和行政事务的大臣，其官名是旧港事务官或“渤林邦八谛”（Pati Palembang）。施进卿是个伊斯兰教徒，早先曾为势力斗争而对抗过罪恶昭彰的海盗陈祖义。1407 年施进卿协助郑和打败陈祖义，明成祖授予他“宣慰使”的官衔，使他成为当地“中国人封主”[174]。据《明史》记载，施进卿曾遣女婿（施二姐的丈夫）丘彦诚向明朝政府进贡，明成祖命设旧港宣慰司，由施进卿任宣慰使，并赐施进卿诰印和冠带，从此，施进卿多次入贡。“然（施）进卿虽受朝命，犹服属爪哇。”[175]由此可知，施进卿在旧港是臣属于爪哇满者伯夷王国的，并非自立为王。

1421 年（永乐十九年）施进卿逝世后，其子施济孙继位，但施进卿的次女施二姐与之争位，迫使施济孙在 1424 年（永乐二十二年）向明朝政府讣告父丧，并请求赐宣慰使官衔，明成祖表示同意。[176]郑和在第六次（1421—1422 年）和第七次（1431—1433 年）下西洋的间歇时间，曾于 1424 年（永乐二十二年）1 月至 8 月专程前往旧港，可能是专为这件事而去的。但后来马欢在随同郑和第七次下西洋时，在旧港却看到掌权者是施二姐而不是施济孙，所以他在《瀛涯胜览》写道：“（施进卿）本人死，位不传了，是其女施二姐为王。”[177]

施进卿的大女儿，被称为“施大娘子俾那智”（Nyai Gede Pinatih）[178]，她受到弟妹们的排斥而离开旧港。同时，“她是一个凶狠的女巫而被放逐到爪哇的”[179]。她到爪哇，向满者伯夷国王恳求保护，国王同情她，安置她在东爪哇的锦石担任港主（Shahbandar），掌管国王同外国商人之间的联络事务，征收商船泊岸费和货物出入口税。[180]后来施大娘子在东爪哇传播伊斯兰教出了名，并且成为爪哇伊斯兰教九大圣贤（Wali-songo）之最伟大者拉登·巴固（Raden Paku）的义母。

爪哇流传着关于施大娘子和拉登·巴固的动人传说：[181]拉

登·巴固原是从爪哇以外的地方（阿拉伯）搭乘小舟（perahu）来到东爪哇的巴兰邦安国（Balambangan）从事传播伊斯兰教活动的著名哲人牟兰那·依沙（Maulana Lshak）的儿子。牟兰那·依沙因为医好了巴兰邦安国一位公主的不治之症，成了该国国王的女婿；但因国王不肯履行原先向牟兰那·依沙许下的关于改信伊斯兰教的诺言，甚至想谋杀牟兰那·依沙，迫使牟兰那·依沙离开公主，逃往苏门答腊北部的巴赛（Pasai）。当时公主已怀孕。自从牟兰那·依沙走后，巴兰邦安国内流行鼠疫，夺去了很多人的生命，国王对此十分烦恼，认为这场灾难一定是公主为牟兰那·依沙怀孕的结果。男婴出生（1355 年）之后，国王便下毒手，将男婴装进木箱中，扔入大海。公主因悲伤过度而出走，死于森林而不留痕迹。也许由于上帝的庇护吧，木箱里的男婴没有被海水淹死，而是在一个漆黑的夜里，被施大娘子搭乘的一艘从锦石航往峇厘岛的海船发现并拯救了。

施大娘子把男婴带回锦石。她自从获得这男婴之后，竟成为世界上最欢乐的妇人。她把男婴抚养至 16 岁（一说 12 ~ 13 岁），并且让这男孩前往泗水附近的安北尔，拜苏南·安北尔（Sunan Ampel）为师。苏南·安北尔原名拉登·拉赫默德（Raden Rahmat），是爪哇伊斯兰教九大圣贤之一。据说苏南·安北尔是出生于占城国的土生华侨，汉名彭瑞和（Bong Swee Hoo），后来才迁居东爪哇泗水附近的安北尔，故得名苏南·安北尔。苏南·安北尔又是施大娘子的老师。

受施大娘子抚养的男孩，由苏南·安北尔取名为拉登·巴固。“巴固”的意思是“钉子”。他给男孩取此名，是因为他预测到这男孩将来有朝一日会成为爪哇的“支柱钉”。拉登·巴固是苏南·安北尔最聪明能干的学生，长大之后成为最诚实的商人、教育家、宗教导师。拉登·巴固又成为苏南·安北尔的女婿，还娶了满者伯夷王国的公主为妻。满者伯夷国王指派拉登·

巴固为锦石省主。

拉登·巴固为人正直、善良。他 23 岁时，有一次奉其义母施大娘子之命，同一位船长带领 3 艘满载爪哇农产品的海船，航往婆罗洲经商。船抵马辰码头时，镇上的人们都涌到船上进行交易。可是这些人都是不名一文的穷人。拉登·巴固给予这些穷人 10 天的信贷，允许他们取货而去。船长亚布·扶雷腊（Abu Hurairah）反对这样做，但拉登·巴固回答道："如果我们拿不到钱，可以考虑那些货物是施大娘子的一种捐献；其中有些货物是未经缴纳什一税的，所以我们可以考虑那些货物就是未曾支付的什一税。" 3 艘船的货物都被那些未付款的穷人拿光之后，回航时间到了，却未见有人来偿还债务和付利息。船长为此而感到迷惑和失望。拉登·巴固却命令所有的船都装上石块和沙子，航返锦石。施大娘子知道这件事之后，对拉登·巴固的做法十分生气。但当拉登·巴固请她检查一下船上的货物时，她发现船上装的不是石块和沙子，而是锦石人民极为渴望的货物——藤和蜡，这使她非常惊讶，至此她才知道他的义子绝非凡人。从那时起，施大娘子成为乐于捐献和按法律缴纳什一税的人，而且她的大多数捐献都是送给宗教研究者和用以建立伊斯兰教寺院的。

拉登·巴固年事愈高愈对商业失去兴趣，转而热衷于宗教事业。他立志要成为一个伊斯兰教的圣哲。经过整整四十昼夜的离群独居，向上帝祷告，终于从上帝那里取得了圣哲的头巾，并且在基里山（Gunung Giri）建立了一座大伊斯兰教寺院，他自己也成为著名的圣贤，被尊称为苏南·基里（Sunan Giri），受到印尼伊斯兰教徒们的崇敬。他葬身的地方——基里山，被人们誉为"东方的麦加"。

拉登·巴固之所以能够成为印尼伊斯兰教九大圣贤之一，而且是最伟大的一位，全靠他的义母施大娘子的抚养和教育，这正是施大娘子深受印尼人民崇敬的原因。至今仍然有许多人前往东

爪哇锦石的卡朋孙（Kabungsun）村瞻仰施大娘子之墓。

施大娘子的传说含有很浓的神话成分，但只要我们剔除神话成分而还其本来的历史面目，就可以了解到，从14世纪下半叶至15世纪上半叶，印尼土生华侨的上层人物在侨居地为传播伊斯兰教做过不可磨灭的贡献。

关于郑和下西洋时期，郑和本人以及明代的华侨（主要是土生华侨）在印尼（特别是在爪哇）传播伊斯兰教的活动及其贡献的问题，已越来越引起印尼和其他国家的学者们注意，成为他们感兴趣的研究课题。

伊斯兰教的传播，是同商业活动密切联系的。伊斯兰教最初传入印尼，是在13世纪末14世纪初（相当于我国元代），由印度古茶辣（Goedjarat）商人传入苏门答腊北部沿海国家须文达那—巴赛（Samudra-Pasai）、贝拉克（Perlak）城镇，并传入马来半岛的马六甲，然后又随着马六甲的商船传入苏门答腊东南部的沿海城市巨港，以至爪哇岛。但伊斯兰教在爪哇岛的大量传播，可能是从15世纪初郑和下西洋时期才开始的。因为郑和第一次下西洋时，爪哇满者伯夷王国鼎盛时期的国王哈奄·乌禄刚逝世（1389年）不久，当时爪哇仍受印度教和佛教控制，伊斯兰教的影响不大。据新加坡华人学者李炯才著《印尼——神话与现实》一书的判断，郑和可能是首位访问爪哇的、有地位的伊斯兰教徒。李炯才还根据印尼文书籍的说法，认为自从郑和第一次下西洋之后，1407年在苏门答腊的旧港，华侨伊斯兰教徒社区就产生了；接着，在郑和第三次下西洋回航时的1411年，东爪哇的杜板、锦石、惹班，西爪哇的雅加达、井里汶等地也都纷纷建立起伊斯兰教堂。至郑和第七次下西洋的前一年，即1430年，在杜板、锦石、井里汶，华侨伊斯兰教徒社区都已产生了。[182]马欢《瀛涯胜览》“爪哇国”条也记载了满者伯夷王国境内的华侨“多有从回回教门，受戒持斋者”[183]。这同上面所述情况是相符的。

李炯才根据印尼文书籍所提供的资料写道："（郑和）在1434年去世（郑和逝世的时间应为1433年——引者），哈芝颜英裕成为华人回教徒社区的推动力量之一。他委任一些土生华人为首领，好像孙龙，三宝垄的一名商人，以及彭瑞和，亦即哈芝彭德庆。""彭瑞和与孙龙两人主动地促进华人社会的'爪哇化'。他们鼓励年轻一辈的人跟爪哇人社会同化，采用爪哇人的名字和生活方式。孙龙的养子陈文，亦即满者伯夷国王与其华人妻子的儿子，又名罗（拉）登·巴达（Raden Patah）。""罗登·巴达是华人的后裔，他也是爪哇的土生华人，效忠于他出生的国家。他的华裔支持者也是一样。"[184]萨努西·巴尼《印度尼西亚史》也说："根据传说，拉登·巴达是麻喏巴歇末期国王勃罗威佐约（Brawidjaja）和中国公主的儿子。……拉登·巴达是在巨港出生的，长大后回到爪哇。他的父亲（麻喏巴歇王）委任他为宾多罗（即淡目〔Demak〕）的阿迪巴迪（即地方官吏——引者）。"[185]正是这位拉登·巴达，约于1520年在淡目建立了新的商业中心和爪哇第一个伊斯兰教封建国家——淡目王国。满者伯夷王国自从1520年起就四分五裂，终于走向灭亡。爪哇出现了许多伊斯兰教国家，经过战争频繁的半个多世纪，才逐渐趋于统一：在中爪哇和东爪哇，从1575年起，建立了统一的伊斯兰教国家——马打蓝（Mataram）；在西爪哇，1568年出现了从淡目王国分离出来的伊斯兰教国家——万丹（Bantam）。接着，万丹又在1579年吞并了西爪哇的一个印度教国家巴查查兰（Pajajaran）。从此，爪哇有两个伊斯兰教国家，即马打蓝和万丹。只有在爪哇最东端一隅，还残存着一个印度教国家巴兰邦安（Balambangan）。

由上述情况可知，郑和下西洋以及印尼土生华侨对于伊斯兰教在印尼的传播，并通过这种传播活动促进爪哇从印度教和佛教

占优势的历史阶段过渡到伊斯兰教占优势的历史阶段，起了很重要的作用。这种作用是符合历史发展规律的进步作用，因为前面已经说过，伊斯兰教的传入和占优势，意味着印尼社会商业经济的向前发展，这无疑是印尼中世纪史上的一大进步。

当然，郑和下西洋以及明代中国民间商人和华侨对于东南亚和印尼社会经济文化发展所做出的贡献，远不止于传播伊斯兰教；他们还向侨居地大量传入我国的先进文明。如果说，郑和的大宝船向东南亚各国输进了大量中国物品，其中包括各种精致的丝织品和瓷器，还有金、银、铜器、铁器、铜钱等生产和生活必需品，那么，中国民间商人和华侨从中国输进东南亚的我国产品，其数量就更多了。正如朱杰勤所说："郑和在 29 年中下西洋只有 7 次，而私商的船舶来往不辍。以贸易总额，官方贸易远不及私商之多。可以断言，中国与东南亚各国经济交流和文化交流主要依靠中国的来往客商。"[186]

15—16 世纪的印尼社会，正处于封建主义的历史发展阶段，有些岛屿和内地山区及少数民族区域，还停留在奴隶制甚至原始公社末期阶段，拿它们的社会经济文化发展水平来同当时正处于发达的封建主义阶段的明代中国社会经济文化水平相比较，当然是落后得多了。因此，明代中国输进印尼的铁铫（古时农具，亦即大锄）、铁鼎和铜鼎（古时祭祀和烹饪用具）等铁器和铜器，无疑给印尼人民的农业生产和日常生活带来了极大的好处。其次，明代中国的青花（青白花）瓷器，在世界上享有盛誉，也是印尼各岛居民非常喜爱的生活用具，它对于提高印尼人民生活方式的文明程度也起了很大作用。《明史》、《东西洋考》、《西洋番国志》等古籍分别提到了婆罗洲的马辰和爪哇的土著居民饮食用蕉叶为盘。[187] 其实这种现象遍及印尼各岛。自从中国瓷器输进印尼，当地居民才开始逐渐使用瓷器做饮食用具。中国瓷器之大量输进东南亚和印尼，是从宋代开始的；[188] 但印尼人民最喜欢的青花（青白花）瓷器，则是从元末明初才开始生产[189]并输进东南亚和印尼的。[190]由此可以推知，明代中国瓷器在提高印尼人民生活的文明程度方面所起的作用，肯定大大超过宋代。中国的铜钱大量输进东南亚和印尼，也始于宋代，到了明代就更多。在爪哇，“国人多富，买卖俱用中国铜钱”[191]。在旧港，“市中交易亦使中国铜钱”[192]。这当然大大有利于当地的商品流通，从而促进印尼各岛农业、手工业和商业的发展。

郑和下西洋以及明代中国民间商人和华侨对于印尼社会经济文化发展所做的贡献，还表现在开辟和发展不少海港商业城市。苏门答腊的旧港，虽有陈祖义等海盗阻挠国际海路交通和海上贸易，但是更有梁道明、施进卿等守法私商和地方官员，他们在协助郑和清除海盗之患（从而也帮助了当地政府维持社会治安），促进印尼经济的繁荣方面，做出了可贵的贡献。在爪哇岛，几个著名的古老海港市镇的开辟和发展，都是同华侨密切联系在一起的。早在元末明初，杜板、锦石各有千余家华侨相聚成村落，并将这两个地方开辟成海港城镇。泗水也有不少华侨同当地居民和睦相处，平等交易，市场上“鸡羊鱼菜甚贱”，“金子诸般宝石一应番货多有卖者，民甚殷富”，“买卖交易行使中国历代铜钱”，“国人最喜中国青花磁器，并麝香、锁金纻丝、烧珠之类，则用铜钱买易”[193]，真是一片和平繁荣的景象。爪哇三宝垄城市的诞生和发展，更是同郑和下西洋以及华侨的到来有着格外密切的联系。

三宝垄是爪哇北岸三大海港商业城市之一，也是当今中爪哇省的省府。关于三宝垄城市的开辟，有两种不同的说法。印尼人传说邦格兰·班丹·阿朗（Pangeran Pandan Arang）是三宝垄城市的开辟者，他是一位爪哇王族，大约在1575年（明神宗万历三年）由马打蓝国王指派为三宝垄第一任的甫巴迪（bupati，即地方官吏），从此三宝垄就由荒凉的乡村变成热闹的城镇。[194]华

侨则普遍地从他们的祖辈们听到另一种说法，说是郑和下西洋时来过三宝垄，随即吸引许多华侨来到这个地方谋生和定居，并把该地开辟成为繁荣昌盛的海港商业城市。[195]

20世纪30年代初，有一位著名的印尼土生华侨记者兼作家和历史学家林天佑，研究了当地华人公馆所存的档案资料和荷、英学者的著述之后，写出《三宝垄历史》一书（印尼文，1932年由三宝垄和巴达维亚何金友书店出版）。他判断郑和是在1416年（永乐十四年）第五次下西洋[196]时到过三宝垄的，他们在今三宝垄西南郊的塞蒙安河（Kali Semongan）河口登陆，并在河畔附近的一个洞穴扎营；随之而来的华侨，最初定居在郑和扎营的这一带地方。这个地方名叫葛堂巴都（Gedong Batu，意思是“石室”），华侨称它为三保洞。华侨在三保洞地区开垦荒地，种上庄稼，并且有许多人从事商业活动，他们经常来往于三保洞地区和爪哇内地之间。大约到了17世纪初（明崇祯年间，这时荷兰东印度公司已入侵爪哇的雅加达和三宝垄等沿海地区），华侨在荷兰东印度公司威逼之下，从三保洞地区迁入今三宝垄市区，在公司指定的华人区平地起家，盖了许多竹屋。这些竹屋同土著居民的住房一个样。可见当时华侨大多数是以贫苦劳动者或中小商贩的身份来到三宝垄的（三宝垄华侨迟至17世纪70年代初，即清康熙年间，才开始盖起中国式的砖瓦房屋）。随着华侨人口的不断增长，三宝垄市区的房屋和经济活动也不断增加，三宝垄附近周围乡村的土著居民同三宝垄市区的华侨之间互通有无的友好贸易关系也建立和发展起来了。土著居民从乡间进入市区定居下来，从事生产和贸易活动的人数也不断增多。三宝垄城市就是在华侨同土著居民和睦相处、进行平等互利的经济交往过程中，逐渐从人烟稀少的荒野和沼泽地区变为繁荣热闹的海港商业城市的。[197]

三宝垄最早的港口在塞蒙安河口的芒舡（Mangkang）。[198]这个贸易港口的形成，正是由于中国商人和中国移民选择了这个地方作为帆船碇泊的地点。每当中国帆船运载着中国商品和中国移民抵达港口时，总是受到当地居民的欢迎。来到这个港口谋生的土著居民也越来越多，有的人索性在这里搭起房屋住了下来。就这样，芒舡成了印（尼）华两族人民友好通商的热闹港口，而芒舡地名的由来，也完全是从华侨传入的福建话“划舡”（wakang，帆船之意）一词演变过来的。三宝垄市区的许多街道（包括华人区以及同华人区紧密相连的土著居民区的街道）之铺设和命名，也同印（尼）华两族人民的生产和贸易活动有着非常密切的关系。这些街道名称往往是从人们经营的行业而得来的，例如亚弄巷（Gang Warung）是因为华侨集中在这条街道开设了许多小杂货店而得名的；柏都东安街（Petudungan）是因为有许多土著居民集中在这条街上摆卖遮阳帽子而得名的。当时，亚弄巷是土著居民上市场时必经的街道，因为在这里摆卖着许多土著居民喜爱的日常生活必需品（如茶叶、糖、镜子、丝绸、布匹、纸张、花生油等等），而柏都东安街也是华侨经常光顾的地方，因为土著居民巧织的遮阳帽子很受华侨欢迎。总之，三宝垄城市的建立和发展，处处留下了印（尼）华两族人民辛勤劳动和友好交易的痕迹。[199]

《三宝垄历史》一书还有如下几则珍贵的记载：从明代直至清代中期，即15世纪初至18世纪时期，“三宝垄的华侨商人，情况一直是良好的，同土著居民相处十分融洽，长期以来相安无事”。“华侨商人每日出门贩卖碗、碟、丝绸等货物，傍晚才回家。”“华侨商人和各种中国货物越来越多，尤其是纸张、布匹、丝绸和陶瓷器（碗碟）。经常有几十捆的陶瓷器从三宝垄运往爪哇内地，……每日到内地四乡去出售商品的华侨商人也不断增多。”“中国商人从中国带来很多货物，当他们回国时，也从这里带了不少可以在中国出售的商品，如胡椒、肉豆蔻、甘草及其

他香料。制花生油和制蜡烛可以说是当时华侨的重要工业。花生油除了大多数用来烹调之外，还用来照明。乡民们都用这种油来点灯。”“三宝垄地区已有华侨开设甘蔗榨糖厂。……由于当地居民喜欢吃蔗糖，这些产品都被运到（爪哇）内地去。”[200]华侨对于促进三宝垄城市经济繁荣所起的重要作用，以及华侨的生产和贸易活动在当地社会经济和人民生活中所占的重要地位，由此可见一斑。

当然，也必须指出，郑和是否到过三宝垄？由于我国史籍未见记载，史学家们只能靠华侨的各种传说以及某些当地留存的文物来推断。在传说中，有一条是说：三保洞旁有一座坟墓，是郑和之墓，郑和是在三宝垄附近的海上沉船而死的。但后来有人考证三保洞旁之墓是郑和的副手王景弘之墓。当地华人公馆的档案资料也是这样写的。不少中外学者的著述也采纳此说。

至于郑和是怎样来到三宝垄的，在传说中有这样一个动人的故事：当郑和的船队在爪哇海从东向西航行时，郑和的副手王景弘突然患了重病，郑和遂下令船队停泊于三宝垄塞蒙安河口（即后来的芒舡港口）。上岸之后，发现附近山坡上有个小洞穴（即后来的三保洞），于是郑和把洞穴作为临时营房，并在洞外盖起一间小屋，给王景弘居住和治疗。郑和还亲手给王景弘调和药剂。王景弘的病情一天天好转。10天之后，郑和决定继续西航，留下王景弘及10名随员在三保洞，还留下一艘船和少许粮食。经过长时间的疗养之后，王景弘逐渐痊愈，但他没有回国，而是带领他的随员们开荒种地，盖建房屋，并利用他的船只往返于爪哇北部沿海地区从事商业活动。他的随员们也同当地妇女结婚，定居下来。三保洞地区经过王景弘等人的开发，逐渐成为繁荣昌盛的小居民区。许多当地居民也纷纷来到这个小居民区附近从事耕作，成为三保洞地区居民的一部分。王景弘是个虔诚的伊斯兰教徒，他把许多时间和精力用于向当地居民和华侨传播伊斯兰教义，教导人们崇敬三保大人郑和的伟大业绩和高尚品德。他还把一尊郑和的小雕像放在三保洞穴中，带领他的追随者们定期向雕像膜拜。王景弘死后（终年 78 岁），按伊斯兰教仪式安葬，并在当地居民中获得了“三保大人的年高德劭的领航员”（Kiai Juru Mudi Dampo Awang）的尊称。人们总要在每月阴历初一和十五日前往三保洞膜拜郑和雕像和瞻仰王景弘之墓。500 多年来，华侨和当地居民对郑和与王景弘的崇敬心理和礼拜的习惯，始终如一，从未减退。[201]

华侨为了纪念郑和，在三保洞口建立了三保公庙。这个庙是有一段来历的。据说这庙最初很简陋，除了洞穴里的郑和雕像之外，什么也没有。后来，三保洞穴在一次大暴雨中塌陷了，当时还埋葬了一对正在膜拜的新婚夫妇。直至 1704 年（清康熙四十三年），洞穴才被人们挖掘出来。1724 年（清雍正二年），华侨在三保洞口举行了一次隆重的庆祝会，表示感谢三保大人保佑华侨在三宝垄安居乐业的恩德，接着还集资修葺三保洞，在洞口前面建起一条檐廊，供香客们遮荫憩息，从此三保公庙才有了庙宇。华侨为了纪念郑和，除了定期去三保公庙礼拜之外，每年阴历六月二十九日（据说这是郑和在三宝垄登陆之日，一说是郑和的生日）还要举行盛大的纪念游行。游行队伍第一天从华人区的大觉寺（建于 1771 年，清乾隆三十六年）出发，一路上敲锣打鼓，舞龙舞狮，旌旗招展，浩浩荡荡地向着三保洞的方向走去，第二天又从三保洞回到大觉寺。这样一去一回，是有它的特定含义的：去时表示前往三保洞恭请三保大人光临大觉寺赴宴；回时表示陪送三保大人返三保洞之后，送行者又回到大觉寺。每年举行这种纪念游行时，华侨和当地居民都同样以欢乐的心情，沿街观看热闹，全城充满着节日的气氛。此外，华侨还有每逢阴历初一和十五日前往芒舡港口烧香拜神的习惯，他们把香烛插在芒舡港口附近的田野上，这是华侨纪念郑和的又一种方式。[202]

郑和的遗体是否安葬于三保洞旁？由于我国史籍没有记载，可资考证的文物也嫌不足，史学界长期以来未能做出确切的答案。1983 年《光明日报》发表了郑一钧的一篇文章，证明郑和是在 1433 年（明宣德八年）4 月初第七次下西洋归国途中病逝于印度西海岸的古里（今卡里库特），在古里留下了衣冠墓；进而推测：由于“当时已进入夏季，船队又地处热带，郑和遗体不能长时间保存，想载回国安葬已不可能，便埋葬在爪哇之三宝垄”[203]。1985 年，中国航海史研究会张维华主编、申海田等撰写的《郑和下西洋》一书说：郑和在印度古里病逝之后，“遗体由随员官兵运载回国，葬于南京中华门外牛岗山下”。又说：“1982 年，南京市进行文物普查时，找到郑和后裔多人，其中一户数十年前曾长期在该处守坟。普查时，曾陪同有关人员到其先祖坟茔实地查看。郑和墓的发现是一件大事。最近南京市正对郑和墓进行认真的维修。”[204]但郑一钧新著《论郑和下西洋》（海洋出版社，1985 年版，第 340 页）又论证说：“据郑和在南京的后裔给郑鹤声教授和笔者来信中说，郑和在南京的后裔，曾有祖辈相传的郑和家谱一本，据看过这本家谱的老人说，南京牛首山郑和墓只是衣冠墓，里面还有郑和的一根辫子和一双鞋。”究竟何说为是，尚有待深入研究。但我们认为，郑和的埋骨处在何处，与郑和是否到过三宝垄是两回事，决不能以郑和之墓在南京为理由而否定郑和曾经到过三宝垄的可能性。

王景弘的埋骨处是否在三保洞旁？由于中国史籍也没有记载，尚难做出最后的结论。《明史》卷三二五“外国列传”六，“苏门答腊”条记载着郑和第六次、第七次下西洋时都有王景弘随行；王景弘还曾于 1434 年（其时郑和已死）奉命单独出使苏门答腊，这不能不使人对王景弘曾因病留居三保洞并且定居下来的传说，以及王景弘安葬于三保洞旁之说，产生怀疑。但我们认为，这也不能排除王景弘晚年离开祖国而定居三宝垄的可能性。

因为郑和下西洋在后期受到朝廷某些大臣的非议，被视为劳民伤财的“弊政”，迫使明成祖不得不在郑和第六次下西洋之后下令暂停。1424 年成祖逝世，仁宗继位后，也听从大臣的意见，下令停罢下西洋的宝船。1426 年宣宗登位之后，因见“蕃国”久久不来朝贡，才又在 1431 年（明宣德六年）重新派遣郑和第七次（也是最后一次）下西洋，其时郑和已 61 岁高龄，终于病逝在 1433 年回国途中。此后，自英宗正统年间（1436—1449 年）至宪宗成化年间（1465—1487 年），皇帝欲遣人重下西洋均受到大臣的阻止。其主要原因在于明朝中叶之后国力由盛而衰，内忧外患交逼；尤其是到了世宗嘉靖年间（1522—1566 年）倭寇之患达到顶峰，葡萄牙、西班牙殖民者的势力也开始伸向东南亚和中国东南沿海地区，明朝政府再也不可能恢复类似郑和下西洋的壮举，郑和的属下也不会再受到朝廷的重用。在这种情况下，王景弘晚年辞官南渡爪哇，重返曾经因患重病而留下来治疗休养的故地三保洞地区，并且定居下来，同当地华侨和土著居民打成一片，从事生产、贸易和传播伊斯兰教的活动，这不是不可能的事情。

基于上述理由，我们十分赞同朱杰勤的见解：“郑和是否到过三宝垄和王景弘是否留在印尼的事，中国史书没有记载，但我们不能认为没有记载，就完全否定这件事情，而且古代传说往往不能与历史事实截然分开。三宝垄的华人从不怀疑郑和来过三宝垄，而且在岩穴附近的地方登陆，后人也确实在此地立庙纪念他。不论有无其事，但最早在三宝垄建立居留地就是中国商人，而辛勤开发这个地区的也就是中国人，这是大家承认的。”[205]

三宝垄城市的最早开辟者，是华侨还是邦格兰·班丹·阿朗？我们认为是前者，理由如下：

1. 林天佑《三宝垄历史》说，华侨是在 1416 年（应为 1417 年）郑和第五次下西洋时期来到三保洞地区定居和从事开

发的。我们认为这个说法基本上可信。因为，根据前面已提到的莱佛士《爪哇史》和坎贝尔《爪哇的过去和现在》的记载，大约在10世纪初，唐末和五代十国时期，三宝垄及其附近地区已有中国人因偶然原因（沉船事件）而定居下来。当然，那时候三宝垄还远未形成海港，又是一片荒凉地带，流寓此地的华侨人数不会很多。到了宋、元、明代，流寓爪哇的华侨才逐渐多起来，但比较集中于东爪哇的杜板、锦石、泗水，中爪哇的扎巴拉，西爪哇的万丹等地，然后才逐渐向三宝垄移动。因此，把1417年郑和来到三宝垄的时间定为华侨大量定居和开发三宝垄的开端，是有道理的。而1417年这个时间，比邦格兰·班丹·阿朗首任三宝垄甫巴迪的1575年要早一个半世纪以上。

2. 林天佑《三宝垄历史》说，华侨从三保洞地区迁入今三宝垄市区大约是在1628年（这个时间的准确性尚待进一步考证）。这就是说，华侨从三宝垄郊区迁入市区，比邦格兰·班丹·阿朗上任三宝垄甫巴迪的时间晚53年。但我们认为这并不能排除华侨是三宝垄市区的最早开拓者的历史事实。因为，据《三宝垄历史》记载，华侨从三保洞地区迁入市区平地起家时，市区尚未形成，华人区可以说就是三宝垄最早的市区。华人区建立之初，其周围附近是一片荒地、坟场或田野，其间点缀着若干当地居民的村落，人口并不多。随着华人区的建立和发展，华人区同周围附近的当地居民发生互通有无的友好贸易关系越来越频繁，从外地乡间迁入三宝垄市区的当地居民人数也越来越多。华人区及其周围附近的当地居民村落人丁越来越兴旺。随着人口的不断增长，随着生产和贸易活动的不断发展，三宝垄市区（包括华人区、当地居民住区、华侨与当地居民杂居区，以及各区的街道）也逐渐形成了。[206]

当然，肯定华侨是三宝垄市区的最早开辟者，不等于否定当地居民和邦格兰·班丹·阿朗对开辟三宝垄城市所起的作用。三宝垄城市之所以能够建立和繁荣昌盛，成为今天爪哇三大重要海港商业城市之一，而且是今天中爪哇省的省府，主要是依靠海上进出口贸易和对爪哇内地的陆上贸易的发展，而从事这些贸易活动的主体是华侨和当地居民。所以本书前面也已提到：三宝垄城市的建立和发展，处处留下了印（尼）华两族人民辛勤劳动和友好交易的痕迹。但是，华侨在建立和发展三宝垄市区的开路先锋作用，同样是不容抹杀的历史事实。正是在这个意义上，我们赞同印尼学者所说的一段话："叙述三宝垄城市，如果不知道中国人是怎样来到这个城市的，那么，这种叙述将是不够完善的。"[207]

这里还要提一提关于三宝垄地名的由来及其同华侨的关系。据荷印殖民政府时期荷兰学者列哥格哥（C. Lekkerkerker）的考证，印尼有不少地方是以当地景物的特色来命名的，三宝垄最初的名称是阿森—阿朗（Asem-Arang）。阿森是一种酸果（中国云南省也有出产，称为"酸角"）。阿朗是爪哇语 arang，与现代印尼语 jarang 是同义，意为稀疏。阿森—阿朗的意思就是"叶子稀疏的阿森酸果树"。后来这个地名逐渐简化成为森阿朗（Semarang）。[208]华侨把这个地名译成三孖泠、三马垄等，而最普遍通用的译名是三宝垄，而且一直沿用至今。据说，华侨之所以把 Semarang 译为三宝垄，不全是音译，还有纪念三保（宝）大人郑和的深刻内涵。这说明：三宝垄这个华文译名是同三保（宝）太监下西洋的传说有密切联系的，而且也从侧面证明了华侨随郑和下西洋而开始大量地定居于三宝垄，华侨对开发三宝垄城市曾做出不可磨灭的贡献，只不过是这个历史事实被涂上了浓厚而又动人的神话传说色彩而已。

综上所述，可知元末明初，特别是郑和七下西洋时期，我国和印尼的海路交通、海上贸易关系的发展，印尼华侨社会的形成，华侨对侨居国的经济文化发展所起的促进作用，都比宋代更

为显著。

明代中后期的情况，上面已提到：自从 1433 年郑和结束了第七次下西洋之后，明帝国再也没有出现过类似的壮举。由于我国海外贸易常遭到日本倭寇和中国海盗的干扰，而且我国民间商人的私营海上贸易也往往很难与海盗活动区分开来，因此明帝国的海禁政策没有取消，只有朝贡贸易被允许继续进行。然而，郑和下西洋所推动的我国民间商人海上贸易以及我国沿海居民出洋谋生和移民的活动，却与日俱增，更加难以制止了。1433 年以后，“将近整个世纪，旅行和商业的限制并没有严厉加以执行。事实上，常常是全然不闻不问。私人的贸易，有时为富有的官僚家族所主办和资助，成为获得南洋产物的主要手段”[209]。据张燮《东西洋考》记载，15 世纪下半叶至 16 世纪初，即明宪宗成化年间（1465—1487 年）和明孝宗弘治年间（1488—1505 年），“豪门巨室，间有乘巨舰贸易海外者”[210]。可见当时私营海上贸易活动规模之大。

直至 16 世纪下半叶，倭寇之患在嘉靖末年被戚继光等名将清除，以及我国民间商人要求恢复对东南亚诸国的私人合法贸易的呼声日益高涨，终于迫使明帝国在穆宗隆庆元年（1567 年）不得不听取福建巡抚都御史涂泽民关于开放海禁的奏议，准许我国民间商人同东南亚诸国通商[211]，只有对日本仍然实行海禁政策。从 1567 年起，明帝国每年发给到东南亚进行海上贸易的私商的执照有 50 份；1575 年（明神宗万历三年）发给执照 100 份；1589 年（万历十七年）发给执照 88 份。[212]海禁的开放，无疑有利于我国民间商人出洋贸易，也使得我国人民向海外移民不断增长。明朝政府从开放海禁中也获得了利益，其征收海外贸易税额由 1576 年（万历四年）的 1 万两黄金累增至 1583 年（万历十一年）的 2 万两有余。[213]

可是，正是在明代中后期，即 15 世纪末直至 17 世纪上半叶，西方殖民主义者开始以商人兼海盗的丑恶面目出现在东方世界。

14—15 世纪，西欧封建社会内部已出现了零星的、萌芽状态的资本主义生产关系。16 世纪，西欧已进入了资本原始积累的历史阶段。[214] 海外殖民掠夺和殖民制度的建立，是西欧资本原始积累的重要方式和手段。最早侵入东方世界，从事这种罪恶勾当的是葡萄牙和西班牙殖民主义者，紧接着是荷、英、法等国殖民主义者。

1498 年（明孝宗弘治十一年），葡萄牙贵族瓦斯科·达·伽马绕过非洲南端的好望角而到达印度西海岸的古里（今卡里库特），进行掠夺性贸易，1499 年带回大批香料。1502 年（明弘治十五年），达·伽马又做第二次东航，用武力侵占了好望角和非洲东海岸地区，并用大炮摧毁了印度古里的城市。1510 年（明武宗正德五年），葡萄牙殖民者侵占了印度西海岸的果阿（Goa）和邻近印度东南部的锡兰（今斯里兰卡）。1511 年（明正德六年），达·伽马亲征并占领了马来半岛的马六甲，从此葡萄牙殖民者控制了印度洋和南中国海之间的海路交通和海上贸易的重要通道。据《东西洋考》记载，马六甲沦陷之后，城镇残破，售货渐少。葡萄牙人在同中国商人打交道时态度十分蛮横，迫使中国商船转移至苏门答腊岛东北部的亚齐、须文达那—巴赛等国。葡萄牙殖民主义强盗看见中国商船不愿停驻马六甲，“辄迎击于海门，掠其货以归”[215]。从 1511 年开始，葡萄牙殖民者将侵略魔爪伸向印尼东部的摩鹿加群岛（即香料群岛），并侵犯我国东南沿海：1517 年（明正德十二年）闯入广东沿海进行海盗活动，遭明军击败而退走；1553 年（明世宗嘉靖三十二年），用欺骗手法（借口曝晒水渍货物）请准在澳门岛居住；1557 年（明嘉靖三十六年）租借澳门，实际上是窃踞为殖民地。葡萄牙殖民者的上述海盗和侵略行为，严重阻碍了我国商人和华侨在东

南亚和印尼进行和平贸易活动。

西班牙殖民者在哥伦布（意大利人，受西班牙国王派遣）1492 年（明弘治五年）发现美洲，麦哲伦（葡萄牙人，受西班牙国王派遣）1519 年（明正德十四年）环球航海，并于 1521 年（明正德十六年）到达菲律宾群岛和印尼的摩鹿加群岛之后，开始侵入东方世界。他们的殖民掠夺活动，以中、南美洲为主要目标，其次是亚洲。由于葡萄牙殖民者在亚洲捷足先登，在争夺亚洲的海上霸权中占了优势，迫使西班牙殖民者在 1529 年同葡萄牙人订立条约，将自己伸向印尼摩鹿加的势力抽回，移向菲律宾。但是，葡萄牙殖民者并没有能够长期在印尼建立霸权，因为他们很快就遇到了比自己更强大的荷兰殖民者。

从 1602 年（明万历三十年）开始，荷兰殖民者在印尼的势力逐渐占优势，他们先后排斥了葡、西、英、法等国殖民者在印尼的势力，确立了荷兰在印尼的贸易垄断权，建立了荷印殖民制度。印尼华侨与印尼人民从此经历了遭受荷兰及其他西方殖民主义者压迫剥削的民族灾难时期。同时，由印尼华侨与印尼人民共同谱写的反抗荷兰及其他西方殖民主义者压迫和剥削的民族解放斗争史也从此开始了。

注　释

〔1〕许云樵：《南洋史》上卷，星洲世界书局，1961 年版，第 36 页。

〔2〕范·鲁尔：《印尼的贸易与社会》(J. C. van Leur, *Indonesian Trade and Society*)，海牙—万隆，1960 年版，第 66 页说：自从秦始皇将中国疆域扩展至南中国海岸和越南东京（今河内），及至西汉初期，南中国的一部分贸易和航海事业，可能是由印尼人及印度人所从事的。

〔3〕九郡，即儋耳郡、珠崖郡（均在今海南岛），南海郡、合浦郡（均在今广东，合浦现已划入广西），苍梧郡（古时瓯骆，在今广西），郁林郡（即秦时桂林郡），交趾郡、九真郡、日南郡（均属秦时象郡，今越南北部至中部）。九郡合属交趾部，部置刺史，郡置太守。

交趾部在王莽执政至东汉时期改为交州。

〔4〕陈序经:《南洋与中国》，岭南大学西南社会经济研究所，1948 年版，第13～14 页。

〔5〕四川和印度之间，通过云南和缅甸或阿萨密这条商路，可达印度，所以四川的特产邛竹杖和蜀布，都可经由此路运入印度境内。在张骞通西域之前，中国民间商人早已经常由陆路到印度从事贸易，而西汉官方却完全不知道。可见中外民间贸易关系比官方贸易关系建立更早，这是一条规律。参阅朱杰勤《关于中外关系史研究的几点看法》，见《中外关系史论文集》，河南人民出版社，1984 年版，第2 页。

〔6〕朱杰勤:《中外关系史论文集》，河南人民出版社，1984 年版，第70～77 页。

〔7〕中外学者对《汉书・地理志》“粤地”条中所列古地名的看法，简介如下：a. 都元国，藤田丰八认为是马来半岛或苏门答腊附近；许云樵认为是马来亚的都昆（Dungun）；岑仲勉认为是马来半岛东岸克拉地峡北部的 Htayan。b. 邑卢没国，藤田丰八、冯承钧认为是《新唐书・南蛮列传》所指盘盘国东南的拘蒌密，今缅甸沿岸勃固附近；许云樵认为是暹罗湾东岸；岑仲勉认为是苏门答腊北端蓝无里（Lamuri）。c. 谌离国，藤田丰八、冯承钧认为是缅甸古之骠国悉利城；许云樵认为是缅甸顿孙，即今之地那悉林（丹那沙林）；岑仲勉认为是缅甸仰光附近的沙廉（Syriam）。d. 夫甘都卢国，藤田丰八认为是缅甸蒲甘（Pugan）；岑仲勉同意此说。e. 黄支国，多数学者已一致认为是印度建志补罗；荷兰学者弗列克（Vlekke）认为是苏门答腊北部的亚齐。f. 皮宗，藤田丰八认为是苏门答腊附近或马来半岛西南端的香蕉岛（Pulau Pisang）；许云樵认为是马来半岛的柔佛。g. 已程不，藤田丰八认为是印度西岸的故临或柯枝；苏继庼认为是锡兰。

〔8〕班固：《汉书》，卷二十八下，《地理志》“粤地”条，中华书局，1962 年版，第1 671 页。为了便于一般读者的阅读，本书对于我国古籍的史料，尽量不直接引录原文，而是换用语体文表达其原意。

〔9〕象林，是日南郡最南的县，位于今越南广南的西部，处于汉代中国同林邑国（唐以后称占婆或占城，在象林之南，今越南中南部之安

仁）的交界线上，是汉代中国对外海路交通的要冲和最南的海港。当时凡是从海路来中国的外国使者和商人，大抵由此登岸。参阅许云樵：《南洋史》上卷，第52页。

〔10〕萨努西·巴尼：《印度尼西亚史》，中译本，商务印书馆，1959年版，第18页说："其实印度尼西亚各王国从来没有一个是中国的属国，它们派遣使者是为了商业的关系。"

〔11〕〔12〕朱杰勤：《中国古代海舶杂考》，见《中外关系史论文集》，河南人民出版社，1984年版，第35页。

〔13〕同〔6〕，第77页。

〔14〕范晔：《后汉书》，卷六，《帝纪》"顺帝"条；卷八十六，《南蛮西南夷列传》"南蛮"条，中华书局，1965年版，第258页，2 837页。叶调国位于爪哇西部的万丹，建国于公元前65年（相当于西汉宣帝元康元年），是印度化的奴隶制国家。

〔15〕刘继宣、束世澂：《中华民族拓殖南洋史》，商务印书馆，1935年版，第4～5页。

〔16〕海涅·赫尔德恩：《荷属东印度的史前史研究》，第147页，转引自苏继庼：《岛夷志略校释》"叙论"，中华书局，1981年版，第1页。又，布里安·哈利逊：《东南亚简史》（Brian Harrison, *South-East Asia: A Short History*），纽约，1957年版，第10页。

〔17〕林端志：《爪哇华侨中介商》，中译文，载《南洋问题资料译丛》，1957年第4期，第24页。

〔18〕韩槐准：《南洋遗留的中国古外销陶瓷》，新加坡青年书局，1960年版，第4页。

〔19〕鲁葆如：《荷印华侨经济志》上册，香港南洋出版社，1941年版，第3页。

〔20〕同〔18〕，第2页。

〔21〕万震：《南州异物志》，李昉等撰：《太平御览》，卷七六九引录。转引自苏继庼：《岛夷志略校释》"叙论"，第3页。苏继庼认为："万震并未明言此种大型船是何国船，然亦可得为中国船。"又，"万斛"相当于1 000吨，参阅朱杰勤《中国古代海舶杂考》，《中外关系史论文集》，第34页，该文说："三世纪的斛合一百升，每

升大致可当一公升，则万斛的船，可当千吨。”至于这种大型海船可载600~700人的问题，陈序经认为：“可能言之过甚一些。因为在南海行驾的一些帆船，载二三百人的已是很大的帆船。考法显行传中曾说他从印度回到东南亚时曾‘载商人大船上，可有二百余人。’后来他从耶婆提……‘复随他商人大船，上亦二百许人。’这些大船都是印度洋或南海中的很大船舶，其载人的数目均为二百余。除了货物之外，还须载数十日的粮食。这正与近代行于我国与东南亚各处的帆船的容量大致相同。若超过四百人以上，就有困难，除非途程很短，全部载人，很难载六七百以至千余人。”见陈序经：《扶南史初探》，1961年铅印本，第87页。

〔22〕〔23〕苏继庼：《岛夷志略校释》“叙论”，第4页说，康泰《吴时外国传》已一再使用“舶”字，可见“舶”字在三国时代我国南方已很流行了。

〔24〕许云樵：《康泰吴时外国传辑注》“引言”，新加坡东南亚研究所，1971年版，第1页。

〔25〕冯承钧：《中国南洋交通史》，商务印书馆，1936年版，第17页。

〔26〕许云樵：《南洋史》上卷，星洲世界书局，1961年版，第83页。

〔27〕同〔26〕，第32页注二。

〔28〕同〔18〕，第5页。

〔29〕佛教何时传入中国？贺昌群《古代西域交通与法显印度巡礼》（湖北人民出版社，1956年版）第17页说：相传在西汉哀帝元寿元年（公元前2年）博士弟子景卢受大月氏王使伊存口授浮屠经；但正式的记录，则在东汉明帝永平年间（58—75年），摄摩腾、竺法兰由月氏来中国，而光武帝之子明帝的兄弟楚王英亦信浮屠教，这是研究佛教史的人所公认的。又，方豪《中西交通史》（台北中华文化出版事业社，1957年版）第一册第143页说：佛教之传入中国，最谨慎的推断是在东汉末桓灵二帝时期（147—189年）。

〔30〕耶婆提，中外学者多数人认为是爪哇岛（见伯希和：《交广印度两道考》，冯承钧译，商务印书馆，1933年版；李长傅：《中国殖民史》；张星烺：《中西交通史料汇编》第六册等书）。也有人认为是苏门答腊岛（见费瑯〔Ferrand〕：《苏门答腊古国考》，冯承钧

译，商务印书馆，1935年版；贺昌群：《古代西域交通与法显印度巡礼》等书)。也有人认为是爪哇和苏门答腊两岛之合称（见冯承钧：《中国南洋交通史》；岑仲勉：《佛游天竺考释》)。还有人认为是婆罗洲（见摩尔赫德：《马来亚及其邻国历史》第一卷(F. J. Moorhead, *A History of Malaya and the Neibour*, Vol. Ⅰ.)；白鲁特：《马来半岛及马六甲海峡古代研究导论》（Roland Braddell, *An Introduction to Study of Ancient Times in Malay Peninsula and the Straits of Malacca*)。

〔31〕据陈序经《东南亚古史初论》(1963年铅印本第130页）估计，“这种可载二百人的海船，大致是与我国近代之从广东沿岸一带驶到东南亚各处的中等容量的帆船一样，其载重量约为一二千余担或五十至百余吨左右。”

〔32〕霍尔：《东南亚史》，中译本，商务印书馆，1982年版，第64页。又，霍尔认为，直至3世纪初（东汉献帝建安年间)，事实上还没有关于印尼西部同中国南部之间直接的航运和贸易关系的资料。在3世纪上半期，中国人已间接得知在苏门答腊的东南部沿岸某处有个“歌营国”，是个重要的商业中心，但没有同它发生直接的贸易关系，而是通过顿逊（今缅甸境内）或扶南（今柬埔寨）的联系，进行间接的贸易。“歌营国”之所以重要，是因为它同印度有贸易关系。见霍尔：《东南亚史》，中译本第63~64页。

〔33〕韦尔斯（H. G. Q. Walls)：《朝着吴哥的方向》，第31~34页，转引同〔22〕，第3页。

〔34〕同〔22〕，第3页。

〔35〕朱杰勤：《中国古代海舶杂考》，载《中外关系史论文集》，第36页。

〔36〕陈序经：《东南亚古史初论》，1963年铅印本，第180页。

〔37〕林天佑：《三宝垄历史》，中译本，暨南大学华侨研究所，1984年版，第32页。

〔38〕《颜氏家训·归心》，转引自翦伯赞主编：《中国史纲要》，第二册，人民出版社，1979年版，第107页。

〔39〕沈约：《宋书》卷五“文帝纪”，卷九十七《夷蛮列传》，“呵罗陀

国”、“呵罗单国”条，中华书局，1974年版，第78页，82～83页，85页，90～101页，2380～2381页；李延寿：《南史》，卷七十八《海南诸国、西南夷列传》，“呵罗单国”条，中华书局，1975年版，第1957页。又，同〔32〕霍尔书，第65页说：“这个王国看来在爪哇西部的可能性最大。”

〔40〕沈约：《宋书》，卷九十七，《夷蛮列传》，“阇婆婆达国”条，第2383～2384页；《南史》，卷七十八，《海南诸国、西南夷列传》，“阇婆婆达国”条，第1958页。多罗磨（阇婆婆达）国兴起于4世纪，灭亡于6世纪，其疆域包括今天爪哇西部的雅加达、茂物、加拉横等地，其政治中心在茂物。

〔41〕张廷玉等：《明史》，卷三二四《外国列传》五，“三佛齐”条，中华书局，1974年版，第8406页说：“三佛齐，古名干陀利。刘宋孝武帝时，常遣使奉贡。梁武帝时数至。宋名三佛齐，修贡不绝。”又，同〔32〕，霍尔书第65页说：“干陀利……位于后来室利佛逝兴起的同一沿海地区。”“干陀利在历史上继歌营之后，成为苏门答腊东南海岸的霸主，同时又是室利佛逝的前驱。”“史料上未有表明干陀利的位置是在占碑还是巴邻旁，但……在五至六世纪……干陀利是室利佛逝的前身。”

〔42〕沈约：《宋书》，卷九十七《夷蛮列传》，“斤陀利国”条，第2386页。又，吕思勉：《两晋南北朝史》，上册，上海古籍出版社，1983年版，第837页说：“斤陀利似即干陀利。”

〔43〕姚思廉：《梁书》，卷五十四《诸夷、海南诸国列传》，“干陀利国”条，中华书局，1973年版，第794页。

〔44〕沈约：《宋书》，卷五《文帝纪》，第90页，97页；《南史》，卷七十八《西南夷列传》,“婆皇国”条，第1957～1958页。媻皇国（一译婆皇国）在干陀利国的南部，今楠榜地区（Lampung），盛产胡椒。

〔45〕沈约：《宋书》，卷九《后废帝纪》，第179页；《宋书》，卷九十七《夷蛮列传》，“婆黎国”条，第2386页；《梁书》，卷五十四《诸夷、海南诸国列传》，“婆利国”条，第796～797页；李延寿：《北史》，卷九十五《列传》，“婆利国”条，中华书局，1974年版，第3164页。

〔46〕杜佑：《通典》，卷一八八《边防》四，“罗刹”条说：“隋炀帝大业三年，遣使常骏等出使赤土国，至罗刹。”见商务印书馆《万有文库》，本卷第1010页。

〔47〕同〔46〕，同页。

〔48〕魏征等：《隋书》，卷八十二《南蛮列传》，“婆利国”条，中华书局，1973年版，第1838页，内云：大业十二年（616年），婆利国遣使朝贡，后遂绝。

〔49〕方豪：《中西交通史》（一），台北中华文化出版事业社，1959年版，第234～235页。

〔50〕〔51〕桑原骘藏：《蒲寿庚考》，中译本，中华书局，1954年版，第2～3页；布里安·哈利逊：《东南亚简史》，第25～26页；苏继庼：同〔22〕，第4页。

〔52〕方豪：《中西交通史》（二），台北华冈出版公司，1977年版，第23页。

〔53〕李长傅：《中国殖民史》，商务印书馆，1937年版，第60页。

〔54〕莱佛士：《爪哇史》（Thomas Stamford Raffles, *The History of Java*）第二卷，吉隆坡牛津大学出版社，1965年版，第92页说：“大约这个时期（指爪哇历〔即塞伽历〕846年，亦即924年——引者），（爪哇）被认为同中国发生了首次往来：有一艘大的中国三桅船（wangkang）在爪哇的北海岸失事，全体船员上了岸，有些人在扎巴拉附近，其余在三宝垄和直葛。船的录事员携带了一块宝石，做了许多有效的努力去讨好直葛土著首领，使直葛土著首领允许他把船上的余众聚集在一个固定的住宅，并授予他们许多优惠的权利。”坎贝尔：《爪哇的过去和现在》（Campbell, *Java: Past and Present*），第一卷，第138页（转引自李长傅《中国殖民史》第60页）说：“据爪哇之记载，924年（唐同光六年）（应为唐同光二年——引者）有中国大沙船一艘，在爪哇之三宝垄附近沉没，船客漂流至岸，其管舱者献宝物于直葛（Tegal）王，得王之允许，招集余众，定居其地，受优良之待遇，是为中国人定居爪哇之始。”

〔55〕范文澜：《中国通史》，第四册，人民出版社，1979年版，第298页。

〔56〕唐代市舶使官职设于何时，我国史籍没有十分明确的记载。一般学者认为开始设置于唐玄宗开元年间，其理由是：从这时起才见有文字记载。比如，《旧唐书》，卷八《玄宗纪》第174页提到：开元二年（714年）十二月，右威卫中郎将周庆立为安南市舶使；《新唐书》，卷一一二《柳泽传》，第4 176～4 177页提到：开元年间，市舶使周庆立向唐玄宗献奇器，柳泽针对此事提出弹劾，说："陛下新即位，固宜昭宣菲薄，广示节俭，岂可以怪奇示四方哉。"由此可知开元初期已有市舶使的官职。

〔57〕章巽：《我国古代的海上交通》，知识出版社，1956年版，第26页。

〔58〕佚名：《中国印度见闻录》，中译本，中华书局，1983年版，第7～8页。

〔59〕桑原骘藏：《蒲寿庚考》，中译本，第95页。

〔60〕同〔59〕，第51页。

〔61〕欧阳修、宋祁：《新唐书》，卷四十三下《地理志》七下，引录贾耽《皇华四达记》中的"广州通海夷道"，中华书局，1975年版，第1 153页。

〔62〕末罗游建国于7世纪上半叶。在被室利佛逝吞并之前，末罗游曾经在645年初（唐太宗贞观十八年十二月）遣使向中国朝贡。

〔63〕同〔32〕，第68～70页。

〔64〕《新唐书》，卷二二二下《南蛮列传》，"室利佛逝"条，第6 305页。

〔65〕同〔10〕，第24页。

〔66〕同〔65〕。又，陈序经：《扶南史初探》，1961年版，第269～270页，275页；陈序经：《马来南海古史初述》，1962年版，第129页。

〔67〕同〔10〕，第25页。

〔68〕同〔10〕，第25～26页。

〔69〕这可能就是叙述我国宋代历史的《宋史》、《诸蕃志》等中国史籍不再提到室利佛逝这个国名，而只提三佛齐国名的原因。

〔70〕《新唐书》，卷二二二下《南蛮列传》，"诃陵"条，第6 302～6 303

页；刘昫等：《旧唐书》，卷一九七《西南蛮列传》，“诃陵”条，中华书局，1975 年版，第 5 273 页。

〔71〕王溥：《唐会要》，卷一〇〇，“占碑国”条，中华书局，1957 年版，第 1 795 页。

〔72〕赵汝适：《诸蕃志》，卷上，“三佛齐国”条。冯承钧校注本，中华书局，1956 年版，第 13 页说，三佛齐国“其国自唐天祐始通中国”。《宋史》，卷四八九《外国列传》五，“三佛齐”条，第 14 088 页也有类似记载。

〔73〕义净：《大唐西域求法高僧传》，卷下，转引自陈序经：《马来南海古史初述》，1962 年版，第 98 ~ 102 页。

〔74〕同〔32〕，第 94 页。

〔75〕同〔32〕，第 64 ~ 65 页。

〔76〕岑仲勉：《隋唐史》，高等教育出版社，1957 年版，第 571 ~ 573 页；韩国磐：《隋唐五代史纲》，人民出版社，1977 年版，第 248 页；林家劲：《唐代广州与南海的交通》，中山大学 1979 年学术讨论会论文，第 4 ~ 5 页。

〔77〕脱脱等：《宋史》，卷一八六，《食货志》下八，“互市舶法”条，中华书局，1977 年版，第 4 558 ~ 4 561 页。关于市舶司的职务，《宋史》，卷一六七，《职官志》七，第 3 971 页说：“提举市舶司，掌蕃货、海船、征榷、贸易之事，以来远人，通远物。”桑原骘藏《蒲寿庚考》中译本第 10 ~ 11 页说，宋代市舶司的职务，有几方面：（甲）关于外舶及外商者，a. 外船入港时，检查其有无禁品；b. 保管进口货；c. 征收关税；d. 买进政府专卖品（如香药等）；e. 保护外商；f. 外船出港及回国时，检查其有否禁品。（乙）关于华船往外及本国商人者，a. 起程及回国时，检查其货；b. 征收关税。

〔78〕章巽：《我国古代的海上交通》，新知识出版社，1956 年版，第 29 页。

〔79〕吴自牧：《梦粱录》，卷十二，“江海船舰”，中国商业出版社，1982 年版，第 102 页。

〔80〕方豪：《中西交通史》（二），台北华冈出版有限公司，1977 年版，第 23 页。

〔81〕同〔59〕，第96～98页。

〔82〕《宋史》，卷四八九，《外国列传》五，“三佛齐国”条，第14088页。

〔83〕周去非：《岭外代答》，卷二《外国上》，“阇婆国”条，商务印书馆，1936年版，第22页。

〔84〕赵汝适：《诸蕃志》，卷上，“阇婆国”条，第22页。

〔85〕同〔59〕，第95页。同书第50～51页又说：“大食商人自本国来华，再归故土，往返约需二年。外商虽多乘本国船，乘中国船者亦不甚少。宋元时，大食人普通乘中国船。”译者陈裕菁附注：“唐宋时，中国之贸易船（＝市舶＝海舶）往来波斯、印度、南洋者，蕃商乘者颇多。《元典章》二十二‘市舶’二十二条中，有蕃客乘中国船之规程。元市舶法多循南宋旧规，故自宋即有蕃客乘中国海舶来航之事。”见该书第91页，注三十。

〔86〕朱杰勤：《东南亚华侨史》，高等教育出版社，1990年版，第13页。

〔87〕这个马打蓝国，是印度化的佛教国家，不是后来在16世纪兴起于爪哇中部和东部的那个信奉伊斯兰教的马打蓝国。这个信仰佛教的马打蓝国，其首任国王叫巴里栋（Balitung），建都于墨棠（Medang）。墨棠可能在今之甫蓝班南地区，也有人认为在南旺（Rembang）附近的格罗波干（Gelobokan），亦即葡萄野里（Purwodadi）。参阅萨努西・巴尼：《印度尼西亚史》，中译本第35页。

〔88〕《宋史》，卷四八九，《外国列传》五，“阇婆国”条，第14092页。

〔89〕《诸蕃志》，卷上，“阇婆国”条，第23页提到：阇婆国“与三佛齐有仇，互相攻击。”

〔90〕沈括：《梦溪笔谈・补笔谈》，卷三，第5页，转引自江醒东《宋代中国与印尼的贸易和邦交关系》，见《东南亚历史论文集》，中山大学东南亚历史研究所编，1984年，第16页。

〔91〕《宋史》，卷四八九，《外国列传》五，“阇婆国”条，第14093页。

〔92〕《宋史》，卷四八九，《外国列传》五，“阇婆国”条，第14091页。

〔93〕赵汝适：《诸蕃志》，卷上，“阇婆国”及“苏吉丹”条，第24页，26页。

〔94〕赵汝适：《诸蕃志》，卷上，“苏吉丹”条，第26页。

〔95〕张克诚：《荷属东印度群岛之古代略史》，《南洋研究》第一卷，第3期，上海暨南大学南洋文化事业部，1928年刊行，第46页。

〔96〕有关三佛齐朝贡两宋的记载，均见《宋史》，卷四八九《外国列传》五，“三佛齐国”条，第14 088～14 090页。但《宋史》的记载有遗漏。林家劲《两宋与三佛齐友好关系略述》一文（载《中山大学学报》，1962年第4期）辑录了《宋史》及其他史籍所载的材料，编出三佛齐朝贡两宋的细表，可资参考。

〔97〕赵汝适：《诸蕃志》，卷上，“三佛齐国”条的末尾，提到北宋大中祥符、天禧等年间“贡使络绎”。中华书局，1956年版，第13页。

〔98〕张星烺编注，朱杰勤校订：《中西交通史料汇编》，第六册，中华书局，1979年版，第359页，注一。

〔99〕《宋史》，卷四八九《外国列传》，“三佛齐国”条，第14 088～14 090页。

〔100〕赵汝适：《诸蕃志》，卷上，“三佛齐国”条，中华书局，1956年版，第13页。

〔101〕赵汝适：《诸蕃志》，卷上，“三佛齐国”条，第13页。

〔102〕同〔100〕，第12页。

〔103〕《岭外代答》，卷二，“三佛齐国”条，商务印书馆，1936年版，第22页。又，赵汝适《诸蕃志》，卷上“三佛齐国”条也说：“若商舶过不入，即出船合战，期以必死，故国之舟辐辏焉。”

〔104〕同〔16〕，布里安·哈利逊：《东南亚简史》，第46～47页。

〔105〕《宋史》，卷一八六，《食货志》下八，“互市舶法”条，第4 559页；《萍洲可谈》，卷二，商务印书馆，1936年版，第17页，19页。

〔106〕《宋史》，卷一八六，《食货志》下八，“互市舶法”条，第4 559页，并参阅陈里特：《中国海外移民史》，中华书局，1946年版，第48页。

〔107〕天庆观又叫“元妙观”，原址在今广州市海珠北祝寿巷，其前身是唐代的“开元寺”，北宋真宗大中祥符二年（1009年）改为“天庆观”。元朝元贞二年（1296年），依《老子》中的“玄之又玄，

众妙之门”之意，更名为“玄妙观”。至清朝时期，为了避“玄烨”（康熙字）讳而改称“元妙观”，一直沿用至民国时期。参阅《广州市志》卷十七，广州市地方志编纂委员会，广州出版社，1998 年版，第 374 页。《广州重修天庆观记》碑文，见戴裔煊《宋代三佛齐重修广州天庆观碑记考释》附录，《学术研究》，1962 年第 2 期，第 75 页。

〔108〕《宋史》，卷四八九，《外国列传》五，“三佛齐国”条，第 14 090 页。又，同书同页还记载北宋哲宗元祐二年（1088 年），有一位名叫地华加罗的三佛齐判官，随同贡使皮襪、副贡使胡仙，来中国朝贡。这位地华加罗与三佛齐地方大首领地华伽啰不是同一个人。因为三佛齐地方大首领地华伽啰死于重修广州天庆观竣工的第二年，即 1080 年（北宋神宗元丰三年），不可能在 1088 年又复活。《宋史》把三佛齐判官的名字译为“地华加罗”，看来也是有意与“地华伽啰”区别开来的。

〔109〕《宋史》，卷四八九，《外国列传》五，“三佛齐国”条，第 14 089 页。

〔110〕《宋史》，卷三八八，《列传》第一四七，《陈良祐传》，第 11 902 页。

〔111〕罗大经：《鹤林玉露》，丙编卷二，《老卒回易》，中华书局，1983 年版，第 269 页。

〔112〕《宋史》，卷四八九，《外国列传》五，“三佛齐国”条，第 14 089 页。

〔113〕《宋史》，卷四八九，“阇婆国”条，第 14 092 页。

〔114〕和田久德：《宋代（960—1279 年）东南亚的华侨社会》，中译文，《东南亚研究资料》，1962 年第 1 期，第 92 页。

〔115〕同〔114〕，第 95 页。

〔116〕朱彧：《萍洲可谈》，卷二，商务印书馆，1936 年版（丛书集成），19 页。

〔117〕李心傅等编，徐松辑：《宋会要辑稿》，《刑法》二（上），“禁约”，政和二年六月廿二日，北平图书馆，1936 年影印本。

〔118〕同〔114〕，第 96 页。

〔119〕同〔114〕，第99页。

〔120〕同〔114〕，第103页。

〔121〕至1293年（至元三十年）止，又增设温州、杭州、广州市舶司三所，总共七所。但元代市舶司兴废无常，到了元代末期，仅剩下泉州、广州、庆元三所。

〔122〕宋濂等:《元史》，卷十，《世祖本纪》七，中华书局，1976年版，第204页。又，方豪:《中西交通史》（三），台北华冈出版有限公司，1977年版，第21页说:"至元十四、十五年，实为元代积极计划复兴对南洋贸易之始。"

〔123〕同〔59〕，第185～186页，204页注六。

〔124〕陈高华:《元代的海外贸易》，《历史研究》，1978年第3期，第62页，64页。

〔125〕宋濂等:《元史》，卷九十四，《食货志》二，"市舶"条，第2401～2402页。

〔126〕王赓武:《南洋华人简史》，中译本，台北水牛出版社，1969年版，第4页。

〔127〕宋濂等:《元史》，卷九十四，《食货志》二，"市舶"条，第2402页。

〔128〕宋濂等:《元史》，卷二十五，《仁宗本纪》二，第566页。

〔129〕宋濂等:《元史》，卷九十四，《食货志》二，"市舶"条，第2403页。

〔130〕〔131〕同〔129〕，第2402～2403页。

〔132〕同〔22〕，第7页。

〔133〕《伊本·拔图塔亚非旅行记》，吉朋英文节译本第235页，转引自陈高华:《元代的海外贸易》，《历史研究》，1978年第3期，第67页。又，桑原骘藏《蒲寿庚考》中译本第93页说:"至元末伊本·拔都他时，海舶之往来印度、中国间者，几全为中国船矣。"

〔134〕〔135〕周致中:《异域志》，卷上，转引自刘继宣等:《中华民族拓殖南洋史》，第50页。

〔136〕汪大渊:《岛夷志略》，"文老古"条，苏继庼校释本，中华书局，1982年版，第205页。

〔137〕同〔136〕，“古里地闷”条，第209页。

〔138〕田角政治：《外国地理集成》上卷，转引自陈特里：《中国海外移民史》，中华书局，1948年版，第19页注三。

〔139〕马欢：《瀛涯胜览》，“爪哇国”条，商务印书馆，1935年版，第8~9页；巩珍：《西洋番国志》，“爪哇国”条，向达校注本，中华书局，1982年版，第6页。

〔140〕同〔139〕，第8页。

〔141〕《岛夷志略》，“勾栏山”条，第248页；费信：《星槎胜览》，“交栏山”条，冯承钧校注本，商务印书馆，1938年版，第9~10页。

〔142〕《岛夷志略》，“浡泥”条，第148页。

〔143〕元末明初，中国东南沿海地区的海盗与日本倭寇相勾结。谷应泰《明史纪事本末》卷五十五《沿海倭乱》（中华书局，1974年版）第843页载：“元末濒海盗起，张士诚、方国珍余党，导倭出没海上，焚民居，掠货财。北自辽东、山东，南抵闽、浙、江（苏）、东粤。滨海之区，无岁不被其害。”

〔144〕《明太祖实录》，卷七十，洪武四年十二月丙戌，中央研究院历史语言研究所校印本，第1300页。

〔145〕同〔144〕，卷一三九，洪武十四年十月己巳，第2197页。

〔146〕同〔144〕，卷二〇五，洪武二十三年十月乙酉，第3067页。

〔147〕同〔144〕，卷二三一，洪武二十七年正月甲寅，第3374页。

〔148〕《皇明世法录》卷四十七“平刑”条，转引自张奕善《东南亚史研究论集》，台湾学生书局，1980年版，第260页。

〔149〕《明太祖实录》，卷八十八，洪武七年二月癸巳，第1565页。

〔150〕同〔149〕，卷二五四，洪武三十年八月丙午，第3671页。

〔151〕“西洋”这个地理概念，始于元代，见于汪大渊《岛夷志略》。当时“西洋”是指苏门答腊岛的旧港（巨港）以西的北印度洋沿岸地区，而旧港及爪哇则属“东洋”之地。明初，马欢《瀛涯胜览》、费信《星槎胜览》、巩珍《西洋番国志》都以苏门答腊岛作为划分“西洋”和“东洋”的分界线：苏岛以西的印度洋及其沿海地区为“西洋”，苏岛和爪哇皆属“东洋”。明代中叶以后的万历年间，“西洋”的地理概念有变化，把婆罗洲作为东西洋的分

界线，如张燮《东西洋考》卷五“文莱”条说：“文莱即婆罗国，东洋尽处，西洋所自起也。”按张燮的观点，苏岛和爪哇皆属“西洋”，文莱和文莱以东的菲律宾群岛属“东洋”。《明史》卷三二三也依照《东西洋考》的观点。参阅范中义、王振华：《郑和下西洋》，海洋出版社，1982 年版，第 91 ~92 页。

〔152〕张维华主编：《郑和下西洋》，人民交通出版社，1985 年版，第 18 页，80 ~81 页。另一说法为：明尺 1 尺等于现在市尺 1.1 尺多，因此大宝船长约 160 米，宽约 66 米，张 12 帆，它比宋代“神舟”又加大了，恐怕是我国造船史上最大的沙船。见张俊彦：《古代中国与西亚非洲的海上往来》，海洋出版社，1986 年版，第 208 页。

〔153〕朱偰：《郑和》，三联书店，1956 年版，第 50 页注一。

〔154〕张维华主编：《郑和下西洋》，人民交通出版社，1985 年版，第 120 页。

〔155〕马欢：《瀛涯胜览》，“纪行诗”，第 1 页。

〔156〕《明太宗实录》，卷七十一，永乐五年九月癸酉，第 997 页。

〔157〕《明史》，卷三二四，《外国列传》五，“爪哇”，第 8403 ~8404 页载：永乐六年（1408 年）之后，比年一贡，或间岁一贡，或一岁数贡。又载：永乐十三年（1415 年），十六年（1418 年）皆入贡，“自是朝贡使臣大率每岁一至”。明中叶之后，朝贡次数渐稀。

〔158〕同〔154〕，第 61 页说：郑和船队官兵有很大一部分是各卫所的漕军，他们在押解漕粮时都附带地方物产沿途售卖谋利，因此他们在随同郑和下西洋时也可能携带私人贸易之货出洋。

〔159〕马欢：《瀛涯胜览》，“爪哇国”条，第 15 页。

〔160〕林天佑：《三宝垄历史》，中译本，暨南大学华侨研究所，1984 年版，第 311 页。

〔161〕吴晗：《明史简述》，中华书局，1980 年版，第 42 ~45 页；张奕善：《东南亚史研究论集》，台湾学生书局，1980 年版，第 262 页。

〔162〕《明太宗实录》，卷十二上，第 210 页。

〔163〕同〔162〕，卷二十一，永乐元年六月丁卯，第 391 页。

〔164〕同〔162〕，卷五十二，永乐四年三月丁巳，第 878 页。

〔165〕同〔126〕，第 6 页，26 ~27 页译者注 20。

〔166〕《明史》，卷三二四，《外国列传》五，“三佛齐”，第8408页；《明太宗实录》，卷三十八，永乐三年春正月戊午，第646页。

〔167〕同〔86〕，第26页。

〔168〕马欢：《瀛涯胜览》，“旧港国”条，第16~17页，说陈祖义是洪武年间全家逃至旧港；巩珍：《西洋番国志》，“旧港国”条，第11页，说陈祖义是洪武初年挈家逃窜旧港。

〔169〕同〔154〕，第40页。

〔170〕《明太宗实录》，卷五十六，永乐四年秋七月丙辰，第834页；《瀛涯胜览》，“旧港国”条，第17页。又，《星槎胜览》“旧港”条第18页亦云：陈祖义“聚众三佛齐国，抄掠番商”。宣德六年（1431年）郑和所立长乐南山天妃行宫“天妃灵应之记”碑文（转引自朱偰：《郑和》，第53页）也提到：“海寇陈祖义聚众三佛齐国，劫掠番商”。

〔171〕同〔10〕，第82页。

〔172〕马欢：《瀛涯胜览》，“旧港国”条，第17页；《明史》，卷三〇四《列传·郑和传》，第7767页，卷三二四《外国列传》五，“三佛齐”条，第8408页；《明太宗实录》，卷七十一，永乐五年九月壬子，第987页。

〔173〕同〔86〕，第33页。

〔174〕陈育崧：《明代中国移民和东南亚回化的关系——施大娘子俾那智，锦石伟大的女性》，中译文，见张奕善：《东南亚史研究论集》，台湾学生书局，1980年版，第471页。又，关于梁道明、施进卿、陈祖义三人之间的关系，郑一钧著《论郑和下西洋》一书（海洋出版社，1985年版，第266页），引用查继佐《罪惟录》的记载，说：梁道明在洪武年间被公推为旧港华侨首领时，施进卿任梁的副手，其时又有陈祖义来到旧港，“久之亦得众，与进卿争长”。1405年（永乐三年）明成祖遣谭胜受和杨信往旧港招抚梁道明时，梁受招返国，由施进卿顶替梁的位置，成为旧港华侨首领。而陈祖义为了使旧港完全置于自己的控制之下，与施进卿争夺领导权，矛盾十分尖锐。

〔175〕〔176〕《明史》，卷三二四，《外国列传》五，“三佛齐”，第

8 408 页。

〔177〕马欢：《瀛涯胜览》，“旧港国”条，第 17 页。

〔178〕陈育崧推测：“施进卿有两个以上的女儿，Pinatih 是老大，（施）二姐是次女，……施济孙也许为唯一的儿子。”（同〔174〕陈育崧文第 470 页）但郑一钧《论郑和下西洋》一书认为：施大娘子就是施二姐（见该书第 314～315 页）。至于施大娘子何时、何故离开旧港迁居爪哇，照陈育崧的说法，她是受弟妹们的排斥而被驱逐的，但何时走，没有说明。若依陈说，我们可以估计施大娘子是在 1421 年施进卿死后不久就走的，因为她既然在旧港已失去立足点，也就不可能在旧港久呆。照郑一钧的说法，施大娘子是晚年才离开旧港的，但“晚”至何年，没有说明。若依郑说，我们可以估计她不会太早离开旧港，因为她既然能够从施济孙手里夺得父位，而且得到郑和与明成祖的默认，足见她在旧港很有实力，其统治地位相当稳固，除非发生特大事变，是不会很快下台的。陈、郑二说，哪个可信？我们手头资料不足，无法判断，只想谈谈我们的主观臆测：

据陈育崧前揭文所述，苏南·基里出生于 1355 年。照此推算，苏南·基里 23 岁奉其义母施大娘子之命，乘船前往婆罗洲做生意时，当是 1378 年（洪武十一年）。由此可以估计，施大娘子离开旧港迁居爪哇的时间远远早于施进卿逝世的 1421 年，大概早在洪武初年甚至元朝末期就已离开旧港了。换句话说，施大娘子不是晚年才迁居爪哇的。但我们觉得苏南·基里的出生时间很值得怀疑，可能是 1440—1445 年间，或者是 1430—1440 年间，不可能更早。理由：（1）据《印尼百科全书》（*Ensiklopedia Indonesia*），1956 年印尼文版，第 547 页，“苏南·基里”条；1981 年印尼文版，第 1 131～1 132 页，“苏南·基里”条，“基龚特拉瓦尔塔纳”条（Girindrawardhana）所述，苏南·基里是 15 世纪晚期的人物，当 1478 年爪哇谏义里（Kediri）的达哈国王（Raja Daha）基龚特拉瓦尔塔纳（又名拉那威查雅〔Raṇawijaya〕）征服满者伯夷王朝时，苏南·基里是属于推翻满者伯夷王朝的伊斯兰教王侯联盟的成员。照此看来，苏南·基里不可能出生于 1355 年。因为如果按这个出生时间计算的话，苏南·基里在 1478 年已是 123 岁高龄的“寿星公”了。(2) 据萨努西·巴尼《印度尼西亚史》中译本第126页所述，苏南·基里有个志同道合的朋友——苏南·坡囊(Sunan Bonang，爪哇伊斯兰教九大圣贤之一，曾与苏南·基里一起去过苏门答腊的巴赛学习伊斯兰教)，是苏南·安北尔的儿子。苏南·安北尔约在1450年同一个叫耶伊·阿根·玛泥拉的厨闽小姐结婚，生了一个儿子，就是苏南·坡囊。由此我们可以估计，苏南·基里的出生时间是1450年前后。因为苏南·基里与苏南·坡囊是同辈，两个人的岁数相差不会太大。假如苏南·基里比苏南·坡囊大，也不过是1～5岁之差，最多是10～20岁之差。但若按1355年这个出生时间来计算，则苏南·基里比苏南·坡囊大95岁以上，这就不是同辈了。由此观之，苏南·基里不可能出生于1355年，而有可能出生于1440—1450年间，或者1430—1440年间。如果我们这个推测是准确的话，就可以断言施大娘子是晚年才离开旧港的，进而断言施大娘子与施二姐是同一个人。

〔179〕同〔174〕，第467页。

〔180〕同〔174〕，第467页，470页。

〔181〕同〔174〕，第462～467页。又，萨努西·巴尼《印度尼西亚史》中译本第126页也谈到拉登·巴固和施大娘子俾那智的关系，但没有写出俾那智的名字，只说她是“富有的女商人”。

〔182〕李炯才：《印尼——神话与现实》，香港明报出版部，1982年版，第133～134页。

〔183〕马欢：《瀛涯胜览》，“爪哇国”条。

〔184〕同〔182〕，第134～135页。

〔185〕同〔10〕，第127～128页。

〔186〕同〔86〕，第33页。

〔187〕《明史》，卷三二三，《外国列传》四，“文郎马神”条，第8380～8381页；《东西洋考》，卷四，“文郎马神”条，第85～86页；《西洋番国志》，“爪哇国”条，第8页。

〔188〕同〔18〕，第1～2页说：“查宋明之际，我国与南洋之贸易，其输出多以陶瓷及丝货，以博易南洋土产之象牙、犀角、玳瑁、苏木及各种香药。”

〔189〕同〔18〕，第11～12页。韩槐准认为：青花（青白花）瓷器，

“亦即我国习惯上通称之白地青花（瓷器）。……元代我国已烧白地青花瓷器，似无疑问”。他根据 J. A. Popes 氏所著《十四世纪白地青花瓷器》及《伊朗亚德俾回教寺的中国瓷器》的研究成果，推断“自元代我国已知应用钴矿绘画于瓷胎，再盖以釉，而烧成白地青花之瓷器”，并认为“我国陶工自元末明初间，始知烧造白地青花瓷器”。

〔190〕《岛夷志略》，“爪哇”条，提到青白花碗，可见元末已有青白花瓷器输进爪哇。《瀛涯胜览》和《西洋番国志》的“爪哇”条也都提到青花瓷器；《星槎胜览》的“旧港”条和“苏门答剌”条都提到青花瓷器，可能也就是青白花瓷器。由此可以窥见，明初郑和下西洋时，我国青白花瓷器输进印尼的数量一定比元末增多。而宋人赵汝适撰《诸蕃志》的“三佛齐国”条和“蓝无里国”条，皆笼统提“甆（瓷）器”而未见有青白花瓷器的记载，唯“阇婆国”条提到“青白瓷器”，但可能有别于青白花瓷器。

〔191〕《西洋番国志》，“爪哇”条，第 10 页。

〔192〕马欢：《瀛涯胜览》，“旧港国”条，第 18 页。

〔193〕同〔192〕，“爪哇国”条，第 8～9 页，14～15 页。

〔194〕苏基诺：《三宝垄》（Soekirno, *Semarang*），三宝垄，1956 年版，第 28 页。

〔195〕林天佑：《三宝垄历史》，第 1～3 章。又，韦尔莫特：《三宝垄的华人》（Donald Earl Wilmott, *The Chinese of Semarang*），纽约，伊萨卡，康奈尔大学，1970 年版，第 1～2 页。

〔196〕郑和第五次下西洋的出发时间，有说 1416 年（永乐十四年）12 月，这是根据《明史》，卷七；有说 1417 年（永乐十五年）5 月，这是根据“天妃灵应之记”碑文和“郑和下番路经泉州行香碑记”。朱偰：《郑和》，第 59～61 页认为，《明史》，卷七记载郑和第五次下西洋的出发时间是永乐十四年（1416 年）十二月（阴历），地点是太仓刘家河，这是可以和“天妃灵应之记”碑文的记载统一起来的，因为郑和路经泉州时已经是永乐十五年（1417 年）五月十六日（阴历），则他从太仓出发的时间要早一些。我们认为，郑和第五次下西洋的出发时间不论是在永乐十四年十二月（阴历）还是永乐十五年五月（阴历），他抵达爪哇的时间均

应在 1417 年，而不是 1416 年。

〔197〕林天佑：《三宝垄历史》，第 1 ~ 3 章。

〔198〕芒舡是三宝垄最早的港口，今已废。大约在 1743 年，荷兰东印度公司为了航运方便，把三宝垄港口迁至离市区较近的普姆（Boom）。1875—1877 年，荷印殖民政府又开辟一条小运河，叫卡里巴鲁（Kali Baru），遂成为三宝垄最新的港口。参阅林天佑《三宝垄历史》中译本第 33 页，67 页，165 页。

〔199〕同〔160〕，第 33 页，46 ~ 47 页，83 页。

〔200〕同〔160〕，第 32 页，34 页，38 页，45 页，47 页。

〔201〕韦尔莫特：《三宝垄的华人》，第 1 ~ 2 页。

〔202〕甘承球：《三保》（Kam Seng Kioe，*Sam Po*），三宝垄，1955 年版，第 47 ~ 48 页。

〔203〕郑一钧：《郑和死于一四三三年》，《光明日报》，1983 年 3 月 16 日。

〔204〕同〔154〕，第 59 页，149 页。

〔205〕同〔86〕，第 26 页。

〔206〕同〔160〕，第 1 ~ 3 章，5 ~ 7 章。

〔207〕同〔194〕，第 21 页。

〔208〕同〔160〕，第 28 页。

〔209〕同〔126〕，第 34 ~ 35 页。

〔210〕同〔211〕《东西洋考》，卷七“饷税志”，第 131 页。

〔212〕曹永和：《明代晚期中国的海外贸易》，转引自鲍乐史：《荷兰东印度公司时期中国对巴城的贸易》，中译文，载《南洋资料译丛》，1984 年第 4 期，第 67 ~ 68 页。

〔213〕同〔126〕，第 133 页。

〔214〕马克思：《资本论》第一卷，（见《马克思恩格斯全集》第 23 卷，人民出版社，1972 年版，第 167 页）说：“十六世纪揭开了资本的近代生活史。”同书第 784 页说：“资本主义时代是从十六世纪才开始的。”

〔215〕《东西洋考》，卷四“麻（马）六甲”条，第 70 页。

第二章

荷兰东印度公司时期的印尼华侨

(1602—1799年)

第一节　摩鹿加华侨与当地人民的共同遭遇和反抗

16—18世纪，西欧正处于资本主义原始积累的历史阶段。海外殖民掠夺和殖民制度的建立，是西欧资本主义原始积累的重要手段，正如马克思在《资本论》第一卷所说："美洲金银产地的发现，土著居民的被剿灭、被奴役和埋葬于矿井，对东印度开始进行的征服与掠夺，非洲变成商业性地猎获黑人的场所：这一切标志着资本主义生产时代的曙光。"[1]因此，向东方寻找黄金、白银，掠夺香料及其他贵重物品，带到西方市场高价出售，从中牟取暴利，积累资本，这便是促使15世纪末16世纪初期狄亚士、哥伦布、瓦斯科·达·伽马、麦哲伦、阿美利哥等航海家和冒险家们发现新航路的首要因素和基本动力。盛产香料的印尼东部摩鹿加群岛（Moluccas，今马鲁古〔Maluku〕，也叫香料群岛），很自然地成为西方殖民者"觅宝"的首要目标。

1595年和1598年，荷兰殖民者紧跟葡萄牙和西班牙殖民者的足迹，先后派遣霍德曼（Cornelis de Houtman）和范·尼克（Jacob van Neck）率领远航队来到印尼。1602 年 3 月，荷兰东印度公司成立。此后，在公司存在的将近 200 年间（1602—1799 年），荷兰殖民者把主要力量放在征服印尼群岛。

荷兰东印度公司，全称荷兰联合东印度公司，是 17 世纪初叶荷兰商业资产阶级为了消除从 16 世纪末叶开始在荷兰国内纷纷出现的许多远航东方的贸易公司之间在海外殖民掠夺活动中的竞争而成立的，旨在将这些自发建立的大大小小公司联合起来，组成统一的机构，以便有更强大的力量来同当时的葡萄牙、西班牙殖民者展开激烈而残酷的竞争。

荷兰东印度公司的建立是得到荷兰国会同意的。荷兰国会给予它从事海外贸易（其活动区域范围：东起南非好望角，西达南美洲麦哲伦海峡的广阔海域和地区）的独占权，并且授予它招募军队、建筑炮台、发行货币、任免殖民地官吏、同外国宣战或媾和的特殊权力。因此，它不是一般的纯商业贸易机构，而是具备了国家机器的特殊功能和作用，集商业、军事、外交、司法、行政等职能于一体的特殊机构，是 17—18 世纪荷兰资产阶级从事海外殖民掠夺和侵略的有力工具。荷兰东印度公司的最高领导权属于公司董事会，其会址设于阿姆斯特丹。董事理事会由 17 人组成，故又称“十七人董事会”。公司在海外各殖民地设总督，由“十七人董事会”委任，并代表这个董事会在海外殖民地执行各种任务。由于海外殖民地距离荷兰本国太远，“十七人董事会”的指令经过航海途程传达至海外殖民地时，往往已经过时了，而海外殖民地的许多紧急情况又不能及时传达至这个董事会。因此，海外殖民地的总督往往可以擅作主张，其实际权力并不小于“十七人董事会”。

荷兰东印度公司在印尼群岛的殖民掠夺和侵略，造成印尼人民和印尼华侨的极大不幸。

17—18 世纪，荷兰殖民者为了适应本国资本主义原始积累的需要，其侵略印尼的主要任务和目的，最初不在于占领大片领土和实行政治上的统治，而在于确立荷兰东印度公司在印尼以至亚洲的贸易垄断地位。但是，为了实现这一目标，又必须采取一系列军事和外交手段，也离不开领土的占领和政治上的殖民统治。一句话，不通过“商业即战争”的暴力行动，就不可能取得贸易垄断权。因此，荷兰殖民者来到印尼之后，从最初向当地土王借得沿海港口的弹丸之地以设置商业办事处开始，进而建立商馆，然后又得寸进尺地通过一系列罪恶活动，诸如：直接的侵略战争、挑拨各土侯国家之间的关系以坐收渔人之利、干涉各土侯国家的王位继承纷争以控制其内政外交主权、迫订各种不平等条约以割让领土和获取或者扩大贸易独占权、镇压当地人民的反抗斗争等等，逐步把各土侯国家的领土和主权蚕食吞噬，使其一步步沦为殖民地。这一切侵略行为，尽管方式方法多种多样，变化无穷，但始终离不开一个总目标：确立荷兰殖民者在印尼以至亚洲的贸易垄断地位。

为了实现独占贸易的目的，荷兰殖民者在印尼必须竭尽全力击败三类激烈的竞争者：其一是比荷兰人先来到印尼的葡、西殖民者，以及从 1600 年就开始“像牛虻一样跟随荷兰人在群岛周围转”的英国殖民者，还有在 1601 年就来到印尼爪哇岛的万丹的法国殖民者；其二是印尼各岛的土王和居民，他们长期以来就从事各岛之间互通有无的海上贸易和运输业，并且同中国、印度、阿拉伯、波斯等亚洲国家建立了和平友好的海上贸易关系；其三是旅居印尼的亚洲侨民，特别是华侨，他们早在欧洲殖民者入侵之前就已在印尼群岛从事贸易和农业、手工业生产，被欧洲殖民者视为“危险”的竞争者。

尼德兰资产阶级革命（1566—1609 年）的胜利，给荷兰人从事海外殖民扩张提供了有利条件，使整个 17 世纪成为荷兰海外殖民史的“黄金时代”。从 1602 年建立荷兰东印度公司起，荷兰殖民者花费了 80 多年时光，同来到印尼的欧洲竞争者拼搏，先后把葡、西、英、法的势力排挤出印尼。[2]这样，荷兰殖民者就在 17 世纪末以前控制了全印尼（虽然还只限制于沿海地带），并且控制了西起南非好望角，东达日本长崎，中间贯串波斯（伊朗）、印度、锡兰（斯里兰卡）、马来半岛的马六甲这样一条横跨印度洋和南中国海的东方贸易航道，竭尽全力实现荷属东印度殖民地的“奠基人”燕·彼德逊·昆（Jan Pieterszoon Coen）所曾经提出的设想：建立一个以巴达维亚（雅加达）为中心的“亚洲贸易大帝国”[3]。

在同欧洲竞争者角逐的同时，荷兰殖民者以一系列侵略战争和血腥屠杀来征服印尼各岛，用暴力粉碎各岛对荷兰殖民者的贸易垄断政策的反抗。摩鹿加是荷兰东印度公司矛头所向的首要目标。

在征服摩鹿加的过程中，荷兰殖民者遇到了爪哇、望加锡（Makasar）、摩鹿加“三角贸易关系”各方或其联合力量的激烈和顽强的反抗。

爪哇和望加锡（今乌戎班当，Ujung Pandang）早在西方殖民者入侵之前就已同摩鹿加建立了互相依存的“三角贸易关系”。摩鹿加一向以输出香料换取爪哇的大米来解决粮食问题，而且摩鹿加对爪哇的依赖还表现在它本身没有商船（班达岛除外），只有一种专供打仗使用的“柯拉—柯拉”（kora-kora）桨船，必须依靠爪哇商船输进粮食以及盐、糖、椰油，还有中国商品，并依靠爪哇商船输出香料产品。[4]因此，爪哇大米的输出，对于摩鹿加香料价格的涨落，有着举足轻重的作用。只要爪哇停止向摩鹿加输出大米，摩鹿加的香料价格就会立即猛跌。另一方面，望加锡的商人经常来往于摩鹿加和爪哇，从事香料和大米等商品的转运贸易，使望加锡成为印尼东部的繁荣商港。这一切说

明，“三角贸易关系”是印尼东部各岛（尤其是摩鹿加）借以维持正常的生产和生活的“生命线”。而中国人、印度人以及非荷籍的欧洲人都同这个“三角贸易关系”的各方有较密切的交往。中国商人（包括华侨）早在14世纪（元代）就已来到摩鹿加从事海上贸易活动，他们向摩鹿加购买香料，并输进中国商品（如丝绸和青瓷器等），还转手输进爪哇生产的印花布。摩鹿加土著居民十分喜爱中国瓷器，他们愿意付出比其他地方出产的瓷器更高的价格来购买。[5]摩鹿加土著首领也十分欢迎中国商船前来贸易，他们常用五梅鸡雏占卜中国商船的到来。[6]正因为这样，印尼东部的“三角贸易关系”就成为严重妨碍荷兰殖民者在摩鹿加确立香料贸易垄断地位的阻力。

印尼东部的“三角贸易关系”确实使荷兰殖民者伤透脑筋，因为尽管荷兰人刚来到摩鹿加时就利用了当地人民同葡、西殖民者的矛盾，相继同摩鹿加各岛的土王订立条约，企图独占香料贸易，比如：（1）1600年范·尼克来到摩鹿加时就同安汶岛土王订立通商条约，至1605年，荷兰东印度公司从葡人手中夺占安汶岛，并扩展原先所订条约，强迫安汶土王承认荷兰的宗主权。（2）1602年荷兰殖民者同“豆蔻之乡”的班达群岛订立契约，规定班达的肉豆蔻只卖给荷兰人，但不久因班达人民造反，杀死若干荷兰殖民者，于是荷兰东印度公司1609年占领了班达，并强迫班达恢复契约，按公司规定的低贱价格出售香料，并且只准卖给公司。（3）1607年荷兰殖民者又同“丁香之乡”的德那底（Ternate）结成联盟，使该岛土王承认荷兰是“保护者”，从而排挤了西班牙殖民者在该岛的势力。但荷兰殖民者的这些行动，只不过挫败了葡、西殖民者的势力，却未能摧毁印尼东部的“三角贸易关系”，也未能有效地严禁摩鹿加同中国人和印度人之间的“走私”贸易。更何况，非荷籍的欧洲人也仍然同印尼东部的“三角贸易关系”各方保持着“走私”关系。正因为这样，荷兰殖民者不能随心所欲地压低摩鹿加香料的收购价格。

荷兰东印度公司在 1602—1622 年这 20 年间都没有能够在摩鹿加取得绝对的香料贸易垄断地位。香料价格的上涨和战争费用的消耗，使荷兰殖民者所获利润仍然不能令人满意。以 1621 年的香料贸易为例，这一年荷兰东印度公司出售于欧洲市场的香料为 112 万磅，出售于亚洲市场（包括中国、北大年、暹罗、印度、波斯、阿拉伯的亚丁和麦加）的香料为 33 万 ~ 38 万磅，而同一年由印度人、印尼人、葡人出售于东方市场的香料数量，至少比荷兰人出售于东方市场的香料数量多三分之一。[7] 由此可见，荷兰殖民者在 17 世纪 20 年代初期的香料贸易，只不过控制了欧洲市场，而未能控制亚洲市场；甚至可以说，荷兰人在亚洲市场还不是亚洲商人的对手。

为了确保香料贸易的垄断权，荷兰殖民者非摧毁印尼东部的“三角贸易关系”不可，而且首先必须把力量集中于征服摩鹿加。其主要手段，就是以暴力残酷地惩罚摩鹿加人民的“走私”贸易。一旦发现哪里有香料“走私”，就大砍该地的香料树。这种做法，毁灭了摩鹿加人民的生计，导致 1621 年班达岛人民起义。荷兰殖民者报以骇人听闻的血腥镇压，把全岛居民大约 15 000 人几乎杀光，把幸存的 800 人押往巴达维亚充当奴隶。事后，又把岛上的豆蔻园租给荷籍移民（公司的退伍军人和退职人员）“园林业主”，并且“不得不由进口的奴隶来从事种植”，“以奴隶劳动代替农民的自由耕种”，“这些奴隶在荷兰人的监督下工作”，“产品必须卖给东印度公司”[8]。

为了杜绝摩鹿加的香料“走私”，荷兰东印度公司从 1649 年开始实行极为严厉和残酷的武装巡逻快艇（hongi）缉私制度，凡发现“走私”者所种植的香料树即予以砍光。1650 年，公司在阿姆斯特丹的 17 人董事会颁布了一套管理印尼的综合性规章，强调必须根据“排斥竞争者”和“贱买贵卖”这两项原则来进

行贸易。为了对香料贸易实行有效的控制，规定了丁香的生产限制在安汶岛及其附近岛屿，豆蔻的生产限制在班达群岛。[9] 为了拼命压低香料的收购价格，并保证香料在欧洲市场的高昂售价，公司对摩鹿加的香料产量做了极其蛮横无理的限制，强使香料的产量降低到公司控制摩鹿加群岛之前的产量的 1/4。武装巡逻快艇缉私制度也一直持续了整个 18 世纪。

不仅如此，荷兰殖民者还对摩鹿加实行经济封锁，禁止爪哇大米输进该地区，迫使摩鹿加人民改吃营养价值不高的莎谷米（sago），或者不得不向荷兰殖民者购买高价大米，造成大量人口死亡。

上述情况，使摩鹿加人民对生产丧失了兴趣，并且变成赤贫。香料产量锐减，例如安汶岛在 18 世纪的丁香产量从 350 万磅降至 100 万磅，人口也从 15 万减至 5 万。残酷的压迫和剥削，导致 1650 年德那底等岛屿的人民起义。直至 1656 年，这些起义才被平息。

1667 年，荷兰殖民者在 4 个月的激战中击败了望加锡，逼迫望加锡订立 1667 年邦海亚条约。从此，印尼东部的“三角贸易关系”被彻底摧毁了。摩鹿加各岛的土王屈服于荷兰殖民者的淫威之下，但是摩鹿加人民却从未停止过反抗斗争。陆上和海上的起义经常发生，但因力量对比悬殊，一次又一次遭到残酷的镇压。可以说，在 17—18 世纪，“破坏、反抗、报复性的劫掠，这就是摩鹿加的单调的历史”[10]。

当多灾多难的摩鹿加人民不断地遭到浩劫和屠杀，受尽苦难和折磨的时候，摩鹿加的华侨也成为荷兰殖民者掠夺和迫害的对象，处境困难。

早在 1615 年，荷兰东印度公司为了保证自己在摩鹿加香料贸易的垄断地位而发布命令：不准中国人、马来人、爪哇人等向公司建有城堡或订有条约的摩鹿加群岛运进衣料、绸缎及其他中国商品，也不准他们运走香料。[11]

荷兰东印度公司把活跃在摩鹿加的中国商人视为仇敌，经常对他们的商船进行海盗式的袭击。比如，1607 年荷兰海军上校马德里夫袭击一艘正在德那底岛同西班牙人做生意，以亚麻布和衣服交换肉豆蔻和西班牙银元的中国帆船，把船上的货物搬走，把船给了齐罗罗（Gilolo）岛上的人。又如，1617 年 8 月 25 日荷兰船长克里朵夫·哈里斯写给公司的信说，荷兰人再次夺走中国人的帆船，他们是在这些船停泊时把它们夺走的，并且把船上的人带到岸上。[12]

当然，干这种勾当的人不止是荷兰殖民者，还有葡、西、英国殖民者。必须指出，在“十七世纪前后，华侨帆船在东南亚航运上实居于领导地位”，“在十七世纪初年，华侨帆船是南洋各地航行的主要交通工具”[13]。“当时华侨与祖国间的联系也完全依靠自己的帆船”[14]。因此，荷兰及其他西方殖民者经常对中国帆船进行海盗式的劫掠，当然不仅仅是对来自中国的商船，而且是对东南亚华侨商船（它们经常来往于中国和东南亚）的劫掠。

另一方面，燕·彼德逊·昆担任公司总督时（第一次是 1619—1623 年，第二次是 1627—1629 年），认为勤劳而又不持武器的中国人，可以利用来作为种植香料、粮食、副食品作物以及建设城市的劳动力，因此他极力主张引诱中国人前往巴达维亚和摩鹿加的安汶、班达等岛居住。他在 1618 年 10 月 24 日写给安汶岛荷籍县长赫里曼·范·斯彪尔特的信，以及 1619 年 4 月 14 日写给公司驻日本平户商馆馆长耶克·斯匹克斯的信，还有同年 6 月 2 日写给日本太泥商馆的信，就提到要在船舶方便时，运送华人樵夫、木匠、打石匠、烧砖匠等劳动力移植于安汶、巴章（Pacang，位于安汶岛之北）、班达等岛屿。[15]为了达到上述目的，除了以支付工资作为诱饵之外，甚至采取卑鄙的盗人行

为，从中国南方沿海地区掳掠人口，强行移民。燕·彼德逊·昆在1623年离职时，留给继任总督卡本底尔（Garpentier）一份备忘录，里面写道："巴达维亚、摩鹿加、安汶、班达等地区，目前正需要很多工人去开发，世界上没有比中国工人更适合于做这种工作的。现在季候风正好，他们可以派遣战舰前往中国海岸，俘虏中国男女幼童以归，若与中国战争，须特别注意多捕华人，妇女幼童更好，移住于巴达维亚、安汶、班达等地，决不可让其妇女归国，或给他们到公司辖区以外的地方去。"[16]

荷兰殖民者实行上述政策的结果，使摩鹿加华侨人数比荷兰殖民者入侵之前有较大增加（较集中于安汶岛）。这些华侨多数同土著妇女结婚，生育了许多混血儿。他们从事伐木、石工、烧瓦、渔业、园艺等生产劳动，有的人经商。[17]

由于华侨商业长期以来已成为摩鹿加社会经济和人民生活上不可缺少的有益的经济成分，荷兰东印度公司从1602年成立后的最初20年里，在贸易上始终无法同华侨商人竞争。荷兰殖民者对华侨在摩鹿加的贸易活动当然非常嫉恨，公司董事会曾经建议用枪炮来阻止华侨及印度商船在望加锡以东的海上航行和进入摩鹿加群岛做生意，以便控制香料的收购价格。但是，公司的总督鉴于华侨商业同摩鹿加经济和人民生活有紧密关系，再加上当时公司的实力也很有限，所以不敢贸然采纳公司董事会的上述建议，生怕这样做会引起强烈反抗，不利于公司。[18]

荷兰殖民者既然不能消灭摩鹿加华侨商业，就只好采取既限制又利用的政策：一方面严禁华侨从事香料贸易，以保证公司对香料的贸易垄断权，一方面又不禁止（也无法禁止）华侨从事一般生活日用品的贸易，并且有意识地迫使华侨经售公司输进的商品。

然而荷兰殖民者既然不得不容许华侨商人从事日常生活用品的贸易，也就不可能完全阻止华侨商人从事荷兰殖民者所严禁的香料“走私”贸易。于是，“限制他们（指华侨）经商，抑制他们的人口，便成为荷兰当局长期的政策，1655 年以来的三令五申，都是为此而发的”。比如，1655 年至 1656 年间，公司命令住在安汶岛的华侨必须从事农业，不然便从事航海贸易（指同中国的贸易，即不插手摩鹿加的贸易）；1657 年又重新下令，要倾其全力强制中国移民从事农业或伐木制材。“但是……中国移民的贸易活动，已成为安汶岛市民生活中必不可缺的部分，故该政策难于彻底实行，是极为自然的。”[19]

到了 17 世纪 70 年代，荷兰殖民者采取更为强硬的措施，如：1672 年 2 月 3 日发布命令，禁止中国船开往安汶岛；同年 4 月又下令：开往班达、德那底、望加锡等地的船舶，一律不准发给中国人前往安汶和班达等地的航行证，以限制华侨人口在这些地区迅速增长；1675 年还下令封闭不肯务农的安汶华侨商店，并予以驱逐。[20]所有上述做法，无非为了打击华侨在摩鹿加的香料“走私”贸易。

18 世纪头十年至 18 世纪中叶，荷兰殖民者仍然一而再，再而三地严格限制摩鹿加华侨人口增长、人口流动以及贸易活动。如：1700 年 1 月 23 日，禁止从其他岛屿前来安汶岛的中国人居留该岛；1702 年 1 月 17 日又特别颁布命令，只准许住在巴达维亚的中国人前往安汶岛航行和居住；1713 年 12 月 22 日决定，对 10 年来未经许可而迁往安汶岛的华侨，应特别派遣船只将他们全部送至巴达维亚；1726 年 8 月，1727 年 1 月，1730 年 1 月，连续三次禁止住在安汶岛的华侨迁往巴达维亚；1745 年 11 月又禁止华侨航海，1757 年 12 月重申此令；1768 年宣布华侨在安汶岛和巴达维亚之间的往来一律禁止。荷兰殖民者“采取此项最后手段，看来是为了防止中国船偷渡和走私香料的，如果准其在巴达维亚和安汶岛各地通航，势必继续发生偷渡和香料走私贸易事件”[21]。

实行限制华侨人口增长、人口流动以及贸易活动的政策的结果：从1655年以后，摩鹿加华侨的人口增长率一直都很低。比如，1676年，安汶岛华侨总人口为317人（其中成年男子107人，女子67人，小孩134人），至1683年才增至320人（1683年安汶岛总人口为60 925人，其中欧洲人770人，混血儿224人）。至1689年，安汶岛华侨总人口为315人，比1683年减少了5人。至1708年，安汶岛总人口为73 777人，其中欧洲人845人，混血儿445人，华侨只有381人（占当时安汶总人口的0.51%）。这个数字，同1676年、1683年、1689年相比较，可以看出，安汶岛华侨人口没有显著增长。[22]由于荷兰殖民者一再限制中国移民进入安汶岛，安汶华侨人口在17、18世纪始终停留在300人左右；至18世纪末期（1795年）才增至429人；至20世纪初期（1915年）才增至500人（在120年内只增长71人）。[23]可见，抑制华侨人口的增长是荷兰殖民者打击摩鹿加华侨商业的重要手段之一。

为了死死保住自己在摩鹿加香料贸易的垄断地位，荷兰殖民者长期封锁摩鹿加的海域。为了防止中国商船运出香料，除了严禁中国商船驶入摩鹿加海域之外，至18世纪下半叶还加强了摩鹿加以外的所有外岛[24]的控制。比如，1746年6月13日，巴达维亚当局强令中国商船必须假道巴达维亚才能前往巨港、马辰、望加锡等外岛地区的商港进行贸易，以便阻止中国商船直接驶往这些港口偷运香料出口。1752年3月14日，巴达维亚当局又重申此令。1753年5月8日，巴达维亚当局规定：此后每年只准一艘中国商船直接驶往望加锡，并须向巴达维亚当局申请执照。但至1799年12月12日又宣布取消中国商船免费申请执照直接驶往望加锡的办法，改为逐年公开招标拍卖此种执照，不参加投标者，或者参加投标而未得标者，一律无权航驶望加锡。[25]

直至19世纪中叶（1853年），荷兰殖民者才取消对摩鹿加的海上封锁，把它开放为自由港。[26]可见，自从17世纪初荷兰殖民者来到摩鹿加直至19世纪50年代，中国商人和华侨始终受到荷兰殖民者的香料贸易垄断政策的排斥和打击，在这个地区没有活动之余地。及至荷兰殖民者开放摩鹿加之后，这个地区的香料生产和贸易也已随着香料的国际贸易地位之衰落而衰落了，因而也没有多大的吸引力。这正是摩鹿加华侨人口稀少和经济不发达的根源所在。

综上所述，可知香料“走私”贸易，是17—18世纪，印尼东部（摩鹿加、爪哇、望加锡）人民，特别是摩鹿加人民反抗荷兰殖民者的贸易垄断政策的一种特殊斗争形式，也是摩鹿加华侨在荷兰殖民者迫害下，为了求得生存和自由贸易的权利而采取的一种特殊斗争形式。华侨的“走私”贸易，与印尼东部特别是摩鹿加人民的“走私”贸易，虽然都是各自行动的自发斗争，但是它们在客观上起着互相呼应、互相支持的作用。在这个意义上说，华侨同印尼东部特别是摩鹿加人民是同命运、共患难的战友。至于那些被荷兰殖民者从外地押往摩鹿加充当奴隶的劳动者，其中也有中国人，虽然没有人把这些奴隶的反抗斗争详载史册，但我们可以相信，在摩鹿加的奴隶反抗斗争中，必然会有华侨奴隶参加的。

第二节　爪哇的逐步沦亡与华侨的命运

荷兰东印度公司侵略印尼的首要目标是摩鹿加（已如前述），其次是爪哇。因为爪哇在印尼群岛具有十分重要的战略地位：它是西方殖民者通向摩鹿加的必经之地，是航海途中粮食和饮用水的添补站。荷兰人必须控制爪哇岛，才能牢固地立足，从而有效地控制摩鹿加。

荷兰东印度公司之所以非征服爪哇不可，其原因还在于当时爪哇西部地区有个盛产胡椒（香料之一）的万丹国，爪哇的中、东部地区有个盛产大米的马打蓝国。胡椒和大米，两者都是荷兰殖民者所迫切需要的物资。

荷兰东印度公司对万丹和马打蓝的侵略是穿插着进行的，前后共费了一个半世纪的时光。

一、万丹

万丹是个以海外贸易为主要经济来源的商业国家。由于它在苏门答腊东南部的属领楠榜（Lampung）和斯列巴尔（Selebar）盛产胡椒，使它成为重要的胡椒输出国。自从葡萄牙殖民者于1511 年占领马六甲之后，亚洲商人为了避开葡人的苛税和掠夺，宁可绕道巽他海峡，因而使万丹港口成为 16—17 世纪亚洲海上贸易的中心地。来自中国、印度、阿拉伯等国的货物，还有印尼的摩鹿加、苏门答腊、婆罗洲诸岛的货物，也都以万丹港口作为集散地。万丹的胡椒也因而更加畅销国外，胡椒贸易税成为万丹统治者的重要财政收入。胡椒又是西方殖民者所垂涎的香料之一，这就使万丹成为第二个摩鹿加，招引西方殖民者的注意。

荷兰殖民者来到印尼时，最先在万丹港口登陆，并于 1600 年在万丹设置办事处，1603 年设置商馆。法国殖民者紧接着于 1601 年也在万丹设置经理处。英国人也于 1602 年在万丹设置商馆。当时亚洲商人和欧洲商人在万丹的贸易活动是平等的，万丹统治者善于利用外国商人之间的竞争，使商品价格得以抬高。万丹国王对于胡椒贸易握有专利权，并且通过提高胡椒的海关税而使胡椒价格波动，这当然使想要实行垄断贸易的荷兰殖民者大为恼怒。万丹统治者不愿意给欧洲人以特殊权力。他们利用欧洲人特别是荷、英殖民者之间的矛盾，来阻挠欧洲人在万丹的不良意图，使其不能得逞。比如，1610 年荷兰东印度公司首任总督彼得·波特（Pieter Both）来到爪哇时，本想把总督办公署设在万丹，但遭到万丹统治者的坚决反对，只好迁往雅加达。

彼得·波特利用万丹同雅加达之间的矛盾（在贸易上互相妒忌），以 1 200 里阿尔（reaal，相当于 2 700 荷盾）的代价，买通了雅加达的摄政官（regent），获准在雅加达购得一块土地用以建筑房屋。至 1618 年，燕·彼德逊·昆担任公司的商业总长时，有意识地在雅加达办事处周围修筑堡垒，加固防御工事，并于 1619 年同驻在雅加达的英国殖民者[27]大动干戈。在这次战争中，荷兰殖民者占领了雅加达，接着就在 1622 年以优势的海军对万丹港口进行封锁，其目的在于“使这个海港的贸易完全停顿”，“使万丹商业衰退”，从而“使荷兰人成为万丹唯一的输入商和购买胡椒的唯一顾客”[28]。

荷兰殖民者深知要想搞垮万丹的经济，必须向万丹华侨开刀，因为万丹经济的繁荣在很大程度上依靠华侨。

万丹华侨在 16 世纪末（明神宗万历年间）人口有 3 000 ~ 4 000 人。[29]他们从事种植水稻、蒸酒、种植胡椒，大多数经商。[30]早在 16 世纪时，华侨就已采用一套完整的先进生产技术，使胡椒产量比原来用旧方法时提高一倍以上，“魔术般地使万丹成为世界上最大的胡椒产地，并且提高其国际贸易地位，成为世界贸易的中心”[31]。万丹的胡椒输出，大多数也是靠中国帆船（主要是华侨帆船）从苏门答腊和婆罗洲运来，在万丹把货物卸下，出售给欧洲及亚洲商人，收回西班牙银元或交换其他商品。[32]

万丹华侨商人是受到当地居民欢迎的，他们深入到内地，得到胡椒生产者的信任。第一个来到万丹的荷兰殖民者霍德曼留下这样的记载：“当地侨居的中国人是要向农民收购胡椒的顾客。他们个个手提大秤前往各村腹地，先把胡椒的分量秤好，而后经

过考虑付出农民应得的银钱。这样做好交易后，他们就在中国船到达前，预先把胡椒装好，……这些装着胡椒的中国船每年正月间有 8 艘到 10 艘来航，每船只能装载约 50 吨，因为船辐不宽，船腹也浅。"[33]万丹华侨在宫廷里也有相当大的影响，得到国王的信任，甚至充当顾问。[34]荷兰殖民者来到万丹之初，除了遇到葡、英、法国殖民者的竞争之外，更遇到华侨的竞争，使他们无法压低胡椒的收购价格。不仅如此，他们很快就发现，在万丹的各国商人的胡椒贸易中，华侨的胡椒出售量最多，使他们不得不经过华侨之手才能获得大批胡椒。[35]因此，荷兰殖民者十分嫉恨万丹华侨，是不足为奇的。

荷兰殖民者打击万丹华侨的办法是：威逼万丹华侨离开万丹而迁居巴达维亚。威逼的手法是软硬兼施。先是在 1619 年宣布"豁免通行税和其他税收"（至 1620 年 10 月 1 日为止），并"给予良好待遇"。由于万丹国王以死刑来阻止华侨离境，荷兰殖民者就来硬的一手，捕捉航行于苏门答腊的占碑、爪哇的万丹和扎巴拉以及印尼其他各岛屿的航线上的华侨帆船，把它们劫持至巴达维亚。[36]

1618—1619 年，万丹同荷兰东印度公司之间处于战争状态。万丹的华人区遭到兵乱的破坏，不少华侨被迫逃离万丹，致使 1619—1620 年万丹华侨锐减到 2 000 人。[37]尽管在 1619 年之后万丹的华人区又得到重建，至 1624 年已达相当规模，但是重建后的万丹华人区已从最便利于贸易活动的海岸地带迁入腹地，而且由于荷兰殖民者从 1622 年开始对万丹实行海上封锁，所以重建后的万丹华人区已大不如前。而雅加达自从 1619 年被改名为巴达维亚之后，荷兰殖民者为了兴建巴达维亚城市而继续采用软硬兼施的手法招募中国人作为建设城市的劳动力，这就造成万丹华侨人口不断外流。荷兰殖民者对万丹港口的封锁和对万丹华侨的逼迁，严重打击了万丹的胡椒生产和以胡椒为重要项目的海外贸易。1639 年，万丹被迫同意停止对摩鹿加的贸易，这是荷兰殖民者的又一次胜利。但是，万丹在 1651—1682 年苏丹阿琼（Sultan Ageng）执政时期，对荷兰殖民者采取更为强硬的态度，“图谋恢复万丹的广大领土，把荷兰人逐出巴达维亚”[38]，又开始自行发展海外贸易，它的商业船队同亚洲其他中心地点直接发生商业联系，力图使万丹的地位成为马来群岛中的“新马六甲”。所以，直至 1684 年被迫同荷兰殖民者订立不平等条约之前，万丹仍然是荷兰人“讨厌的竞争者”[39]。

苏丹阿琼利用英、法的势力抵制荷兰人，并且向荷兰人提出同享安汶岛的香料贸易和马来半岛的锡矿贸易的要求，公然同荷兰人的香料贸易垄断政策相对抗。他还在印尼各岛组织外交网，同摩鹿加的德那底土王苏丹施波尔（Sultan Sibor）密谋反荷，还派兵攻击荷兰人在苏门答腊的据点。他还召集万丹境内所有反荷分子（包括望加锡的流亡者[40]、苏门答腊移民、热忱的穆斯林等），形成一股反荷力量。当 1674—1679 年马打蓝境内发生杜鲁诺·佐约（Druno Joyo）起义（这是爪哇人、马都拉人、望加锡流亡者联合起来反抗荷兰殖民者和马打蓝昏君的人民起义）时，苏丹阿琼也派兵在井里汶和芝达隆河之间继续打击荷兰人，并屡次威胁荷兰人在丹绒甫拉（Tanjung Pura，在加拉横地区）的堡垒，客观上支援了杜鲁诺·佐约起义。

值得一提的是，在苏丹阿琼坚持反荷的时期，万丹华侨虽然在战乱中被迫大量逃亡，所剩不多，也没有多大战斗力，但他们始终站在万丹人民一边。他们利用善于经商和交际的本领，为了万丹人民的利益，经常在荷兰人统治地区进行刺探情报的活动，有的人甚至因此而牺牲了生命。例如，有一位华侨青年接受了苏丹阿琼的任务，在巴达维亚刺探巴刹鱼干（Pasar lkan）港口及荷兰人的情报，被荷兰人逮捕，遭酷刑之后被吊死。[41]

可惜苏丹阿琼在反荷斗争中未能充分依靠本国人民的力量，

而把主要希望寄托于英国殖民者的某些军事援助（如供应火枪等等）。这种“以夷制夷”的策略，也是马打蓝及印尼其他各岛土王所惯用的一种抵制外侮的手段，这当然不会获胜。更糟的是，万丹宫廷内部又分裂为反荷和亲荷两派势力。苏丹阿琼的儿子苏丹哈只（Sultan Haji）是亲荷派。当荷兰人在1679年镇压了马打蓝境内的杜鲁诺·佐约起义，回过头来对付万丹时，苏丹阿琼同苏丹哈只在1681年发生争执，造成1681—1684年的内战。荷兰人乘机派兵支援苏丹哈只。经过激战之后，苏丹阿琼被迫投降。苏丹哈只在荷兰人的扶植下，登上王位，并同荷兰人订立了丧权辱国的1684年条约，其中规定：把所有非荷籍的欧洲人驱逐出万丹；不准万丹在摩鹿加进行贸易；只有荷兰东印度公司才有权在万丹和万丹的属领楠榜收购胡椒和输进布帛。

1684年条约签订之后，万丹的处境很糟糕，荷兰殖民者的贸易垄断权不仅堵塞了万丹统治者的利润来源，而且使许多万丹居民失去生计，对种植胡椒也丧失兴趣，宁肯改种粮食和从事渔业。这样一来，万丹就从一个以海外贸易为主要经济来源的繁荣商业国变成贫穷落后的农业国。这种情况导致万丹人民的普遍不满，而万丹统治者却只知投靠荷兰殖民者，奴性十足地向荷兰人乞求“保护”。万丹作为爪哇西部的一个独立国家的时代，从此一去不复返了。因此可以说，1684年条约标志着荷兰殖民者征服万丹的任务已基本完成（最后完成于1751年，万丹承认是荷兰的“保护国”）。

1684年条约除了强迫万丹必须向荷兰东印度公司让出各种重大的领土权益，还规定万丹国王必须命令定居在万丹的华侨富商迁居巴达维亚。条约签订后，苏丹哈只便下令驱逐在万丹经商的华侨，逼迫许多华侨离开万丹而迁居巴达维亚。[42]驱逐华侨给万丹社会经济带来严重的影响。到了17世纪末，万丹的经济已凋零不堪。万丹的城镇，除了还有一些华侨店铺和房屋在那里点缀之外，几乎等于一座死城了。万丹华侨的人口，在连年征收人头税的威胁下，一再锐减。据荷兰东印度公司商务员兼万丹代理人范·蒲留黑尔（T. De Rover van Breugel）在 1787 年 3 月 11 日所写的万丹见闻录所述，万丹华侨在 18 世纪 80 年代已剩下不到 200 人；[43] 而且，由于万丹华侨维持生活的手段很少，他们的人口还有继续减少的趋势。

二、马打蓝

马打蓝位于爪哇中、东部，盛产大米，掌握着爪哇以外地区最需要的粮食。它是印尼东部（特别是摩鹿加）、西部（苏门答腊的巨港、占碑、亚齐）、北部（婆罗洲的三发、坤甸）以及马来半岛的马六甲等地区所需大米的供应者，又是印尼东部“三角贸易关系”的强大支柱。荷兰殖民者之所以要征服马打蓝，既是为了摧毁印尼东部“三角贸易关系”的强大支柱，也是为了夺取爪哇的大米贸易垄断权。本来，马打蓝没有摩鹿加那样吸引荷兰人，因为它不产香料；但是荷兰人很快就懂得，征服马打蓝就可以掌握印尼群岛的“粮仓”，这对于征服摩鹿加以至全印尼有着十分重要的战略意义。

马打蓝在 17 世纪上半期由苏丹阿贡（Sultan Agung）执政（1613—1645 年），国力强盛，不断从内地向爪哇北部海岸地区扩展地盘，于 1619 年占领杜板，1625 年占领泗水，并且自称为苏苏胡南（Susuhunan，意即皇帝）。苏丹阿贡对荷兰殖民者始终抱着敌对态度。虽然他在 1613 年刚登位时，曾允许荷兰东印度公司首任总督波得·波特在扎巴拉（爪哇中部，马打蓝输出大米的重要港口）设置商馆，并且准许荷兰人在扎巴拉免税输出大米和修筑堡垒，但从 1618 年开始就下令禁止荷兰人从扎巴拉输出大米。1618 年还袭击了荷兰人在扎巴拉的商馆，杀死几名

荷兰人，俘虏了其余的荷兰人，押往内地（荷兰人为此在1618—1619年对扎巴拉进行了报复性的掠夺，将扎巴拉化为灰烬）。1627—1629年，苏丹阿贡曾两次派兵进攻巴达维亚。1642年又派海军协助苏门答腊巨港、占碑抗击荷兰殖民者。这些战争都归于失败，但是苏丹阿贡的禁米政策起了一定的效果，它使荷兰人在巴达维亚和摩鹿加的统治地位受到严重威胁，以致荷兰人在1641年占领马六甲之前一直都不敢对马打蓝轻举妄动。

自从1641年荷兰人从葡萄牙人手中夺得马六甲之后，形势逆转。荷兰人控制了爪哇海，窒息了马打蓝同马六甲、苏门答腊巨港和占碑的贸易关系，使马打蓝在苏门答腊和马来半岛的大米市场完全丧失了。而且由于荷兰人封锁了摩鹿加群岛和马六甲海峡，使马打蓝在出售土产和收购输入品（棉布等）方面日益依赖于荷兰东印度公司，从而“使荷兰殖民者得以逼迫马打蓝在经济上处于依赖荷兰人的地位”，在这个意义上可以说，1641年占领马六甲“是荷兰人的势力得以在爪哇岛稳定地扩展的开端”[44]。

1645年苏丹阿贡逝世后，继位者都是一些对内专横暴虐、对外懦怯无能的昏君，再加上宫廷内部一夫多妻制所引起的王位继承纠纷连绵不断，使马打蓝从此走向衰落。荷兰人乘虚而入，以军事和外交手段一步步征服马打蓝。1646年荷兰人同马打蓝订约，剥夺了马打蓝船舶航行至摩鹿加的权利，解除了马打蓝对荷兰人的米禁，这是马打蓝丧失对外贸易主权的第一步。从此马打蓝再也不是印尼东部“三角贸易关系”的强大支柱和摩鹿加的得力保护者了。摩鹿加只得向望加锡寻求保护。这时，望加锡已成为香料“走私”贸易的大中心。但是，1667年荷兰人又征服了望加锡[45]，摩鹿加也随之被征服了。这样一来，“在群岛东部，印度尼西亚的独立此时实际上已经受到践踏”[46]。马打蓝的处境更加困难。

1674 年，马打蓝人民无法再忍受 1646 年不平等条约所带来的耻辱，并且怀着对马打蓝国王阿莽古拉特一世的强烈阶级仇恨，同马都拉人民及望加锡的流亡者联合起来，在杜鲁诺·佐约领导下举行起义。1677 年，起义军攻占了马打蓝的首都柏列列（Peleret）。阿莽古拉特一世逃离王宫，欲往三宝垄向荷兰东印度公司求援，中途因疲劳过度而死去。其子继位，号称阿莽古拉特二世。他前往扎巴拉向荷军司令官施贝尔曼（Speelman）求援。荷兰殖民者答允支援，派兵镇压了杜鲁诺·佐约起义，并以此为条件迫使马打蓝同公司订立了新约（即 1677 年条约）。条约规定：荷兰人可以不受限制地在马打蓝境内经商，并且在马打蓝各港口免税输入货物，马打蓝必须按公司指定的价格和数量，向荷兰东印度公司供应大米（这是荷兰殖民者在爪哇实行强迫供应制的起源。这个制度在 1684 年以后也推广于万丹境内，强迫万丹供应胡椒），并由公司接管马打蓝从扎巴拉输出大米的贸易专利权；割让三宝垄，并把马打蓝全部海港交给公司支配，作为马打蓝向公司支付军事赔偿费的抵押品。这些规定，无疑使马打蓝在经济上丧失了国内和国外贸易的主权。在政治上，马打蓝国王阿莽古拉特二世是由荷兰人扶上台的，并由驻扎在王宫的荷兰警卫军“保护”着。因此，1677 年条约签订之后的马打蓝，实际上已失去了独立性。[47] 由于马打蓝人民坚持斗争，使马打蓝的寿命得以继续延长 89 年，至 1755 年奇安蒂条约签订之后，荷兰殖民者把马打蓝划分为日惹、梭罗两个土邦（1757 年又从梭罗划出莽古尼哥罗傀儡土邦），马打蓝才宣告灭亡。

从 1677 年条约直至 1755 年马打蓝被分割这段时间里，马打蓝经历了一系列反荷斗争。这些斗争都同万丹、勃良安、井里汶、巴达维亚有密切联系，彼此之间互相呼应、互相支持。例如 1684 年由伊本·依斯干达尔（Ibn Iskandar）领导的穆斯林反荷运动，1683—1708 年苏拉巴蒂（Untung Surapati）起义，都不是

孤立的地方性斗争，而是波及全爪哇的民族反抗斗争。1740 年巴达维亚发生了荷兰殖民者残酷屠杀华侨的“红溪事件”（详见第四节），这一事件激发了马打蓝境内的广大人民群众和爱国的封建统治阶级长期以来对荷兰殖民者的民族仇恨情绪，对华侨的反荷起义产生了强烈的共鸣，随即爆发了 1741—1743 年壮烈的华侨与爪哇人民联合反荷战争。

在 17—18 世纪荷兰东印度公司的势力伸延至爪哇中部和东部地区时，马打蓝境内的华侨正在同当地土著居民和睦相处，进行互惠互利的贸易，对繁荣当地经济做出有益的贡献。华侨通过中国艅船（印尼语 jung，指中国旧时民船，帆船）运来中国的陶瓷器、棉制品、丝绸、纸张、茶叶等日用品，并从当地输出大米、胡椒和转运摩鹿加的香料。他们还从事种蔗、制糖的生产和充当各种技工。[48] 自从 17 世纪初荷兰殖民者封锁摩鹿加和马六甲，特别是 1646 年和 1677 年迫使马打蓝订立不平等条约之后，马打蓝境内华侨的贸易自由便受到了严重影响。据 1677 年条约规定，马打蓝境内的华侨必须“受公司规则的约束和行政部门的管辖”[49]，也就是限制马打蓝境内的华侨有出外旅行的自由。可见，爪哇中部和东部华侨的处境，绝不会比爪哇西部巴达维亚华侨好些，他们同样受到荷兰殖民者的压迫和剥削。正因为这样，所以 1740 年巴达维亚红溪事件的噩耗传到马打蓝境内时，这里的华侨立即群情鼎沸，纷纷揭竿而起，是理所当然的。

第三节　巴达维亚城市的兴建与华侨的境遇

为了征服爪哇以至全印尼，荷兰殖民者于 1619 年占领了雅加达并把它改名为巴达维亚（Batavia）。这个新地名是以荷兰人的祖先巴达维亚族命名的，因而含有极其浓烈的殖民主义气味。

从此，这个城市就成为荷兰殖民者侵略和统治印尼的总指挥中心地。隔了120年之后，即1740年，就在这个城市，发生了骇人听闻的屠杀华侨的大惨案——红溪事件，遇害者达1万人以上。这次大屠杀绝不是由于偶然因素所引起，而是有其深刻的经济和政治根源的。

一、巴达维亚华侨人口和职业

当荷兰殖民者占领雅加达时，该地已被荷兰殖民者夷为平地，亟待重建。按当时在任总督燕·彼德逊·昆的设想，要把这个城市建设成为“亚洲贸易大帝国”的中心点。同时，荷兰人刚占领的香料群岛也急需加以巩固。因此，燕·彼德逊·昆曾打算动员一批荷兰籍的自由公民前往巴达维亚和摩鹿加的安汶、班达等岛屿定居。但是这个计划未能实现，因为荷兰东印度公司的贸易垄断政策并不欢迎荷籍自由公民以个人身份来到印尼[50]，而荷籍自由公民也不喜欢作为殖民者来到印尼，他们不愿意充当“一群奴隶的凶恶主人和监护人”，也不愿意充当“大多数是民族渣滓的自由公民（指荷兰东印度公司的职员——引者）的摄政者和领袖”[51]。

当时爪哇土著居民也不可能成为兴建巴达维亚城市的主要劳动力，因为当时不论是万丹还是马打蓝，都经常同巴达维亚交战，爪哇人出于对荷兰侵略者的仇恨心理，不愿意迁居巴达维亚。特别是1628年马打蓝第二次进攻巴达维亚之后，以及1656年万丹同荷兰殖民者作战之时，荷兰人出于对爪哇人的疑惧心理，也不准许爪哇人靠近巴达维亚城墙。这就使巴达维亚在17世纪几乎没有爪哇人，而只有从峇厘和班达等岛屿运来的印尼奴隶。

在这种情况下，燕·彼德逊·昆很自然地要在中国人的身上

打主意。

由于明朝末期（17 世纪 20—30 年代，天启到崇祯年间）中国政府厉行海禁政策，荷兰殖民者要想从中国招募大批劳动力前往巴达维亚和摩鹿加是不可能的。于是燕·彼德逊·昆就采取利诱的手段，招引万丹、井里汶等爪哇北部沿海地区各城镇的华侨迁居巴达维亚，宣布凡是愿意迁往该城市的华侨可以免交通行税和关税（从 1619 年至 1620 年 10 月 1 日止），并且可以得到公司的善待。他还指示公司驻日本办事处的长官雅奎斯·施贝克斯（Jacques Speex），要劝诱尽可能多的华侨迁居巴达维亚，必要时可以用公司的船运送；如果不愿意来，可采取试用的办法雇用他们。由于效果并不显著，燕·彼德逊·昆竟然采取卑鄙的海盗行为，封锁马尼拉、澳门、澎湖列岛附近的中国沿岸、马六甲，以此逼迫中国人同巴达维亚通商，并且劫持航行至占碑、万丹、扎巴拉和印尼境内其他岛屿的中国艅船，把它们带到巴达维亚。[52]

1622 年 4 月，燕·彼德逊·昆命令科内利斯·莱耶尔策（Cornelis Reyerez）率领舰队从巴达维亚出发，侵犯我国澳门，被击退后，转而侵犯澎湖列岛，并于同年 7 月占领了列岛中的澎湖岛，在该岛修筑要塞，装备成军事基地。同年 10—12 月，这支舰队又驶向福建海岸地区，进行海盗袭击和掠夺财物，杀死不少岸上的中国人，抢去许多猪、羊、鸡等牲畜及其他日用物品，烧毁了若干村庄，沿途还抢夺了不少中国帆船（包括从中国开往菲律宾的中国帆船），并将俘获的 1 400 名中国人统统押往澎湖岛当作奴隶出售。除了有 180 名俘虏似乎已安全到达之外，其余1 150名（按：此数可能有错，应为 1 220 人——引者）在澎湖岛候船时由于受到极其残酷的虐待，至 1623 年 9 月登船准备开往巴达维亚时已死剩 571 人，在航海途中又继续死亡了一批人，及至 1624 年 1 月运抵巴达维亚时，能够活着上岸的只不过 33 人而已。[53] 这些奴隶被分配给当时已定居在巴达维亚的华侨头目，由这些华侨头目保证付出每人 60 里阿尔（reaal）作为赎身费，在 15 个月内分期付清，此后这些被出售的俘虏就同其他中国移民一样可以在巴达维亚定居下来了，这是一种强迫移民制度。由此可见，17 世纪时期，华侨并不是作为“贵宾”，而是作为被压迫民族，在强暴者的利诱和威逼下移居巴达维亚的。

由于中国人不断迁入，巴达维亚逐渐成为爪哇岛上华侨最集中之地。据估计，1619 年巴达维亚市区华侨有 300 ~ 400 人；1628 年已增至 3 000 人[54]，9 年间增加了八九倍。

1644 年明朝灭亡之后，中国东南沿海地区人民大量流亡南洋。1646 年（清世祖顺治三年）郑成功反对其父郑芝龙投降清朝，收集旧部坚持抗清，并于 1650 年（顺治七年）占据金门和厦门，1662 年驱走了占据台湾的荷兰殖民者。清朝政府为了切断郑成功同中国大陆及海外的联系，于 1655 年（顺治十二年）开始实行全国性的海禁政策，严禁“片帆入海”[55]，但效果并不显著，出海者仍然不断增加。据估计，1658 年巴达维亚市区的华侨已达 5 363 人。[56]

1661 年（顺治十八年）清朝政府采纳了郑成功起义军中的叛徒黄梧的献策，对东南沿海地区实行残酷至极的“迁界”政策，强令“山东、江（苏）、浙（江）、闽、粤沿海居民尽入内地，设立边界，布置防守”，并将“所有船只，悉行烧毁，寸板不许下水，凡溪河槛桩栅，货物不许越界，时刻瞭望，违者无赦”[57]，使我国沿海人民的出洋活动受到比明朝时代的海禁政策更为严重的阻挠。在这种情况下，巴达维亚市区的华侨人口有所下降，从 1661 年的 5 382 人降至 1673 年的 2 747 人。1673—1682 年这 9 年间，巴达维亚市区华侨人口始终徘徊在 2 000 ~ 3 000 人之间。[58]

1683 年（康熙二十二年）清兵占领台湾，第二年即开放海禁，巴达维亚的华侨人口又开始回升。这时期，每年在巴达维亚

港口抛锚的中国艅船，从三四艘增至20艘以上。[59]当然，巴达维亚华侨人口的增减原因，除了取决于当时中国国内的社会因素之外，还取决于荷兰东印度公司统治下的巴达维亚对中国移民的需求情况和经济剥削程度之大小。比如，1648年9月1日荷兰东印度公司总督范·德·林（Van der Rijn）为了引诱更多的中国移民来巴达维亚从事开荒，种植水稻和甘蔗，发展制糖业，特意降低华侨的人头税负担，规定华侨每人每月应交的人头税从1.5里阿尔减为0.5里阿尔，即减低2/3的税额。1650年11月，雷因涅尔（Reineir）上任总督时，为了同一目的，索性免除华侨的人头税。直至1657年12月（麦瑞克尔〔Joan Mactsuicker〕任总督）宣布恢复华侨人头税（每月交1里阿尔）之前，这段时间巴达维亚的华侨人口增长颇多。而1658年开始恢复征收华侨人头税之后，许多制糖业的华侨雇工由于税务负担太重，无法维持生活而纷纷回国，使这时期巴达维亚离境华侨比新入境的中国移民人数更多；再加上清朝政府从1661年开始实行严厉的“迁界”政策，使巴达维亚华侨人口大为下降。华侨人口的减少，大大影响了巴达维亚制糖业的生产。荷兰东印度公司为了挽回这种局面，于1669年12月宣布：从1670年开始免除巴达维亚乡区华侨的人头税，以鼓励华侨在城郊乡村从事农业生产，特别是种植甘蔗和制糖。这种豁免乡区华侨人头税的政策，一直延续至1739年（即红溪事件发生的前一年）；尽管1739年以后又开始征收乡区华侨人头税，但税额低于市区，而且是一次性课税，无须按月交税（直至1794年才按市区办法逐月征收，税额也与市区相同）。由于乡区华侨人头税的免除或减少，加上1684年清朝政府开放海禁，因此，从1670年起，直至18世纪上半期，巴达维亚华侨人口又潮水般地猛增起来。这一时期人口的增长主要是在巴达维亚乡区而不是在市区。

但是，荷兰东印度公司从17世纪末开始对中国人在巴达维亚入境采取限制政策。1690 年规定每艘中国商船只能运载 50 名新客，超过者每名罚款 10 块银元并遣送回国。[60] 1706 年规定每艘中国商船运载水手人数，大船不得超过 100 人，小船不得超过 80 人，各船水手均须随船返航，不准稽留滞返。[61] 但是秘密入境的华侨人数仍然不断增加。据估计，1700—1709 年间，巴达维亚市区华侨有 4 292 人（占市区总人口 21%），乡区华侨有 5 256人（占乡区总人口 11%），合计 9 548 人。至 1739 年（即红溪事件发生的前一年），巴达维亚市区华侨有 4 386 人（占市区总人口 22 888 的 19. 2%），乡区华侨有 10 574 人（占乡区总人口的 15%）。[62]

荷兰东印度公司统治时期的巴达维亚，城内的印尼人都是从外岛迁入的奴隶。早期的巴达维亚华侨也有不少是奴隶身份的。虽然没有明确数字，但据荷兰学者所述："在公司统治时期，奴隶劳动确实相当大地扩展了"，"恐怕有一半以上的巴达维亚居民是由奴隶组成的"[63]。由此可以想见，当时巴达维亚华侨奴隶的数量也不会很少，因为当时中国移民有不少是荷兰殖民者在中国东南沿海地区以及东南亚地区进行海盗袭击时被掳掠并充当奴隶贩卖至该地的；也有不少中国移民是在 1684 年清朝政府开放海禁后大量出国的，这些人人多数在出国时身上不名一文，全靠向船主欠借旅费，到了巴达维亚之后由华侨雇主代为偿付所欠债款，因而成为对雇主有人身依附关系的变相奴隶。这种人身依附关系，须待债务还清之日才能宣告结束。[64] 当时巴达维亚郊区华侨制糖作坊中的华侨雇工，多属于这种债务奴隶。

从 1619 年至 1740 年红溪事件前夕，巴达维亚华侨的阶级成分，除了奴隶之外，还有小农、手工业者、商人。他们分别从事种植水稻、蔬菜、水果、胡椒、甘蔗等农业生产，从事榨糖、酿酒、榨油等农产品加工业生产，从事捕鱼、饲养牲畜、伐木、舢板船船夫（航行于市区的沟渠河道）、开凿运河、除草、挑水、

裁缝、制鞋、编帽、烧砖瓦、制石灰、打石、打铁、木匠、建造房屋、中医等行业，还有相当多的人从事商业活动。[65]据估计，在18世纪中叶，巴达维亚华侨（包括市区和乡区）从事制糖、酿酒、烧窑等农产品加工业和手工业生产的人数最多，占当时巴达维亚华侨总人口的60%以上；从事种稻种菜等农业生产者占12%～13%；从事商业者占22%～26%。[66]

从17世纪70—80年代直至1740年红溪事件前夕，居住在巴达维亚市区的华侨有不少是商人，其中大部分是零售小商贩（包括在市场上或者在街边摆小摊的，肩挑货物来回于城乡叫卖的，开设小店铺固定摆卖的），用自己的辛勤劳动，沟通了城乡之间的商品经济交流，为城乡居民供应必不可少的日常生活用品，对于促进当地社会经济繁荣起了不可磨灭的积极作用。在这些市区华侨商人当中，也有一部分是“巨万之富”[67]，他们“拥有巨资，奴仆如云，一呼百就，只须将红旗摇摆，随从人事，立即群集”[68]。至于居住在巴达维亚乡区的华侨，则以农民和制糖雇工占多数。[69]

二、荷兰殖民者对巴达维亚华侨的统治

华侨是荷兰殖民者压迫剥削的对象。人头税是专门向华侨征收的。巴达维亚兴建之初，荷兰东印度公司就强迫各族人民服无偿劳役，替公司担泥土修筑城堡要塞。从1620年10月1日开始，公司解除了华侨的这项劳役，代之以向华侨征收人头税，规定每个华侨成年男子（14～60岁）必须每月向公司交人头税1.5里阿尔。这项税务对于每个普通的华侨来说，并非轻松的负担。据估计，在17世纪30年代，巴达维亚华侨交付的人头税，就占了公司全部城市税收总额的1/2以上。[70]此外，公司还以免除华侨服兵役为名，向华侨征收免服兵役的“保护金”，每人须

交 1 里阿尔。这种做法，不仅使荷兰殖民者捞得大笔额外税款，而且还可以达到使华侨不占有武器的目的，真可谓一箭双雕。[71]

华侨所从事的各行各业，都成为荷兰殖民者索取课税的对象。巴达维亚华人甲必丹办公署“巴国公堂”所存档案材料《噶喇吧纪略》（程日炌撰述），就有这样的记载：“征之柴山，征之蔗蔀（厂），征之酒库，征之亚（鸦片）廊，征之戏台。人身所需，有照身票，有新客票，有裔票，火票，山票，海票，路票之费；甚至婚票，死票，亦籍以为利”，弄到华侨“贫者不聊生，遂有无票被刑者，有负贷逋逃者，有暗买私货者，有见财行盗者”[72]。可见，当时巴达维亚社会秩序不好，实与荷兰殖民者对华侨横征暴敛有很大关系。

荷兰殖民者把巴达维亚的居民基本上划分为三个等级：公司职员、荷籍及欧籍自由公民、欧亚混血种人、被释放的奴隶（属基督教徒），这些人属于最高等级；华侨和其他亚洲侨民属于第二等级；印尼土著居民属于第三等级。[73]荷兰殖民者之所以要把华侨的社会地位摆在介于荷兰人和印尼人之间的中间等级，显然是有意对这两族人民实行种族隔离和分化政策。荷兰殖民者这一手是十分阴险毒辣的，而且也确实取得了一定的成效：在 1740 年红溪事件中，就有一部分印尼奴隶（包括已获释和未获释）受了荷兰殖民者的煽动和唆使，参加了屠杀华侨的罪恶勾当。印尼进步作家柏拉穆迪亚·阿南达·都尔对此做过很精辟的分析，他说：“关于这个问题，除了殖民主义者外，不能把罪过加在任何一个阶层。因为殖民统治者掌握了完全的权力，而且这种殖民政策已成功地根据社会的结构来进行挑拨离间。”[74]

为了更好地管制华侨，荷兰殖民者还仿效葡萄牙殖民者在马六甲殖民地的做法，从 1619 年起，先后在摩鹿加的安汶岛、巴达维亚及其他荷兰东印度公司直接管辖的地方，强迫华侨居住在公司划定的特区（即“华人区”），并在“华人区”内对华侨实

行“华人甲必丹”（Kapitein）管治制度。华人区设在荷兰殖民者大炮射程之内，其用意可想而知。华人甲必丹是由荷兰殖民当局从华侨的富商大贾中挑选出“有名望的人物”来担任的。最初是由华侨中的少数上层人士推选，并经荷兰殖民当局同意而委任的（如1619年巴达维亚首任华人甲必丹苏鸣岗就是这样选出来的），后来则是由前任华人甲必丹在离职时或者临死时推荐继承人，经荷兰殖民当局同意而委任的。华人甲必丹就职时必须宣誓效忠于荷兰殖民当局，其职务是：（1）充当荷兰殖民者的物资供应者（即买办）和工程承包人；（2）代荷兰殖民者管理华侨的民政事务和一般的民事诉讼（比如调解华侨中的口角殴斗等普通纠纷，处理华侨的财产继承问题，协助荷兰殖民者向华侨征收人头税及其他各种捐税，办理华侨的结婚登记等事务）。华人甲必丹“有一间牢房，用来禁锢和惩罚他所不喜欢的人”[75]，“但无杀戮之权，遇有大事必须请示荷兰殖民当局，事实上是荷兰人豢养下的小官吏”[76]。华人甲必丹没有薪金，但享有很多职务上的经济利益（比如，从他所负责代政府征收捐税中获得一定比例的收入，拥有许多与职务有关的专利权，但以不妨碍荷兰殖民者的贸易垄断权为前提）。[77]

为了提高华人甲必丹的工作效率，从1633年起增设雷珍兰（Luitenant）的官职，作为华人甲必丹的辅佐。1690年，在雷珍兰之下又设华人街长（Wijkmeester），又叫“甲首”。同年又设武直迷（Boedelmeester）[78]，专理华侨中的孤儿无教、年老无依、疾病无靠者的慈善事业。1740年红溪事件发生之后两年（1742年，清乾隆七年），还建立华民政务司（Chinese Protectorate，一译巴国公堂），“其组织一如中国旧式之衙门。长官之下，豢养一班中国人之败类，充当侦探、密查、翻译等职。对于华侨之行动，特别监视，稍有与当地政府禁令抵触之事，即行登记。轻则随时招本人至衙门，而加申斥，重则呈报当地政府，或监禁数月了事，或立即驱逐出境（亦有监禁之后，仍驱逐出境者）。"[79]这致使“华侨听着‘华民’（华民政务司的简称）两字就怕，如鼠之于猫，并且可以止儿啼”[80]。

由此可见，华人甲必丹制度绝不意味着荷兰殖民者对华侨实行“宽厚”政策，而只不过是“以华人治华人”的一种阴险手法。用荷兰殖民者自己的话来说，就是“以便尽可能在他们（指华侨——引者）中间保持良好的秩序和监督”[81]。

华人甲必丹制度最早设置于摩鹿加的安汶岛和爪哇的巴达维亚。随着荷兰东印度公司侵略势力的不断伸展，这种制度逐渐遍及爪哇及外岛凡有较多华侨居住的城镇。1799 年荷兰东印度公司被撤销，代之以荷印殖民政府，华人甲必丹制度仍然延续下来，至 1837 年还增设玛腰（Majoor）官衔，它是荷兰殖民者赐给那些有“功勋”的华人甲必丹的一种荣誉官衔，其地位高于甲必丹。这种华人官员制度，一直沿用至 20 世纪 30 年代初，才被废除。在华人官员制度废除之后，华人街长还被保留下来，由荷印殖民政府直接领导。

华人甲必丹既然是荷兰殖民者管治华侨的御用工具，所以荷兰殖民者总是要选择自己认为最忠实可靠的人来担任此职。如果荷兰殖民者看上了某个适合于充当此类角色的人物，而此人又不很愿意出来任职，荷兰殖民者就要对他施加压力，强制他从命。由于华人甲必丹毕竟是享有一定的特殊权力、地位和经济利益的官职，所以在华侨富商大贾中也有不少人为之垂涎三尺，甚至用贿赂办法来向荷兰殖民者求得这种官职。

荷兰殖民者还有另一种统治华侨（以及土著居民）的狡猾手段，那就是有意识地利用华侨商人中的一部分富裕阶层和华人官员，充当殖民当局征税和从事某种专利贸易的承包人。

在荷兰殖民者入侵印尼之前，爪哇的土著统治者也曾实行承包制[82]，但这种制度主要是在荷兰殖民者入侵印尼之后才大力

推行的。最早的税务承包制，可能是船舶货物税收的承包制，开始实行于1622年巴达维亚，承包期为1~2年，由荷兰殖民者招标，由愿意出最高价钱的投标者（主要是华侨富商或华人官员）承包。后来，随着荷兰东印度公司所控制的领域的扩展，港口船舶货物税收也在其他地方施行税务承包制。[83]据荷兰侵略军军官施贝尔曼（Speelman）在1678年写的回忆录所说，当时港口船舶货物税的征收是由“夏班达尔”（Sjahbandar）执行的。这个官职名称来源于波斯语，“夏”（sjah）是头目、长官的意思，“班达尔”（bandar）是港口的意思。自从实行港口船舶货物税务承包制之后，“夏班达尔”或“班达尔”就成为人们称呼承包人的一种代用语。[84]

荷兰殖民者利用华侨富裕商人和华人官员充当税务及专利贸易承包人，“这是殖民者埋下日后挑拨（华侨和印尼人民之间的关系）的毒计，同时也有它不可告人的隐衷”[85]。（关于承包制及其恶果，详见本书第三章。）

三、华侨贸易与荷兰东印度公司之间的矛盾

巴达维亚华侨商人，也同印尼其他地区的华侨商人一样，他们同荷兰殖民者之间的矛盾，最突出表现为垄断和反垄断贸易的斗争。

荷兰殖民者在17—18世纪上半叶由于力量有限，不能像垄断香料那样把某些重要的商品如大米、茶叶、蔗糖等都垄断于自己手中，因而不得不求助于华侨商人的供应。这就迫使荷兰殖民者不得不对华侨商人采取一种比对待非荷籍的欧洲人和印尼人都更阴险狡猾的政策，这就是对华侨商人采取限制（而不是消灭，也无法消灭）、利用（但紧紧控制）的政策。

从燕·彼德逊·昆担任总督时期就已开始限制来往于中国、

东南亚（包括印尼）的中国商船（包括华侨商船）必须停泊于巴达维亚港口，只准华侨商人在公司垄断势力暂未延伸到的偏僻小岛和小港口（即公司的船队认为不重要和不屑一顾的地方）经商；[86] 严禁华侨商人买卖公司垄断范围内的商品（如丁香、豆蔻、胡椒等香料，还有咖啡、锡、鸦片等），只许华侨商人买卖公司暂时未能垄断，但又是荷兰殖民者或欧洲市场所需要的商品（如大米、茶叶、蔗糖、酒）。也就是说，只准许华侨商人从事不危害公司的垄断专利权的营业。

对于荷兰殖民者对待华侨商人的上述政策，不能只从表面上看到它对华侨商业也带来某些“好处”，而看不到它对华侨商业的压迫实质及其扼杀华侨商业独立自由发展的生机和前途的严重后果。

比如大米贸易，在 17 世纪上半叶，马打蓝的苏丹阿贡对荷兰殖民者实行禁运大米的政策时，只有原先来往于巴达维亚和东、中爪哇之间的华侨商船没有受到马打蓝当局的阻挠，华侨商船照样可以从扎巴拉输出大米，这说明当时马打蓝国对待不是侵略者的华侨商人始终保持着友好的态度，而荷兰殖民者则利用了华侨商人在马打蓝的这种优越地位和有利条件，有意识地让华侨商人从马打蓝国的扎巴拉源源输出大米，供应巴达维亚的需要，从而达到其破坏马打蓝对巴达维亚实行禁米政策的目的。这种情况，与其说华侨商人受到荷兰殖民者的恩惠和甘心给巴达维亚方面效劳，不如说华侨商人受到荷兰东印度公司严厉控制而失去了先前从事海上贸易的独立自由权利，成为荷兰东印度公司垄断贸易政策的受害者和牺牲品。因为荷兰殖民者早在 17 世纪初期就已封锁了万丹港口和摩鹿加的海域，并且强制来往于中国、东南亚和印尼岛际的中国商船（包括华侨商船）只能停泊于巴达维亚，华侨商人从马打蓝的扎巴拉输出的大米，除了按公司的指令运往巴达维亚之外，又能运往何处？

又如茶叶贸易，17 世纪初期，荷兰殖民者在亚洲就已认识了茶（包括中国茶和日本茶），并且不时地把茶叶运至欧洲。[87]在 17—18 世纪时期，从爪哇运往欧洲市场的茶叶贸易几乎全由荷兰人垄断。当时茶叶的货源主要是来自中国，而茶叶的采购方式主要是向航抵巴达维亚的中国商船购买，因为这样做比起直接去中国本土购买更为方便（荷兰人到中国本土购买茶叶是不能垄断的，因为欧洲其他国家的商人也在广州设有商馆采购茶叶）。正因为当时巴达维亚同中国之间的茶叶贸易主要是靠中国商船和中国商人从广州、厦门、宁波及其他地方运来的；特别是自从 1662 年郑成功把荷兰人驱出台湾岛之后，巴达维亚就更加需要靠中国商人输进茶叶了。从 18 世纪头 30 年开始，欧洲市场对于茶叶的需求量激增，茶叶成为重要的日常生活用品，荷兰东印度公司和其他欧洲国家的贸易公司都同样积极从事茶叶贸易，竞争十分剧烈。巴达维亚主要是以胡椒，其次是以肉桂，有时也以琥珀、铅矿，偶然也以或多或少的檀香木、安息香、Caliatour wood、红珊瑚、燕窝来同中国商船运来的茶叶做交易。[88]

曾经有过这样的事情：1717 年 3 月，荷兰东印度公司总督范・斯窝尔（Van Swol）和东印度评政院决定降低对中国茶叶的收购价格，规定星罗茶（Singlo tea，是一种普通绿茶）每担（pikul，相当于 125 荷磅〔 pound 〕）收购价格为 40 荷盾 rixdollars，比起中国商人提出的价格（每担至少不能低于 60 rixdollars）低了 1/3。一级武夷茶的收购价格规定为每担 80 rixdollars，次等武夷茶每担收购价格规定为 75 rixdollars 或 65 rixdollars甚至60 rixdollars，这个收购价格是很低的。而荷兰东印度公司出售给中国商人的胡椒，却从 1715 年 7 月开始涨价，由每担 8 ~ 8. 5 rixdollars（最低限度7. 5 rixdollars）至每担 9. 5 ~ 10 rixdollars。在讨价还价中，荷兰殖民者声称中国商人如果嫌茶叶收购价格太低而不愿出售给公司的话，可以原货运回中国。为了抵制荷兰殖民者从1717年开始推行的无理规定，中国商船从1718年至1722年停止运往巴达维亚，从而断绝了荷兰殖民者直接从中国采购茶叶的货源。荷兰殖民者被迫向葡萄牙殖民者购买中国茶叶（从澳门运往巴达维亚），但是数量很少（只及荷兰东印度公司董事会需求量的1/2），价格又非常昂贵。1718年葡人售给荷兰人的武夷茶，每担价格为115～125 rixdollars，比1717年的售价提高75%；到了1721年，更提高到将近80%。这种情况，使荷兰东印度公司董事会大为忧虑，因而指令巴达维亚当局再次引诱中国商船前往巴达维亚，倘若不行，就由公司派遣1～2艘船从巴达维亚直接去中国购买茶叶，但这种做法仍未能摆脱被动的局面。巴达维亚当局无可奈何，只得在1723年7月21日（当时由斯瓦德格洛恩〔Sweardecroon〕任总督）表示礼待中国商人，这才恢复了中国商船对巴达维亚的航运。[89]

可见，荷兰殖民者在茶叶贸易方面对中国商人的让步，是中国商人（当然也包括华侨商人）经过一番反垄断贸易的斗争而获得的结果，并非荷兰殖民者的开恩。

再如制糖和酿酒业，在巴达维亚及爪哇北部沿海地区（如扎巴拉、三宝垄、巴苏鲁安等地），主要是由华侨经营的。爪哇土著居民在17世纪以前就已从事种植甘蔗和土法榨糖的生产，“自从华侨传入先进生产工具之后，（糖的）产量大大增加，并促进了（当地）人民的经济繁荣”，这种先进生产工具就是当时普遍采用的水力榨糖机，无水时可用畜力来代替。[90]荷兰殖民者入侵爪哇之初，爪哇的蔗糖供不应求，必须从中国和泰国进口补充。直至1637年为止，荷兰东印度公司实际上是从中国（特别是台湾岛）、泰国、印度的孟加拉，而不是从印尼输进蔗糖。从17世纪20年代后期开始，印尼爪哇特别是巴达维亚的蔗糖才受到荷兰东印度公司的重视。

在17世纪10—20年代，蔗糖贸易在荷兰东印度公司的贸易

活动中尚未占有重要位置。17世纪20年代初，由于蔗糖在荷兰市场的售价不高，中国蔗糖（在当时亚洲各国所生产的蔗糖中质量最高）在阿姆斯特丹的售价为每荷磅0.27弗罗林（florijn，即荷盾），公司董事会在1622年仅仅从中国运载了大约22万荷磅的蔗糖到荷兰，而没有从其他国家和地区运载，因为这些地区的蔗糖在荷兰市场售价比中国糖低。但是到了17世纪20年代末和30年代初，蔗糖在阿姆斯特丹的售价上涨颇剧，连西印度群岛生产的未加工粗糖（Moscovados）每磅售价也从1624年的0.23弗罗林升至1631年的0.59弗罗林，1637年更升至0.67弗罗林。这种有利可图的情况，使荷兰东印度公司董事会对蔗糖贸易的兴趣大为增加。1631年11月，公司董事会起草了一项指令，要求巴达维亚运载40万荷磅蔗糖到荷兰；1633年要求增加到60万荷磅；1636年要求增加到100万荷磅；往后几年更是贪得无厌地要求增加到375万荷磅，甚至更多。[91]尽管当时公司董事会最感兴趣的是中国蔗糖，只要中国蔗糖能够满足要求，那么，质量稍差的印度和印尼蔗糖是可有可无的，泰国的褐色粗糖就更加不受欢迎；然而荷兰东印度公司对于印尼爪哇特别是巴达维亚的制糖业已予重视。比如，1627年燕·彼德逊·昆第二次任总督时，就开始鼓励巴达维亚华侨种蔗制糖；1636—1645年范·蒂门（Andonie van Diemen）任总督时，更加积极鼓励和扶植这一行业的发展，在1636年4—12月三令五申严禁损坏巴达维亚郊区的甘蔗园，1637年决定在巴达维亚及其附近地区建立制糖厂。就在1637年，巴达维亚华侨商人容观（Jan Kong）开设了第一家采用水力和畜力推动石磨榨糖的糖厂，荷兰东印度公司给予它免税10年的优待，还给予无息贷款。[92]

为了吸引大量中国移民来到巴达维亚充当制糖雇工，荷兰东印度公司在1648年（范·德·林任总督）特地减轻华侨人头税，从1.5里阿尔降至0.5里阿尔；1650年（雷涅尔士任总督）

更进一步免除华侨人头税，已如前述。于是，巴达维亚华侨蔗糖产量从1648年的24 500荷磅（相当于196担，1担=125荷磅）增至1652年的1 464 000荷磅（相当于12 000担）。[93]

与制糖业有密切联系的华侨酿酒业（以蔗糖为原料），当时也因为酒是荷兰人所需的饮料，供不应求，所以得到荷兰东印度公司的照顾，只征收10%的税率。[94]

从上述情况来看，荷兰殖民者似乎从17世纪20年代后期至三四十年代就十分重视和照顾巴达维亚华侨的制糖业和酿酒业。其实，这种重视和照顾是有条件的，这就是必须按荷兰东印度公司同华侨业主订立的契约，规定这些企业必须把全部产品遵照公司指定的低廉价格出售给公司。这实际上就是公司对华侨制糖业和酿酒业实行强迫供应制，只不过没有像对待爪哇人实行咖啡强迫种植制那样管得严。[95]下面我们便可以清楚地看到，巴达维亚华侨制糖业同荷兰殖民者之间存在着十分尖锐的矛盾，这种矛盾是垄断和反垄断贸易的矛盾，是导致1740年红溪事件的重要原因。

巴达维亚华侨制糖业从开始就受到荷兰东印度公司强迫供应制的约束。1637年，公司在决定对巴达维亚华侨开办的糖厂实行免税10年并给予无息贷款优待的同时就规定，华侨生产的蔗糖必须按公司指定的价格（亦即按当时万丹糖价）出售给公司。直至1641年范·帝门任总督时，还做出如下指示："蔗糖产量已经增加了。……但如果是每担蔗糖的价格超过5里阿尔，公司便不收购，公司可以用同样的价格从万丹大量进口。应该降低巴达维亚的糖价。"[96]

尽管1648年和1650年荷兰殖民者以降低甚至免除华侨人头税来招引中国移民来到巴达维亚从事种蔗和制糖生产，巴达维亚华侨蔗糖产量也一直处于上升状况，至1652年产量达到12 800担，公司董事会在1645—1655年对巴达维亚蔗糖的需求量为每

年100万~135万荷磅（相当于8 000~28 000担）[97]，可是公司董事会从1656年起却借口蔗糖在阿姆斯特丹市场价格下跌，大大削减向巴达维亚订购蔗糖的数量，每担白糖的收购价格也从5里阿尔降为3~4里阿尔，或2.5里阿尔。华侨屡次向公司交涉提高蔗糖的收购价格，但始终无效。[98]

1658年，麦瑞克尔任总督时，为了弥补公司同万丹作战（1656—1659年）的军费耗损，恢复了巴达维亚华侨的人头税，每人每月交1里阿尔，这对于贫苦的华侨制糖雇工是个沉重打击，因为他们的全年劳动报酬约为15里阿尔，除掉一年应交的人头税12里阿尔（占全年劳动报酬的4/5），就所剩无几了，这迫使他们纷纷乘船回国（无法回国者，大多数在当地沦为债务奴隶），从而大大影响了巴达维亚华侨蔗糖的生产。[99]再加上当时中国台湾的蔗糖产量不仅能满足欧洲市场的需求，而且还能运销亚洲（波斯）市场，有些荷籍高利贷商人宁可把贷款转向台湾的制糖业。[100]1660—1668年，公司董事会只向巴达维亚订购15万~80万荷磅（相当于1 200~6 400担）的蔗糖。[101]这使巴达维亚华侨制糖业从1660年开始走向萧条。尽管1661年郑成功占领台湾，使荷兰殖民者失去了台湾蔗糖的货源而不得不重新鼓励巴达维亚华侨制糖业，并且从1670年起豁免巴达维亚郊区华侨人头税，从而使巴达维亚华侨人口又逐渐增多，蔗糖生产也重新得到发展，并能够在亚洲市场参加竞争，可是巴达维亚华侨制糖业的盛况仍然远远不及1652—1658年的高峰时期。1669—1677年这8年间，巴达维亚蔗糖销往荷兰的数量为100万~160万荷磅（相当于8 000~12 800担），但好景不长，接着又迅速下降。1680—1693年，阿姆斯特丹竟然停购巴达维亚蔗糖。[102]“荷兰本国市场的这种情况，对巴达维亚的糖业来说，是一个沉重的打击，因此要想东印度公司提高巴达维亚糖的收购价格无论如何是不可能的。”[103]

由此可见，在几乎整个 17 世纪，巴达维亚华侨蔗糖生产的兴衰升降，始终受荷兰本国市场供求关系以及荷兰东印度公司垄断贸易政策的制约，公司对蔗糖总是压低收购价格和实行强迫供应制，而且爱买就买，不爱买就停购，买多买少全由公司支配。华侨糖业业主多次与之抗争，始终摆不脱遭受荷兰殖民者压榨的厄运，致使华侨糖业从惨淡经营的困境逐渐走向衰落。

从 18 世纪初叶开始，巴达维亚华侨蔗糖生产又有起色。其原因一方面是 1683 年清朝占领台湾后，翌年解除海禁，从此有大批中国移民流亡南洋，尽管荷兰殖民者从 1690 年开始限制中国移民进入巴达维亚（已如前述），但非法入境者仍然源源而来。这时期的中国移民，大部分是贫苦劳动者，同古代、中世纪时期的中国移民（主要是商人成分）情况已大不相同。这些贫穷的新客给巴达维亚华侨制糖业增添了大批廉价劳动力；另一方面是 18 世纪初叶欧洲市场对蔗糖的需求量又有所增高。1700—1703 年荷兰市场的蔗糖售价特别高，虽然接着又下跌，但是大约在 1721 年又回升。公司董事会看到蔗糖贸易有利可图，于是又增加订购量。1700 年以后，输进荷兰的蔗糖从每年 100 万荷磅（相当于 8 000 担）以下增至 250 万荷磅（相当于 1 万担）以上；1710 年以后，公司对蔗糖的收购量为每年大约 800 万荷磅（相当于 64 000 担）。为了快速把蔗糖从巴达维亚运往荷兰，公司还造了两艘专门运糖的特制平底船，每艘可装运 55 万 ~ 60 万荷磅（相当于 4 400 担至 4 800 担），先后于 1715 年和 1718 年投入航运。[104]

在欧洲市场对蔗糖需求量和售价有所上升的情况下，巴达维亚的制糖厂于 1710 年发展到 131（或 130）家。[105]其中除了荷兰人开设的 4 家，爪哇土著摄政官（regent）开设的 1 家之外，其余 125 家是华侨开设的。[106]巴达维亚华侨蔗糖生产分为种蔗和制糖两个部分。早期的华侨糖业，这两个部分都有，后来逐渐

偏重于制糖部分，而种蔗部分（包括砍伐和运输）则由土著居民经营。蔗糖生产所占用的土地，由华侨糖业业主（蔀爹）向土著官员租借。据1707年签订的一份糖业经营合同规定，华侨糖业业主必须将全部蔗糖产品按限制出售给荷兰殖民当局，土著官员则承诺在一定时期内把土地租赁给华侨糖业业主以种植甘蔗，并利用其影响保证供应一定数量的土著劳动力，荷兰殖民当局则给华侨糖业业主垫支资金和控制蔗糖生产，并且利用其政府权力保证华侨糖业业主获得必要的土地、劳动力及其他必需品。华侨糖业业主所需要的资金、糖坊、土地，也可以向欧籍地主或者华侨地主租借。比如，1738—1740年巴达维亚在任华人甲必丹连富光，他一个人就在郊区拥有不少土地和14间制糖作坊，租赁给华侨糖业业主（蔀爹）经营。[107]

早期巴达维亚华侨制糖厂的规模，每间平均112人，其中糖业业主（蔀爹）1人，财务1人，监工（蔗农）10人，雇工100人。在雇工之中，华侨雇工占40人，负责煮糖；土著雇工占60人，负责种蔗、割蔗、榨蔗、采伐木柴、运输原料和成品。华侨雇工和土著雇工人数比例为1∶3。[108]

从1710年至红溪事件前夕（1739年），巴达维亚糖厂数量有所减少，从131间减至82间，但作坊设备和生产能力却有所提高，平均年产量并没有减少，仍然维持在800担的水平。在1710年巴达维亚虽有131间糖厂，但有79间（占制糖厂总数的61%）处于开工不足的状态（年产量达不到800担的水平线），而在1739年巴达维亚的82间糖厂全都开工正常，年产量达到平均800担的水平线。从这个角度看，1739年巴达维亚制糖厂中的标准厂，间数不是减少，而是增加了。[109]因此，1710年至红溪事件前夕巴达维亚蔗糖生产的总趋势是上升而不是衰退。[110]

然而，就在1710—1739年巴达维亚蔗糖生产处于上升时期，却仍然遇到不少不利因素。比如，1722年波斯的索非（Sofy）

王朝被推翻后，荷兰东印度公司不能在波斯推销蔗糖，使它在亚洲失去了重要的蔗糖销售市场。又如，在18世纪20年代中期，荷兰国内市场的蔗糖贸易又陷入萧条状态。[111]再如，17世纪末至18世纪，荷兰东印度公司除了在巴达维亚之外，还在爪哇北部沿海地区发展糖业和实行蔗糖强迫供应制（1678年1月15日与马打蓝国订立契约，规定马打蓝只能把蔗糖交售给公司，指定扎巴拉、古突士等地为收购蔗糖的地点；1708年，与井里汶的三个王公贵族订立开设糖厂的合同，给公司提供低廉的蔗糖；万丹则很早以来就是个蔗糖产地，并且受公司强迫供应制的控制）[112]，从而使爪哇北部沿海地区的蔗糖生产和蔗糖贸易构成了对巴达维亚糖业的竞争和威胁。荷兰东印度公司正是要利用爪哇本岛内部的这种糖业竞争，来达到压低蔗糖收购价格和控制蔗糖收购数量的目的。由此也就可以清楚地看到，巴达维亚糖业（爪哇北部沿海地区的糖业也一样）即使处于兴盛时期，也同样没有能够摆脱荷兰东印度公司垄断贸易政策的控制。曾经充当过荷兰东印度公司总督的德·汉（De Haan）在他所写的《古巴达维亚》一书中也不得不承认："中国人经营蔗糖业在（荷兰东印度）公司的专横政策下是无法获利致富的。"[113]

1710—1740年红溪事件前夕，巴达维亚华侨糖业的状况，可以概括为下面几句话："在东印度公司的统治下，中国人的糖业经常受到东印度公司的低价收购政策的压制，因此无法自由发展。在巴达维亚及其周围地区，中国人对东印度公司的强权统治深表不满，这种情绪随时都可能爆发出来。"[114]

第四节　荷兰殖民者对巴达维亚华侨的大屠杀——红溪事件

一、垄断和反垄断贸易矛盾的激化是大屠杀的根源所在

巴达维亚华侨也和摩鹿加等地区的土著居民、华侨一样，从开始就同荷兰东印度公司存在着垄断和反垄断贸易的矛盾，而“走私”是土著居民和华侨常用的反垄断贸易的斗争方式。荷兰殖民者对此十分恼火和担心。

很早以来，荷兰殖民者就对印尼华侨的贸易活动存在着自相矛盾的心理：

1. 由于对华侨商业不可能采取消灭的办法而不得不采取既利用又限制的办法。最初，按照荷兰东印度公司第四任总督燕·彼德逊·昆的设想，华侨连一般的中介商都不能充当，而只能充当零售商（亦即地位最低微的小中介商），由荷籍自由公民充当一般的中介商，荷兰东印度公司本身则充当批发商。[115]这样做的目的，无非是为了防止华侨商业成为荷兰人商业上的危险竞争者。然而由于华侨商人长期以来同土著居民建立了友好亲善、平等互利的贸易关系，再加上他们具有勤劳俭朴的优良品质，又懂得当地语言，熟悉当地环境，他们深入穷乡僻壤，薄利多销，遵守信用，不靠武力和欺诈，所以始终受到当地人民的欢迎，使华侨商业长期以来就成为当地社会经济和人民生活中不可缺少的有益的经济成分。

正是上述这些有利因素，使华侨商业尽管受到荷兰殖民者垄断贸易政策的限制和打击，却仍然能够在逆境中顽强地求得生存，并且获得出乎荷兰殖民者意料的发展，甚至越出了原先荷兰殖民者所限定的零售商的范围，而延伸至一般中介商的领域，在商业竞争中排挤了荷籍自由公民中介商。这一事实，迫使荷兰东印度公司第十任总督麦瑞克尔（1653—1678 年在任）采取行政手段来扶植荷籍自由公民的经济势力和抑制华侨的经济活动。麦瑞克尔一方面在 1657 年 12 月决定恢复征收华侨人头税（每个成年人每月交 1 里阿尔，从 1659 年 1 月起改为 0.8 里阿尔），企图在经济上加重华侨的负担；另一方面鼓励荷籍自由公民来到印尼从事贸易，并且免费运送荷籍移民来到印尼。但因荷籍自由公民不相信荷兰东印度公司的垄断贸易政策会给予他们自由经商的权利，所以愿意移居印尼的人并不多。这就迫使荷兰东印度公司不得不对华侨商业从零售商延伸至中介商领域采取承认既成事实的态度。但既然这种态度是出于迫不得已的，所以对华侨商人始终怀着一种自相矛盾的心理：既想利用他们为自己谋利，又对他们很不放心，生怕他们的经济实力会过分膨胀而威胁到自己的切身利益和危害自己的贸易垄断地位。

2. 荷兰殖民者只许华侨商人经营荷兰东印度公司暂时无法垄断或者不屑一顾的次要商品的买卖，决不准许华侨商人触犯公司的垄断贸易政策和制度，已如前述。然而很早以来荷兰殖民者就已陷入了自相矛盾的心理状态：一方面感到“用中国人中介商和零售商作为公司自己输入品的销售机构很上算”，“对荷兰人大有裨益”；另一方面又发现华侨商人已“深深卷入了公司所要垄断的土产的走私”，“对公司所专营的货物（如鸦片、咖啡、锡等等），他们竟然进行走私贸易，而且其规模大得很不相称”，“他们又是走私贸易的支柱，而他们之中的一些人变得如此富裕和有势力，以致成为荷兰政权的潜在威胁”[116]，因而对华侨商人怀有妒忌和恐惧心理。正如印尼进步学者甫榕·沙勒所说：“显然，当时在巴达维亚的荷兰人中流行着一种惧汉病

（Sinofobi），他们在经济领域的斗争中对中国人过分的感到恐惧，因而产生了极端的疯狂的嫉恨。”[117]

为了防止华侨商人的“走私活动”，荷兰东印度公司早就对巴达维亚及其周围地区实行“通行证制度”，以限制华侨出外旅行和经商的自由。而且这个制度“对中国人的适用范围并不限于公司的领土之内，因为在1677年与马打蓝的协定中即已规定：在马打蓝辖下的中国人必须受公司规则的约束和行政部门的管辖”[118]。

18世纪上半期，荷兰殖民者对华侨商人的嫉恨心理，比17世纪时期有增无减，垄断和反垄断贸易的矛盾越加尖锐，这是由于荷兰东印度公司从18世纪初就陷入了无法解救的下述困境：

1. “18世纪初，荷兰东印度公司处于权力的顶峰。在外间的观察者看来，它似乎是富有、繁荣，每年有满载货物返回欧洲的船队和百分之二十到百分之四十的公司年度股息。但实际上，它的财政状况却很糟糕。”[119]公司出现财政危机的原因在于：公司的大小官吏和职员除了残酷压榨印尼人民和华侨之外，还一贯在公司内部营私舞弊，大搞贪污盗窃和走私活动，以饱私囊；再加上长期的侵略战争和侵占领土的扩大，以及由此而造成的殖民官员人数的增加，需要公司支付庞大的费用，导致公司财政上的亏损。但公司为了维持它在金融市场上的信用，对公司账目绝对保密，并采取公债的形式募集更多的贷款来照常支付公司的年度股息，以至“到了1700年，公司的债务已达1 200万盾之多”[120]。1734年，公司的债务达3 000万盾。[121]

2. 在公司出现财政危机的同时，“最使人不安”的是，“它的贸易实际上在走下坡路”[122]。为什么会出现这种情况？其根源在于：公司“贱买贵卖的政策带来了恶果，因为它使爪哇人处于这样一种贫困的境地：他们买不起荷兰人运来的欧洲货物或印度优质纺织品。他们学会从其他方面满足自己的需要，例如，自己栽种棉花并用传统的方法织布，或与葡萄牙和英国人走私商进行秘密贸易，这些人比荷兰人出更高的价钱购买爪哇人的产品”，以至公司“送到爪哇的货物只好亏本出售”[123]。可是，贸易下降不但没有使公司的董事会放弃严格的垄断贸易政策和制度，反而“采取实物税和强迫供应制来作为（垄断贸易政策和制度的）补充”。“这些措施加剧了（爪哇）人民的贫困，直接刺激了走私活动。”[124]可以想见，伴随着爪哇人民“走私活动”的加强，华侨的“走私活动”也必然更加活跃，因为华侨同样是荷兰东印度公司的垄断贸易政策和制度以及强迫供应制的受害者。

荷兰东印度公司把垄断贸易政策和制度视为“生命线”，对于任何胆敢触犯公司的这个政策和制度的“走私活动”的惩罚是非常严厉和残酷的，即使“走私”者是荷籍或欧籍公民，也都不予宽恕。例如，1721 年 12 月，荷兰殖民者破获一宗特大的“阴谋推翻荷兰东印度公司在印尼的殖民统治”的政治案件，即爱尔北菲尔特（Elberfelt）集团谋叛案件，为首者爱尔北菲尔特（混血种人，父亲是德国人，母亲是泰国人）惨遭剥皮的酷刑，其余被捕者 49 人（有 3 名妇女）皆被处死。

在审讯所谓爱尔北菲尔特谋叛案件中，荷兰殖民者捕风捉影地推测巴达维亚华侨有准备屠杀该城市的荷兰人的密谋计划，并猜测这个带有政治性的密谋计划得到万丹、井里汶、峇厘岛、巴兰邦安（Balambangan，位于爪哇最东端，与峇厘岛隔海相对）以及卡尔塔苏拉（Kartasura，马打蓝国的首都）方面的支持，而这个密谋计划的“魁首”是住在巴达维亚的混血种富翁爱尔北菲尔特。[125]其实，所谓爱尔北菲尔特谋叛计划，并无任何确凿的证据。而爱尔北菲尔特本人拥有其父遗留下来的地产和财富，并且在印尼从事贸易活动，同荷兰东印度公司的垄断贸易政策和制度发生了尖锐矛盾，这倒是有可能的，因为荷兰东印度公司一口咬定爱尔北菲尔特的财产是“非法”的。神经过敏的荷兰殖

民者指控爱尔北菲尔特“谋反”，并把他的活动同华侨以及爪哇土著王侯领导下的反荷活动、苏拉巴蒂起义（1683—1780 年）部队残余分子的反荷斗争联系起来，将它虚构成政治上的“特大谋反案”，判以骇人听闻的酷刑，目的是要借此恐吓华侨和爪哇人民，警告他们“切莫造反”。荷兰殖民者对于胆敢触犯公司垄断贸易政策和制度的任何“走私活动”之绝对不能容忍，由此可见一斑。令人为之惊叹的是，在爱尔北菲尔特“谋叛集团”（实际上它最多只是“走私集团”，尚未够得上是政治上的“谋叛集团”）中，除了有爪哇人参加之外，竟然也发现有一名华侨参加[126]，足见华侨在反抗荷兰东印度公司的垄断贸易政策和制度的斗争中是多么富有拼命和冒险精神。

为了抑制华侨商业的发展，确保荷兰东印度公司的贸易垄断地位，荷兰殖民者从 17 世纪末期（1690 年）开始实行限制巴达维亚华侨人口增长的政策（这种政策，在 17 世纪 50 年代也曾经实行于摩鹿加的安汶岛），企图以减少华侨人口的办法来达到削弱华侨商业经济，保持荷兰东印度公司在商业竞争中对华侨的绝对优势的目的。

除此之外，也还有下列几种意图：（1）把 1684 年清朝政府开放海禁以来源源流入巴达维亚而“相对过剩”[127]的华侨人口，迁移到锡兰和南非好望角充当种植园的奴工。（2）借限制华侨入境、登记人口、办理“居留许可证”手续之机，向巴达维亚华侨（包括贫苦劳动者和富商大贾）大肆敲诈勒索，从中牟取暴利，借此又可以削弱华侨经济。（3）把巴达维亚“相对过剩”的华侨人口迁移到锡兰和南非好望角，还可以防止华侨失业者、流浪汉、“无赖之徒”（指天地会的成员和没有多少文化教养的破产农民和手工业者，1684 年清朝政府开放海禁后流入巴达维亚的中国移民大多数是这些人）聚众造反，从而达到“维持社会治安”、稳定巴达维亚殖民当局的统治地位的目的。

巴达维亚殖民当局对待中国移民的态度，从“欢迎”转变为“不欢迎”，其关键在于荷兰东印度公司“判断华侨可否居住（在巴达维亚）的标准，首先是有无妨碍公司的独占贸易，其次是治安的维持”[128]。

从1690年至1740年这半个世纪里，荷兰东印度公司对巴达维亚华侨人口的限制政策逐步变本加厉，引起华侨的强烈不满。华侨终于被“逼上梁山”，聚众造反，于1740年10月8日晚间在城郊打响了起义的第一枪。荷兰殖民者本来早就蓄意以血腥屠杀的手段来解决华侨对荷兰东印度公司贸易垄断地位和殖民统治地位的潜在威胁，10月8日城郊华侨的起义，正好给荷兰殖民者找到了大举屠杀城内华侨的借口，所以才有1740年巴达维亚红溪事件的发生。

二、红溪事件发生发展的过程

如果说，垄断和反垄断贸易矛盾的激化是巴达维亚殖民当局向华侨举起屠刀的根本原因，那么，企图用限制华侨人口增长的办法来抑制、排斥华侨商业，消除华侨在经济上和政治上对荷兰东印度公司的贸易垄断地位和殖民统治地位的潜在威胁，便是巴达维亚殖民当局向华侨举起屠刀的直接原因。所以，叙述1740年红溪事件的发生发展过程，还得先从荷兰殖民者对巴达维亚华侨人口的限制政策谈起。

早在1690年5月21日，巴达维亚殖民当局就颁布法令：对1683年以后入境的中国移民加以限制[129]，规定凡是1683年以后入境的华侨必须向华人甲必丹登记，然后由华人甲必丹向荷兰殖民当局报告哪些人可以或不可以成为巴达维亚市民。又规定每艘中国船只许运载50名中国移民，超过者罚款，每人10块银元；1696年又改为每人罚款15块银元；否则罚充修筑河岸苦

役。但这种新规定未来得及执行，又改为由巴达维亚的华侨蔗蔀（糖厂）交纳1 200块银元即可让那些超过限额的入境中国移民免受处罚。这种对华侨蔗糖雇工的敲诈行为，即连当时的巴达维亚华人甲必丹也不满意，但荷兰东印度公司仍一意孤行。[130]

1706年，荷兰殖民者稍微放宽了中国移民入境的数额，规定每艘中国船限载乘客80人（小船）至100人（大船）[131]，但又规定只承认1683年以前由荷兰东印度公司招聘入境的华侨为合法居民，1683年以后入境者必须办理申请手续，才能领取居留许可证，政府对于"不合格"的申请者仍可拒绝发证。[132]

1727年6月10日，荷兰殖民当局决定把所有最近10～20年内入境而又拿不出居留许可证的华侨一律遣送回国。同年8月15日又规定：从这天起，半年内是华侨申请居留许可证的期限，申请者每人应缴纳2rixdollars的申请费，并由2名政府人员经过调查研究，证实申请者是否可归入"有用的居民"种类之后，才发给居留许可证。[133]

1736年6月12日，荷兰殖民当局（由阿布拉罕·巴特拉斯〔Abraham Patras〕任总督）又命令巴达维亚的华人官员（甲必丹、雷珍兰等）对1729年以来入境而未有居留许可证的华侨进行登记，造表交给政府。政府对那些被认为是"对殖民地有用"的华侨，在其缴纳2rixdollars申请费之后，发给他们居留许可证，而对那些被认为"对殖民地无用"的华侨则遣送回国。此法令颁布之后3个月，如果发现未领得居留许可证的人，即要依法惩办。[134]1738年4月22日（由瓦尔庚尼尔〔Valcknier〕任总督）又规定：所有巴达维亚华侨，不论是长久居民或是新近迁入而未获居留许可证者，一律在3个月内向政府缴纳2力克斯达勒以便领取居留许可证。[135]这种居留许可证的制度，实际上成为荷兰殖民者对华侨进行敲诈勒索的一种手段。有个公司职员靠此捞取了2万力克斯达勒。[136]

从1739年至1740年初，凡是从乡村迁入巴达维亚市区的华侨，都被强制一次又一次地申请办理居留许可证；而按照过去的传统惯例，只须一次取得居留许可证便可永久有效。许多乡村华侨由于未领取新的居留许可证而遭到拘捕，必须交出一定数量的现款才能获释。这些被捕华侨，在监禁期间受尽虐待，他们的财产也被剥夺了。从1739年底至1740年2月春节，勿加泗（Bekasi）至丹绒不禄（Tanjongpriuk）约有100名华侨被捕，使巴达维亚周围的华侨十分慌乱，并且产生不满和忧虑。1740年2月4日，本地人事务司司长德·罗伊（De Roy）向总督瓦尔庚尼尔写信，报告发现有若干名华侨企图攻击监狱的警卫员以营救被捕的同胞。瓦尔庚尼尔把问题提交东印度评政院讨论，并且通过了范·荫霍夫（Van Imhof）提出的决议案，这便是1740年7月25日决议。它对华侨采取更加苛刻的措施，规定：凡是被认为可疑的华侨，不论有无居留许可证，都要逮捕待审；凡是不能证明其有正当职业的华侨，一律遣送锡兰，由荷兰殖民当局做最后的处置。[137]

1740年7月25日决议的执行，给巴达维亚华侨各阶层都带来了痛苦和灾难。荷兰殖民者乘检查居留许可证之机，向华侨大肆敲诈勒索，被捕者往往并不是失业者和流浪汉，而是有名望的人和大富翁[138]，其目的在于索取大笔赎身费。因此，不论有无证件的华侨，也不论其家境是否宽裕，个个都惶惶不可终日。许多华侨（大多数是最下层的）被迫离开自己的住处，逃往万丹和乡间。[139]他们当中有不少人逃入丛林地带，在那里寻找避难处。巴达维亚市内许多天都很难买到各种食品。在1740年8月16日的会议上，华侨人头税承包人代表食品店、杂货店的老板以及大米进口商向政府提出延缓缴纳8月份税款的请求。米税承包人也请求缓交米税，因为最近有若干华侨米商从南安由（Indramayu）运米抵达巴达维亚时遭到扣留，此后再也没有船运

载大米来巴达维亚了。到处一片慌乱，华侨人头税承包人无法收税，因为许多华侨一直躲藏起来，不敢在街上露面。连蔬菜税务承包人也埋怨种菜人已好几天没有来到市场的菜摊摆卖，因而收不到税。市内和市外的大多数华侨商店也仍然是紧关着店门。[140]华侨商人关闭商店的行为，实际上是抗议荷兰殖民当局虐待华侨的一种消极反抗形式。

荷兰殖民者胡乱抓人、敲诈勒索、虐待华侨的做法，就连当时在任的巴达维亚华人甲必丹连富光也不愿意强制执行。比如，在1740年8月26日，荷兰殖民者在通向加里阿邦（勿加泗）（Kaliabang〔Bekasi〕）的道路上逮捕了大约10名没有居留许可证的华侨，当时有一位连富光所属的制糖厂的“蔀爹”（厂主）带领着90～100名华侨武装助手，前往营救，他以“被捕者是糖厂里的职工”为理由，使10名被捕者中的6名获得释放。事后，荷兰殖民当局提醒连富光：必须把这些“犯罪”的华侨统统交出来，否则要由连富光本人承担责任。连富光的回答是：他没有能力这样做，因为早在1739年12月他的制糖厂已经租给别人了，他本人已不再料理这些糖厂，所以他不可能知悉这些向他租借糖厂的“蔀爹”及其职工们的所作所为，他更不能替他们的行为负责。[141]此后，荷兰殖民者对连富光起了疑心。但是直至1740年10月9日大屠杀发生之前，荷兰殖民者表面上仍装着信任连富光的样子，暂时未对他下毒手。

自从1740年7月25日决议被执行之后，巴达维亚郊区华侨的反荷活动便开始出现了。9月下旬，郊区华侨加紧聚集力量，酝酿起义。在坎塔里亚（Gandaria）附近的糖厂里聚集的华侨起义者，从最初的1 000余人增至5 000人以上，推举施班让（Sipanjang）为领袖。[142]9月26日，总督瓦尔庚尼尔从一名土著甲必丹和3名华人雷珍兰的口头汇报中得知华侨准备造反的消息，于是召集会议，通知政府官员准备采取必要措施，并责成本地人事务司司长德·罗伊暗中派人到华人聚集的地方侦察详情。[143]9月27日，又有消息说：一群华侨已在乡间集合，并且冒险地走近巴达维亚郊区的文登（Tangerang，又译丁脚兰）、勿加泗（又译望加寺）、干冬圩（town of Mr. Cornelius）、德·奎尔（De Qual）的荷军前哨基地。但当时东印度评政院对这消息毫不在乎，认为中国人是“世界上最胆小的民族”，不至于胆敢进犯巴达维亚荷军前哨基地。

事态不断发展，至1740年10月初，又传来这样的情报：大约有200名华侨武装队伍正在向班宁阿朗（Paningarang）推进。这个情报被本地人事务司司长德·罗伊所证实：有一位土著军官在班宁阿朗被杀死了。与此同时，干冬圩的哨兵也送信向杜尔菲尔特少尉（Sergeant Major Duurvelt）呼救，请求立即派兵前往抵御为数约600人的华侨武装队伍，这支华侨武装队伍正在举着战旗，擂着战鼓，走近荷军岗哨。这时候，东印度评政院才开始认识到局势的严重性。由于感到防卫兵力不足，防御工事也薄弱，荷兰殖民者最初设法避免武装冲突，便派遣范·荫霍夫和范·爱尔登（Van Aerden）两人于10月5日下午前往丹那望（Tanah-abang）同华侨武装队伍举行谈判。[144]但谈判似乎并不顺利，丹那望的华侨武装队伍领导人“大元帅”（Tay Wansoeij）[145]给范·荫霍夫写了一封使荷兰殖民者恼火的回信。于是，荷兰殖民者决定攻击华侨武装队伍。10月7日下午，从巴达维亚城内开往文登的荷军，中途遭到华侨武装队伍的伏击，有2名军官和14名士兵被打死。10月8日早晨，范·荫霍夫和范·爱尔登派兵同丹那望的华侨武装队伍交战，荷军使用大炮击败了华侨武装队伍。[146]然而，一场更大的战斗开始了：10月8日晚上，郊区华侨起义正式爆发了，起义者向巴达维亚各城门发动进攻。[147]荷兰殖民者正是从10月7日下午华侨武装队伍伏击荷军和10月8日晚上郊区华侨起义行动找到借口，说华侨是“进攻者”[148]，

荷兰人是因为害怕城内的华侨同郊区华侨起义者互相配合，才向华侨“还手”的，于是才有红溪事件的发生。

华侨为何要起义？起义者是些什么人？连荷兰学者德·汉也不得不承认：“中国人具有和平的性格，他们尊重政府，他们是安分的人民，他们能够忍受住许多不公平的待遇。在当时巴达维亚的乡区，可能有不良的华侨流浪汉，但居住在乡区的华侨绝大多数是农民和种蔗的苦力，他们所希望的，不外是能够在太平、安宁的环境下从事生产。他们对政府当局及其办事人员的种种压榨和虐待行为，也许是能够忍让的，但是由于轻信，他们相信了关于被拘捕和押往锡兰的华侨在中途被扔进大海的消息，于是联想到他们自己也会遭到同样的命运；再加上他们对于横遭厄运的同胞深表同情，使他们由不满而变为极大的愤慨，由恐惧而变为冒险。正因为这样，一些头脑发热的人就能够煽动善良的好人起来造反。他们不论是用诱惑还是威逼的手段都能够在很短时间内聚集一大群跟随者。”[149]尽管这段文字多少流露出德·汉对于华侨起义领导人的敌对感情，但毕竟还是比较客观地说明了当时的实际情况：华侨的反抗斗争完全是由荷兰殖民者的压榨和虐待行为逼出来的。

自从发生10月7日郊区华侨武装队伍伏击荷军的事件之后，荷兰殖民者害怕巴达维亚城内华侨也参与城外华侨的起义，于是准备先发制人，在10月8日上午向城内华侨发出命令：(1)禁止进城带走妇女（因为从10月7日开始有许多华侨妇女视城内为危险之地而纷纷逃到城外躲避）。(2)华侨凡有拒绝交出武器或者反抗司法官和反抗从路旁走过的城外士兵者，枪毙。(3)从下午6点半钟起，华侨必须闭门静坐，不准点灯，不准外出，如有上街者，枪毙。[150]当时巴达维亚城内气氛之紧张恐怖，可想而知。

10月9日早晨，荷军击退了10月8日晚进攻各城门的郊区华侨起义者。同一天，范·荫霍夫下令将所有在押的华侨立即用船运载出海。城内随即传出可怕的“谣言”：这些被运往锡兰的华侨在中途被扔进大海。这引起城内华侨的不安和极大愤怒。有人谋议：“与其坐而待毙，不如起而作难，庶几死中求生。”[151]有人逃出城外，范·荫霍夫查知后立即派兵追擒；逃者除被杀死之外，被抓回城的就有数百人。[152]同一天下午，城内有几处华侨房屋突然发生火警。起火原因不明，但荷兰殖民当局硬说这是城内华侨同城外华侨起义者联合行动的信号，由此找到了屠杀城内华侨的借口。于是，10 月 9 日的晚上，大屠杀开始了。

10 月 9 日大屠杀之夜，先是荷兰东印度公司职员倾巢出动，向城内华侨住宅挨户搜查私藏武器。由于公司早有禁止夜出的命令，各家华侨都遵命闭门静坐，不知是计。“这次搜查演变为屠杀、抢劫和四处放火焚烧。”[153]就在这天夜里，在总督瓦尔庚尼尔的指使下，荷籍水手、士兵、自由市民像一群凶残的野兽，冲到街头，屠杀他们所遇到的每一个华侨。一部分印尼奴隶也受到荷兰殖民当局的煽动和唆使，参与屠杀。大火从下午烧到晚上，夜幕降临之后，火势更猛，有 600 余间华侨房屋被烧成灰烬。暴徒们烧杀劫掠，并因抢夺赃物而互相激烈争吵和格斗。全城弥漫着浓烟烈焰，到处是刀光剑影，街道流满了被杀者的鲜血，华人区的洪（红）溪（Ang Kee）河水也被遇害者的尸体堵塞了，鲜血染红了河水。杀人强盗的狰狞面孔和疯狂叫喊，受害者的惊慌神色和悲惨哭声，使 1740 年 10 月 9 日的巴达维亚夜晚成了“也许是全世界所经历过的最恐怖之一夜”[154]。

这次大屠杀，历史上称为红溪事件或红溪惨案。过去有些历史书说“红溪”之名是由这次大屠杀把溪水染红而来的，但新加坡华人历史学家许云樵在 1953 年校注程日炌撰《噶喇吧纪略》时发现，红溪（洪溪）之名早在 1740 年大屠杀以前已经有了。[155]

巴达维亚大火一连烧了3天，直至10月12日，由于荷兰殖民者担心这样烧下去会危及自己的仓库，才派出救火车去灭火。但屠杀仍然继续蔓延至郊区。在大屠杀的日子里，城外华侨起义者为了拯救城内的同胞，从南郊、西郊奋力攻城。据荷兰殖民者当时所获军事情报：10月9日，有3 000名华侨起义者从文登两次进攻荷军堡垒，并计划举行第3次进攻。10月11日，又有5 000～6 000人进攻干冬圩的荷军堡垒。10月12日，上午11点和下午5点，起义者两次进攻文登荷军堡垒，但被击退。在同一天，城西又发现起义者高举战旗，奋勇攻城，在遭到巨大牺牲之后被迫撤退。[156]

荷兰殖民者对城内城外华侨的反抗斗争，进行了疯狂和残忍的报复：10月10日，总督瓦尔庚尼尔命令警卫军和暴徒们杀死所有关押在监狱里以及在医院里治病的华侨。当时，监狱里的华侨有近500人（市民监狱里约有250人，公司特设的监狱里约有232人），全部遇害。连瓦尔庚尼尔的妻儿也像疯狗一样见人就咬，专门残杀无辜的华侨妇婴。10月13日，东印度评政院还通过决议：砍掉一个城外华侨的头颅，奖赏2个丢加端（ducaton，1丢加端等于3. 15荷盾）。[157]

从10月13日起，巴达维亚荷军开始转守为攻：干冬圩的荷军向华侨起义者发动攻势，有200名华侨起义者被驱走，有3间华侨糖厂经过激烈的自卫战之后被烧毁。10月14—16日，荷兰殖民者清洗了城内和郊区的几乎所有华侨。10月17日，东印度评政院决定重新开放巴达维亚城门（从上午6点至下午6点），宣布对华侨“大赦”（此令公布于10月22日），企图引诱华侨停止战斗，同时也为了改变当时城内由于没有华侨而造成市场萧条的困窘状况。但是这个时候的巴达维亚并未平静。

10月18日东印度评政院开会时，接到消息：有200名华侨起义者正朝着红溪上游摩尔（Mol）庄园的方向进攻。11月8

日，东印度评政院又接到消息：华侨起义领袖之一黄班[158]在东郊的勿加泗和加里阿板（Kali-aban）集合了18 000名（一说7 000～8 000名）武装队伍。为此，荷兰殖民者写信给井里汶的土侯请求派遣2 000～3 000名军队前往支援。11月11日，约有600名华侨起义者同西爪哇土著雇用军激战，除21人被俘之外，其余全部壮烈牺牲。11月18日又有2 000名华侨起义者高举战旗，敲响战鼓，集合在东郊的布劳卡东（Pulau Gadong，距离巴达维亚只有3小时路程）的糖厂。直至11月29日，山林里的华侨起义者被围困在几个点之后，巴达维亚的危险才算被解除了。这时，荷兰殖民者才敢把开放巴达维亚城门的时间稍微延长至下午7点。但是，直至1741年1月上旬，勿加泗和布劳卡东这两个地方对荷兰殖民者仍不安全，潜伏在勿加泗的华侨起义者每天都向布劳卡东袭击和企图突围。由于荷兰殖民者不了解勿加泗的华侨起义者究竟有多少实力，因此直至1741年5月19日东印度评政院开会之前，仍不敢对勿加泗的华侨起义者发动进攻。在1741年6月，勿加泗的华侨起义者在黄班率领下撤退至勃良安地区，经井里汶而进入中爪哇马打蓝国境。[159]

这里顺带提一提：荷兰殖民者在进行大屠杀时，对华人甲必丹连富光也不肯放过。据记载，就在巴达维亚城内充满紧张气氛的10月9日这一天，连富光一大清早（5点半）又一次前往文登（Benteng）；此行之目的何在，是否得到总督瓦尔庚尼尔的批准，不得而知，只知道他在回家的路上，遭到荷兰士兵的枪击，但没有被击中。那天天黑之前，连富光躲在家里，但他的住宅遭到炮击而起火，并且遭到一群暴徒的抢劫。天黑之后，连富光闻得妇女和儿童不受骚扰的消息，便化装成妇女，携带妻儿逃跑，但是中途被荷军认出而遭逮捕，先押往政府大厦，然后押往文登。第二天（10月10日），荷兰殖民者决定授权参事会（Schenenen）对连富光进行审讯，并于10月12日开始审讯。被

审讯的还有连富光的弟弟连莲光。审讯的目的，无非是要连富光承认自己同郊区华侨起义者有联系，而且是起义的领导人或者是同情者和支持者。由于连富光根本就没有参与郊区华侨起义的酝酿活动，也不知情，所以始终拒不招认自己的所谓“罪行”。他的供词仅仅是反复说明自己从未和“不良”的华侨同流合污，而只是老老实实地经商。对连富光的审讯一直延续至 1742 年 8 月，并施用肉刑逼供，但仍然问不出什么结果来。负责审讯的荷籍检察官乔治·菲利甫斯（George Philips）及其继任者尼哥拉斯·杨施玛（Nicolas Jongsma）却硬要给连富光加上“谋叛”的罪名。杨施玛甚至建议把连富光绑在十字架上，活活地敲碎全身的骨骼，剖开胸部，取出心脏，然后砍下脑袋，插在一条柱杆上，并把躯体撕成四块，分别悬挂在四条柱杆上，让飞鸟啄食。这种酷刑之残忍，比起 1721 年公司对“叛国犯”爱尔北菲尔特所施的剥皮酷刑（如前述），更有过之而无不及。

1742 年 8 月 22 日，法庭开庭，杨施玛要求法庭宣判连富光“有罪”。经过连富光的辩护律师威廉·柯拉斯（Willem Crass）的辩驳，这个案子的审理又拖延至 1743 年 8 月 6 日，才由法庭做出最后判决，宣判连富光“有罪”，并且判处连富光流放外岛 25 年徒刑。[160]但是判决书竟没有列出连富光的罪证。

连富光何罪之有？竟然落得如此悲惨的下场。其实，连富光是无辜的，他既没有替荷兰殖民者卖命去强制执行检查华侨的居留许可证和逮捕无证件者的命令，也没有为郊区华侨起义者出谋划策或出钱出力。荷兰殖民者之所以要加害于他，无非是嫌他办事不得力，同时也是为了拿他来充当荷兰殖民者犯下屠杀华侨的滔天罪行的替罪羊，因为很明显，只要连富光肯承认自己同郊区华侨起义者有联系，荷兰殖民者就立即找到了“城内华侨与城外华侨起义者有密谋”的所谓“证据”。然而事与愿违，连富光死也不肯承认。拖延了将近 3 年的“案子”，最后还是把“莫须有”的罪名强加在连富光身上。荷兰殖民者对待华侨的专横暴虐，仅从连富光“案子”就已暴露得够充分，更不用说红溪事件这样骇人听闻的大血案了！

第五节　华侨与爪哇人民的联合反荷战争

巴达维亚红溪事件开始于1740年10月9日晚间，延续至10月22日荷兰殖民者宣布对华侨“大赦”为止，头尾共13天。噩耗很快就传到爪哇中部和东部的马打蓝国境内，使马打蓝华侨大为震惊和愤怒，他们纷纷拿起武器，进攻驻扎在马打蓝境内的荷兰殖民者。1741年2月，巴蒂（Pati）的华侨袭击了一间蓝靛厂，并且杀死该厂的荷兰人；扎巴拉的荷军岗哨遭到华侨的攻击；南旺（Rembang）的荷军碉堡也被当地华侨攻占和烧毁。同年5月，朱阿纳（Juana）的荷军岗哨被华侨起义者摧毁；淡目的荷军岌岌可危；三宝垄也遭到来自各地的华侨起义者的联合进攻和包围。三宝垄的荷军向周围附近地区的土著摄政官呼救，并命令他们竭尽全力镇压各地的华侨起义者，但是无效，致使三宝垄荷军的防御战显得软弱无力。[161]

1741年爪哇中部和东部华侨的反荷战争，同1740年红溪事件发生时的巴达维亚城郊华侨起义相比较，情况完全不同，这里的华侨起义军实力比巴达维亚郊区华侨起义军强大得多。巴达维亚郊区华侨起义军的武器非常简陋，只有一些燧发炮、大砍刀和削尖的竹竿，以及非常少量的用铁环箍紧的木制大炮，而战旗、战鼓、铙钹等助战工具却比作战武器还要多。马打蓝华侨起义军则不同，他们拥有大批敌人难以对付的枪支和大炮。[162]

中、东爪哇华侨起义军向荷兰殖民者展开了激烈的搏斗，使荷兰殖民者看到起义者的实力确实是增强了，于是下令屠杀三宝

垄的华侨。[163]三宝垄华人甲必丹郭安赛为了保卫同胞们免遭大屠杀，毅然挺身而出，组织华侨武装队伍，在三宝垄华人区周围用大树干和结实的木板筑起强固的街垒，日夜派人轮流巡逻守卫，并且同三宝垄附近周围的淡目、韦拉罕、北加浪岸等地区的华侨起义者取得联系，彼此之间互相支援。当韦拉罕的华侨起义者遭到荷军攻击而损失惨重时，郭安赛便派遣200名华侨武装队伍前往支援。当淡目的华侨起义者向三宝垄华侨告急时，郭安赛便派遣100人前往阻击荷军的进攻。由于派遣外出的人员太多，致使三宝垄华人区的街垒防守力量削弱了。几天之后，荷军进攻华人区街垒，经过数小时的战斗，华侨武装队伍终因力量对比过于悬殊而失败了。郭安赛及其属下被荷军俘虏、监禁，下落不明。余众逃离三宝垄，在韦拉罕重新结集，然后向加朗亚热（Karang-anjar）发动进攻，但被击败。[164]

当1741年2—5月华侨反荷起义从巴达维亚蔓延至中、东爪哇时，爪哇北部沿海地区的许多土著摄政官支持华侨起义。这时候，马打蓝宫廷内部分成亲华侨和亲荷两派势力。苏苏胡南巴固·甫窝诺二世抱着看风使舵的态度，一方面公开表示与荷兰殖民者保持友好关系，以期华侨起义一旦失败，他就可以倒向荷兰东印度公司一边；另一方面又暗中支持华侨起义军，并对他们许下诺言：如果能够赶走荷兰人，他将把爪哇沿海地区让给华侨管辖，并且给华侨以优厚的利益。巴固·甫窝诺二世的军队表面上支持荷军，实际上有意打败仗。不少土著将领也临阵倒戈反荷。巴固·甫窝诺二世奉荷兰殖民者之命派往三宝垄的炮兵和步兵，名为援荷，实际上加入了华侨起义军对三宝垄的包围战。同年6—7月，直葛被起义军包围，南旺被起义军攻占，泗水发生激战并且被起义军围困，巴苏鲁安受到起义军的威胁。一场伟大壮烈的华侨与爪哇人民联合反荷战争轰轰烈烈地展开了。它大大鼓舞了马打蓝首都卡尔塔苏拉的土著居民，他们也纷纷起来反抗荷兰殖民者。同年7月，卡尔塔苏拉的爪哇军队与华侨联合进攻驻扎在该地的荷兰守卫军，杀死了所有荷军军官，但宽恕了荷军的普通士兵，其条件是必须改奉伊斯兰教。[165]这次卡尔塔苏拉起义，标志着巴固·甫窝诺二世与华侨起义军的联合从秘密转向公开。

三宝垄之被起义军包围（1741年5月至11月上旬），马打蓝首都卡尔塔苏拉荷兰守卫军之被歼灭，这两件大事动摇了荷兰殖民者在马打蓝国境内的统治地位。此时，西爪哇的井里汶、勃良安地区的土著摄政官和土著居民群众也纷纷投入了反荷战争。至此，反荷战争已遍及爪哇全岛。据1741年11月2日荷兰殖民者从三宝垄传出的消息，三宝垄周围集中了大约3 500名华侨起义军和2万名爪哇土著军（由20名土著官吏率领）。[166]

荷兰殖民者在处境危急的情况下，于1741年6—7月向马都拉岛的土侯扎格拉宁拉特四世（Cakraningrat Ⅳ）求援。这个臭名昭著的印尼民族败类，出于对马打蓝国王的私仇和个人野心，竟然卖身投靠荷兰殖民者。他先下令杀光马都拉岛的华侨，然后率领3 400名军队从东爪哇登陆，占领了杜板、施达尤（Sidayu）等地，并在锦石屠杀了大约400名华侨。11月7—13日又替荷军解了三宝垄之围。1742年初，荷兰殖民者重新占领了许多被起义军攻占的地方。自此以后，荷兰殖民者开始转守为攻，转败为胜。巴固·甫窝诺二世眼看战局开始逆转，立即摇身一变，决定倒向荷兰殖民者一边，于1742年3月同荷兰殖民者举行谈判。当时，有7名爱国亲王反对巴固·甫窝诺二世的叛变行为，他们星夜逃离王宫，投奔华侨起义军。华侨和爪哇起义军推举玛斯·卡连迪（Mas Garendi）为国王，号称阿莽古拉特四世，外号叫“苏南古宁”（Sunan Kuning），其意为“黄色皮肤的皇帝”，此名包含着爪哇人民同华侨团结起来联合抗荷的意思。玛斯·卡连迪年仅10岁左右，由大臣墨尔达·布拉（Merta Pura）、孟温诺

囊（Mangunonang）以及华侨起义领袖黄班（施班让）和一位叫“先生”（Singsih）者辅政。[167]

1742 年 6 月 30 日，华侨和爪哇人联合抗荷军攻占了马打蓝国的首都卡尔塔苏拉，烧毁了王宫，驱走了巴固·甫窝诺二世。可是这时候起义军内部发生分裂，爪哇北部沿海地区的土著摄政官几乎都不同意玛斯·卡连迪为王，他们转向荷兰殖民者一边，打击抗战派。拥护玛斯·卡连迪的人愈来愈少。[168]这种现象正好说明：在爪哇的土著封建贵族阶级中，真正能够坚持反抗荷兰殖民者的人并不多。更令人遗憾的是，玛斯·卡连迪本人进入首都卡尔塔苏拉之后，竟然写信给三宝垄的荷军，把反荷战争归罪于华侨，并表示：如果荷兰殖民者想消灭中国人，他愿意出一臂之力。[169]1742 年 12 月，扎格拉宁拉特四世的军队占领了卡尔塔苏拉，驱逐了玛斯·卡连迪，起义军开始分崩瓦解。华侨起义军自从阿森（Asem）战役失败之后，退到普兰盘安（Brambanan），两个月后又退到南部山区。1743 年 10 月，玛斯·卡连迪在泗水投降荷军（其后被流放锡兰），许多爪哇土著贵族也跟着投降。至 1743 年底，坚持反荷战争的土著贵族只剩下邦格兰·新柯沙里（Pangeran Singasari）、邦格兰·莽古甫美（Pangeran Mangkubumi）、玛斯·萨伊特（Mas Said）。[170]抗荷战争已进入尾声。华侨起义军在遭到毁灭性打击之后，其领袖之一黄班只身逃往“猫离国”（峇厘岛）。[171]持续将近 3 年的华侨与爪哇人民联合抗荷战争，终于失败了。

扎格拉宁拉特四世在 1742 年 12 月攻占马打蓝首都卡尔塔苏拉后，要求荷兰殖民者处死自己的宿敌巴固·甫窝诺二世。但荷兰殖民者对这两个印尼民族败类之间狗咬狗的矛盾，采取了扶植巴固·甫窝诺二世重登王位的政策，因为他们对扎格拉宁拉特四世的个人野心开始担忧。巴固·甫窝诺二世同荷兰殖民者订立了 1743 年条约，把西部马都拉以及泗水、南旺、扎巴拉等爪哇北岸地区，还有爪哇最东部的巴兰邦安（Balambangan）地区都割让给荷兰东印度公司，让公司享有爪哇所有海港的独占权，而使爪哇人失去了海上贸易的自主权。条约还规定，马打蓝国王任用的宫廷大臣（bupati）必须由荷兰殖民者批准，宫廷必须驻扎荷兰警卫军，这使马打蓝实际上成为荷兰东印度公司的附庸国。[172]扎格拉宁拉特四世因未能实现自己的愿望（摆脱对马打蓝国王的臣属关系，并取得对东爪哇地区的管辖权），对荷兰殖民者怀有不满情绪，终于导致1745年扎格拉宁拉特四世同荷兰殖民者的战争（在马都拉岛以及从巴苏鲁安至南旺之间的爪哇海岸地区）。在将近一年的战争中，扎格拉宁拉特四世遭到失败，于1745年12月逃往婆罗洲的马辰，最后被俘往巴达维亚，1746年被流放至南非好望角。

从1740年巴达维亚红溪事件到1741—1743年华侨与爪哇人民联合反荷战争的历史，有力地证明了：

1. 华侨与印尼人民同是荷兰东印度公司殖民侵略和统治的受害者，共同的不幸遭遇和命运使他们在反荷斗争中有着共同的感情、共同的语言、共同的行动。这便是印（尼）华两族人民之所以能够联合起来并肩作战，用鲜血写下印（尼）华两族人民的伟大和真诚的反殖民主义战斗友谊的光辉历史篇章的深厚根源。企图抹杀印（尼）华两族人民的这种战斗友谊得以产生的深厚根源，有意无意地把这种战斗友谊轻描淡写为只是由某种偶然因素所造成的，就像企图抹杀华侨同荷兰殖民者之间的深刻的对抗性矛盾和不可调和的斗争，把荷兰殖民者屠杀华侨的事情轻描淡写（不！是歪曲！）为只是由某些偶然因素所引起的一样，都是徒劳的。

2. 红溪事件是荷兰殖民者对巴达维亚华侨的一次大屠杀惨案，同时也是巴达维亚（包括郊区和市区）华侨为求生存而奋起反抗荷兰殖民者的一次可歌可泣的浴血战斗。从红溪事件发展

到华侨与爪哇人民联合反荷战争，这一历史过程说明：红溪事件绝不是同印尼人民毫不相干的单纯“中国人的革命”，而是近代印尼民族反抗西方殖民主义侵略的革命之组成部分。因为红溪事件绝不是孤立的事件，而是荷兰殖民者为确立贸易垄断权、为征服爪哇以至全印尼所必然采取的战略性步骤。既然荷兰殖民者屠杀华侨是为了消除“隐患”、为征服印尼扫清道路，因此华侨的反荷斗争也就必然远远超出单纯为保卫华侨本身利益的狭隘性质和作用，这是显而易见和容易理解的。华侨与当地居民的命运是那样紧密地联系在一起，致使爪哇人民在华侨惨遭荷兰殖民者大屠杀时，对华侨的遭遇深表同情，对华侨的反抗产生强烈的共鸣，并且很快便起来响应华侨的起义，形成全民性的联合反荷战争，为争取印（尼）华两族人民的生存权利和贸易自由而奋力拼搏，这种激动人心的历史创举，其重大而又深远的历史意义，必须给予充分的估计和高度的评价。

注　释

〔1〕《马克思恩格斯全集》，第 32 卷，人民出版社，1972 年版，第 819 页。

〔2〕1605 年，荷兰人从葡人手中夺得安汶岛，1641 年又夺占马六甲，从此葡人势力被挤出印尼和东南亚，只剩下东帝汶和中国澳门两个据点。1663 年，西班牙人撤出帝多列，固守菲律宾，荷人乘机占领帝多列，并于 1667 年逼帝多列承认荷兰宗主权，从此西班牙人的势力被排除出印尼。1623 年，荷兰人逼迫英国人撤出安汶岛和摩鹿加群岛，1684 年又逼迫英国人把在爪哇万丹的商馆撤至苏门答腊的萌姑莲，从此英国人的势力基本上被挤出印尼。法国人在万丹的商馆也在 1684 年撤走。

〔3〕以巴达维亚为中心的“亚洲贸易大帝国”的设想，是由荷兰东印度公司的第四任总督燕·彼德逊·昆提出来的。他两次担任总督期间（第一次 1618 年，第二次 1627—1628 年）都力图实现这个设想，但

当时未能实现。参阅弗列克：《努山达拉——印尼史》（B. H. M. Vlekke, *Nusantara: A History of Indonesia*），海牙，1965 年版，第 136～138 页。

〔4〕梅粦—卢洛夫茨：《1500 年至大约 1630 年间亚洲贸易与欧洲人在印尼群岛的影响》（M. A. P. Meilink-Roolofsz, *Asian Trade and European Influence in the Indonesian Archipelago between* 1500 *and about* 1630），海牙，1962 年版，第 97 页；阿尔明·潘尼：《十七世纪以前印尼的对外关系》，中译文，《南洋问题资料译丛》，1958 年第 1 期，第 110 页；爱尔莎·赛伊努丁：《印尼简史》（Ailsa Zainuddin, *A Short History of Iadonesia*），纽约—华盛顿，1970 年版，第 64 页。

〔5〕同〔4〕，梅粦—卢洛夫茨：第 99～100 页。该书提到：在 14 世纪以后，历史上没有再提到中国人同摩鹿加的直接贸易，可能是因为中国人在同爪哇人、马来人的商业竞争中站不住脚，不再来到爪哇锦石港口，转而在马六甲购买香料，尽管马六甲的香料价格比摩鹿加原产地的香料价格昂贵，但是中国人去爪哇锦石和摩鹿加的航程比马六甲远，这两者相抵消了。中国人在摩鹿加受到葡萄牙人侵略之前，没有恢复与摩鹿加航海往来，但是当 17 世纪初叶荷兰殖民者来到摩鹿加时，他们意外地遇到许多住在那里的华侨，这些华侨可能是从菲律宾迁往摩鹿加定居的。

〔6〕汪大渊：《岛夷志略》，“文老古”条，中华书局，1982 年版，第 205 页。

〔7〕范·鲁尔：《印尼的贸易与社会》（J. C. van Leur, *Indonesian Trade and Society*），海牙—力隆，1960 年版，第 100～101 页。

〔8〕韦梯姆：《变迁中的印尼社会》（W. F. Werthiem, *Indonesian Society in Transition*），海牙—万隆，1951 年版，第 240 页；同〔3〕弗列克书，第 203～204 页；弗尼瓦尔：《尼德兰印度：多元经济研究》（J. S. Furnivall, *Netherlands India: A Study of Plural Economy*），纽约，1944 年版，第 31 页，42 页。

〔9〕霍尔：《东南亚史》，中译本，商务印书馆，1982 年版，第 393～394 页。

〔10〕同〔8〕，弗尼瓦尔书，第 31 页。

〔11〕岩生成一:《论安汶岛初期的华人街》,中译文,《南洋问题资料译丛》,1963年第1期,第100页。

〔12〕巴素:《东南亚的华人》(Victor Purcell, *The Chinese in Southeast Asia*),墨尔本,1965年第2版,第392页。

〔13〕田汝康:《十八世纪末期至十九世纪末期西加里曼丹的华侨公司组织》,载《厦门大学南洋研究所集刊》,1958年刊行,第40页。

〔14〕田汝康:《十七世纪至十九世纪中叶中国帆船在东南亚航运和商业上的地位》,载《历史研究》,1956年第8期,第4页。

〔15〕同〔11〕,第101页。

〔16〕吴世璜:《印尼史话》,椰城世界出版社,1951年版,第128页。

〔17〕同〔11〕,第102页。

〔18〕同〔3〕,弗列克:《努山达拉——印尼史》,第131页。

〔19〕〔20〕〔21〕〔22〕〔23〕同〔11〕,第104~105页。

〔24〕外岛,是指爪哇岛(包括马都拉岛在内)以外的其他印尼岛屿。

〔25〕《巴城布告集》,卷5,第323页(1746年1月28日);卷6,第190页(1752年3月14日),第351页(1752年5月8日至15日);卷7,第597页(1797年12月12日)。转引自黄文鹰等:《荷属东印度公司统治时期吧城华侨人口分析》,厦门大学南洋研究所,1981年版,第146~147页。

〔26〕沈铁崖:《兰领东印度史》,商务印书馆,1924年版,第187页。荷兰之所以要在1853年开放摩鹿加是因为这时候香料已不是国际贸易中最有利可图的物品。

〔27〕英国殖民者在1615年来到雅加达,在芝里翁河西岸设置商馆,同芝里翁河东岸荷兰殖民者的商馆隔河相望。

〔28〕萨努西·巴尼:《印度尼西亚史》,中译本,商务印书馆,1959年版,第145~146页,151页。

〔29〕岩生成一:《下港(万丹)唐人街盛衰变迁考》,中译文,载《南洋问题资料译丛》,1957年第2期,第119页。

〔30〕费慕伦:《巴达维亚的华人与1740年的骚乱》(J. T. Vermeulen, *The Chinese in Batavia and the Trouble of* 1740),英译本,《南洋学报》第九卷第一辑,新加坡,1953年刊行,第2页。又,同

〔10〕弗尼瓦尔书，第45页；同〔12〕巴素书，第393页。

〔31〕柏·阿·都尔:《印尼的华侨》(Pramudya Ananta Toer, *Hoa Kiau di Indonesia*)，雅加达“星”出版社，1960年版，第121页。

〔32〕同〔12〕，第394页。

〔33〕转引自同〔29〕，岩生成一文，第111页。

〔34〕爱尔莎·赛伊努丁:《印尼简史》(Ailsa Zainuddin, *A Short History of lndonesia*)，纽约—华盛顿，1970年版，第115页。

〔35〕同〔30〕，第3页。

〔36〕同〔30〕，第4页。

〔37〕同〔29〕，第116页。

〔38〕同〔28〕，第162页。

〔39〕同〔34〕，第89页。

〔40〕1667年，荷兰殖民者打败西里伯士(Selebes)岛上的卧亚国(Gowa)，占领了该国首都望加锡，从此望加锡的人民开始以海盗的斗争形式，在海上继续反抗荷兰殖民者，并且流亡至爪哇岛的万丹和马打蓝境内，同爪哇人联合抗荷。

〔41〕同〔31〕，第90~91页。

〔42〕同〔26〕，第73~75页。

〔43〕同〔29〕，第118页。

〔44〕同〔8〕，韦梯姆:《变迁中的印尼社会》，第55页。

〔45〕1667年望加锡战役，是荷兰殖民者在当时所采取的最大的一次军事计划。自从卧亚国的首都望加锡陷落之后，所有非荷籍的欧洲商人都被赶出这个区域。葡萄牙人撤到帝汶岛，他们在那里有立足点。经常去望加锡进行贸易的英国人和丹麦人，这时也跑到万丹去。望加锡从此沦为荷兰殖民者的附庸。17世纪后半期，荷兰人的势力已延伸到所有的印尼土侯国家。参阅弗列克:《荷属东印度史》(Velakke, *The Story of the Dutch East Indies*)，剑桥，马萨诸塞，哈佛大学出版社，1946年版，第99~100页。

〔46〕同〔9〕，第396页。

〔47〕同〔18〕，第180页。

〔48〕林天佑:《三宝垄历史》(Liem Thian Joe, *Riwajat Semarang*)，中译

本，暨南大学华侨研究所，1984 年版，第 28 ~ 29 页。

〔49〕德·汉（De Haan）:《勃良安》，第三卷，第 312 页，转引自卡德:《中国人在荷属东印度的经济地位》，中译文，载《南洋问题资料译丛》（厦门大学南洋研究所刊行），1963 年第 3 期，第 10 页。

〔50〕范登波士:《荷属东印度》（Amry Vandenbosch, *The Dutch East Indies*），1941 年版，第 6 页。

〔51〕同〔30〕，费慕伦书，第 5 页。

〔52〕同〔51〕，第 4 页。

〔53〕W. J. 邦特库:《东印度航海记》，中译本，中华书局，1982 年版，第 17 ~ 20 页，68 页，75 ~ 97 页。

〔54〕德·汉:《古巴达维亚》第一卷，第 25 页，77 页，转引自黄文鹰等:《荷属东印度公司统治时期吧城华侨人口分析》，第 38 页。

〔55〕《清世祖实录》，卷九十二，“顺治十二年”条，台湾华文书局版，第 1 097 页。

〔56〕黄文鹰等:《荷属东印度公司统治时期吧城华侨人口分析》，第 38 页。

〔57〕江日升:《台湾外记》，卷十一，“顺治十八年”条，转引自韩振华:《郑成功时代的对外贸易和对外贸易商》，载《厦门大学学报》，1962 年第一期，第 77 页。

〔58〕同〔56〕，第 38 页。

〔59〕连纳特·布拉西:《1619—1740 年的巴达维亚：华人的殖民城市的兴衰》（Leonard Blusse, *Batavia*, 1619—1740: *The Rise and Fall of a Chinese Colonial-Town*），载《东南亚研究》（Southeast Asian Studies）第十二卷第 1 期，新加坡，1981 年刊行，第 170 页。

〔60〕《巴城布告集》第三卷，第 265 页（1690 年 5 月 21 日至 29 日），转引自韩振华:《荷兰东印度公司时代巴达维亚蔗糖业的中国人雇工》，《华侨历史论丛》第二辑，福建华侨历史学会，1985 年刊行，第 78 页。

〔61〕《巴城布告集》第三卷，第 566 页（1706 年 6 月 3 日），转引同〔56〕，第 81 页。

〔62〕韩振华:《1740 年“红溪事件”原因诸说评述》，《华侨历史论丛》

第一辑，1984 年刊行，第 83 页。

〔63〕同〔8〕，韦梯姆书，第 239 页。

〔64〕德·汉：《古巴达维亚》，第一卷，第 422 页，转引同〔60〕，韩振华文，第 77 页。

〔65〕同〔30〕，第 5 页；同〔9〕，第 272 页；甫榕·沙勒：《荷兰东印度公司成立后印度尼西亚的华侨》，中译文，《南洋问题资料译丛》，1957 年第 3 期，第 10 页。

〔66〕同〔56〕，第 54 ~ 56 页。

〔67〕同〔26〕，第 94 页。

〔68〕黄素封，姚楠译：《十七世纪南洋航海记两种》，商务印书馆，1936 年版，第 268 页。

〔69〕胡廷克：《连富光：1740 年巴城华人甲必丹》，印尼文译本，(B. Hoetink，*Ni Hoe Kong*：*Kapitein Tiong Hoa Betawi dalem Tahun* 1740)，巴达维亚，1923 年版，第 7 页。

〔70〕同〔59〕，第 166 页。

〔71〕同〔70〕，第 167 页。

〔72〕许云樵校注：《噶喇吧纪略》，《南洋学报》第九卷第一辑，新加坡，1953 年刊行，第 9 页。照身票即人头税，新客票即新客入境税，裔票即继承税，火票即点蜡烛油灯等照明税，山票即砍柴税，海票即海上交通运输税，路票即陆路交通通行税，死票即死亡税。

〔73〕这三个等级还可再划分得更细：在第一等级中，公司职员是最高等级，荷籍及欧籍自由公民次之，欧亚混血种人又次之，获释奴隶最末等；在第二等级中，华侨和亚洲侨民的地位比印尼土著居民高一等，但华侨和亚洲侨民的地位显然低于那些获释奴隶。至于未获释的奴隶，只不过是“会说话的工具”、“特殊的商品”，根本不算是“人”。

〔74〕同〔31〕，第 132 页。

〔75〕甫榕·沙勒：《荷兰东印度公司成立后在印度尼西亚的中国人》，中译文，《南洋问题资料译丛》，1957 年第 3 期，第 9 页。

〔76〕朱杰勤：《东南亚华侨史》，高等教育出版社，1990 年版，第 71 ~ 72 页。

〔77〕卡德：《中国人在荷属东印度的经济地位》。中译本第9页；福田省三：《荷属东印度的华侨》中译文，《南洋问题资料译丛》，1963年第2期，第1页。

〔78〕武直迷，是美色甘厝（Weeskamer）的办事人员。美色甘厝是救济院，兼办医院和义学（即明诚书院），由巴达维亚华人甲必丹郭郡（任职于1669—1686年，此后又担任雷珍兰官职）向荷兰殖民当局建议，成立于1690年。成立之始，由郭郡本人亲自担任武直迷之职务，任期3年，期满即更换他人代之（参阅许云樵校注：《开吧历代史记》，《南洋学报》第九卷第一辑，新加坡，1953年刊行，34～35页）。从美色甘厝机构的设置，反映出这样一个问题：华人官员虽然是荷兰殖民者为了达到“以华人治华人”的卑鄙目的而设置的御用工具，华人官员的职务及其阶级本质也决定了这些华人官员总的说来是扮演了荷兰殖民者的走狗的丑恶角色；但是，由于华侨从整体来说是属于遭受荷兰殖民者压迫和剥削的民族，因此华人官员也并非个个都是丧失最起码的民族感情的人，他们比较普遍地存在着既压迫和剥削华侨公众和土著居民，而又乐善好施和热心社会公益的两面性。他们之中有不少人曾经慷慨解囊捐款兴办医院，开设药房，建立学校，架设桥梁，铺设道路，向贫苦华侨发放救济款，甚至自动打开自己的粮仓救济灾荒时期的贫苦华侨和土著居民等等，这种慈善家和开明士绅的行为，往往使他们在华侨公众以至土著居民中享有不同程度的威信。

〔79〕黄栩园：《南洋》，中华书局，1934年版，第165～166页。

〔80〕梁绍文：《南洋旅行漫记》，中华书局，1930年版，第41页。

〔81〕卡德：《中国人在荷属东印度的经济地位》，中译文，第9页。

〔82〕同〔12〕，第407页。

〔83〕同〔81〕，第11页。

〔84〕同〔48〕，第44页。

〔85〕江醒东：“荷兰殖民主义者对印度尼西亚华侨的压迫”，《中山大学学报》，1959年第4期，第13页。

〔86〕同〔45〕，弗列克书，第920页。

〔87〕施策列格尔（G. Schlegel）：《茶叶第一次引进荷兰》，转引自柯拉

曼：《1620—1740 年的荷兰亚洲贸易》（Kristof Glaman, *Dutch-Asiatic Trade*：1620—1740），格拉芬赫（S-Gravenhage），1981 年版，第 215 页。

〔88〕同〔87〕，柯拉曼：《1620—1740 年的荷兰亚洲贸易》，第 213 页，215～216 页。

〔89〕同〔88〕，第 217～218 页。

〔90〕同〔31〕，第 121 页。

〔91〕同〔88〕，第 153～154 页。

〔92〕韩振华：《荷兰东印度公司时代巴达维亚蔗糖业的中国人雇工》，第 65 页；长冈新治郎：《十七、十八世纪巴达维亚的糖业与华侨》，中译文，载《南洋问题资料译丛》，1983 年第 3 期，第 101 页。

〔93〕同〔92〕长冈新治郎文，第 103 页。又，同〔10〕，第 41 页说，自从 1637 年豁免糖厂税，至 1653 年，巴达维亚蔗糖产量从 196 担增至 12 000 担。

〔94〕同〔81〕，第 8 页。

〔95〕同〔10〕，第 41 页。

〔96〕同〔93〕，第 103 页。

〔97〕同〔88〕，第 158 页。

〔98〕《巴城日志》，1657 年第 18 页（1656 年 12 月 26 日），转引同〔92〕韩振华文，第 68 页。

〔99〕同〔92〕韩振华文，第 68～69 页。

〔100〕德·汉：《古巴达维亚》第二卷，第 17 页，转引同〔92〕韩振华文，第 70 页。

〔101〕同〔88〕，第 158～159 页。

〔102〕同〔88〕，第 159 页。

〔103〕同〔92〕长冈新治郎文，第 104 页。

〔104〕同〔88〕，第 163～164 页。

〔105〕据范·斯窝尔（Van Swol）总督和斯瓦尔德格洛恩（Zwaordecroon）总督在 1710—1711 年关于巴达维亚周围地区甘蔗种植的报告，同〔88〕,第 164 页。又，据 1711 年巴达维亚蔗糖委员会的报告，巴达维亚制糖厂有 130 家，同〔92〕长冈新治郎文，第 107 页。

〔106〕同〔77〕福田省三文，第13页。

〔107〕同〔69〕，第1页。

〔108〕同〔56〕，第112～113页。

〔109〕Veth：《荷印地理及统计辞典》第三卷，第463页，转引同〔56〕，第108～109页。

〔110〕同〔56〕，第112页说："1710年以后吧城的蔗糖生产不存在下降趋势。"

〔111〕〔112〕同〔92〕长冈新治郎文，第106～107页。

〔113〕德·汉：《古巴达维亚》第一卷，第420～421页；转引自同〔56〕，第113页。

〔114〕同〔92〕长冈新治郎文，第109页。

〔115〕同〔81〕，第7页。

〔116〕同〔81〕，第10页；又同〔9〕，第407页；又同〔12〕，第403页。

〔117〕同〔75〕，第10页。

〔118〕同〔81〕，第10页。

〔119〕同〔9〕，第404页。

〔120〕同〔9〕，第405页。

〔121〕同〔26〕，第85～86页。

〔122〕〔123〕〔124〕同〔9〕，第404～406页。

〔125〕里格列夫斯：《1300年前后至现今的印尼历史》（M. C. Ricklefs, *A History of Modern Indonesia: C. 1300 to the Present*），普洛明顿，印第安纳大学出版社（Bloomingtoon, Indiana University Press），1981年版，第87页。

〔126〕同〔31〕，第91页。

〔127〕荷兰殖民者自从1619年占领雅加达后，在兴建巴达维亚城市时期，需要大量中国移民充当兴建城市的劳动力（包括土木建筑的技工、农副业和手工业的生产者，以及沟通城乡贸易和繁荣城市经济的商人）。至17世纪末、18世纪初，随着巴达维亚城市臻于建成，荷兰殖民者对华侨劳动力的需求相对减少了，而1684年清朝政府开放海禁后中国人口的源源外流，无形中使巴达维亚华侨

人口“相对过剩”。所谓相对过剩，是指：当时巴达维亚市区各行业的职业人员已接近饱和，新来的华侨的就业问题已不像初时那样容易解决，失业现象逐渐增多；而郊区的农副业、制糖业则仍需发展，仍可容纳相当数量的劳动力，新来的华侨可向郊区开辟新天地，荷兰殖民当局也还鼓励华侨在郊区从事种蔗榨糖。另一方面，从巴达维亚郊区的情况看，华侨糖业正处于兴盛时期，需要劳动力，但由于受荷兰东印度公司垄断贸易政策和强迫供应制的约束，无法自由发展，而且蒙受巨大损失，常处于停产、半停产状态，甚至亏本倒闭。华侨糖业雇工，也常因糖业的不景气而受到失业的威胁。这种由荷兰殖民者的垄断贸易政策和制度所造成的人为的灾难，使从市区流落至郊区的华侨失业者仍然不易找到职业，被迫到处流浪。再加上种蔗榨糖是有季节性的，华侨糖业雇工不可能全年都有工做，这也是经常出现失业现象的一个原因。

〔128〕竹林勋雄:《印尼华侨概况》，中译文，《南洋问题资料译丛》，1963 年第 1 期，第 84 页。

〔129〕同〔30〕，第 9 页。

〔130〕《东印度公司布告汇编》第三卷，第 265 页（1690 年 5 月 21—27 日），第 404 ~ 405 页（1696 年 5 月 25 日），转引同〔92〕韩振华文，第 78 页。

〔131〕《东印度公司布告汇编》第三卷，第 566 页（1706 年 6 月 3 日），转引同〔92〕韩振华文，第 79 页。

〔132〕《东印度公司布告汇编》第三卷，第 268 页，275 页，转引同〔81〕,第 9 页。

〔133〕同〔30〕，第 17 ~ 18 页。

〔134〕〔135〕同〔30〕，第 18 页。

〔136〕吴世璜:《印尼史话》，椰城世界出版社，1951 年版，第 149 页。2 万力克斯达勒等于 5 万盾。

〔137〕同〔30〕，第 19 ~ 20 页。

〔138〕同〔69〕，第 5 页；莱佛士:《爪哇史》第二卷，吉隆坡牛津大学出版社，1965 年版，第 212 页。

〔139〕同〔69〕，第 9 页。

〔140〕同〔30〕，第20页。

〔141〕同〔69〕，第18页。

〔142〕莱佛士：《爪哇史》第二卷，第210～211页。施班让可能就是黄班，因为Si-Panjang（同〔30〕费慕伦书第42页作Khe Panjang）不像是真实的人名，而是绰号，其意为“高佬”。至于黄班，见本章注158。

〔143〕同〔69〕，第12～13页。又，同〔30〕，第22页说：土著甲必丹和3名华人雷珍兰向瓦尔庚尼尔汇报的这个消息，是他们依次从一位名叫游然哥（Yew Jianko）的华侨送信者那里听来的。许云樵校注的《开吧历代史记》第43页说：华侨起义者出了叛徒林楚（林楚观），此人把起义计划泄露给荷兰殖民当局。莱佛士《爪哇史》第二卷第212页误将林楚（Lin Chu）写成刘楚（Liu Chu）。

〔144〕同〔30〕，第25～27页。

〔145〕同〔48〕，第53～54页说：菲特（Veth）著《爪哇》一书认为Tay Wansoeij是人名，姓戴，名宛瑞，是清雍正帝之子，乾隆帝的同父异母兄弟，因与乾隆争位，被放逐海外；莱佛士认为戴宛瑞是一位反清的逃亡官吏。林天佑本人则认为戴宛瑞不是真正的人名，而是中国话“大元帅”的译音。同〔30〕费慕伦书第27页没有明确说Tay Wansoeij是人名还是一种称谓，而只说：当时在丹那望的华侨武装队伍中有一位名叫“张帅”（Thiosai）的领袖，此人与Tay Wansoeij可能是同一个人，又说：这位“张帅”后来在文登被起义军杀死了，杀他的原因是他对起义军说过的预言全是假的。

〔146〕同〔30〕，第28页。

〔147〕同〔69〕，第15页。

〔148〕同〔12〕，第406页。

〔149〕同〔69〕，第7页。

〔150〕同〔30〕，第30页。

〔151〕〔152〕同〔78〕，许云樵校注：《开吧历代史记》，第43页。

〔153〕同〔28〕，第178页。

〔154〕同〔30〕，第25页。

〔155〕许云樵校注程日炌《噶喇吧纪略》（程日炌撰）的按语："红溪一名，传者谓被杀者血流入溪，水色殷然，因名，然考《纪略》，惨案前已有洪溪之名，足证传说之不可靠也。"见《南洋学报》第九卷第一辑，新加坡，1953 年刊行，第 10 页。

〔156〕同〔30〕，第 36～37 页。

〔157〕同〔30〕。第 51 页，36～37 页；同〔136〕，第 150 页。

〔158〕黄班又叫黄大班，黄班观。据许云樵《开吧历代史纪校注弁言》，"观"亦作"官"，乃闽南旧俗对人之尊称。（《南洋学报》第九卷第一辑，第 2 页。）

〔159〕同〔30〕，第 38～42 页；同〔151〕，第 44～45 页。

〔160〕同〔69〕，第 14～47 页，27～30 页，34 页，38 页；同〔30〕，第 47 页。又，连富光对法庭的这种判决感到太重，提出上诉，但被法庭驳回。1744 年 5 月 22 日，法庭决定连富光的流放地点为锡兰。后来经过连富光本人的请求，改为流放至安汶岛，出发时间是 1745 年 2 月 12 日。陪同连富光流放的人，有他的妻子和 3 个孩子，还有他的岳母和若干名自愿陪同流放的亲友（同〔69〕，第 48 页）。

〔161〕同〔48〕，第 59 页，62 页。

〔162〕同〔30〕，第 30 页，42 页。

〔163〕同〔30〕，第 42 页。

〔164〕同〔48〕，第 61～63 页；同〔142〕，第 217 页。又，当年郭安赛筑起街垒的那条街道，后来就叫培登街（Beteng）。"培登"是印尼语"堡垒"的意思。这条街名一直保留到今天。

〔165〕同〔142〕，第 218 页。

〔166〕同〔30〕，第 42 页。

〔167〕同〔48〕，第 58 页；同〔142〕，莱佛士书，第 220 页。

〔168〕同〔28〕，第 179 页。

〔169〕同〔30〕，第 43 页。

〔170〕同〔142〕，莱佛士书，第 220 页；同〔125〕，第 89 页。

〔171〕同〔151〕，第 45 页。

〔172〕同〔125〕，第 89 页；同〔18〕，第 216 页。

第三章

法、英短期殖民统治时期和荷兰重占印尼后的华侨

（1800—1870年）

第一节　丹德尔斯统治时期的爪哇人民和华侨

凶残贪婪的荷兰东印度公司官吏和职员，从上至下，没有一个不是抱着发横财的梦想来到印尼的。他们凭借武力和各种卑劣手段，向印尼人民和华侨巧取豪夺，为荷兰母国的资本原始积累立下“奇功”，也为他们自己攫取不义之财而大显身手。由于公司的薪金远远不能满足他们的贪欲，因此他们除了直接向印尼人民和华侨大肆搜刮之外，还习惯于在公司内部徇私舞弊，大搞贪污和走私活动，以饱私囊。一个月薪60盾的职员，一年竟有75 000盾的收入，比他本人全年工资还要多一百多倍；一个月薪700盾的高级官员，竟能捞到1 000万盾带回荷兰，这笔收入比他本人全年工资还要多一千多倍，这种例子是非常多的。[1]这种行为使公司受到损失，虽经公司多次严厉惩治，仍然无效；再加上侵略战争频繁，军费浩大，英荷战争（1795年）又对荷兰不利，所有这些因素都严重影响了公司的财政收入。为了维持公司

的信誉及每年发放给股东的股息，不管公司亏空与否，都保持20%～40%的利率，而公司的财政赤字却靠发行公债来弥补。这种做法，使公司债台高筑，财政危机愈来愈严重。早在1700年，公司的债务已达1 200万盾；1734年增至3 000万盾；1795年竟达3 400万盾。[2]这一切，决定了公司从18世纪中叶开始逐渐走向衰落。与此同时，荷兰国内的自由资产阶级，以德·范·贺亨多洛甫（Dirk van Hogendorp）为代言人，对荷兰东印度公司的殖民剥削方式表示不满，并要求以自由贸易代替垄断贸易政策，让荷兰私人资本在印尼殖民地有更多活动场所。

18世纪末，欧洲和荷兰本国都经历了重大的政治变革：法国发生了划时代的资产阶级大革命（1789—1794年）；流亡至法国的荷兰资产阶级"爱国派"以丹德尔斯（Herman Willem Daendels）为首领，依靠法国雅各宾派的力量，组织了巴达维亚军团，于1794年12月随法军进入荷兰国境。1795年1月，阿姆斯特丹发生政变，驱逐了奥兰治王室的执政者威廉五世（逃至伦敦），建立了巴达夫共和国（Batavsche Republiek）。这个共和国于1796年3月1日指定"亚洲殖民地委员会"接替荷兰东印度公司董事会的职务。公司的特许证，有效期至1799年12月31日为止，期满不再换发新证。从1800年1月1日开始，由巴达夫共和国直接管辖印尼殖民地，结束了荷兰东印度公司的殖民统治时期。

1804年，法国拿破仑称帝，并于1806年将巴达夫共和国改为荷兰王国，由他的侄子路易·波拿巴充当国王。这时，荷兰实际上已成为法兰西帝国的附庸国。路易·波拿巴废除"亚洲殖民地委员会"，设置"殖民地和商业部"，并于1807年1月任命丹德尔斯为荷印殖民政府总督。这时正值英法两国交战，英国已于1795年和1801年占领了荷兰的许多殖民地（如南非的好望角、锡兰、马来半岛的马六甲、苏门答腊的西岸、摩鹿加的安汶

和班达岛)，并准备进攻爪哇。丹德尔斯从荷兰经由葡萄牙首都里斯本和西非的摩洛哥，于1808年1月初抵达爪哇，正式上任。英法战争的局势和英军准备进攻爪哇的动向，直接影响了丹德尔斯对爪哇的殖民政策。

丹德尔斯任荷印总督的时间是1808—1810年。由于英国阻隔了爪哇与荷兰之间的海上交通，当时除了美国商船之外，所有外国商船都不能驶入爪哇海港，致使爪哇物产无法在国际市场销售，荷印殖民政府的财政收入也因而大减。丹德尔斯上任总督之后，为了加强爪哇的军事防御和解决财政困难，不得不放弃了原先打算实行符合于荷兰自由资产阶级要求的改革措施[3]，而继续保留荷兰东印度公司时期的殖民剥削方式——强迫供应制，实物定额贡赋制，以及公共工程的强迫无偿劳役制；甚至加强了勃良安地区的咖啡强迫种植制，把咖啡树的种植数量从2 700万株猛增至7 200万株，而政府对咖啡产品的收购价格却从每担11.5盾降至每担10盾。为了铺设一条全长1 000公里的军事战略公路（从西爪哇万丹的亚热尔〔Anyer〕延伸至东爪哇的巴拿禄干〔Panarukan〕)，竟然在强迫无偿劳役中夺去了1万以上爪哇土著劳动者的生命。

为了急于筹款和解决财政困难，丹德尔斯大量出售巴达维亚周围的土地以及中、东爪哇的土地[4]，其中最突出的是在1810年中期，把东爪哇的勿苏基（Besuki)、巴拿禄干这两个地区的土地高价出售给泗水的华人甲必丹韩占毕（Han Chan Pit）作为“私领地”，售价为40万西班牙银元（Spanish dollars)[5]，付款的方式是：由韩占毕承担偿还荷印殖民政府在泗水的债务，其余款项分期交付。[6] 接着，丹德尔斯又把泗水东部的庞越（Probolinggo）地区的土地高价实给巴苏鲁安（Pasuruan）的华人甲必丹韩基哥（Han Ki Ko，韩占毕的兄弟)，售价为100万力克斯达勒（rixdollars，等于250万荷盾）规定分期付款，每半年交付 5 万力克斯达勒，10 年之内分 20 次付清。[7]

上述勿苏基和巴拿禄干两地区，早在 18 世纪后半期荷兰东印度公司就已经租赁给韩占毕的家族。公司最初将勿苏基地区租给韩占毕的伯父，后来又租给韩占毕的父亲，规定每年须向公司缴纳地租（地税）1 000 西班牙银元。最后，公司把勿苏基、巴拿禄干这两个地区连结起来，租给韩占毕本人，规定每年缴纳地租（地税）1 500 西班牙银元。1796 年，公司还授予韩占毕对这两个地区土地的终生独占权，其条件是韩占毕必须每年向公司交付 9 000 力克斯达勒的现款和 10 科延（koyan，一科延等于 27 担至 40 担［pikul］）的大米。[8]

实际上，租赁或出售土地给华侨富商和华人官员的事情，早在 17—18 世纪荷兰东印度公司时期就已存在。18 世纪末公司临近解散时，更出现大规模出售土地的现象。到了丹德尔斯统治时期，出售土地的规模更大，不仅出售大庄园，而且出售整个地区的土地[9]，如上述勿苏基、巴拿禄干、庞越这 3 个地区，就是把整个地区的土地出售的。因此，事情还得追溯至荷兰东印度公司时期。

荷兰东印度公司自从 1619 年占领雅加达，并着手兴建巴达维亚城市之后，为了鼓励华侨从事农副业和农产品加工业的生产，以供应该城市以及安汶岛的粮食、副食和蔗糖等日常生活必需品，就已把巴达维亚周围的土地租赁或者出售给华侨，让他们开辟稻田、菜园、果园和甘蔗园等。当时华侨有能力向公司租借或购买土地的人，主要是富裕商人和华人官员，再由他们租给比较贫穷的华侨。比如，巴达维亚周围的甘蔗园和制糖作坊，一般都是由华侨富商和华人官员向公司租借或购买大片土地，然后又租给华侨蔗农（监工）和蔀爹（厂主），并由这些蔗农和蔀爹雇用华侨雇工（大多数是债务奴隶身份）和土著雇工来从事种蔗和榨糖生产的。[10]

1743年之后，荷兰东印度公司为了增加财政收入，经常把大片土地出售给欧洲人和华侨作为“私领地”。“私领地主享有封建主的权力，可以向居住在此土地上的居民征税、审判、指派村长、设置警察及其他等等。”[11]范·荫霍夫总督（1741—1743年在任）本人就曾经把巴达维亚郊区的荒地卖给“对土著移民有领主权的私人农场主”，这些私人农场主“有义务把他们的产品按固定价格卖给政府”[12]。

可见，购得“私领地”的华侨富商和华人官员固然成为变相的封建主，但是他们的背后却站着荷兰殖民者。正是荷兰殖民者，在这些华侨土地占有者的脖子上套上了一条“绳索”——强迫供应制。荷兰殖民者这种做法，既可以从华侨土地占有者身上捞取可观的购地巨款，又可以假手华侨土地占有者来吸吮土著劳动者的血汗，却又巧妙地掩盖了荷兰殖民者本身是最大的剥削者和压迫者的真正面目，而把华侨土地占有者推上了同土著居民直接矛盾和冲突的第一线，借此还可以败坏华侨整体的声誉，丑化华侨整体的形象，并在印（尼）华两族人民之间播下互不信任和民族仇恨的种子。

荷兰东印度公司租赁土地给华侨富商和华人官员，往往又是同公司实行税务承包制和专利承包制有密切联系的。

征收各种苛捐杂税（诸如华侨人头税、港口船舶及进出口船货税、交通运输关卡税、市场税等等），还有各种专利（诸如盐业、酿酒业、某些河流或港湾的捕鱼业、木材业、大米贸易、鸦片贸易、赌博业、典当业等等，皆属政府专利）及其税收，一向是荷兰东印度公司残酷剥削印尼人民和华侨的重要手段，也是公司财政收入的重要来源。征税的事务，最初是由公司职员亲自动手的，但不久即改行税务承包制。[13]其原因一方面是公司人手不足，不论是在公司直接管辖的巴达维亚和摩鹿加的安汶岛，抑或在公司间接管辖的爪哇北部沿海地区和爪哇内地，实行税务承包制都已成为绝对的必要；另一方面是公司职员营私舞弊十分严重，他们竭尽全力牟取暴利，将公司的各种税务采取招标方式承包给那些愿意出最高价钱的投标竞争者，这样做可以捞取比原定税额高得多的税款。税务承包和专利承包的期限，一般是一年至二年，期满时重新招标。有资格和有财力投标的人，是那些已获得释放的奴隶和亚洲侨民（阿拉伯人和华侨等，以华侨占多数）中有相当名望和地位的富商大贾。由于华侨富商和华人官员在投标竞争中最能够出高价，所以荷兰东印度公司比较喜欢利用他们充当税务和专利承包人。[14]

在税务承包制中，与土地租赁有密切联系的，是乡村承包制。这种承包制是把整个乡村的一切征税权都承包（亦即租赁）给某个承包人（包税人）。这种税务，既包括荷兰东印度公司在该地设置的各种赋税（诸如交通关卡税、市场税等等），也包括公司与土王及土著摄政官订立契约所规定的强迫供应制或实物定额贡赋制中应缴纳给公司的各种实物（按其性质来说，仍属于封建性实物地租或地税）。

在专利承包制中，与土地租赁有密切联系的，是盐业专利承包制。爪哇的主要盐场是在北部沿海地区，如巴达维亚附近的巴基士（Pakis），万丹地区，井里汶地区，直葛地区，三宝垄地区所属的威通（Wedong）和普拉亨（Brahang），南旺（Rembang）地区所属的巴拉爹西（Paradĕsi）、斯达尤（Sedayu）、锦石等地。荷兰殖民者利用食盐在居民日常生活中所占的重要地位，一向把食盐的晒制和销售列为政府的专利。当荷兰东印度公司将盐业专利承包给华侨承包人时，总是把某地盐场及其附近的一大片稻田，连同这片田地上的土著居民，一齐承包给盐业承包人。盐业承包人对于他所承包的盐场及其附近田地上的土著居民有很大权威，除了有权指挥盐场雇工，还可以通过土著摄政官抽调该地的土著劳动力为他运输货物和做其他工作。[15]

还有一种情况：荷兰东印度公司也允许土王和土著摄政官仿效公司实行乡村承包制的做法，在他们自己管辖的区域内，把整个乡村或整个地区的实物租税征收权承包给华侨承包人。平时，土王和土著摄政官凭借自己的封建主特权和地位，通过各村村长，向土著居民征收各种封建性实物租税，以履行荷兰东印度公司所规定的强迫供应制或实物定额贡赋制的义务，从这种关系来看，土王和土著摄政官实际上已成为荷兰殖民者向土著居民索取封建性实物租税的承包人。而现在这些土王和土著摄政官又把自己的这种义务和职权承包给华侨承包人，在这种情况下，华侨承包人只不过是二道承包人。

土王和土著摄政官把自己管辖区域内的整个村庄或整个地区的租税征收权承包给华侨承包人的情况，大致如下：（1）在西爪哇的勃良安地区，荷兰东印度公司于1692年同意该地区的土著摄政官把整个村庄承包给华侨承包人。[16]（2）在中、东爪哇的马打蓝国境内，公司于1733年同巴固·甫窝诺一世订立新约，把强迫供应制和实物定额贡赋制规定得更加严厉。巴固·甫窝诺一世及其继承者为了更有效地履行条约，也为了尽量增加自己的财政收入以满足自己奢侈生活的欲望，把自己管辖区域内的整个村庄或整个地区承包给华侨承包人。[17]（3）在爪哇北部和东部的沿海地区，从井里汶到班尤万宜（Banyuwangi，华侨译作外南梦），荷兰东印度公司于1709年开始实行强迫供应制。自从1743年马打蓝把这一带地区割让给公司之后，公司除了在这一带地区征收一切进出口税之外，还开始在这里实行实物定额贡赋制，这里的土著摄政官必须按公司规定的数额，向公司缴纳大米、蔗糖、棉纱、靛青、蜂蜡、椰油、胡椒、豌豆等实物贡赋。[18]有些土著摄政官，除了毫无节制地向自己管辖区域内的土著居民强制征收上述实物，上交给公司以及供自己和家属们享用之外，为了急需用钱，也把他们许多最好的村庄承包给华侨承包人。[19]到了19世纪初，爪哇北部和东部沿海地区由土著摄政官管辖的村庄总共有16 083个，其中有1 466个（占9%）承包给华侨承包人。[20]

在土王和土著摄政官把整个村庄或整个地区承包给华侨承包人的地方，土著居民由于受到更多一层的剥削和压迫，生活更加贫困，反抗斗争也更加频繁，这是可以想象到的。井里汶地区情况最为严重，从18世纪下半叶（1788年）直至19世纪初（1808年，即丹德尔斯刚上任总督时），这里的土著居民除了经常逃亡他乡，还多次举行暴动，其矛头除了指向本地王公（苏丹）和土著摄政官之外，还指向华侨承包人和监工。

据记载，荷兰东印度公司在井里汶地区推行咖啡和靛青强迫种植制，逼迫该地土著居民必须以无偿劳役完成此项任务。该地区的3个王公依仗自己有巴达维亚殖民当局的保护，地位安稳，也肆意滥用职权。为了增加自己的财政收入，他们把所有村庄都承包给华侨金融家。早在1768年，井里汶地区土著居民就怀着强烈的不满情绪，请求巴达维亚殖民当局废黜这3个王公，由荷兰人直接统治井里汶地区，因为他们相信这样做会保护他们免受华侨承包人的压榨，他们得知巴达维亚殖民当局是禁止华侨进入勃良安地区的。荷兰殖民当局拒绝了这个请求。这样，井里汶地区的反抗斗争就接踵而至。[21]从这种情况来看，当时井里汶地区土著居民的觉悟水平是不高的，因为他们只看到当地王公和华侨承包人互相勾结而加强对他们的剥削压迫，却看不到灾难的根源在于荷兰殖民者，反而把荷兰殖民者误认为“保护者”。这也说明：荷兰殖民者实行乡村承包制，并且允许土王和土著摄政官仿效他们的做法，确实收到了预期的效果。

荷兰殖民者一方面利用华侨承包人充当压榨印尼人民的工具，另一方面却又装出一副“公正”的面孔，对印尼人民的困境深表“关切”和“同情”，对华侨承包人的压榨行为则有意大

肆渲染，以最刻毒和最有煽动性的言辞，把华侨承包人咒骂为“吸血鬼”，并表示要坚决清除之。“吸血鬼”一词，是荷兰自由资产阶级的代言人范·贺亨多洛甫于1799年在荷兰发表的著名小册子《东印度殖民地状况报告》中提出来的。他在小册子中阐述了他对荷兰在印尼的殖民政策和制度的改革意见，其中提到必须废除荷兰东印度公司时期所实行的强迫供应制和实物定额贡赋制，代之以新的土地私有制和地税制，实行自由耕种和自由贸易。这个改革意见在1801年荷兰政府任命的“东印度贸易与行政委员会”中被占优势的保守派所拒绝，也在1803年被荷兰国会所拒绝。拒绝的理由是：新的地税制不能保证荷印殖民政府获得足够的财政收入以解决行政费用，所以实行新的地税制是一种冒险行动。可是，范·贺亨多洛甫在同一小册子里强调所谓乡村承包制使华侨承包人“像吸血鬼一样榨取尽可能多的财物”[22]，有意识地把荷兰殖民者残酷压榨印尼人民的罪行完全推到华侨承包人的身上，这样一个极端片面和伪善的观点，却被荷兰政府全盘接受了。于是，“从18世纪末开始，荷兰人在他们的改革计划中总是记住华侨是弊害的主要挑唆者。他们采取禁止转让村庄的措施。此后，不准转让土地给非印尼人，包括荷兰人自己，就一直是荷兰人政策中一个固定的规则”[23]。

乍一看，荷兰殖民者似乎真有点“菩萨心肠”，为了“保护”印尼人民的利益，竟连荷兰人自己的利益也可以“牺牲”。其实，所谓不准转让土地给非印尼人（包括荷兰人），主要是针对华侨的。如果说，荷兰殖民者对荷兰资本家占有印尼人的土地确实也有所限制的话，这只不过反映了荷兰商业垄断集团同荷兰自由资产阶级之间存在着竞争和矛盾，前者始终占优势而排斥后者。这种情况，从17—18世纪荷兰东印度公司时期，直至19世纪初荷印殖民政府取代了公司的殖民统治之后，都是始终存在着的。所以，我们不能把荷印殖民当局有时也采取限制荷兰人占有印尼人的土地的措施，错误地看成是荷兰殖民者的“大发慈悲”，以为他们真的替印尼人民的利益着想了，而必须看到，这实际上只不过是荷兰商业垄断集团对荷兰自由资产阶级的一种排斥行为（关于这一点，详见本章第三节）。

其实，荷兰殖民者不论是偏于保守的商业垄断集团，还是偏于改革的自由资产阶级，都从未真正关心和同情过印尼人民的疾苦。他们所想和所做的，都从极端利己主义和实用主义出发，只要有利于他们大发横财，就可以不择手段地大干特干；否则，哪怕是再好的改革计划，也宁可抛至九霄云外。丹德尔斯的所作所为，就是最好的说明。请看以下事例：

1808 年，丹德尔斯刚任荷印殖民政府总督，立即针对井里汶地区的动乱做出决定：禁止把乡村租赁或抵押给华侨承包人。[24]他还打算调整井里汶地区的地税制度，规定地税率只占总产量（稻谷）的 1/5。这大概是为了显示一下他对土著居民的“同情”和对华侨“吸血鬼”的“憎恶”吧？但是很遗憾，丹德尔斯的这个改革决定只不过是纸上谈兵，而且未等到付诸实践，他就已经放弃这个想法了。[25]他在 1809 年宣布井里汶为荷印殖民政府的属领，井里汶的王公可以继续用苏丹的称号，但从此以后他们是荷印殖民政府的官吏了，其最高官阶是甫巴迪（Bupati，即县长）。这就是丹德尔斯对井里汶地区的行政改革。改革后，该地区土著居民的负担不但没有减轻，反而加重了。井里汶的 3 个王公每年必须向荷印殖民政府缴纳现款 3 万令吉（ringgit）和大米 2 000 科延（Koyan）；此外每户人家必须栽培 500 棵咖啡树，咖啡产品按每担（225 磅）4 令吉的价格卖给政府；在不适于种植咖啡树的地方则须种植草棉。[26]这实际上是对井里汶地区继续实行和加强荷兰东印度公司时期的实物定额贡赋制和强迫供应制。

丹德尔斯还住在荷兰的时候，同范・贺亨多洛甫关系密切，并且受了范·贺亨多洛甫的自由主义思想的影响。但是他来到爪哇担任总督后，却摇身一变，从标榜“自由平等博爱”的“雅各宾派”变成专横跋扈的“雷公大人”，以他的铁腕变本加厉地实行荷兰东印度公司时期即已存在的强迫供应、强迫种植、强迫劳役的制度。他还扬言：“强迫的耕作必须扩展而不是减少”，“向贫穷的爪哇农民征收赋税的唯一办法就是强迫他们劳动”，“强迫供应制并不是不公平的”[27]。

丹德尔斯声言爪哇向私人事业开放，并把大片土地出售给欧籍种植园主。但是他比荷兰东印度公司走得更远：公司时期出售土地给欧籍种植园主时，曾严格限制土地占有者支配生活在庄园里的土著奴隶的权力，而丹德尔斯却取消了这种限制，还说：“保护土著劳动者，只能助长他们天生的懒性，而使西方种植者气馁。”[28]一位荷兰学者评论道：“丹德尔斯竟然出售了巴达维亚东部和西部的大片土地。幸亏丹德尔斯在爪哇的统治时间很短，来不及执行他的出售大片土地给欧籍种植园主的计划；否则，将会有一半爪哇居民沦为奴隶。”[29]

丹德尔斯在1810年中期把东爪哇的勿苏基、巴拿禄干、庞越这3个地区的土地（连同土地上的土著居民）高价出卖给华人甲必丹。这种行为同他在1808年针对井里汶地区的动乱而决定禁止租赁和抵押土地给华侨承包人的思想是相悖的。当然，丹德尔斯大规模出售土地的做法可以解释为急于替政府筹款和解决财政困难，是一种“权宜之计”；但也不可否认，丹德尔斯除了上述意图之外，还包藏着个人想乘机大发横财的动机。据记载，丹德尔斯本人虽然每年有13万盾的巨额薪金，另外还有数量可观的“补贴”，但他仍然强烈地抱怨自己的收入太少，因而公开地滥用职权，占用了贝登索勒（Buitenzorg，即茂物〔Bogor〕）的地产，并把这块地产重新出售给政府，从中捞取了90万盾的利益。[30]他还占有巴达维亚中央区（Weltevreden）芝里翁河畔的一大块土地，原先曾许诺把它捐赠给政府，但后来没有履行诺言，不是捐赠而是把它卖给了政府。[31]

由此可见，丹德尔斯在土地问题上是个十足的极端利己主义者和实用主义者。

在承包制问题上也是如此。据范·贺亨多洛甫的上述小册子所说：印尼的市场税务承包权和一切专利承包权都掌握在华侨承包人的手中，“使中国人成为爪哇的主人了”[32]。照此说法，爪哇岛简直已成为华侨“吸血鬼”的殖民地了。这里姑且不论范·贺亨多洛甫是夸大其词，而只论丹德尔斯是如何对待承包制这种罪恶制度的。

举两个例子：鸦片承包制和赌博承包制。

鸦片既是药品又是毒品，西方殖民者把它输进亚洲市场，主要是作为毒品来贩卖的。早在荷兰东印度公司时期，大约从1652年开始，就在巴达维亚实行鸦片专利承包制。当时只限于巴达维亚市内，承包期为一年。1677年，公司与马打蓝国订约，获得了在爪哇进口鸦片的贸易独占权。从此以后，直至18世纪，爪哇全岛的鸦片进口和销售均由公司独家垄断，但当时还没有在爪哇全岛实行鸦片专利承包制，而仅仅是由公司分发给爪哇各地的华侨富裕商人去零售。到了1808年丹德尔斯担任总督，就在1809年建立了爪哇全岛的鸦片销售制度，采取投标方式把鸦片贸易专利承包（亦即租赁）给爪哇各地的华侨富裕商人和华人官员。所以，鸦片承包制在爪哇全岛的推行，是从丹德尔斯统治时期开始的。[33]后来在英国殖民者莱佛士统治爪哇时期（1811—1816年），也承袭了鸦片承包制，造成鸦片毒品的泛滥，吸毒者除了华侨还有爪哇人，而且相当普遍（详见本章第二节）。

赌博是一种很有害的行为。早在荷兰东印度公司时期，荷兰殖民者就特意准许华侨开设赌场，并采取投标的方式，把开设赌场以及征收赌博税的权利承包（亦即租赁）给华侨富商和华人

官员。如果说，鸦片的毒害对象包括华侨和爪哇土著居民，那么赌博则以华侨为唯一毒害对象。荷兰东印度公司规定只有“中国人可以进入赌场聚赌，其他各族居民不仅不能进入赌场，甚至连从赌场门口经过也不得观望”[34]。据记载，赌博专利承包人为了不让赌徒离开赌场，往往雇用一批帮手来监视赌徒的行动，并且在赌场内附设典当部（这就是最早的典当业）。后来荷兰东印度公司发现典当是一种有利可图的新财源，就单独开设当铺。于是，典当就从赌场内部分离出来而成为独立的行业。典当业是坑害赌徒的陷阱，不少输红了眼的赌徒为了借钱做赌本，不得不把自己的东西抵押给赌场内的典当部。按照当时赌场的规矩，赌徒如果是赌场老板的熟人，可以不交抵押品而向赌场内的典当部借钱，但是赌场的工作人员必须一直盯着他继续赌下去，每赢一次就得马上偿还债务（而且要付利息），直至偿清债务为止。如果赌徒赌到最后又输了，他还可以再向典当部借钱，再赌下去。就这样，赌博承包人从赌徒身上榨取了大笔不义之财，而赌徒则往往获得悲惨的下场。[35]从赌博承包制中获利最丰者，当然是荷兰殖民者，他们身居幕后，由赌博承包人向他们源源送来高额承包款，还常常向他们馈赠各种厚礼，以求得他们的关照和保护。赌博承包制是一种很不道德的发财手段，对社会的危害性也是显而易见的；但是，从荷兰东印度公司直至丹德尔斯统治时期，都没有把它废除。

印尼人民和华侨都是税务和专利承包制的受害者，这是毋庸置疑的。当然，他们所受的苦难程度有所不同，比如：就人头税和赌博专利承包制而论，华侨所受苦难要比印尼人民深重，因为这两种制度皆以华侨为唯一的剥削对象；就市场税、关卡通行税、鸦片专利承包制而论，印尼人民和华侨同受其害，但华侨多数是住在城镇，印尼人民多数住在乡村，而且印尼人口比华侨多得多，经济状况比华侨贫困，因此印尼人民受害的程度比华侨更为深广；尤其是乡村承包制，它完全是针对土著居民的，而且剥削十分残酷，使整个乡村或整个地区的土著居民实际上沦为农奴或奴隶，从这方面看，印尼人民所受的剥削和压迫比华侨深重。

由于荷兰殖民者喜欢利用华侨富商和华人官员充当承包人，有意离间印尼人民和华侨之间的友谊关系，在一定程度上造成了印尼人民和华侨之间感情隔阂甚至产生民族仇恨（这种情况，在 1811—1816 年英国人莱佛士统治时期和 1816 年荷兰殖民者重新占领印尼之后越加发展，详见本章第二、三节），这当然是不利于印（尼）华两族人民团结合作，共同开展反殖民主义的斗争的。但是充当承包人的华侨富商和华人官员毕竟只占华侨总人口的极少数，他们不能代表华侨整体，而且印（尼）华两族人民同是遭受西方殖民主义压迫和剥削的民族，同是税务和专利承包制的受害者，共同的遭遇和共同的命运使他们在各个历史时期都能够团结一致，联合起来反抗殖民主义者，在短短两年的丹德尔斯统治时期也不例外。

在丹德尔斯统治时期，爪哇各土王和土著官吏对荷兰殖民者怀有怨恨情绪，因为丹德尔斯一心想削弱他们的相对独立和自治的权力，缩减他们的管辖区域，损害他们的经济利益，使得他们同荷兰殖民者的矛盾激化了。例如，丹德尔斯把爪哇北部和东部沿海地区的土著摄政官改为由总督委任的、领薪金的荷印殖民政府官员，位于荷籍州长之下。土著摄政官的权力和威望被降低了，他们对此是不高兴的。土著官吏有权继续征税，税款的部分（10 万令吉）必须上交给荷印殖民政府；而要获得如许税款，却比过去在定额贡赋制下向荷兰东印度公司缴纳大量农产品还要困难得多，土著居民的负担也因而加重了。又如，丹德尔斯对日惹和梭罗两土邦的宫廷礼节很不尊重，他企图贬低土王的地位，并且粗暴地干预土邦的内政，插手日惹宫廷内部的王位继承纷争，甚至为此而调集军队准备进攻日惹。[36]丹德尔斯的专横，终于导

致日惹土邦东部的茉莉芬（Madiun）地区土著官吏（甫巴迪）拉登·朗科（Raden Ronggo Prawirodirdjo）的起义（1810年11—12月）。

拉登·朗科是日惹土王苏丹斯布（Sultan Sepuh）的女婿，他的起义除了上述谈到的原因之外，还由于丹德尔斯在东爪哇加紧推行柚木强迫供应制，任意砍伐柚木，对地方经济利益造成威胁。当时东爪哇的华侨也为地方经济利益受到威胁而担忧。因此，拉登·朗科在起义之后立即宣称自己是受欧洲人政府虐待的全体爪哇人民和华侨的“保护者”，强烈主张爪哇人民和华侨要共同合作，去消灭那些不断损害爪哇岛的幸福和繁荣昌盛的荷兰官吏。拉登·朗科是向华侨、特别向爪哇北部沿海地区的富裕华侨发出这个呼吁的，他希望华侨能够支持他对南旺——泗水地区的荷兰驻军的战斗。拉登·朗科的起义，为时只有一个月，便被镇压下去了。拉登·朗科在临死前两天（1810年12月5日）还向拉森、南旺的华人甲必丹发出最后一次的求援，并且向他们许愿，一旦打败欧洲人，他们将会享受到拉登·朗科的特殊保护，他们的子孙也将可以继承他们的官职。从这种情况来看，拉登·朗科同东爪哇的华侨上层分子关系十分密切。华侨上层分子对拉登·朗科的呼吁有何反应，不得而知。但当时一位叫鲁加斯·列伯菲尔特（Lugas Leberfeld）的荷兰军飞速纵队的指挥官留下的一份报告是值得注意的，报告说：飞速纵队在梭罗河（Solo River）畔的斯卡兰（Sekaran）俘获了100名坚持忠于拉登·朗科的军事随从者，其中有12人是华侨。[37]

拉登·朗科起义失败后，丹德尔斯逼迫日惹土王苏丹斯布退位，由太子执政（1811年），号称苏丹罗佐（Sultan Rojo）。丹德尔斯紧接着又向苏丹罗佐索取196 320伦德里亚尔（rondereal，一个伦德里亚尔等于2.80荷盾）作为战利品，还强迫苏丹罗佐签订一项条约，声明取消1743年和1746年条约中关于“马打蓝割让爪哇北部和东部沿海地区给荷兰东印度公司的代价为公司向日惹土王支付补偿费”的规定。丹德尔斯还强迫梭罗土王同意取消沿海地区补偿费和割让某些地区给荷印殖民政府。

第二节　莱佛士统治时期的爪哇人民和华侨

1810 年，拿破仑撤销丹德尔斯的职务，另派詹生斯（Jan Willem Janssens）继任荷印殖民政府总督。1811 年 5 月底，詹生斯抵达爪哇。同年 8 月，英军向爪哇进攻。9 月 17 日，詹生斯投降英军。从此开始了英国对印尼的短期殖民统治时期（1811—1816 年）。

英属印尼殖民地交由英属印度总督明托（Lord Minto）兼管。明托把印尼连同马来半岛的疆域划分为四个区：马六甲区、苏门答腊西岸区、摩鹿加区、爪哇区。1811 年 9 月 11 日，明托委任副总督莱佛士（Thomas Stamford Raffles）管辖爪哇区。明托在爪哇视察 6 个星期之后回到孟加拉，于 10 月 8 日临走时给莱佛士留下有关改革爪哇的殖民剥削方式和制度的指令。明托和莱佛士是英国自 18 世纪下半叶进入工业革命时期以来，新兴工业资产阶级的意志和利益的代表者，主张以商品输出和自由竞争政策来取代资本主义原始积累时期所实行的垄断贸易政策和强迫劳动制度。

明托在指令中提出：荷兰东印度公司所实行的强迫供应制、实物定额贡赋制以及强迫无偿劳役制都是邪恶的制度，必须尽快废除；咖啡强迫种植制也要逐渐废除；土地使用权和税收制度要改革，实行自由种植和自由贸易的制度；税务承包制由华侨承包人独占，要废除。

莱佛士于 1811 年 11 月 22 日任命柯林·麦根奇（Colin

Mackenzie）组成“土地使用权委员会”（Mackenzie Land Tenure Commission），对爪哇的土地情况做一番调查。直至1813年10月15日，才颁布了他的改革法令：规定所有土地为国家财产，土地主权属于政府，由政府将土地普遍租给村长，再由村长将土地租给土著耕作者。土地租期最长为3年。政府通过村长向土著耕作者（即佃户）征收地税（也叫地租）。地税以现款交付，平均税率为每年总产量的2/5，但具体征收时是按土地的种类和肥瘠情况，分为不同的税率：第一级稻田的税率为该田年总产量的1/2，第二级稻田为2/5，第三级稻田为1/3；旱田（大多数是种植玉米）税率较稻田低，第一级旱田税率为该田年总产量的1/4，第二级旱田为1/4以下。取消了土著官吏对农民的地税（地租）征收权。租地合同是由政府直接同农民签订的，村长只不过是起着“记账员”的作用。这种新的地税（地租）制，既取消了过去对农民的强迫劳动，也撇开了专横的土著官吏和乡村承包制，在客观上有利于提高农民的生产兴趣和生产能力，起了一定的历史进步作用。[38]

1813年莱佛士赎回了丹德尔斯于1810年中期出售给华人甲必丹韩基哥、韩占毕的东爪哇庞越、勿苏基、巴拿禄干这3个地区的土地。当时的情况是：

1. 庞越地区在1813年5月中旬发生了土著居民反抗华侨土地占有者韩基哥的起义。起义者由一位名叫基阿·玛士（Kia Maas）的伊斯兰教徒领导，参加起义者有2 000人以上。据莱佛士派遣克劳福德（Crawfurd）前往出事地点进行调查的报告，起义原因在于韩基哥为了向政府交付巨额的购买地之款而毫无节制地向庄园里的土著居民征收租税，尤其是征收人头税的数额超过爪哇其他地方所征的税额。韩基哥的佣人对待庄园里的土著居民也很苛刻。起义者杀死了韩基哥，夺走了他的财产。莱佛士派军队平息了起义，并于1813年11月以93 974西班牙银元赎回了庞越地区的地产。[39]

2. 在勿苏基和巴拿禄干两地区，华侨土地占有者韩占毕对土著居民的剥削也不轻，例如：勿苏基地区的地租率为总产量的1/3（而按通常的惯例，地租率只为总产量的1/5），还要征收以现款交付的特别税。在布克尔（Puger）这个地方对于从英国人管辖区运进来的货物也要征很重的税，例如运进大米，就要征收占价格20%的重税。韩占毕还在勿苏基地区实行地方性的华侨垄断贸易，本地区的土著居民只能把自己的剩余产品卖给华侨，购价全由买者任意规定，外地商人不经过韩占毕的许可不得进入勿苏基地区进行贸易活动，以防止竞争。1813年7月，韩占毕因无法继续分期向政府交付购地之款，被迫请求政府赎回该地。莱佛士决定立即接受这个请求，并派遣克劳福特同韩占毕谈判和签订协议，由政府出资40万西班牙银元（即按原先出售给韩占毕的价格）赎回勿苏基和巴拿禄干两地区，分4年付清，每年付10万西班牙银元。第一期付款于1814年9月。此外，还付给8 000西班牙银元作为补偿韩占毕在庄园里盖建房屋和办公处的费用，7 000西班牙银元作为补偿韩占毕在巴拿禄干修建碉堡的费用。[40]

莱佛士赎回上述3个地区的土地之后，即在该地实行新的地税（地租）制。

值得注意的是：华侨土地占有者对土著耕作者的剥削是不轻的，然而殖民当局对华侨土地占有者的索取也同样是不轻的。据莱佛士的“土地占有权调查委员会”某些成员的调查报告，庞越、勿苏基、巴拿禄干这3个地区的农业生产相当兴旺，比过去由土著摄政官管辖时好得多。在庞越地区，稻田都推广了水利灌溉，扩大或新开辟了若干水源，道路也有了改善，公共事业也在着手进行，这些改良措施所创造的价值，超过了向政府分期付的购地之款。由于向政府交付的巨额购地之款只能来源于庄园的农

作物产品，致使庞越地区的华侨土地占有者韩基哥无节制地向土著居民征收租税。勿苏基和巴拿禄干地区不仅生产水稻，而且生产大量玉米和各种水果，其产品输出至巴苏鲁安、泗水、马都拉；这里的华侨土地占有者对待土著居民没有像庞越地区那样苛刻，因而吸引了不少东爪哇和马都拉岛的土著居民来到这里，而且这里也没发生过像庞越地区那样的暴动。[41]然而，勿苏基和巴拿禄干两地区的华侨土地占有者韩占毕却因无法继续向政府分期交付购地之款而主动请求政府赎回土地。

西方殖民者从来都是极端的利己主义和实用主义者，莱佛士也不例外。例如，新的地税（地租）制并没有在爪哇全面实行，勃良安地区的咖啡强迫种植制始终被保持下来，这是“因为咖啡在欧洲市场的价格很好，利之所在，新制度便被搁在一边了”[42]。东爪哇的柚木林区也没有推行新制度，土著居民仍然被强迫服无偿劳役。全爪哇的公路和桥梁等的修建或保护，也是靠强迫无偿劳役来完成的。

又如，莱佛士也和丹德尔斯一样，为了解决政府的财政赤字（按：丹德尔斯统治时期发行的大量纸币都贬值了，给莱佛士的政府造成很大困难），在1812年11月把加拉横（Krawang）、勃良安、三宝垄、泗水地区的土地（连同土地上的土著居民）大量出售给欧洲人和华侨金融家。莱佛士本人也乘机在苏甲巫眉买下一大块地皮。[43]这些出售之地，未见政府赎回。

莱佛士对爪哇原有的各种税务和专利承包制，有些废除，有些保留下来。但不论是废除还是保留，其出发点显然是为了使政府增加财政收入，而不是为了土著居民的福利。

莱佛士的各种改革，大多以英国利益为最高原则，为了有利于英国工业品的输出。货币地租制实行之后，英国工业品首先是纺织品大量输进印尼，使爪哇原始手工业大受打击。在莱佛士统治的4年间，英国商舶来爪哇的数量增加4倍，外国资本也开始侵入爪哇农村。

莱佛士于1813年废除盐业承包制，改由政府经营。[44]海关税务承包制也废除了。但是，原先由政府经营的典当业，却交给华侨承包。[45]鸦片承包制也一仍其旧，沿袭丹德尔斯统治时期的制度，以投标方式把鸦片贸易专利承包给爪哇各地的华侨富商和华人官员，而且由于英国从孟加拉输进大量鸦片至爪哇，鸦片零售商业在爪哇更加迅速扩展了。[46]

在整个19世纪（包括1808—1810年丹德尔斯统治时期，1811—1816年莱佛士统治时期，以及1816年荷兰殖民者重返印尼之后），爪哇的鸦片承包制通常是每个鸦片承包人平均包揽一个州的鸦片销售，但有时也出现由一个鸦片承包人和他所领导的金融老板联合组织操纵好几个州的鸦片销售的情况。鸦片承包人往往雇用数百名办事员和工人，替他把鸦片从货栈分散到许多地方小商店和鸦片寮里推销，并且在乡村里挨家挨户地兜售。鸦片的主要顾客是爪哇土著农民、工人以及手头有几个钱足以每天买点鸦片来吸抽的过路客。[47]1812年，有一位荷籍旅行家来到爪哇日惹和梭罗这两个土王管辖区域（当时英国人在这两个土邦里获得贩卖鸦片的专利权[48]），看到京城里的土著搬运工人行会的成员和失业工人抽鸦片者很普遍。他在格拉登（Klathen）热闹市场上看到鸦片寮里挤满了烟客，都是一些很贫穷的人，有的光着上身，有的穿着破烂不堪的布衣。当时一小块鸦片浸膏的平均价格只不过1.5仙（cent），却占了搬运工人一天工钱的15%左右，可见嗜好抽鸦片对于一个普通老百姓来说是一种很奢侈的享受。[49]

既然鸦片贸易是可以获大利的专利贸易，因此不论荷兰和英国殖民者，对于鸦片的“走私”都防范得十分严厉。鸦片承包人在殖民当局的保护之下，雇用了许多土著侦探，并且同土著地方官吏、乡村警察相勾结，进行“缉私”。鸦片“走私”大多数

是由某些华侨商人雇用土著劳动力来进行的。鸦片走私者往往将鸦片藏入牛肠里，然后用腰带缠在腰间，装成乞丐、无业游民，或者装成出售农产品的乡下佬等等，以便逃脱土著侦探和乡村警察的耳目。鸦片承包人为了勾结土著官员，常常在逢年过节时向他们赠送珍贵礼物（其中包括精制鸦片）和酬金，或者借钱给他们。土著侦探和乡村警察也常因缉私“立功”而获得鸦片承包人的重赏。[50]当然，获利最大者还是荷、英殖民者，因为鸦片承包人不仅必须向他们交付巨额承包款，而且逢年过节馈赠给他们的礼物比起赠给土著官员的要丰厚得多。

自从 1812 年 6 月英国殖民者对日惹土邦苏丹哈孟固·甫窝诺二世（Hamengku Buwono Ⅱ，即苏丹斯布〔Sultan Sepuh〕）的“谋反”采取了军事措施，占领和洗劫了日惹京城，放逐哈孟固·甫窝诺二世于槟榔屿，另立其子为王（即哈孟固·甫窝诺三世）之后，根据 1812 年 8 月 1 日条约的规定，日惹土王被迫将该土邦的中央地区，如葛都（Kedu）、巴芝丹（Patjitan）、齐班（Djipan）、齐邦（Djipang）、格罗坡坎（Grobogan）割让给英国殖民者。莱佛士还规定：日惹和梭罗两土邦的关卡通行税和市场税归英国殖民政府直接掌握；英国殖民政府每年付给日惹土王哈孟固·甫窝诺三世 10 万西班牙银元，付给梭罗土王巴固·甫窝诺四世 12 万西班牙银元，作为这两个土王放弃上述两种征税权的一种补偿。日惹和梭罗两土邦是从 1755 年（荷兰东印度公司时期）开始设置关卡通行税和市场税的承包制的，承包人是华侨富商和华人官员。现在莱佛士把这两种征税权抓在自己手里，而又照样承包给华侨富商和华人官员，可见莱佛士接管日惹和梭罗两土邦的上述两种征税权的真正目的，并非为了消除税务承包制，也不想消灭华侨承包人，而只是为了殖民主义者极端自私和实用主义的目的——给英国殖民政府捞取更多的不义之财。

第三节 荷兰重占印尼后的印尼人民和华侨

一、范·德·卡勃伦统治时期的政策及其严重后果

1814 年 3 月，拿破仑帝国崩溃，荷兰摆脱了法国的统治，奥兰治王室的王子在英国扶植下从伦敦回到海牙，担任“至高无上的君主”，建立了荷兰与比利时联合王国。根据 1814 年 8 月 13 日英荷《伦敦条约》，英国将 1803 年属于荷兰统治下的殖民地（除了南非好望角、锡兰、印度的一部分据点、南美洲的圭亚那之外）都归还荷兰。由于拿破仑在 1815 年 3 月初又从被囚禁的厄尔巴岛率领 1 000 人回巴黎夺权（百日政变），引起欧洲第七次反法联盟的组成和 1815 年 6 月滑铁卢战役，因而使英国把印尼殖民地移交给荷兰的时间推迟到 1816 年。

荷兰政府派遣了 3 名特派专员前往爪哇接管印尼殖民地。他们于 1816 年 4 月抵达巴达维亚，8 月 19 日正式接管。

荷兰殖民者重占印尼之后，荷兰国内的自由资产阶级渴望能够有更多机会让私人资本投放到印尼，不受垄断贸易政策的束缚。由上述 3 名特派专员组成的“三人委员会”，有两人（主席伊洛特〔C. T. Eliot〕和一位名叫布依斯根斯〔Buyskens〕的委员）有自由主义倾向，主张在印尼为私人资本开辟道路；有一人倾向于保守，不赞成自由贸易和自由经营种植园，此人就是范·德·卡勃伦（Van der Capellen）。1819 年 1 月 16 日，前两人返回荷兰，留下范·德·卡勃伦担任荷印殖民政府总督。他虽

然不敢明目张胆地恢复荷兰东印度公司时期的垄断贸易政策和制度，但却多方阻挠荷印殖民地的改革，阻挠欧洲人在印尼获得建立种植园的土地和从事私营贸易活动。

范·德·卡勃伦的保守倾向，实际上反映了如下几种情况：

1. 19世纪上半叶，荷兰资本主义远远比不上工业发达的英国。在1819年来到巴达维亚的171艘外国商船中，英国船占62艘，美国船占50艘，而荷兰船只有43艘。荷兰海上运输和贸易显然无法同英美竞争。英国的私人资本在莱佛士统治时期已涌入印尼，牢固地掌握了贸易，并且在日惹、梭罗两土邦的领域内向土著封建主租借了大片土地来经营种植园，栽种销售于欧洲市场的咖啡、胡椒、靛青、甘蔗、烟草等作物。荷兰殖民者重占印尼之后，如果要承袭莱佛士统治时期的自由主义政策，就会有让英国资本挤垮荷兰资本的危险。

2. 荷兰本国的自由资产阶级力量尚未壮大到足以对抗本国的商业资本垄断集团的力量。范·德·卡勃伦担任总督时，看到日惹、梭罗两土邦管辖的区域内，有大片土地租赁给欧籍私营种植园主，这些人已经成为荷印殖民政府的勃良安地区垄断经营的种植园的危险竞争者。这些欧籍私营种植园主之中也有不少是荷兰人，甚至是荷籍高级官员，例如当时的日惹州长纳胡依斯（Nahuys），他在墨拉比山（Gunung Merapi）南部的贝达雅（Bedaya）租借了大片土地。

3. 当时荷兰刚从法国统治下恢复独立，国力薄弱，国库空虚，不但没有能力同外国竞争，而且财政困难也很大，不能完全依靠莱佛士统治时期所实行的自由耕作、自由贸易政策和货币地税制度来保证荷印殖民政府有足够的财政收入。

正由于荷兰资本主义存在着上述弱点，所以荷兰殖民者重占印尼之后，即使是在有点自由主义倾向的“三人委员会”时期，也不得不在承袭莱佛士统治时期的货币地税制度的同时，将荷兰东印度公司时期的强迫种植制、强迫劳役制的旧制度恢复了一半，即强迫土著农民必须栽种荷印殖民政府所需的某些作物，并把产品的1/2或1/3缴纳给政府，剩下的产品才可以自由贩卖。在莱佛士统治时期，征收地税是以土著耕作者个人为单位的，村长只不过是执行政府征税任务的记账员，而“三人委员会”时期征收地税是以乡村为单位，每个人应交付的税额由村长决定，农民贩卖自己的剩余产品时，其价格必须由买者规定，而且大部分落入区长或村长之手，因为经营农产品贩卖的是区长或村长。这种做法无疑是比莱佛士统治时期倒退了。范·德·卡勃伦担任总督时，就更加倒退，他除了对英国及其他外国商船采取保护关税的政策之外，还宣布取消以前土著封建王族和官吏们租赁土地给外国人的一切租地契约，并规定所有的土地应租给荷印殖民政府，为期30年。范·德·卡勃伦之所以要这样做，是因为他不赞同外国人的私人资本在爪哇经营种植园。[51]

范·德·卡勃伦的上述禁令，对于欧洲（包括荷兰人）私营业主以及华侨业主是个严重打击，使他们纷纷向日惹和梭罗两土邦的土著封建主索还预交的租款。可是这些预交的租款早就被土著封建主们挥霍了，这无疑使土著封建主的财政困难大为增加，因而产生不满情绪。这正是后来爆发爪哇人民大起义（1825—1830年蒂博尼哥罗战争）时，有不少土著封建主也投入起义行列的重要原因。[52]

范·德·卡勃伦为了增加国库收入和解决财政困难，还增添了许多苛捐杂税。莱佛士统治时期，把日惹和梭罗两土邦的关卡通行税、市场税移交给殖民政府直接管理，并且把它承包给某些华侨富商和华人官员，范·德·卡勃伦承袭了莱佛士的这个做法，而且变本加厉。

深受苛捐杂税之害者当然就是广大印尼人民和华侨大众。由于爪哇土著小商贩和农民大多数是文盲，执行征税的华侨包税人

对他们的敲诈勒索也就更加残酷。在19世纪初的中爪哇乡村里，土著农民或土著小商贩经过关卡征税站时，肩上所挑的担子总要受到包税人所雇用的工作人员的检查，并且受到这些征税者的种种恐吓和威逼，要他们缴纳繁重的关卡通行税。他们实在没有能力交付重税，只得苦苦哀求："大人开恩！我的家庭是很贫穷的！"然而他们仍然得不到宽恕。他们如果一定要拒绝纳税，担子里的东西就会遭到没收。更有甚者，关卡征税站检查过路人所携带的物品时，被检查者往往要等候数小时之久，在等候检查过程中又往往被征税者诱骗去附近的鸦片寮里抽鸦片（这些鸦片都是由征税站零售的），假如天黑了仍未检查完毕，被检查者就必须在征税站过一夜；这时候，他就会被诱骗去附近村庄同土著舞伎跳"弄迎舞"（ronggeng），或者被诱骗去赌博。土著农民或土著小商贩身上所带的钱，往往是从村长那里借来作为交税用的，一旦被诱骗去赌博而又赌输了，那就连身上穿的衣服也要被强迫剥下来充当抵押品。遇到这种狼狈不堪的倒霉事，有些土著农民宁可使自己变成流浪汉，也耻于空着双手和光着身子返回自己的家园。华侨大众同样遭受华侨包税人的残酷剥削，据记载，1812—1825年这14年里，中爪哇地区的关卡通行税，对华侨商人的货物征抽税额比爪哇土著商人要高3倍。[53]可见，华侨包税人是爪哇人民和华侨大众的共同敌人，而华侨包税人的背后则站着不露面的、更大的共同敌人——荷兰殖民者。

由于爪哇土著农民和土著小商贩的经济状况一般地不如华侨，所以苛捐杂税的残酷剥削使他们的处境比起华侨更加困难，这是可以想象到的。范·德·卡勃伦统治时期，关卡通行税之繁杂和残酷竟达到这样的程度：连妇女抱着婴儿路过关卡也被视为携带货物而非缴纳通行税不可；甚至连空手走过关卡也要缴纳通行税，这种税被爪哇土著居民咒骂为"屁股税"（pajak bokong）。繁杂而又沉重的税务负担，使爪哇土著居民的生活更加贫困，他们对这种残酷剥削的唯一报复手段就是借助于地方土匪，抢劫和焚烧关卡征税站。这样的事情，在蒂博尼哥罗（Diponegoro）战争爆发前数年就已经常发生。[54]

苛捐杂税，尤其是关卡通行税的承包制，其所造成的社会祸害以及人民群众的痛苦，荷、英殖民当局是知道的，而且当矛盾尖锐化的时候，当局也采取过某些极为有限的、局部的限制措施。莱佛士在1814年就曾经废除了梭罗河畔地区的税务承包制。范·德·卡勃伦在1824年也在葛都地区仿效莱佛士的做法。他们这样做的意图，无非是想拿华侨包税人来充当他们剥削罪行的替罪羊，借以转移土著居民的斗争视线。然而，由于税务承包制确实给荷、英殖民当局带来很大好处，成为当局财政收入的重要来源，从税务及专利承包制中捞得最大利益的就是荷、英殖民者本身而不是华侨包税人，所以从莱佛士到范·德·卡勃伦都没有废除税务和专利承包制。

1824年，范·德·卡勃伦任命了一个由日惹和梭罗的驻扎官领导的特派专员委员会，负责调查这两个土邦的关卡通行税工作情况，调查报告所得出的结论是："我们料想，如果关卡通行税被允许继续存在下去的话，不用很长时间，爪哇人必将以可怕的方式睡醒过来的。"[55]但是这种危险的预感和警告，并没有引起荷印殖民当局的足够重视，因为他们只看到1816—1823年从日惹土邦的关卡通行税中每年收入增长3倍。1825—1830年爪哇人民大起义的爆发原因，在很大程度上与苛捐杂税、特别是关卡通行税等的承包制有关系，所以起义的矛头直接指向荷兰殖民者，同时也惩罚华侨包税人。但是，一小撮华侨包税人并不代表广大华侨大众（包括一般的华侨商人在内）。事实上，华侨大众对这次爪哇人民大起义不仅不持反对态度，而且有人支援或参加了起义。

二、蒂博尼哥罗战争与华侨

从上所述，可知范·德·卡勃伦统治时期的保守政策和贪得无厌的殖民剥削行为，是导致1825—1830年爪哇人民大起义（蒂博尼哥罗战争）的根源所在。起义原因还在于荷兰殖民者长期以来不断地削弱爪哇封建统治阶级的权力，肆意干涉日惹和梭罗土邦宫廷内政，亵渎爪哇人的宗教和习俗等等。1825年7月20日，蒂博尼哥罗——一位有着强烈的爱国思想和民族自尊心的日惹土邦王子，领导爪哇人民揭竿而起。起义军以爪哇农民为主体，也有相当一部分爱国的爪哇封建王族、将领、官吏、伊斯兰教士参加并且掌握了起义的领导权。起义军的打击对象是荷兰殖民者、亲荷的爪哇封建统治者，还有华侨包税人。但是在起义初期，很多地方出现了起义军错杀华侨大众的现象。

1825年9月23日，即蒂博尼哥罗战争的头两个月里，一小队起义军骑兵由拉登·阿柔·尤达古苏玛（Raden Ayu Yudakusuma）率领，攻占了中爪哇地区的重要商埠牙威（Ngawi），杀死了全镇的华侨。[56]据记载，牙威的华侨人口在19世纪初（1808年）有60~80人，其中成年男子20人（包括4名商人、15名苦力、1名包税人），其余都是妇女、小孩等家眷。可见，牙威的华侨绝大多数是劳动人民，经商者占少数，被称为“吸血鬼”的包税人更是只占极少数（仅占牙威全镇华侨总人口的1.25%，全镇华侨男子的5%）。[57]至于1825年该城镇华侨人口有多少，不清楚。据记载，当时有很多华侨是从周围乡村涌进来暂时避难的。起义者对牙威华侨的大屠杀，显然是由于受狭隘民族意识和盲目排除异己的宗教情绪的影响所致，他们错误地把对华侨包税人的仇恨扩大到对整个华侨的仇恨。究其更深的根源，则是由于荷兰（及英国）殖民者长期以来实行承包制，并且利用华侨富商和华人官员充当承包人，有意识地制造印（尼）华两族人民之间的民族矛盾并使之激化的结果。

类似牙威大屠杀的情况，在起义的最初几个月里遍及中爪哇内地，迫使许多在大屠杀中幸存的华侨逃至荷兰殖民者守卫的城镇以及爪哇北部沿海城镇的华人区。荷兰殖民者巴不得华侨同土著居民发生流血冲突，所以当爪哇北部一些沿海城市（如三宝垄）的华侨为了自卫而纷纷组织巡逻队，每夜守卫华人区，并且同侨居当地的印度商人建立联防队时，均得到荷印殖民当局的赞同。[58]

可是，华侨和印尼人民毕竟都是受西方殖民主义压迫和剥削的民族，尽管荷印殖民当局有意挑拨离间，但他们在反殖民主义斗争方面仍然是容易产生共鸣的。

荷兰殖民者重占印尼之后，对待华侨除了征抽沉重的苛捐杂税之外，还实行种族歧视和虐待政策。1816 年（一说 1821 年）和 1835 年，亦即蒂博尼哥罗战争之前和之后，荷印殖民当局就颁布过专门针对华侨的通行证条例（passenstelsel）和居住区条例（wijkenstelsel），并实行警察裁判权制度（politie-rol），使华侨吃尽苦头。

通行证条例和居住区条例是限制华侨出门自由和规定华侨必须住在指定的居留区而不准擅自搬迁的政策和制度，其实这种制度早在 1740—1743 年巴达维亚红溪事件以及华侨与爪哇人民联合反荷战争发生前后就开始实行了[59]，只是到了 1816 年和 1835 年才更加强制化而已。

通行证条例大约开始实行于蒂博尼哥罗战争之前 9 年（1816 年），它规定华侨从一个地方前往另一个地方时必须持有通行证，否则就要被逮捕和审讯。申请通行证的事情由华人官员来办理。通行证有好几种，一种叫“路字”，就是从此地到彼地的通行证；一种叫“巴刹字”（巴刹是 pasar 的音译，意即市场），是

每逢集市日去城外市场的通行证，这种通行证多数是发给住在小城镇的华侨，因为他们的生计多数是前往各乡村去做小买卖；一种叫“礼些字”或“理刹字”（desa 的音译，意即乡村），是专门发给那些经常到乡村去收购烟草、椰干、稻谷等的华侨商人的通行证；还有一种叫“年字”的通行证，是发给来往于各城市的华侨商人用的。通行证每年换发一次。在申请通行证时，必须详细说明：前往何地，用何种交通工具，与谁同行，去多长时间，有无携带妻子儿女等家眷同行等等，如果其中有一项忘记交代或者交代得不清楚，就会被刁难。发给通行证有许多限制条件，尤其不准华侨随意进入中爪哇的日惹和梭罗两土邦。如果想进入这两个土邦的区域，必须提前一个月申请通行证，并经土王发给同意通知书之后，方得前往。[60]

西爪哇的勃良安地区，是荷印殖民政府实行咖啡强迫种植制度的地方，为了保证荷兰殖民者对咖啡贸易的垄断地位，早在荷兰东印度公司时期就曾于 1764 年下令禁止华侨前往该地区居住，丹德尔斯统治时期曾一度取消这个禁令（1810 年），为的是鼓励华侨移居该地区，以便使咖啡供应正常化，但是这个计划未获成功。[61] 1820 年，荷印殖民政府决定恢复勃良安地区的禁令。1821 年 1 月 9 日发出通告，凡未持有荷籍州长签发的通行证，包括欧洲人在内一律不准进入该地区经商或居住，即使有通行证也只准在该地区的大路上过往（在该地区拥有土地的人可以例外）。实际上，勃良安地区的通行证条例，只是针对东方侨民、特别是华侨，而不是针对欧洲人的。欧洲人完全可以自由进出于勃良安地区而无须办理什么通行证。[62]

居住区条例和警察裁判权制度大约实行于蒂博尼哥罗战争之后 5 年，即 1835 年。关于这个条例和制度的详情，留待下面谈蒂博尼哥罗战争结束之后才来叙述，这里只想提醒一下：前面已经提到，限制华侨居住自由的制度，其实是早在 1740—1743 年红溪事件以及华侨与爪哇人民联合反荷战争爆发前后就已实行的。

荷兰殖民者限制华侨居住和外出的自由，其目的显然是为了维护自己的垄断贸易制度，限制和打击华侨的商业活动，同时也是为了维持社会“秩序”和“治安”，有意把华侨和土著居民隔离开来，以防止印（尼）华两族人民联合造反。

正因为华侨和印尼人民同是受压迫的，他们的共同敌人是西方殖民者，所以，尽管蒂博尼哥罗战争初期起义军曾经盲目屠杀过华侨，但华侨仍不记恨，而对起义采取同情和支持的态度。据记载，随着起义的发展，东爪哇地区有一些土生华侨同起义军合作，向起义军提供银币、黑色火药、鸦片（做药品及提神之用），甚至间或也同起义军并肩作战。[63]这种情况主要是发生在南旺（Rembang）地区，东爪哇北岸的一个古老的海港小城镇拉森（Lasem）周围。拉森是华侨的一个居民点，这里的土生华侨既是混血儿，又已改信伊斯兰教，他们同土著居民密切合作。当土著官吏拉登·杜孟贡·沙斯拉迪拉卡（Raden Tumenggung Sasradiraga）揭竿而起的时候（1827 年 11 月至 1828 年 3 月），拉森华侨暗中从新加坡运来了火枪，支援起义军。[64]在沙斯拉迪拉卡起义军失败之后，拉森华侨遭到荷兰殖民者的报复。[65]

印尼进步作家柏拉穆迪亚·阿南达·都尔很公正地指出：“除了那些替荷兰人承担征收过桥税及其他捐税的华侨包税人被蒂博尼哥罗起义军消灭（1825 年 7 月）之外，华侨不论是在蒂博尼哥罗领导下的起义部队里，或是在装备方面，都做出了实实在在的贡献。”[66]

当然，也无庸讳言，蒂博尼哥罗起义军在最初数月对华侨的盲目屠杀，不能不使华侨在精神上受到一定的创伤，对起义总免不了怀有某种恐惧心理，因而影响了他们对起义的同情、支持、参加的积极性和广泛性。起义军对华侨也报以不信任的态度。蒂

博尼哥罗本人就禁止起义将领们同华侨发生私人交情，尤其不许将领们从老百姓中携带土生华侨妇女进入起义军的行列，因为他认为这些异族“同盟者”会给起义军招惹“祸害”。蒂博尼哥罗之所以会产生这种奇怪的（也是错误的）想法，据说是因为他在1826年10月15日卡窝克（Gawok）战役中遭到严重失败，却把这次失败归咎于：在这次战役之前，他本人曾经屈服于一位从巴章（Pajang）地区抓来并被雇佣为按摩师的华侨女子的魅力。[67]他的这种想法当然是毫无根据的，纯属迷信思想。因为卡窝克战役的失败原因，在于蒂博尼哥罗错误地听取了他的高级军事顾问奇阿依·摩佐（Kiyai Mojo，此人立场不坚定，于1828年11月被荷军捕获之后，成了可耻的叛徒）所提出的硬攻梭罗的急躁冒进的建议，以致在军事上犯了极为严重的错误而遭到惨败。卡窝克战役的失败，也是蒂博尼哥罗起义从高潮转向低潮，从胜利转向失败的历史转折点。

蒂博尼哥罗把1827—1828年南旺地区的沙斯拉迪拉卡起义的失败，也归咎于沙斯拉迪拉卡曾经同一位拉森华侨女子有过聚会。[68]这同样是十分荒唐的迷信思想。因为沙斯拉迪拉卡起义失败的原因在于荷兰殖民者从雅加达、万丹等地抽调了一批援军，使荷军同南旺地区起义军的力量对比发生了不利于起义军的变化，而不是什么沙斯拉迪拉卡同一位华侨女子聚会给起义军带来“晦气”的结果。

蒂博尼哥罗除了唯心主义地把华侨女子看成是导致起义失败的“祸根”之外，还错误地把所有华侨看成是爪哇人受经济压迫的主要根源，并对华侨采取警戒和疏远的态度，直至战争结尾仍坚决反对起义军同当地华侨大众保持太过密切的联系。[69]这种把华侨一概拒之门外的狭隘民族主义和极端形而上学的偏见，严重地妨碍了印尼人民同华侨联合起来结成广泛的反殖民主义统一战线。

尽管蒂博尼哥罗战争未能摆脱中世纪式农民起义所固有的缺点，诸如起义的分散性、局部性、散漫性、流寇性、落后性、保守性[70]，又不懂得主动团结华侨，但它仍不失为印尼近代史上一次伟大的反殖民主义的民族战争，它同印度 1857—1859 年民族大起义、中国 1851—1864 年太平天国起义、伊朗 1848—1852 年巴布教徒起义、阿富汗 1838—1842 年反英起义，构成了 19 世纪上半叶亚洲反殖民主义的革命风暴，在亚洲近代民族解放斗争史上占有不可忽视的重要地位。而华侨在这次伟大战争中尽管遭到无辜的杀害和不应有的排斥，但是他们当中仍然有人勇敢热情地支援或参加起义，在这场伟大的反殖民主义战争中扮演了不可替代的光彩角色。历史再次证明，华侨是印尼人民的朋友。

三、实行强迫种植制度时期的印尼人民和华侨

蒂博尼哥罗战争失败之后，荷兰殖民者大大加强对印尼人民和华侨的压迫和剥削。对印尼人民，从 1830 年开始实行强迫种植制度。对华侨，大约从 1835 年起，先后实行居住区条例和警察裁判权的制度。

荷印殖民政府之所以要实行强迫种植制度，是同荷兰本国资本主义的最大弱点——工业不够发达，商业垄断集团占优势——有密切关系的。在蒂博尼哥罗战争前夕（1824 年），荷兰政府就已撤销了荷印总督范·德·卡勃伦的职务（因为他没有能够为荷兰政府解决财政困难），代之以杜·布斯（Du Bus）。1826 年，杜·布斯抵达爪哇。他倾向于自由主义，出任荷印总督之后便提出一套改革计划和建议，主要内容是准许荷兰私人资本在印尼开辟农园，生产供应世界市场的农产品；把印尼古老的农村公社的土地公有制改变为土地私有制，使土著居民更方便于把土地卖给荷兰人。但荷兰国王拒绝了这个计划和建议，而接受了倾向于保

守的范·登·波士（Van den Bosch）的计划。

1627年10月，荷兰政府撤销杜·布斯的总督职务，代之以范·登·波士。1830年1月，范·登·波士抵达爪哇。同年3月，蒂博尼哥罗在马吉冷（Magelang）同荷军司令德·科克（De Kock）谈判时中计被捕，起义遂告失败。范·登·波士开始在爪哇及外岛实行强迫种植制度（Cultuurstelsel）。这个剥削制度实际上是17—18世纪荷兰东印度公司时期的殖民剥削方式的翻版。

强迫种植制度规定土著农民必须把1/5的土地用来种植政府指定的某些输出世界市场的农作物（如咖啡、甘蔗、蓝靛、烟草、茶、肉桂、胡椒、洋红等），没有土地的土著居民则每年须有1/5的时间（60天）为政府服无偿劳役。实际上，爪哇农民被强迫拨出的土地何止1/5，有的时候是1/3，1/2，甚至全部土地，而且是拨出最好的土地来种植政府指定的作物。政府虽然规定，被拨出的土地可以豁免地税，实际上这个规定并未执行。政府对土著农民所缴交的指定的农产品的收购价格，不是按市价，而是按政府随意规定的价格，因此土著农民所得报酬甚微，而荷印殖民当局所获得的利润则大得惊人。例如，土著农民将咖啡产品卖给政府时，每担价格为10盾以下，卖给一般商人的市场价格则是每担25盾，差价竟达15盾之巨，而政府将咖啡运至荷兰市场的出售价格为每担30盾。

强迫种植制度产生的巨额利润养肥了荷兰资产阶级。据记载，自从实行这个制度之后，巨额财富源源不断地从印尼殖民地流入荷兰，1833年为300万盾以上，1834年为1 000万盾以上，1836年为1 800万盾。在1831—1877年这46年间，荷兰国库从印尼的强迫种植制度所获得的收入总计达8.32亿盾。荷兰资本主义工业化就是靠这些沾满血污的巨额利润来作为资金的。

强迫种植制度的剥削过于残酷，给爪哇人民造成极其严重的灾难。许多土著农民由于无法忍受痛苦而逃离家乡，或揭竿而起。农田荒芜和饥荒情况极为严重。据估计，1848 年爪哇土著居民饿死人数竟达 336 000 人。

19 世纪 30— 40 年代，在爪哇和苏门答腊经常出现反抗强迫种植制度的土著农民起义。尽管这些起义是零星的、分散的，而且都遭到镇压，但它们是迫使荷兰殖民者不得不从 19 世纪 60—70 年代开始逐渐废除这个罪恶制度的重要原因。其次，荷兰本国的自由资产阶级在 19 世纪 40—50 年代也随着资本主义工业的发展而壮大起来了，他们以荷兰国会下院议员范・胡威尔（W. R. Van Hoevel）作为代言人，对荷印殖民地的强迫种植制度提出反对意见，并且攻击当时荷印殖民地尚存在的奴隶制度，主张以自由劳动和自由贸易政策代替强迫劳动和垄断贸易[71]的呼声日益增长。特别是到了 1860 年，自由主义者爱德华・道威斯・德克尔（Edward Douwes Dekker）以穆尔达都里（Multatuli，意思是“多苦多难者”）为笔名，发表了一部揭露强迫种植制度的罪恶的著名小说《马格斯・哈佛拉尔》（Max Havelaar），震动了荷兰社会和舆论界，使荷印殖民政府不得不考虑废除强迫种植制度。1863 年，荷印殖民政府废除了安汶岛的丁香强迫种植制和班达岛的豆蔻强迫供应制。1865 年，取消了政府对蓝靛、茶、肉桂、洋红的经营。1870 年，荷印殖民政府颁布了土地法和糖业法，这是将印尼殖民地开放给荷兰私人资本家以及欧洲私人资本家的两项重要法律；从此，强迫种植制度就走向衰落了。[72]当然，这并非荷兰殖民者对印尼人民发慈悲，而只是改变了剥削方式方法，以适应 19 世纪 70 年代以后荷兰本国及世界资本主义经济发展的状况和要求而已。

当印尼人民在强迫种植制度时期过着十分悲惨的贫苦生活的时候，印尼华侨也受尽荷兰殖民者的虐待，日子很不好过。

荷兰殖民者对印尼人民实行强迫种植制度的时期（1830—

1870 年)，对华侨的压迫也变本加厉。专门针对华侨的居住区条例，大约是从 1835 年开始实行的。[73] 这个条例命令华侨必须居住在指定的区域，迫使许多散居在各个乡村的华侨离开原先的住处，搬迁到陌生的地方，这就使许多华侨分散在乡村里从事小农生产的自由被剥夺了。[74] 也有一些华侨因不愿意离开自己的小块土地和房屋，只得依随自己的土著妻子，使自己变为土著居民(因为只有这样才可以保留自己耕种的小块土地)，但这种情况毕竟是少数。

大约在实行居住区条例的同时，殖民统治当局还对华侨实行专横、残酷的警察裁判权制度。这种制度使华侨在法律上的地位比土著居民更低下。华侨的人身自由和安全得不到法律保护，他们随时都有被警察抓去审讯、拘留、罚款的危险。而且警察局判决都不是依据应该遵循的法律手续和程序，而是任意摆布的。这使华侨受尽冤狱之苦，但又无法申冤。这种情况，连荷印殖民政府的辩护士、法学专家弗罗姆贝勒（Fromberg）也不得不承认，他写道："警察裁判权制度对于（华侨）居民生活的影响极为严重，一个在职的政府公务人员、警察长，可以不经过证人而擅自判决案件；即使有证人，这个证人也不必宣誓。惩罚之轻重也由他个人说了算，而且一经判决就不能再更动，尽管被判决者提出请求宽恕也无济于事。""这是一种非常不合理的判决，因为行政和司法混在一起，这是自有司法机构以来最令人毛骨悚然的判决。""政府公职人员的判决往往是随心所欲的。""在法律条文中没有规定要受惩罚的，也可能受惩罚。其实，警察裁判权的判决是必须经过地方法庭（landraad）审查的，他们担心经过地方法庭的审查，这种判决会被免除。"[75]

正是这种虐待华侨的专横制度，使华侨越来越增强了民族意识和祖国观念。他们渴望得到祖国的保护，并且强烈要求在侨居国能够同欧洲籍侨民一样在法律上享有平等权利。这种意识和要

求，终于导致20世纪初印尼华侨民族主义运动的兴起。（详见本书第五章）

荷兰殖民者实行通行证条例、居住区条例、警察裁判权制度，在政治上是为了限制华侨同当地人民之间的联系，防止他们联合造反；在经济上是为了加强对华侨贸易活动的限制和打击，确保荷兰人的贸易垄断地位。然而，“中国人虽然受到各种各样的压制，但以其坚忍不屈闻名”[76]。长期以来，华侨商业是在垄断和反垄断贸易的矛盾和斗争中，在艰难的环境和充满荆棘的坎坷道路上，不断地奋力拼搏，求得生存和发展的。在17—18世纪荷兰东印度公司时期，华侨商业尽管受到种种压制，特别是遭到1740年大屠杀（红溪事件）的严重摧残，都没有能够被搞垮，而是很快又恢复和发展起来。在19—20世纪荷印殖民政府时期，尽管荷印评政院于1804年2月7日通过决议，“禁止所有的中国侨民和其他非基督教徒，向由欧洲、美洲或非洲港口开来的船只直接购买货物。……只能以二盘商或三盘商的身份间接购买从上述地区运来的货物”[77]，进一步迫使华侨商业成为受荷兰殖民者控制的附庸；从1816年起荷印殖民当局又先后颁布通行证条例、居住区条例，并以警察裁判权制度来强迫华侨商人就范，使许多华侨中小商人处境困窘而纷纷破产[78]，但仍然没有能够把华侨商业彻底压垮。从1904年起，荷印殖民政府不得不逐步放松以至废除对华侨旅行和居住的禁令。“历史证明，印尼华侨之所以取得今天的社会地位，并不是荷兰人的恩赐，……而是华侨依靠自己长期的社会斗争的结果，而且也不是没有牺牲的。”[79]

华侨商业经济为什么会具有“野火烧不尽”的顽强生命力呢？这是因为：（1）华侨在反垄断贸易和求生存的斗争中具有坚忍不屈的精神。（2）华侨商业长期以来已成为当地社会经济和人民生活中不可缺少的有益的经济成分。尽管荷兰殖民者剥夺

了华侨商业独立自由发展的权利，逼迫华侨商人充当荷兰殖民者的工具，然而华侨商业对于沟通当地城乡经济交流、供应人民日常生活需求方面所起的积极作用始终存在。我们不可把普通的华侨中小商同那些享有一定特惠权的华侨承包商混淆起来。华侨承包商是由极少数华侨富商大贾和华人官员充任的，这些人构不成华侨商人阶级的主体。把华侨商业得以生存和发展的原因归结为华侨商人受惠于荷兰殖民者所推行的税务和专利承包制，是对华侨商人和华侨商业发展史的严重歪曲。

第四节　荷兰殖民者侵略“外岛”与华侨的反抗

在17—18世纪，荷兰东印度公司统治时期，荷兰殖民者由于力量有限，只能把主力放在征服摩鹿加、望加锡、爪哇，而对苏门答腊、婆罗洲及其他零散的“外岛”的征服则稍微放缓，直至19世纪20年代初，才开始对这些“外岛”发动大规模侵略战争。由于当地居民和华侨的强烈反抗和顽强斗争，荷兰殖民者对这些“外岛”的征服，拖到1907年才告完成。

在苏门答腊的东南部，荷兰殖民者在1658年打败了巨港土王，在巨港取得了输出胡椒的独占权；[80]然而在苏门答腊的西北部，荷兰殖民者遇到了强悍的亚齐和美南加保民族，一直未能征服他们。从1821年开始，荷兰殖民者向亚齐和美南加保发动大规模侵略战争，亚齐和美南加保人民进行了长期的英勇抗战，这便是印尼近代史上著名的、由端固·伊曼·本佐尔（Tuanku Imam Bonjol）领导的“比达里”（pidari）战争[81]（发生于1821年和1833—1837年），以及由杜固·乌玛尔（Teuku Umar）领导的亚齐战争（发生于1873—1904年）。可惜由于缺乏史料，无从得知华侨在这两次抗荷战争中的动态。但我们不应忘记：亚齐和美南加保的抗荷战争绝不是孤立无援的，它们在客观上获得了印尼其他岛屿的抗荷起义的有力支援，比如1825—1830年爪哇人民大起义（蒂博尼哥罗战争），就是与美南加保的“比达里”战争发生在同一时期的，彼此之间起了互相呼应、互相支援的作用，而爪哇人民大起义是有华侨支援和参加的。（详见上一节）

在婆罗洲的西部和南部，荷兰殖民者的侵略活动，似乎比在苏门答腊更加不顺利，其主要原因就是遇到了婆罗洲华侨的顽强反抗。

婆罗洲在17世纪时期经济和文化都落后于苏门答腊。位于婆罗洲东南沿海的马辰伊斯兰教王国，是唯一强大的、足以对付海盗的国家。马辰盛产胡椒，引起荷兰殖民者的注意。早在1603年，荷兰殖民者就曾经来到马辰港口，试图加入当时主要由中国人经营的马辰的胡椒贸易，但是他们的船舶受到马辰的敌视，有一部分荷兰人被逮捕，许多船员被杀死。1607年荷兰人被迫退出马辰，英国人乘隙而入，于1609年在马辰大肆活动。但荷兰人又于1612年组织远征队进行报复，大肆劫掠马辰城镇，并迫使马辰土王将其政府迁入内地，英国人也暂时放弃了他们的商站。马辰拒绝和荷兰人贸易达20年之久，到了1635年荷兰人才用贿赂手段与马辰土王订立商约，以规定的价格收购马辰的胡椒，但不久又因马辰人民反抗而失败。1638年荷兰人又同马辰人发生冲突，被打死64人，他们垄断马辰胡椒贸易的野心仍未得逞。

婆罗洲西部，也是荷兰殖民者侵略的目标。早在1604年，荷兰殖民者发现苏加丹纳（Sukadana）有金刚钻，于是在1608年把侵略魔爪伸向这个地方，相继在苏加丹纳、三发（Sambas）、兰达（Landak）、马辰等地设立代理处，并诱劝当地

土王关闭英国人的商站。但荷兰殖民者的地位也是不稳固的。1610 年，三发的荷兰人商站被袭击，商站里的荷兰人全被杀死。1612 年，苏加丹纳的荷兰人商站也在当地的战事中被毁。

由此可见，在 17 世纪上半叶，荷兰殖民者在苏门答腊和婆罗洲的地位都是极不稳定的。

17 世纪下半叶至 18 世纪初，荷兰殖民者在苏岛和婆罗洲的势力仍然未占优势。

自从 1667 年邦海亚（Banghaya）条约订立，西里伯士岛的卧亚（Gowa）王国及其首都望加锡沦为荷兰殖民者的“保护国”之后，马辰港口代替了望加锡的地位，成为印尼商人及非荷籍商人的贸易中心。葡萄牙人的船（来自帝汶岛）、英国人的船（来自萌姑莲）、中国人的船，经常来到马辰。马辰郊区出产的胡椒，从摩鹿加“走私”过来的香料，都是马辰的主要贸易商品。[82]

西方殖民者的行为，总是引起马辰人民的憎恨。1664 年，荷兰人势力再度伸入马辰，逼迫马辰土王订立商约，企图恢复贸易关系，并独霸当地贸易，但是这个商约仍未能禁止马辰土王同华侨之间的贸易。1669 年，荷兰东印度公司在马辰代理处的代表被杀。接着，1707 年英国人在马辰建筑仓库堡垒，企图武装占领马辰港口，英国军舰也在附近河道耀武扬威地航行。这种霸道行为激怒了马辰港口的人民，他们联合当地华侨，集众 3 000 多人，同英国人激战了一夜，焚毁了刚在建筑中的英国人的仓库堡垒，迫使英国人放弃了公开占领马辰港口的念头。[83] 1712 年，荷兰人又派船来马辰，打算运载 1664 年商约中议定收购的胡椒，但是船一泊岸，就发现胡椒早已被马辰土王卖给华侨。1714 年，英国人也想恢复在马辰的商站，派遣黎维斯（Lewis）船长和毕里克门（Bleekman）率领的两艘船到达马辰，但他们也发现“华侨商人在马辰极占优势”，“华侨是收购马辰胡椒的劲敌”[84]。而且，东印度公司的名声太臭，使得英国人不敢在马辰土王面前承认自己是公司派来的，而冒充为“独立不羁”的商人。即使这样，他们还是不能在马辰恢复公司的商站。由此可见，马辰人民对待华侨的态度，同对待荷、英殖民者的态度截然不同，其原因在于华侨同这些西方殖民者有着根本的区别。

华侨早在16世纪就已大批定居婆罗洲[85]，在那里从事农业生产和经商，特别是种植胡椒。在18世纪最初10年，华侨把先进的胡椒种植技术传入婆罗洲，使该岛的胡椒产量和质量都优于苏门答腊。华侨在婆罗洲不但自种胡椒，而且收购当地人民生产的胡椒，其收购价格也比荷、英殖民者所付的价格高三分之一。[86]“这种收购完全是根据平等互惠自由贸易的原则”进行的。[87]华侨在婆罗洲收购胡椒，出售于中国市场的利润率为90%，而荷、英殖民者在婆罗洲收购胡椒出售于欧洲市场的利润率为200%～400%。[88]“由于华侨的活动替当地（指马辰）带来了农业上的丰饶和商业上的繁荣”，“所以当地居民对华侨是完全信任的”[89]，“只要有中国商人在附近做买卖，就没有一个当地的王公是愿意同欧洲人经商的”[90]。即使到了1748年，“不管荷兰殖民者对马辰苏丹如何威逼，要求一手独霸当地的贸易，而苏丹仍坚持保留50万磅胡椒以备华侨的采购”[91]。

荷兰殖民者步步紧逼，1756年又派遣使节约翰·巴拉维西尼（Johan Paravicini）同马辰土王订立新的商约，重新控制马辰市。1787年，荷兰殖民者又利用马辰宫廷内部纷争，控制了马辰王国。但第二年（1788年）荷兰殖民者的代表就被人谋杀了。至1797年，荷兰殖民者不再派遣代表，而把马辰完全归给土王治理，只留下含糊不清的荷兰宗主权，以及马辰市河口的一个很小的达塔斯要塞（Fort of Tatas）。

荷兰东印度公司始终未能完成征服马辰的任务。这个任务到了19世纪才由荷印殖民政府完成。1817—1825年，荷兰殖民者

交替使用订约和军事行动的手段，不断地蚕食马辰王国的领土，最后只剩下马辰市、玛达甫拉、胡卢·松卡伊等几个地方仍由马辰土王管辖。1859 年，荷兰殖民者进攻马辰市，经过两年激战，马辰市才陷落敌手。

在婆罗洲的西岸，荷兰人于 1698—1699 年怂恿他们的傀儡——爪哇万丹土王——出面干涉苏加丹纳土王同兰达土王之间的战争，联合兰达土王打败了苏加丹纳土王，使婆罗洲西岸的各土邦王公都承认了万丹的宗主权，实际上也就是间接地承认了荷兰对这些地区的宗主权。但是，在三发、坤甸、孟吧哇（Membawa）这 3 个拥有金矿的土邦，荷兰人的势力却一直没能渗透进来，因为华侨在这里占了优势，他们是受到当地居民欢迎的。

西婆罗洲的金矿，最早发现的“恐怕是达雅克（Dayak）人”，开采金矿者是来自爪哇的移民。早在 13 世纪，西婆罗洲是印度化爪哇的殖民地，爪哇人在 15 世纪以前就已在上侯（Sanggau）、兰达、马丹（Matan）附近建立了金矿开采业，并且和当地的达雅克人通婚。但是 15 世纪以后，爪哇人的采金业就走向衰落了。[92]

爪哇人在西婆罗洲的采金方法是比较原始的，他们或者用“掘土”法，或者用“淘洗河沙”法。前一种方法是采金者进到藏有金矿的山穴里去，挖掘山穴的底部那肥泥质的土壤，用筐提上来，用水洗濯而采金；后一种方法是采金者在河流的干涸期，水位低落时，站在水淹到胸的地方，将被大雨冲洗而流下来的冲击层的土壤和沙砾打捞起来，纳入精制的木盘子里淘洗，让较重的金沙沉到木盘子的底层。而中国人的采金方法则比较先进，他们用筛子来淘洗。爪哇人的上述两种采金方法所得到的收益，与中国人的采金方法所得到的收益是不能比拟的。于是，用中国人的这种方法采金的活动，就成为西婆罗洲大规模采金事业的开端。[93]18世纪中叶，三发、孟吧哇、坤甸这3个土邦的王公因为欣赏中国人的先进技术和毅力，同时也为了增加自己的收入，开始从北婆罗洲的文莱、马来半岛西岸附近的槟榔屿招募华侨前来开采金矿。1745年，已有华侨在孟吧哇的东万律（Mandor）采金。[94]1760年，三发的王公也不甘落后，招来华侨数千名在拉腊（Larah）地区采金，并从拉腊逐渐扩展到蒙脱拉度（Monderado，华侨译为打劳鹿或鹿邑）地区。[95]

上述地区，都是以租借矿山的方式招募华侨前往采金的。最初三发土王对华侨过于苛待，要求华侨缴纳繁重的贡税，仅在拉腊和鲁玛尔（Lumar）每年向华侨征收的税金就达32 000荷盾；又禁止华侨自种水稻、蔬菜和经商，强迫华侨以高价向土王购买粮食、盐、铁器等必需品；不准华侨携带武器、火药，还指使达雅克人的士兵监视华侨的行动，引起了华侨的反抗（1770年）。[96]后来三发土王不得不减轻对华侨的剥削。从此，华侨迁居西婆罗洲的人数就更多了。“在1670至1860年间，主要由于掘金热潮的结果，在婆罗洲西北部出现了一个中国人社会。这个社会包括着各种行业：国内外贸易、商店、制造业、牲畜饲养业、海岸渔业、采矿业和农业等各部门；而所有与这些行业有关的人们，不论是雇主或雇工都是中国人的血统”。“中国人在西婆罗洲经营金矿的后果”是“他们把一个荒芜的、几乎无人烟的地方变成一个具有农业资源和交通系统的工商业中心”[97]。

西婆罗洲华侨向当地土王承租的金矿，都是采取“公司”的机构来组织生产劳动的。在18世纪60—70年代，三发土邦的属领蒙脱拉度地区，就有大港、坑尾、三条沟等14个“公司”，并于1776年联合成为“和顺十四公司”（其议事厅叫和顺总厅公司，简称和顺总厅）。[98]1780年左右，三发的乌乐（Bulok）又有霖田公司成立，并于1850年加入和顺公司。在坤甸土邦的属领东万律（它在1787年以前是孟吧哇土邦的属领），则有罗

芳伯于1777年联合一些小公司成立兰芳公司。[99]随着上述公司的建立和发展，西婆罗洲的华侨人口也日益增加。“自十八世纪中叶以还，华侨之前往西婆罗洲各地经营者，仍源源不绝，其人数常达数万人。”[100]至18世纪70年代左右，三发地区的华侨矿工就有1万多人。[101]东万律地区的华侨，在1777年兰芳公司建立时有2万余人，以“开金湖者居多”[102]。

这些华侨公司的性质，是“带有朴素民主精神的经济组合”，“金矿的开采工作由成员们共同负担，挖得的金矿先埋在地下，年终才拿出均分，甚至大伙还合力搞畜牧、种菜等，除去某些东西需要购买之外，基本上公司常是自给自足的经济单位。”[103]“华侨公司虽然具有自己管理自己组织的措施，但仍然向当地纳税”，它们“与西方殖民者的荷兰东印度公司或英国东印度公司不同，前者是由华侨自由组合，从事商业或工业的和平事业的机构，与祖国没有政治上的联系。而西方殖民者的公司是由它们国家武装起来，授权它们来与其他国家争夺海上霸权，垄断东方贸易，侵占他人的土地作为自己的殖民地的暴力机构”[104]。

上述情况，使“荷兰人虽然明知对阻止中国人移民婆罗洲是无能为力的，但他们总是尽其最大的努力来阻碍它”[105]。1779年荷兰殖民者同坤甸土王订约，1787年又同孟吧哇土王订约，规定“不许任何中国人的帆船前来进行贸易”，“其目的是为了排挤中国的竞争者”[106]。荷兰殖民者之所以要在坤甸和孟吧哇排挤华侨，是因为华侨商人除了在马辰之外，也在三发、孟吧哇等地区“贩卖丝绸、花布及其他中国和日本货物，来供应当地居民的需要”[107]。而且华侨的金矿无论是否在三发境内，为了寻找欧洲商人来购买他们的黄金，以换取来自欧洲的货物，他们越来越多地利用坤甸港口，而不利用三发土王所控制的港口。“自从坤甸和孟吧哇土侯先后于1777年和1787年同东印度公司订立条约之后，中国人就被置于该公司直接管理下。”[108]

1782 年，“荷兰东印度公司已立了一位作为它的傀儡的坤甸苏丹，并且帮助他们把领土扩展至西海岸的广阔地区，同时荷兰殖民者又在坤甸及其他地方建立了据点”。这样就把西南部婆罗洲置于荷兰人的势力范围之内；即使这样，荷兰人也同英国人一样，没有能够在他们所控制的婆罗洲领土上获得很多利益。直至“1790 年以前，欧洲人和西婆罗洲的贸易说不上占有特别的重要性。1790 年东印度公司自动退出这个省份”[109]。

由此可见，直至 18 世纪末荷兰东印度公司解散前夕，荷兰殖民者仍未能在西婆罗洲站稳脚跟，因为华侨在西婆罗洲的采金业和商业仍然占优势。

从 1821 年至 19 世纪末、20 世纪初，荷兰殖民者把主要力量放在征服印尼的“外岛”，从此西婆罗洲华侨艰苦持久的抗荷斗争便开始了。

据估计，在 19 世纪 20 年代，西婆罗洲的华侨人口有 15 万人，其中约有 9 万人集中在华人地区，其余住在荷兰殖民者控制的地区。[110]荷兰殖民者采取软硬兼施和分化政策，先是贿赂收买华侨公司的头目；不行，就实行经济封锁；再不行，就诉诸武力。先是 1824 年（道光四年）对坤甸东万律的兰芳公司第五任首领刘台二进行贿赂，使他成为荷印殖民政府的傀儡[111]，然后又挑拨兰芳公司同当地达雅克人之间的矛盾，造成 1842 年和 1846 年的两次流血冲突，使之两败俱伤。对三发蒙脱拉度的和顺公司，特别是其中的大港公司、三条沟公司，荷兰殖民者因实行贿赂不能得逞，就采取长期经济封锁的政策，切断蒙脱拉度华侨公司从三发运购大米、食盐等生活必需品的交通运输线。但蒙脱拉度的华侨公司并不屈服，他们宁可放弃采金工作，转而从事农业生产，在最艰苦的条件下，以自力更生的精神和毅力实现了粮食自给，并且把遍布森林的西婆罗洲开发成为全婆罗洲唯一良

好的水稻区域。于是，荷兰殖民者采取武装镇压的手段，在1850年派兵进攻大港公司，但被郑洪任领导下的华侨群众击败，郑洪任在此役中牺牲。由于力量悬殊，1854年大港公司被迫撤退至沙捞越，至1857年又潜回蒙脱拉度，在极其艰苦的条件下逐渐恢复一部分采金业。荷兰殖民者再次进行残酷的镇压。经过1880—1885年的5年苦战，蒙脱拉度华侨终于失败。

在蒙脱拉度华侨公司濒临灭亡之际，荷兰殖民者于1884年趁坤甸东万律兰芳公司的第十一任头目刘生死后未及补缺，公司内部意见分歧之机，派人接管兰芳公司。兰芳公司的群众在梁露二（路义）的领导下，反抗荷兰殖民者接管该公司，并击退前来接管的荷军。1885年初，从爪哇开来的荷军又被击退。1886年荷军再次增兵进攻，再败。1887年荷军又从爪哇派来援兵，再加上兰芳公司有内奸出卖，致使起义群众陷入重围。直至1888年，兰芳公司起义群众因弹尽粮绝而全部壮烈牺牲。“值得注意的是这一次与华侨一齐牺牲的另外还有达雅克族的战士，足见当时（华侨和达雅克族对荷兰殖民者的）反抗力量已经逐渐得到团结。”[112]

西婆罗洲华侨公司的抗荷斗争，大大推迟了西婆罗洲沦为荷兰殖民地的时间，在近代印尼反侵略斗争史上，写下了令人难忘的光辉一页。还必须指出，“1825—1830年的爪哇（蒂博尼哥罗）战争，是在西加里曼丹华侨的间接支援下，才能够延续5年的”[113]。

注　释

〔1〕吴世璜：《印尼史话》，椰城世界出版社，1951年版，第162页。

〔2〕弗列克：《努山达拉——印尼史》（Vlekke, *Nusantara: A History of Indonesia*），海牙，范胡夫公司（W. van Hoeve Ltd.），1965年版，第239页。

〔3〕丹德尔斯原想废除爪哇的强迫供应制、实物定额贡赋制、强迫徭役制，代之以定期地税（地租）制，税率为总产量的1/5。见弗尼瓦尔：《尼德兰印度：多元经济研究》（J. S. Furnivall, *Netherlands Inadia: A Study of Plural Economy*），剑桥大学出版社，纽约麦克米兰公司，1944年版，第65页。

〔4〕萨努西·巴尼：《印度尼西亚史》，中译本，商务印书馆，1959年版，第221页。

〔5〕约翰·巴斯丁：《印尼及马来亚历史论文集》（John Bastin, *Essays on Indonesian and Malayan History*），新加坡，1965年版，第92页。

〔6〕约翰·巴斯丁：《莱佛士在爪哇的地租制度思想》（John Bastin, *Raffles Ideas on the Land Rent System in Java*），格拉文海格（S-Gravenhage-Martinus Nijhoff），1955年版，第30页。

〔7〕约翰·巴斯丁：《印尼及马来亚历史论文集》，第93页。又，霍尔：《东南亚史》中译本，商务印书馆，1982年版，第562页；弗列克：《努山达拉——印尼史》第252页，韩基哥均作韩帝哥（Han Ti Ko）。

〔8〕同〔5〕，第92页。

〔9〕索非亚·莱佛士：《莱佛士生平事业传记》（Sophia Raffles, *Memoir of the Life and Public Services of Sir Thomas Stamford Raffles*），第一卷，伦敦1835（?）年版，第207页。

〔10〕竹林勋雄：《印尼华侨发展史概况》，中译文，《南洋问题资料译丛》，1963年第1期，第84页。

〔11〕同〔4〕，第205页。

〔12〕霍尔：《东南亚史》，中译本，商务印书馆，1982年版，第410页。

〔13〕荷属东印度最早的税务承包制，也许是船舶税的承包制，开始实行于1622年。参阅卡德：《中国人在荷属东印度的经济地位》，中译本，《南洋问题资料译丛》，1963年第3期，第11页。华侨的人头税承包制，1657年12月决定实行，1658年初开始实行。参阅费慕伦：《巴达维亚的华人与1740年骚乱》，英译本，《南洋学报》第九卷第一辑，新加坡，1953年刊行，第8页。

〔14〕费慕伦：《巴达维亚的华人与1740年骚乱》，英译本，第14页。该

书根据《巴城日志》的记载，提到：已获释放的奴隶也可以充当承包人，特别是在1670年以后。

〔15〕莱佛士：《爪哇史》，第一卷，吉隆坡，牛津大学出版社，1978年版，第177～178页。

〔16〕卡德：《中国人在荷属东印度的经济地位》，中译本，载《南洋问题资料译丛》，1963年第3期，第10页。

〔17〕同〔2〕，第211页。

〔18〕约翰·巴斯丁：《莱佛士在爪哇和苏门答腊的土人政策》(John Bastin, *The Native Policies of Stamford Raffles in Java and Sumatra*)，牛津，1957年版，第3～4页；又同〔4〕，第179～180页。

〔19〕同〔15〕，第273～274页。

〔20〕约翰·巴斯丁：《莱佛士在爪哇和苏门答腊的土人政策》，第7页。

〔21〕同〔17〕，第221页。

〔22〕同〔16〕，第12页。

〔23〕巴素：《东南亚的华人》(Victor Purcell, *Chinese in Southeast Asia*)，纽约—墨尔本，1965年第二版，第409页。

〔24〕《荷兰百科全书》，“Overeenkomsten”（契约）条，转引自同〔16〕卡德书，第54页。

〔25〕同〔20〕，第15页。

〔26〕同〔4〕，第217页。

〔27〕弗列克：《荷属东印度史》(Vlekke, *The History of the Dutch East-Indies*)，剑桥，马萨诸塞，哈佛大学出版社，1946年版，第136页。

〔28〕〔29〕同〔27〕，第137页。

〔30〕同〔27〕，第135页。

〔31〕同〔4〕，第221页。

〔32〕范·贺亨多洛甫：《关于荷印殖民地状况的报告》，第55页，转引同〔16〕卡德书，第12页。

〔33〕林天佑：《三宝垄历史》，中译本，暨南大学华侨研究所，1984年版，第112页。又，詹姆斯·鲁斯：《十九世纪印尼的社会管理和影响：鸦片承包制与爪哇华人》(James R. Rush, *Social Control and*

Influence in Nineteenth Century Indonesia: *Opium Farms and the Chinese of Java*)，载于《印度尼西亚》，1983 年第 35 期（4 月份），纽约，康奈尔大学出版，第 55 页。

〔34〕《巴城布告集》第二卷，第 238 页（1657 年 3 月 16—19 日），转引自蔡仁龙：《荷属东印度时期的承包制与华侨》，《华侨历史论丛》第一辑，福建华侨历史学会编，1984 年刊行，第 162 页。

〔35〕同〔33〕，林天佑书，中译本，第 68～70 页。

〔36〕同〔4〕，第 218 页，220 页。

〔37〕贝迪・卡雷：《1755—1825 年爪哇人对中爪哇华人的感觉之变化》(Pater Carey, *Changing Javanese Perceptions of the Chinese Communities in Central Java*, 1755—1825)，载于《印度尼西亚》，1984 年第 37 期（4 月份），纽约，康奈尔大学出版，第 22 页。

〔38〕同〔20〕，第 267～268 页；同〔3〕弗尼瓦尔书，第 72 页；柯里夫・戴：《荷兰人在爪哇的政策和管理》(Clive Day, *The Policy and Administration of the Dutch in Java*)，伦敦，1904 年版，第 171 页，173 页，175 页，177 页。

〔39〕同〔5〕，第 97～98 页，101 页。

〔40〕同〔5〕，第 100 页。

〔41〕同〔5〕，第 95～96 页，98 页，100 页。

〔42〕同〔1〕，第 173 页。

〔43〕同〔4〕，第 226 页；同〔1〕，第 174 页。

〔44〕同〔33〕，林天佑书，中译本，第 113 页引用菲特（Veth）著《爪哇》一书的记载云：1813 年 11 月 22 日莱佛士政府发出公告，在爪哇和马都拉岛不准私人制盐，除非持有政府的账目清单。这样一来，制盐业就逐渐收归国家经营，由政府在重要的地方设置食盐分售店。

〔45〕同〔3〕弗尼瓦尔书，第 73 页。

〔46〕同〔37〕，第 33 页。

〔47〕同〔33〕，詹・鲁斯：《十九世纪印尼的社会管理和影响：鸦片承包制与爪哇华人》，第 55 页。

〔48〕同〔4〕，第 225 页。

〔49〕同〔37〕，第33~35页。

〔50〕同〔33〕林天佑书，中译本，第131页；同〔37〕，第55~57页，60~61页。

〔51〕同〔4〕，第230页，239页。

〔52〕萨奇门：《英雄蒂博尼哥罗在战斗》（M. D. Sagimun, *Pahlawan Dipanegara berdjuang*），日惹，1960年版，第88页提到，当蒂博尼哥罗1825年7月在斯拉朗（Selarong）建立起义军指挥部时，日惹土邦的王族不下70人，带着各自的家眷和随从人员前往斯拉朗参加起义军。

〔53〕同〔37〕，第37~38页。

〔54〕同〔37〕，第38页。

〔55〕同〔37〕，第39页。

〔56〕罗务（P. J. F. Louw）：《1825—1830年爪哇战争》第一卷，转引自同〔37〕，第1页。

〔57〕同〔37〕，第1页，注1。

〔58〕同〔33〕，林天佑书，中译本，第124~126页。

〔59〕同〔16〕，第11页。

〔60〕同〔33〕，林天佑书，中译本，第117~120页。周南京主编：《世界华侨华人词典》，北京大学出版社，1993年版，第679页。

〔61〕德·汉：《勃良安》第四卷，第177页，转引自同〔16〕，第12页。

〔62〕同〔33〕，第118页。

〔63〕卡雷编译：《蒂博尼哥罗编年史：爪哇战争爆发史实（1825—1830年）》，吉隆坡，1981年版，第260页，注106，转引同〔37〕，第2页。华侨支援起义军的鸦片，除了作为药品使用之外，也供起义军官兵们抽吸，因为起义军官兵有不少人患上鸦片烟瘾，烟瘾发作时，全身无力，不利于作战。

〔64〕勃拉穆迪亚·阿南达·杜尔：《印尼的华侨》（Pramudya Ananta Toer, *Hoa Kiau di Indonesia*），雅加达“星”出版社，1960年版，第94页。

〔65〕罗务：《爪哇战争》第二卷，第525页；邦格兰·阿里亚·蒂巴纳

加拉：《蒂巴纳加拉编年史文件》（Pangeran Arya Dipanagara，*Surat Babad Dipanaga*）第二卷，苏拉加答，1908—1909 年版，第 26 页，转引同〔37〕，第 2 页。

〔66〕同〔64〕，第 39 页。

〔67〕同〔65〕，罗务书，第二卷，第 517 页，注 1；同〔63〕卡雷编译书，第 258～259 页，转引同〔37〕，第 2 页。

〔68〕同〔65〕，罗务书，第三卷，第 26 页；蒂巴纳加拉书，第二卷，第 26 页，转引同〔37〕，第 2 页。

〔69〕同〔37〕，第 3 页。

〔70〕分散性，指各地区基本上是各自分散作战，此起彼伏，缺乏统一的领导。局部性，指这场战争只限于中、东爪哇，未能遍及全爪哇以至全印尼。散漫性，指当某个战役打败敌人时，起义军往往不是一鼓作气乘胜追击，而是停下来休息作乐一番，让敌人有喘息之机。流寇性，指没有把游击战同建立巩固的根据地结合起来。落后性，指离不开宗教外衣，越不出狭隘的民族主义。保守性，指固守封建生产方式，排斥近代资本主义生产方式，排斥科学，宗教意识和迷信观念很重。

〔71〕强迫种植制度所收得的农产品，均交由皇家创办的荷兰贸易公司（即小公银行）运往阿姆斯特丹。这种垄断贸易受到荷兰自由资产阶级的反对。

〔72〕同〔4〕，第 326～327 页。咖啡的强迫种植制度最晚废除：爪哇的万丹、加拉横、扎巴拉、南旺地区，苏门答腊的西部和打板努里，迟至 1912 年才废除；爪哇的勃良安地区迟至 1917 年初才废除；西利伯士（今苏拉威西）岛的万鸦老迟至 1918 才废除。

〔73〕范·德·克鲁夫：《现代世界中的印尼》（J. M. Van der Kroef，*Indonesia in the Modern World*），第一册，万隆，1959 年版，第 220 页。

〔74〕同〔16〕，第 19 页。

〔75〕同〔33〕，林天佑书，中译本，第 121 页。

〔76〕甫榕·沙勒：《荷兰东印度公司成立后在印度尼西亚的中国人》，中译文，《南洋问题资料译丛》，1957 年第 3 期，第 10 页。

〔77〕赫斯:《荷印典籍》第14册,第7页,转引自林端志:《爪哇华侨中介商》,中译文,载《南洋问题资料译丛》,1957年第4期,第30页。

〔78〕林端志:《爪哇华侨中介商》,中译文,第31页。

〔79〕同〔64〕,第86页。

〔80〕同〔12〕,第261页。

〔81〕Pidari一词,据萨努西·巴尼的解释,是从亚齐港口、苏门答腊伊斯兰教徒中心区Pedir这个地名变来的;据欧洲学者的解释,是从葡萄牙文Paderi变来的,意为“长老”。参阅吴世璜《印尼史话》第186~187页。

〔82〕同〔17〕,第202页。

〔83〕《婆罗洲群岛》,《中华丛报》第四卷(1835—1836年),第499~500页,转引自田汝康《十八世纪末期至十九世纪末期西加里曼丹的华侨公司组织》,载《厦门大学南洋研究所集刊》,1958年刊行,第42页。

〔84〕毕里克门:《婆罗洲来回航程记》,1718年,转引自同〔83〕田汝康文,第42页。

〔85〕黄申伯译:《华侨》,第136页,转引自江醒东:《荷兰殖民主义者对印度尼西亚华侨的压迫》,载《中山大学学报》,1959年第4期,第18页。

〔86〕厄尔文:《十九世纪的婆罗洲》,转引自朱杰勤:《十九世纪加里曼丹华侨及其反抗荷英殖民者的斗争》,载《东南亚研究资料》,1967年第3期,第60页。

〔87〕田汝康:《十八世纪末期至十九世纪末期西加里曼丹的华侨公司组织》,第41页。

〔88〕克劳福特:《印度群岛史》第三卷,第360~390页,转引自同〔87〕田汝康文,第42页。

〔89〕同〔87〕,第41页,42页。

〔90〕厄尔文:《十九世纪的婆罗洲》第6~7页,转引自斯蒂芬·兰西曼:《十六世纪至十九世纪中叶西方殖民主义者侵略婆罗洲的活动》,中译文,载《东南亚研究资料》,1964年第1期,第37~

38 页。

〔91〕《华侨与婆罗洲关系史》，转引同〔87〕，第 43 页。

〔92〕克隆：《印度—爪哇史》，第 417 页，转引自竹林勋雄：《印尼华侨史概况》，中译文，载《南洋问题资料译丛》，1963 年第 1 期，第 92 页。

〔93〕维特（Veth）：《婆罗洲的西部》第一卷，第 330 页，转引自长冈新治郎：《西加里曼丹华侨社会的沿革与变迁》，中译文，载《东南亚研究资料》（暨南大学东南亚研究所刊行），1962 年第 3 期，第 4～5 页。

〔94〕同〔16〕，第 92 页。卡德引用了史康克《蒙脱拉度的公司》第 506 页的资料说：在孟吧哇的东万律曾经发现中国人采金者的墓碑，其所刻年代是 1745 年。但卡德本人的意见是：中国人是 1750 年才开始在孟吧哇采金的。

〔95〕同〔16〕，第 92 页，卡德引用了维特《婆罗洲的西部》第一卷第 297 页的注释，说三发华侨最初采金是在 1760 年。但卡德本人的意见是 1750 年。

〔96〕同〔16〕，第 89 页。卡德引用了维特《婆罗洲的西部》第一卷第 300 页的资料，说三发华侨在 1770 年反抗三发苏丹。但卡德本人的意见是 1760 年。

〔97〕同〔16〕第 96～97 页。

〔98〕慕由编译：《西加（里曼丹）的公司组织》，雅加达翡翠文化基金会，1963 年版，第 7 页，9 页，31 页。

〔99〕林凤超：《坤甸历史》，卷上。见罗香林《西婆罗洲罗芳伯等所建共和国考》附录三，香港中国学社，1961 年版，第 149 页。又，叶祥云《兰芳公司历代年册》说兰芳公司创建于 1770 年（见罗香林同上书附录二，第 141 页），实为 1777 年之误。

〔100〕罗香林：《西婆罗洲罗芳伯等所建共和国考》，第 25 页。

〔101〕同〔87〕，第 45 页。

〔102〕叶祥云：《兰芳公司历代年册》，见〔100〕罗香林书第 141 页。

〔103〕同〔87〕，第 44 页。

〔104〕朱杰勤：《十九世纪加里曼丹华侨及其反抗荷英殖民者的斗争》，

《中外关系史论文集》第429页。又，罗香林《罗芳伯所建婆罗坤甸兰芳大总制考》（商务印书馆，1941年版）、《西婆罗洲罗芳伯等所建共和国考》（香港中国学社，1961年版）两书，把兰芳公司说成是"纯为一有土地人民与组织及主权之独立国"，是个"完整主权之共和国"，并把它同1776年宣布独立的美利坚合众国相提并论。我国史学家朱杰勤、田汝康、江醒东在20多年前即已撰文予以批驳。近年又有温广益《关于罗芳柏所建兰芳公司的性质问题》（载于中山大学东南亚历史研究所编《东南亚历史论文集》，1984年刊行），朱纪敦《关于婆罗洲罗芳伯等所建兰芳公司的性质》（载于暨南大学华侨研究所编《华侨史论文集》第四集，1984年刊行）继续对罗的观点进行批驳。本书对这个问题不拟评论，只做如下补充：按国家的定义、性质、职能而言，兰芳公司不是国家机构。国家是一个阶级统治另一个阶级的工具，其职能有二，缺一不可：对外职能为防御外敌之入侵，或者向外扩张侵略别国；对内保护统治阶级的权利和地位，镇压被统治阶级的反抗行为。军队和行政司法机构则是执行国家的上述两种职能的重要工具。兰芳公司从罗芳伯创建之日直至刘台二掌权并卖身投靠荷兰殖民者之前这段时间，内部未见有统治与被统治阶级的大分化。公司的生产和分配制度以及行政管理制度，均体现为一种平均主义原则和朴素民主的精神，人与人的关系主要是劳动分工不同的关系，上下之间也只是领导与被领导的关系，还谈不上统治与被统治、压迫与被压迫的关系；也未见有下层劳动者反抗"大哥"、"尾哥"等大小首领的斗争，公司的武装力量只体现为对外防御的职能。公司的规章制度和惩罚措施是为了维持正常生产和生活状态，调解公司成员之间的一般纷争和小偷小摸之类的不道德行为，这也是任何大企业和生产组织所必不可少的制度和措施，谈不上是国家行政司法制度和职能。

〔105〕斯蒂芬·兰西曼：《十六世纪至十九世纪中叶西方殖民主义者侵略罗婆洲的活动》，中译文，载《东南亚研究资料》，1964年第1期，第39页。

〔106〕维特：《婆罗洲的西部》，第一卷，第301页，转引同〔16〕，第

91 页。

〔107〕罗吉威思：《航行记》，转引自同〔87〕，第 42～43 页。

〔108〕同〔16〕，第 93 页。

〔109〕同〔16〕，第 92 页。同〔105〕，斯蒂芬·兰西曼文第 37 页则说：“1790 年荷兰人在沿西海岸的商站相继停办。”

〔110〕同〔23〕，第 425 页。

〔111〕罗芳伯于 1795 年逝世后，兰芳公司的首领（大哥），前三任（江戊伯、阙四伯、宋插伯）尚能保持原有的独立状况，到了第五任（刘台二）开始受荷兰殖民者收买，名称也改“大哥”为“甲太”，副头人也“请封为甲必丹”。这样一来，公司实际上已丧失独立性，其领导人已成为听命于荷兰殖民者的附庸。见叶祥云《兰芳公司历代年册》，同〔100〕，罗香林书，第 143 页。

〔112〕陈达：《浪迹十年》，第 50～51 页，转引同〔87〕，第 57 页。

〔113〕同〔64〕，第 92 页。

第四章

19世纪70年代至日本南侵前夕的印尼华侨（上）

（1871—1942年）

第一节　华侨人口

一、华侨人口的变动及其背景

据统计，1860年印尼华侨不过22万人，到1930年已达123万人。70年间增加了100多万人，平均每年增加14万人。增长速度相当高。除了自然增殖的以外，相当一部分是南来谋生的中国移民。

近代印尼华侨移民急剧增长的原因，可从中国和印尼两方面来叙述。

中国方面。众所周知，鸦片战争前，清朝政府以天朝自居，实行闭关锁国的政策。从1840年起，西方列强实行炮舰政策，接连对中国发动了多次侵略战争，清政府被迫签订了一系列屈辱的不平等条约，对中国的社会经济产生了深远影响。正如恩格斯所说：“对华战争给了古老的中国以致命的打击，国家的闭关自守已不可能。铁道之敷设，蒸汽机和电气之使用以及大工业之创办，即为着军事防御的目的已成为必要的了。于是旧有的小农经济制度也随之而日益瓦解（在旧有的小农经济制度中，农家自己制造必要的工业品），同时，可以安插比较稠密的人口的那一切陈旧的社会制度，亦随之而崩坏。千百万人将无事可做，将不得不移往外国。"[1]

几次战争的结果，中国丧失了一部分主权，自然经济体制逐步解体，中国从此进入了半封建半殖民地社会。

清政府在战争中支出了大量钱财，多次签约赔款导致国库日益空虚，于是加紧了对劳动人民的榨取。地主富豪统统把负担转嫁到农民身上。农村土地兼并更为严重，大量土地归入地主手中。社会动乱加剧，土匪横行，水旱灾害频仍。辛亥革命后，军阀混战不休。无地少地农民迅速破产。在城市，由于外国商品的大量流入，大批工厂倒闭，导致工人失业，生活贫困，沿海劳动人民最后只好向海外寻找出路。

鸦片战争后，清政府同西方各国签订的几项条约允许各国到我国招募工人；1894 年又一反过去禁止人民出国的政策，取消了限制移民条例，准许人民出国。这就为因生活所迫而想出国谋生的劳动人民敞开了大门。

国内历次革命运动，如太平天国革命、义和团运动、戊戌政变、孙中山领导的革命以及第一次国内革命战争等的失败或暂时挫折，都有不少革命者出洋逃难，其中到印尼的就不乏其人。

中国人民向来有较浓厚的家族和乡土观念。一些先去南洋的华侨后来又介绍国内亲友出洋，或做自己店里帮手，或代为介绍另谋职业，于是出洋华侨日益增多。如印尼华侨富商张弼士得到荷印政府信任，"领到了一大段荒田，以及所需的资金、工具、种子等等。弼士一面请当地的华工帮忙，一面写信回家叫乡人多多前来，乡人以其在海外大有作为，皆争先前往投之"[2]。

1934 年 9 月至 1935 年 4 月，曾有一份我国人民向海外移民主要原因的调查表，它是中国太平洋学会对闽南和粤东 10 个县的 905 户侨属家庭实地访问后写成的。

表 4－1　闽粤人移居外国原因调查表

类别	家数	百分数
1. 经济压迫	633	69.95%
2. 南洋的关系	176	19.45%
3. 天灾	31	3.43%
4. 企业事业的发展	26	2.87%
5. 行为不检	17	1.88%
6. 地面的不靖	7	0.77%
7. 家庭不睦	7	0.77%
8. 其他	8	0.88%
总计	905	100%

资料来源：陈达：《南洋华侨与闽粤社会》，商务印书馆，1939 年版，第 48 页。

由表 4－1 可知，因生活所逼而移民南洋的占了近 70%。

此外，西方工业革命后，航海运输工具已逐渐使用机轮，装载量大大超过以前落后的木帆船，而且速度也快得多，这也为大批移民的南下提供了有利条件。

印尼方面。荷印政府从 1830 年开始实行的强迫种植制中攫取了大量利润，促进了荷兰经济的繁荣，也使荷兰工业资产阶级逐步得势和发展。他们需要更广阔的商品销售市场和投资场所，要求限制荷兰国营企业对印尼殖民地经济的垄断。强迫种植制束缚了殖民地生产力的发展，使印尼人民日益贫困化，引起人民的强烈不满和反抗，要求废除这一制度的呼声日益增高。

进入 19 世纪 70 年代后，随着欧洲一些资本主义国家向帝国主义阶段过渡，荷兰工业资产阶级力量日益壮大，终于导致荷兰贸易公司对印尼垄断权利的结束。强迫种植制也被废除。代之而起的是标志着“自由政策”的土地国有法和糖业法的实行，各资本主义国家竞相前来投资，与荷兰共同掠夺印尼丰富的资源。

实行“自由政策”后，私人种植园、矿山和工厂陆续在各地兴建起来，资本家亟须廉价劳动力。这时，荷兰殖民者加快了征服外岛的步伐，在加速开发外岛的过程中，也提出了如何解决劳动力来源的问题。于是，欧洲移民资本家采用各种卑劣的手段诱骗刻苦耐劳的华工出洋，契约华工的急剧增加成为印尼华侨增长的一个重要原因。

与此同时，荷兰殖民者放宽了自由移民的条件。荷印政府曾在 1853 年颁布禁止中国移民入境的条令。但荷兰殖民者看到中国移民在开发殖民地中发挥的重要作用，1856 年废止了这一禁令，规定对入境者免征入境税，入境手续比较简单，为入境者提供了方便。这样，移民也就年年增多。此后，随着劳动力的增加，荷印政府又逐步限制移民，这主要表现在入境税越来越高，手续也越来越烦琐。1912 年荷印政府颁布移民人口条例，开始征收 25 盾入境税。1915 年制定入境居留条例，以后经多次修改，入境税不断增加。1922 年为 50 盾，1924 年为 100 盾，1931 年涨至 150 盾（契约华工在廖岛、丹绒槟榔、嘉琳入境者不在此例）。荷印政府规定，入境者必须有人担保。担保人之资格，以缴纳所得税为标准，如年纳 15 盾者可担保 1 人，年纳 75 盾者可担保 7 人，等等。入境者事先必须在移民拘留所接受审查盘问，妇女还会受到人身侮辱。凡是要到印尼的人，必须先申报职业。如入境后发现与事实不符，或则受罚，或则驱逐出境。移民入境后领得暂时居住证，有效期为两年，经过有关部门审查，发现没有什么“不检行为”，再延长 1 年，连续住上 10 年以后，才可取得永久居留证。对知识分子入境条件更为严格。尽管移民条件越来越严，但并没有从法律上绝对禁止移民。而我国沿海劳动人民仍因上述各种原因源源出洋。

第一次世界大战后，印尼经济发展较快，工农业增长率提高，对外贸易迅速发展。如1900年到1930年，出口商品价值由2.3亿盾增至12.33亿盾，增长了6倍；输入商品由1.76亿盾增至9.23亿盾，增长了5倍。[3]经济的繁荣，为就业谋生创造了良好条件，吸引更多中国劳动人民南来。

通常把从中国南来的新移民称为新客（Totok）。在当地出生的第二代、第三代……华侨称为土生华侨（Peranakan）。

土生华侨的自然增殖是印尼华侨人口增加的另一个因素，而且从20世纪开始成为主要因素。如据1930年的统计，出生于印尼的土生华侨，爪哇和马都拉为462 226人，外岛为293 946人，总数为756 172人，占全印尼华侨人口总数1 190 014人的63.5%。而出生于印尼境外（包括中国和除印尼以外的东南亚各国）的只占36.5%。[4]这就是说，在当地出生的土生华侨日益增多。但是，土生华侨与新客人数的增长比例，并不是固定不变的。随着国内外形势的变化，在某一阶段，新客人数的增长速度有时会超过土生华侨。

印尼华侨人口到1930年才有比较精确的统计。1860年至1930年的印尼华侨人口变化情况有如表4－2。

从表4－2可知，1860—1905年的45年间，印尼华侨人口增加了34万人，每10年平均增加约8万人。1905年以后增加的速度大大加快了，尤其是1920—1930年的10年间增加了近43万人，每年平均增加4.3%，如果华侨人口自然增长率按2%计算，则从中国来的新客增加了2.3%，这正是印尼经济发展较快以及中国动荡的局势影响的结果。

表 4－2　1860—1930 年印尼华侨人口统计表

年份	人口	年份	人口
1860	221 438	1900	537 316
1880	343 793	1905	563 449
1885	381 751	1920	809 039
1890	461 089	1930	1 233 214
1895	469 524		

资料来源：荷印政府中央统计局：《1930 年人口调查》，第 7 卷，巴城，1935 年版，第 48 页。

1940 年华侨印尼约有 143 万人。[5] 1930—1940 年的 10 年间增加了 20 万人。由于 1930 年的华侨已达 123 万，基数很大，自然增殖的人数也相应增加。在增加的 20 万人中，新客显然已比 20 世纪 20 年代减少了很多，这有几个原因：

1. 1929—1932 年的世界经济危机直接影响了印尼。在经济不景气的形势下，荷印政府于 1933 年颁布限制移民法案，采取比以前更加严厉的限制移民的政策，规定每年移民总额为 1.2 万人，由 15 个民族平均分配。如果入境人数不足，则由各族增加移民数字，但是不得超过新条例实施以前连续 10 年该族移入印尼总数的 1/10。按照这一规定，各国各族每年入境不得超过 800 人。但是，在亚洲各移民民族中，中国移民历来是人数较多的，例如，1923 年至 1932 年，中国人每年入境平均为 29 200 人，即使是经济危机的 1929—1932 年，每年也达 16 900 人。[6] 因此，荷印政府限制移民对人数众多的华侨来说，无疑是个打击。华侨社团纷纷要求荷印政府改变这一决定，但新条例仍于 1933 年 9 月 6 日被议会通过。

不过，实际执行的结果是，荷印政府考虑了各方面的因素，还是有所变通的。如根据荷印海关统计，1932—1937 年实际入

境的中国人人数是：1932 年为 5 921 人，1933 年为 4 954 人，1934 年为 7 541 人，1935 年为 8 054 人，1936 年为 8 046 人，1937 年为 13 333 人。6 年中，每年平均移民 7 974 人。[7] 最高峰是 1937 年。这一年，中国抗日战争全面爆发，许多人为了逃避战祸纷纷出洋。但是，总的说来，20 世纪 30 年代到印尼的中国人人数已比 20 年代平均每年三四万人有显著减少。

在 1932 年的荷印国民议会开会时，还有人提出把移民入境税从 150 盾再提高到 250 盾，以便进一步限制移民的提案。但是由于害怕引起其他各国和移民的反对，也鉴于华人议员已提出，如果这样做，中国将抵制爪哇糖的销售，结果提案才未获通过。[8] 可见荷印政府在千方百计限制移民入境。

2. 在限制中国人入境的同时，荷印政府又采取驱逐华侨出境的政策，企图以此来减少华侨人数。荷印政府往往借故援引移民条例，随便给华侨安上一个罪名，然后勒令限期出境。如 1935 年五六月间，就先后有 350 多名华侨被迫回中国。[9]

3. 在 20 世纪 30 年代初世界经济不景气形势影响下，印尼一些契约华工失业，有些华侨因谋生困难而陆续回国。1932—1937 年，从厦门、汕头和琼州海关入境回国者就达 74 472 人。[10] 在这 6 年中，从印尼回国的比出国到印尼的要多两万多人。不过，由于自然增殖等原因，印尼华侨人数仍然有所增加。

华侨占印尼总人口数的百分比不断增加。1920 年占 1.6%，1930 年占 2%，1940 年占 2.03%。[11]

二、华侨人口的分布

印尼华侨人口的分布有两个显著的特征：

1. 1860 年以前，居住在爪哇和马都拉的华侨占多数，外岛占少数，此后，情况逐步向相反方向变化。历年印尼华侨人口分布情况如表 4 – 3。

表 4 – 3 1860—1930 年各岛华侨人口统计表

年份	爪哇和马都拉			外岛			全印尼		
	人数	所占比例/%	年增长率/%	人数	所占比例/%	年增长率/%	人数	所占比例/%	年增长率/%
1860	149 424	67		72 014	33		221438	100	
1880	206 931	60	1. 64	136 862	40	3. 26	343 793	100	2. 22
1885	221 959	58	1. 41	159 793	42	3. 15	381 750	100	2. 12
1890	242 111	51	1. 75	218 978	49	6. 50	461 089	100	3. 85
1895	256 055	55	1. 13	213 469	45	0. 51	469 524	100	0. 36
1900	277 265	51	1. 61	260 051	49	4. 03	537 316	100	2. 73
1905	295 193	53	1. 26	268 256	47	0. 62	563 449	100	0. 95
1920	383 614	48	1. 75	425 425	52	3. 12	809 039	100	2. 44
1930	582 411	47	4. 26	650 783	53	4. 34	1 233 214	100	4. 31

资料来源：荷印政府中央统计局：《1930 年人口调查》，巴城，1935 年版，第 48 页。华侨人数所占比例根据有关数字计算。

根据表 4 – 3，可以得出两个结论：（1）两个地区华侨人口的年增长率总趋势是，外岛逐渐高于爪哇，尤其是进入 20 世纪以后，外岛华侨的年增长率增加更快。（2）从 1880 年以后，爪哇和马都拉华侨人口所占比例逐年下降，反之，外岛华侨所占比例则逐年增加，到 20 世纪初已接近相等。其原因在于从 1870 年以后，荷印政府加强了对外岛的征服和开发，那里亟须劳力，新来的移民或契约华工从此大量移入此地区。例如新客自由移民到达外岛的，1900—1903 年为 79 996 人，1912—1915 年为 81 331

人，1920—1923 年为 72 971 人，1928—1931 年为 78 118 人；而同期到爪哇、马都拉的分别为 13 858 人、31 629 人、47241 人和 44 994 人。契约华工几乎都是前往外岛的：1912—1915 年为 50 852 人，1916—1919 年为 47 713 人，1920—1923 年为 40 335 人，1924—1927 年为 44 907 人，1928—1931 年为 39 700 人。[12] 把两种移民都计算在内，从 20 世纪开始，每年到外岛的中国移民达 3 万多人，到爪哇、马都拉的约 1 万多人，可见到外岛的中国移民大大超过爪哇、马都拉。在 1900—1920 年到印尼的中国自由移民中，到爪哇、马都拉的为 114 481 人，到外岛的为 442 017 人，到爪哇、马都拉的只占 1/5，而 1921—1930 年到爪哇、马都拉的为 110 576 人，到外岛的为 209 873 人，到爪哇、马都拉的约占 1/3。[13] 两个地区华侨人口平均增长率区别也很大，如以 1860—1880 年、1905—1920 年、1920—1930 年计算，外岛分别为 3. 26%、3. 12% 和 4. 34%，同期，爪哇、马都拉分别为 1. 64%、1. 76% 和 4. 26%。[14]

进入 20 世纪后，从全印尼来看，仍以土生华侨占多数。据 1930 年的人口调查，新客约 43 万人，土生华侨为 756 172 人；土生华侨中，爪哇和马都拉最多，达 462 226 人，占 79. 4%，依次为西加里曼丹，49 969 人，占 74. 9%，其他各地为 54 888 人，占 59. 4%。苏门答腊华侨 448 519 人，其中土生华侨为 189 089 人，占 42. 2%，新客占 57. 8%。所以全印尼土生华侨占多数，达 63. 5%。[15]

2. 在爪哇和马都拉，华侨大多居住在城市，如 1930 年统计占 58. 7%，而住在乡镇的占 41. 3%。[16] 这是荷印政府长期执行华侨没有通行证不能随意进入内地居住的政策的必然结果。爪哇岛的几个大中城市集中了华侨的大多数，如 1930 年统计，1 万人以上的城市的华侨人口如下：巴城 71 688 人，泗水 38 871 人，三宝垄 27 423 人，万隆 16 657 人，梭罗 11 286 人。[17] 其他如北加浪岸、茂物、井里汶、谏义里及南旺等地，华侨人口都比较集中。

相反，在外岛，因为中国移民来的时间较迟，而荷印政府这一时期已放松对华侨居住的一些管制。欧洲资本家所开辟的一些种植园、矿区大部分都在农村，因此，外岛华侨居留在村镇的较多，据荷印政府中央统计局《1930 年人口调查》第 11 页统计，1930 年在村镇的占 69%，在城市的仅占 31%。外岛华侨中，以 1930 年为例，苏门答腊最多（449 000 人），依次为婆罗洲（今加里曼丹，134 000 人），西里伯斯（今苏拉威西，41 000 人），巴厘及龙目（11 000 人），马鲁古（9 000 人），东部岛屿（6 800 人）。[18]

三、华侨人口的籍贯和性别

印尼华侨大多数来自福建及广东两省。福建华侨以祖籍厦门、漳州及泉州一带的为多。若按地域划分，广东籍的又可分为客家人、广府人和潮州人；以方言划分，华侨人数以操闽语的占第一位，其次为客家人、广府人和潮州人。其他的华侨来自广西、湖南、湖北、山东、河北、浙江和江苏等省。

为什么印尼华侨中，福建和广东两省的占多数呢？

1. 19 世纪以后，福建和广东两省人口密度日益增加。如 1812 年福建省的人口密度为每平方公里 126.71 人，广东是 82.9 人；到 1851 年，福建省人口密度增到 172.31 人，广东增到 121.69 人。广东省的广州府和潮州府人口更为密集。如 1820 年，广州府和潮州府的人口密度分别高达每平方公里 306.84 人和 151.45 人[19]，大大超过广东全省的平均人口密度。

人口的增加，势必使可耕地的平均占有面积相应减少。如福建省田地升降百分比如下：若以 1724 年为 100%，到 1753 年已

下降为43.51%，1873年为41.04%。[20]严重的问题还在于，在帝国主义侵略下，随着自然经济的逐步瓦解，城乡商品经济日益发展，经济作物种植面积增加，从而挤掉了粮食作物耕地面积，人均耕种粮食土地面积随之下降。广东省珠江三角洲就是一个典型。19世纪末20世纪初，这里掀起了全面性的“弃田筑塘，废稻种桑”的高潮，大批稻田被改成桑田、鱼塘，成了专门的蚕丝产区。到19世纪末，顺德基塘已达10万亩，桑基面积30万亩以上，稻田不及全县耕地的1/10。其余一些地方也于19世纪末进行挖田筑塘，将地挖深，然后将泥覆于四周为基，中凹下为塘，基六塘四，基种桑，塘养鱼，桑叶用来饲蚕，蚕屎用来饲鱼，两利俱全，所获利润十倍于禾稼。广东省缺粮问题由是日益突出，每年要进口大米千万担以上。其余麦类、豆类也要从外地输入，“粤省风气早开，衣食日用，大米来自外国或中国各地”[21]。

福建省的情况同样严重。该省华侨最多的20个县的耕地及人口都很集中，平均每人能得耕地两亩以上的只有两个县，华侨最多的晋江、龙溪及永春，每人平均只有1亩多些；福清每人平均还不到1亩。[22]

自然灾害也是一个严重的威胁。据统计，从1800年到1918年间，潮汕地区所属各县发生的旱、涝、风、蝗、瘟疫、地震及冰雹等灾害共145次，平均每年1～2次。[23]导致“米贵民饥，采树皮以食”，“民大饥疫，死者无算”[24]。1877年7月16日，广州外围北江山洪暴发，淹死万余人，1864年广州发生鼠疫，死数万人。[25]

所有上述各种因素导致破产农民日增，迫使他们卖儿卖女，四处逃荒。由于人口相对过剩，以至大批失业大军无法再在家乡立足，只好出洋。即使是人口稍少的一些县份，也因为财富集中在少数人手中，两极分化严重，贫苦人家只好远涉重洋谋生。

2. 福建、广东接近东南亚，从厦门、汕头、广州港口乘船，一周左右即可到达，“较诸吾国国内交通便利多矣。故国人之来往南洋者如返家园”[26]。

3. 福建、广东地处沿海，容易接受西方自由主义思想，人民的思想比较开放，也较富于冒险精神。

4. 在孙中山领导的反帝反封建斗争中，广东、福建的革命志士占了相当大的比例，有些人在历次起义失败后，被迫出洋逃难，一些人就在印尼定居下来。

5. 西方资本主义国家大肆掠夺我国福建、广东籍的契约华工，不少人最后也定居在印尼。有关此问题，将在本章第三节论述。

据统计，从 1820—1893 年这 73 年间，福建、广东两省出国谋生的约 100 万人。福建有一首歌谣唱道：“泉州人稠山谷瘠，虽欲就耕无地辟，州南有海浩无穷，每岁造舟通异域。”[27]这就是当时中国劳动人民被迫移民南洋的真实写照。1930 年印尼不同祖籍的华侨人数如下：福建籍 554 981 人，客家籍 200 736 人，广府籍 136 130 人，潮州籍 87 812 人，其他籍 210 355 人。[28]

从各籍土生华侨和新客的比例看，由于福建人及客家人到达印尼的时间最早，而且福建籍华侨以后返回家乡的较少，多数落地生根，因而这两省祖籍的土生华侨占多数。如 1930 年，福建籍土生华侨占 77.1%，换句话说，10 个福建籍华侨中，有 8 个是在印尼出生的，有 2 个是在中国出生、以后南来的新客；客家人为 60.6%，即有 6 个是当地出生的土生华侨，4 个是新客。相反，广府人和潮州人到达印尼的时间较晚，且返国居住者不少，因而新客占多数，土生华侨较少。同年广府籍土生华侨占 33.5%，潮州籍土生华侨为 37.4%。此外，操其他方言的土生华侨也占了相当大的比例（58.4%）。因此从总的人数来说，印尼土生华侨人口（占 63.5%），超过了新客人数。[29]

从性别比例看，清政府在1894年前严禁移民，对妇女尤为严禁，因此，敢于冒险到印尼的多为男性。以后，资本家招募去的契约华工也是男性，这就使印尼华侨新客中的男性长期以来比女性为多。许多闽粤妇女在丈夫出洋后只好在家乡守活寡，直至老死也望不到丈夫归家。许多自由移民或契约华工到印尼后终生孑然一身，有的只好与当地妇女结婚。尽管后来海禁逐渐放宽，妇女出洋的比例仍旧不大。以华侨移民较早的西加里曼丹为例，华侨的性别比例如表4－4。

表4－4　1880—1930年西加里曼丹华侨性别比例表

年份	男	女
1880	1 000	583
1900	1 000	671
1920	1 000	722
1930	1 000	744

资料来源：荷印政府中央统计局：《1930年人口调查》，第7卷，巴城，1935年版，第43页。

在印尼女性华侨中，福建人及客家人占多数。如1930年华侨男性1 000人对女性的比较数，福建人为794.6，客家人为607.1，广府人及潮州人要少得多，分别为392.8和384.5，其他祖籍者为628.4。平均比例为1 000:642.5。[30]所以华侨中男性始终多于女性。

但是在土生华侨中，女性逐渐在增加，与男性比例逐渐趋于平衡。如1930年，男子千人对女子的比较数是：福建人1 012.9，客家人961.9，潮州人931.2，广府人902.8，其他1 023，平均为1 027.9。[31]

从分布地区来看，福建籍华侨多数居住在爪哇及马都拉。

1930 年爪哇 55 万华侨中，福建籍者占 38 万左右。客家人集中在苏门答腊、西加里曼丹等岛屿（20 万人中，约 12.5 万人在外岛）。潮州人、广府人也主要集中在外岛。

一般来说，爪哇各地，苏门答腊西部、南部及东岸，加里曼丹东南部，苏拉威西，马鲁古等地多福建籍华侨；爪哇、苏门答腊北部、邦加、勿里洞、西加里曼丹多客家人；潮州人多在苏门答腊东岸、廖内、西加里曼丹等地，广府人多在加里曼丹东南部、苏门答腊东岸、邦加、苏拉威西、马鲁古及小巽他群岛等地。详情如表 4－5。

表 4－5 1930 年华侨祖籍地统计表

原籍别	外岛	爪哇	总数
福建	175 370	379 611	554 981
客家	125 548	75 188	200 736
潮州	82 549	5 263	87 812
广府	96 252	39 878	136 130
其他	127 864	82 491	210 355
总数	607 583	582 431	1 190 014

资料来源： 荷印政府中央统计局：《1930 年人口调查》，第 7 卷，巴城，1935 年版，第 293 页。

第二节 华侨经济

一、华侨的职业

1870年，荷印政府颁布《土地国有法》和《糖业法》。《土地国有法》规定，一切不能证明所有权的土地都归国家所有。政府可把国有土地租给外侨，最高期限为75年。印尼人占有的土地不能直接出售给外侨，但可以短期出租，最高期限为25年。土侯自治领地可以租给外侨企业，爪哇最高期限为50年，外岛为75年。《糖业》法废除了甘蔗的强迫种植，私人可以经营甘蔗种植园和兴办制糖业。

根据1930年荷印政府中央统计局开展的正式人口调查，在123万华侨中，从事各种生产劳动的华侨有469 935人，占38%。而在这46万多人中，第一，从事商业的有171 979人，占36.6%（以小商人和小销售商贩为主）；第二，从事农业和矿业的有44 888人，占30.8%（其中从事农业和果园业的有50 440人，占10.7%，在种植园的雇佣劳动者为35 624人，占7.6%，开矿工人45 596人，占9.7%，其余13 228人）；第三，从事工业的有93 988人，占20%。这三种职业的人数已占87.4%，其余6万多人（13.6%）为自由职业者或从事其他职业者。[32]

按照20世纪30年代印尼的生活水平，从事工业、农业、小商贩、店员、职员或教员等劳动人民的年收入平均在400盾至800盾之间（教师和少量职员约1 200盾，店员300盾至800盾，林业工人250盾至300盾，矿工120盾至180盾）。

从有劳动力的华侨年收入的统计数字亦可窥见华侨生活水平

之一斑。根据 1935 年的荷印政府的一份报告书，按华侨家庭年收入的多寡为标准分组计算，1931 年华侨年收入额最集中的分组是 600 ~ 800 盾，而 1932 年和 1933 年最集中的分组是 400 ~ 500 盾。[33]因此，华侨中以劳动人民占多数。正如王任叔（巴人）在《印尼社会发展概观》一书中所指出的：在印尼，"中国人中以商人占最大多数，但将各生产部劳动者与商人的中国职业人口（指印尼华侨职业人口——引者）总数做比较，商人为 1/3，工农及杂工为 2/3，因之，2/3 的中国人，在印尼是和印尼的劳动者同样为印尼社会的最底层"[34]。

爪哇、马都拉与外岛华侨从事各种职业的人数比例如表 4 - 6，二战前华侨从事的主要经济行业如表 4 - 7。由表 4 - 6 可知，最早开发爪哇岛的华侨多从事商业和工业生产，两项合占 78.4%。这是由于：

表 4 - 6　20 世纪 30 年代华侨职业统计表

职　　业	外岛/%	爪哇/%
1. 原料生产业	44.6	9.1
2. 工业	19.4	20.8
3. 运输业	2.6	2.8
4. 商业	23.1	57.6
5. 自由职业和艺术	1.1	2.1
6. 公职人员	0.7	0.5
7. 其他职业	8.5	7.1
总数	100	100

资料来源：卡德：《中国人在荷属东印度的经济地位》，芝加哥大学出版社，1936 年版，第 131 页。

表4-7　二战前华侨从事的主要经济行业一览表

项目	家数	从业人数	资本总额/盾	全年产销	盈亏情形
烟草店		1 400	2 000 000	—	营业颇佳
杂货店	1 250	10 000	37 500 000	—	尚获微利
布　店	600	3 600	30 000 000	—	稍能维持
金饰店	162	1 600	81 000 000	—	生意平稳
食料店	99	1 188	4 950 000	—	仍可维持
药　店	100	800	10 000 000	—	平稳
皮鞋店	210	1 260	14 700 000	—	平淡
鱼类场	10	1 000	5 000 000	—	巴眼亚比华侨渔业颇大，曾组织竞南公司
家具场	251	2 000	7 530 000	—	生意平淡
裁缝店	115	575	2 300 000	—	生意平淡
油米店	50	250	1 500 000	—	尚可维持
麦包店	50	250	1 000 000	—	尚可维持
旅馆	18	360	1 800 000	—	生意平淡
书籍文具店	12	480	2 400 000	—	多亏
酱油厂	10	500	3 000 000	—	尚可维持
肥皂厂	15	750	1 050 000	327 600（箱）	营业颇佳
修车工厂	62	930	3 100 000	—	生意尚佳
典当业	12	480	2 400 000	—	尚可维持

续上表

项目	家数	从业人数	资本总额/盾	全年产销	盈亏情形
糖厂	33	65 400	220 000 000	产:2 533 000 担 销:2 230 000 担	巨型13家，小规模20家，占全印尼糖业总额26%。尤以黄仲涵一家最宏大
碾米厂	157	16 000	785 000 000	—	堪称发达
面包饼干厂	227	1 530	45 400 000	—	生意不恶
卷烟厂	118	2 360	59 000 000	—	厂多设在梭罗、谏义里一带，营业尚佳
油脂厂	115	2 070	57 500 000	—	生意尚佳
锻冶厂	132	13 200	52 800 000	—	差，能维持
制茶厂	24	1 200	7 200 000	—	无利可图
木材厂	99	3 960	39 600 000	—	营业不恶
印染厂	435	3 480	43 500 000	—	甚平淡
印刷业	128	1 024	8 960 000	—	多亏
车辆制造厂	45	900	2 250 000	—	仅获微利

续上表

项目	家数	从业人数	资本总额/盾	全年产销	盈亏情形
树胶厂	31	9 300	15 500 000	—	多亏
砖瓦厂	108	540	2 160 000	—	厂多设于谏义里、梭罗各地，尚能维持
土产商	1 500	1 500	45 000 000	—	无利可图
贸易商	28 198	141 000	424 000 000	—	资本 1 000 万盾以上者 8 家，100 万盾以上者 50 家，10 万盾以上者 140 家，1 万盾以上者 2 万余家
沙笼厂	1 127	7 930	56 350 000	—	中爪哇 418 家，西爪哇 685 家，东爪哇 24 家，营业颇佳
黍烟叶厂	307	6 140	15 350 000	—	厂多设于中爪哇，大型 6 家，中型 29 家，小型 27 家，生意尚可维持微利（此数疑有错漏，对不上总数 307 家。——引者）
共计	36 010	318 457	2 090 800 000	—	—

资料来源： 中华年鉴社编：《中华年鉴》（无出版地点），1948 年，第 1 929 ~ 1 930 页。

第一，当时到爪哇的中国移民多数是东南沿海的贫苦农民，他们除了几件衣服和日用品外，几乎一无所有，无力购买土地。他们比较早地摆脱了封建土地关系的束缚。到印尼后，荷印总督利用他们来从事零售商业活动，经过长期经营，他们积累了丰富的商业经验。荷印政府 1870 年颁布的《土地国有法》禁止华侨买卖土地。这使华侨很自然地向商业方面发展。况且做小商贩无需大资本，也不需要专门知识，较易于筹措资金，也容易得到输入商的信用贷款。失业者也可以做点小本生意来维持生计。同时商业也容易继承，父亲死后，其商店由孩子继承，成为世业。

第二，印尼农村长期实行农村公社制度，家庭手工业和农业相结合的自然经济一直在封建社会中占统治地位，农民使用的日用品、工具都是靠自己家庭生产。荷兰殖民者于 17 世纪入侵印尼后，到 1870 年以前，主要实行商业掠夺。他们保留了农村的封建统治关系，利用封建贵族地主作为压榨农民的工具，因而自给自足的自然经济没有发生多大变化，印尼农民满足于现状，不愿去从事商业活动，这就为华侨经商提供了可能和条件。

第三，荷兰殖民者只从事大规模的贸易活动，不屑于从事小本小利的小商小贩活动。他们往往要使用压力，来迫使华侨充当零售商（有些人后来发展为中等商人）。早期印尼各地的出入口贸易，来自欧洲和日本的商品贸易都控制在殖民者手里，资本微薄的华侨商人怎么也无法与之竞争。[35]东印度公司结束后，荷印政府接连制定政策，禁止华侨从事大批发商生意，不许他们从欧洲、印度和日本等国进口货物，又禁止华侨的行动自由，不准他们随意到各地做大中型生意。殖民者处处采取限制压制的政策，使华侨很难插足于大批发商的行列，因此，只好在殖民者经济势力无法取代的零售商业方面发展。加之大多数华侨资本有限，只能做小商贩。随着 19 世纪初印尼商品经济和货币经济的日益发

展，荷兰殖民者再也不可能限制华侨只从事零售商活动，于是又进一步限制华侨从事中介商的活动，规定华侨不准直接向欧洲等地开来的船只购买货物。但是随着华侨人口的增加以及 1870 年以后自由经济政策的执行，商品经济日益活跃，需要更多的中间经纪商人来促进商品的流通；而且中介商不需太多资金，也容易得到各方贷款；欧洲人大批发商之间竞争激烈，为挫败对手，他们都需要利用华侨来帮忙推销商品，加之荷印政府限制爪哇华侨经营种植园，这就迫使华侨向中介商和手工业方面发展。于是一些稍有积蓄的华侨零售商想方设法冲破重重阻力，利用当时客观发展的经济形势和欧洲侨民商人的需要，充当起中介商的角色，使华侨中介商日益发展起来。

在“自由政策”影响下，华侨工商业得到逐步的发展。19 世纪末 20 世纪初是华侨工商业初步发展的时期，1929 年经济危机发生之前的若干年是发展较快的兴盛时期，这以后直至日本南侵则处于缓慢发展的时期。

外岛主要是 19 世纪 70 年代以后才开始开发，来到外岛的华侨除了一部分是自由移民外，很多是契约华工。他们没有选择职业的权利，只能服从雇主的安排，在种植园或矿山从事原料的生产。契约期满后，幸运者或回到祖国，或就地当小商贩，或以种菜为生；否则因欠债等原因，只能年复一年地为资本家做苦工直至老死。因此，外岛华侨多数从事原料生产，占 44.6%，从事商业的为 23.1%，从事工业的为 19.4%。

如果把外岛各地从事各类生产劳动的华侨所占比重细加分析，则可发现从事原料生产的在苏门答腊几占一半（49.8%），其他各岛为 23.3%。从事商业的在苏门答腊只占 18.21%，其他各岛为 43.7%。[36] 苏门答腊华侨从事开发性的原料生产者所以如此众多，原因在于 19 世纪后半叶，荷印政府集中力量开发希望之岛——苏门答腊，所使用的劳动力主要是来自中国的移民，相当多的是契约华工。

从各籍华侨所从事的职业情况来看，在从事商业活动的华侨中，福建籍华侨多从事土产生意，广东籍华侨多经营杂货生意。如果再细分，漳州、泉州籍者多从事土产、鱼、米、布匹生意和经营印刷业、橡胶厂及油厂。兴化人操纵金融业。梅县籍华侨多经营杂货、酒类、鞋、首饰、缝衣、洗衣店及理发店。永定、长汀籍华侨多经营药材。广府人多经营饮食、旅店、照相业、土木工程及机器修理等。江浙人散居大城市，经营书店、印刷业、文具业、眼镜店、古玩及洗衣业。山东人经营布匹店。湖北人多营镶牙业。在从事工业生产的华侨中，邦加、勿里洞锡矿工人多为客家人。苏门答腊、加里曼丹的石油工人、煤矿工人多为漳州、泉州、广府及潮州人。纸烟厂工人和司机多为土生华侨。其他土生华侨多从事商业（如土产、布匹、花裙、烟、汽油代理商、罐头及酒类等）或担任矿业公司的职员、外国驻印尼机构的翻译等。

一些华侨原来承包了鸦片、当铺、赌博、酒类及盐业的专卖，但从 19 世纪末叶起，荷印政府陆续取消了华侨的承包权（如鸦片承包权 1898 年取消，当铺承包权 1903 年取消），由政府直接垄断这些行业的专利。原来从事这些职业的华侨改而从事商业或其他职业。

下面叙述印尼华侨的投资情况。20 世纪以前，华侨资本主要投资于糖业、木材及土地方面。在 1870 年以前，华侨私人资本拥有一定势力。但是 1870 年以后，随着欧洲资本的大批涌来，华侨的地位已被取代，在大规模的农业、主要工业、批发业、交通运输业及金融事业等方面，欧洲人都占了首位。尽管华侨人数比欧洲侨民多 4 倍，但投资额仅及荷人的 1/7。根据 1921 年的统计，各国侨民投资额如表 4－8。

上述华侨包括新加坡和香港的中国人。在 32 亿盾的投资中，

农业占18.8亿盾，其余为工、商、金融业。华侨资本中，1/3投入商业，1/5投入其他部门。

表4－8　1921年各国侨民在印尼的投资额

国别	投资额/百万盾	百分比/%
荷兰	2 350	73.437
华侨	340	10.625
英国	300	9.376
比利时	40	1.25
日本	36	1.125
美国	35	1.094
法国	30	0.938
德国	25	0.781
其他	44	1.375
合计	3 200	100

资料来源：日本《南洋年鉴》第二版，第86页。引自郁树锟主编：《南洋年鉴》，新加坡南洋报社有限公司，1951年版，癸144页。

到1930年，华侨的资产估计数如表4－9。

由表4－9可知，第二次世界大战之前，华侨仍以经营商业为主，其次为原料生产的农业。

印尼华侨所拥有的财产从其所缴纳的赋税数亦可窥见一斑。据1938年统计，华侨向当地政府缴纳的所得税计为113 762 448盾，雇佣税计16 889 030盾，两项合计130 651 478盾。等于全印尼该两项税收（851 258 841 盾）的 1/6。[37]

表 4-9　1930 年华侨资产估算表

事业名称	资产/千盾
农业	200 000
矿业	850
工业	15 000
贸易与一般商业	400 000
金融业	13 000
其他（包括渔业，土地交通及其他）	26 000
合计	654 850

资料来源：福田省三：《华侨经济论》，东京岩松堂书店，1939 年版，第 100～101 页。

注：另一资料说：二战前印尼华侨的商业财富约为 7.9250 亿盾，拥有 2.5 万～100 万盾资产者有 3 079 人，财产计 2.42 亿盾；普通华侨每月收入以 40～50 盾为最多。新闻记者与教员每月收入 100～150 盾。华侨大部分为帮工。中华年鉴社编：《中华年鉴》，1948 年（缺出版地点），第 1928～1929 页。

华侨到达印尼后，不论从事什么职业，都对印尼社会经济的发展做出了贡献。从事工农业生产劳动的华侨用自己辛勤的汗水开发了当地城乡，繁荣了当地经济。从事商业活动的华侨起到了沟通城乡经济、活跃商品流通的作用，方便了人民生活。经营工业生产的华侨直接投资于当地经济建设，成为当地民族资本的一部分，对当地民族工商业的发展起了促进作用。他们同印尼工商界一样，受到殖民者的排挤和压榨，因此绝不能把它同殖民经济相提并论。

二、华侨商业

从事商业活动的多数华侨属于零售商范畴，包括肩挑或用小车装载布匹等日用品的货郎担及走街串巷的小贩；租借一小摊位，每天到此营业的摆摊贩；还有以小本小利开设的亚弄店。在印尼各地，大至城市的各个角落，小至穷乡僻壤，到处都可以看到星罗棋布的华侨开设的这种亚弄店。店主把进口的或本地生产的商品运到各地，向当地人民销售。

这几种小商小贩，前一种是流动性质的，后两种则是固定的。他们“不只满布于穷乡陋邑，就是深山大林中，也有他们的踪迹。所谓山货客，多为一般华侨，他们背了一个包袱，提起一枝扁担，跑到那些地方去，收买兽皮及各种山货，由各人搜集而转卖于附近市镇的商店，然后再运去通都大邑。同时不只小市镇中的商店往往是华侨开设，就是通都大邑中的商店之转卖这些货物于洋商的，也多由华侨所设立。其实，很多地方，无论是西洋人也好，土人也好，假使他们不与华侨发生间接的关系，生意是作不出的”[38]。这些零售商向中介商（即二盘商）购进商品再销售出去，属于三盘商范畴。有些人除以现金交易外，还允许顾客赊购，或以货易货。由于他们守信用，居民都很信任他们，在各地起着沟通城乡经济交流的不可忽视的作用。这些“华侨小商经营有年，积累了丰富经验，他们常常帮助顾客，尤其是帮助穷人。甚至连荷兰人也常说中国人的小店对于乡村，是非常有用的，而且也只有中国人能管理乡村小店，满足村人的需要”[39]。正如一位外国学者指出的，在印尼“到处都看到华侨商人，到处也都需要他们”[40]。

华侨中等商人通常资本较为雄厚，开设比亚弄店要大些的商店，经营土产和杂货。这种华侨中介商在19世纪初就已存在。

“他们向生产者收购主要的出口商品，运到港口，同时也把盐运到内地或者邻近各岛，运回的是海外各国的主要进口产品。爪哇人的生产事业，本以农业为主，所以只要剩余产品有直接的销售市场，他们就感到很满足了。因此，华侨从‘大富有’或‘事业欲’出发，并不会妨碍爪哇人的习惯，反而使他们享受了这种习惯的利益。因而他们几乎独占了爪哇人的产品。”[41]这种起中间经纪人作用的中介商通称二盘商。他们把从零售商或当地人那里购来的各种土特产转售给大批发商（通称头盘商），例如欧洲人经营的五大洋行（慕娘、犹威利、耶谷逊、涵塘和国际），又把从头盘商那里买来的商品批发给三盘商，再由三盘商转卖给消费者。但是零售商、中介商或批发商之间并没有很明显的界限，他们往往是一身兼二任而以一种为主。大批发商需要巨额资本，华侨大批发商较少，多数是欧洲人。

据 20 世纪 30 年代的调查，有一定资本的华侨商行数字如下：资本在 1 万盾的普通商 28 000 家，资本在 10 万盾以上的土产商 1 500 家，资本在 5 万盾以上的杂货商 1 250 家，资本在 5 万盾以上的布匹商 600 家，资本在 50 万盾以上的普通商 140 家，资本在 100 万盾以上的普通商 50 家，资本在 1 000 万盾以上的普通商 8 家。[42]

可见资本在 1 万盾左右的小商人占绝大多数，如果把 1 万盾以下的小亚弄商或流动小贩计算在内，那就更多了。其次就是那些资本在 5 万至 10 万盾的中等商人，资本雄厚的华侨大商人是比较少的，100 万盾以上的“百万富翁”那就更少了。

下面我们来看看爪哇、马都拉的华侨商业。

在爪哇和马都拉 182 884 名从业者中，从事商业者有 105 445 名[43]，占爪哇和马都拉华侨生产者的 58%。他们经营的商业类型和人数如表 4 – 10。

表 4-10　1930 年爪哇和马都拉华侨经商情况统计表

项　　目	人数	比例/%
食品、烟及酒等业	23 559	22.3
纺织及布匹业	16 875	16.0
陶瓷业	469	0.5
木及竹制品业	692	0.6
交通及运输业	1 029	1.0
服装及皮革业	804	0.8
杂货零售及小商贩	49 397	46.8
批发商及中介商	1 892	1.8
其他种类商业	5 365	5.1
信贷业	5 336	5.1
合计	105 445	100

资料来源：荷印政府中央统计局：《1930 年人口调查》，第 7 卷，巴城，1935 年版，第 380 页。

同其他国家的侨民相比，爪哇华侨在从商方面有许多优势。除勤奋、节俭及善于理财之外，他们还能够与原住民保持密切的接触。法国一位殖民者在 1901 年出版的《爪哇及其居民》一书中谈到："除了（爪哇）华侨之外，有谁愿意同土人混杂在一起，说原住民的语言，同原住民在一起生活，取得原住民的信任，屈从于原住民令人厌烦的繁文缛节呢？"[44] 而且在爪哇华侨中，有很多是土生华侨，他们在当地出生和长大，有些人的母亲就是原住民，他们在语言、习俗、行情等方面都比较熟悉，更容易同当地人打成一片。加之有些土生华侨接受过西方教育，具备同欧洲商人打交道的条件，因而从商的很多。例如 20 世纪 30 年代的巴城，华侨（包括新客和土生华侨）商店有 2 200 家，其中烟草店及小杂货店约 820 家，印花布匹店约 200 家，金饰店、食料店、药店、皮鞋店、鱼类店、家具店及裁缝店各约 100 家，共约 700 家，油米店、面包店各约 50 家，其余为银行保险业、旅馆及书籍文具店等。[45]其中相当多的商店为土生华侨所经营。

直接的对外贸易控制在欧洲人手里，华商只占 10% 上下。但间接的对外贸易，华商可占 40% ~50% 。[46]华商进出口商人主要是做新加坡、香港与中国的生意。经营的进出口贸易以米、糖为主，出口方面有木薯粉、胡椒、花生、木棉等，外岛则以橡胶为主。大米主要是从西贡、曼谷和仰光进口，90% 操纵在华侨米商手中。20 世纪一二十年代进口大米达 70 万吨左右，价值达 8 000 万盾至 1 亿盾，进口额占印尼进口商品的第二位。[47]

砂糖的生产和出口贸易主要操纵在三宝垄侨商黄仲涵的建源商行手里。黄仲涵不仅是个大批发商，而且经营的面很广，在保险、工业、金融、交通运输及房地产等方面都有投资。为了方便，我们集中在一起叙述。

黄仲涵的企业始于其父黄志信。黄志信，原籍福建省同安县，1835 年出生，后因参加太平天国革命运动被清政府通缉。1858 年 23 岁时逃难到三宝垄，受雇于一华侨小商开的店铺，后成为该店东的女婿，并逐渐发迹。1863 年，他以 300 万盾的资本创建建源栈（后改名为建源公司，再改为建源贸易有限公司），经营文烟（一种香料）、甘蜜等土特产及进出口生意，出口印尼的土特产品，进口中国的茶、丝绸及各种食品等。还在梭罗、日惹、泗水等地兼做鸦片生意。从 1890 年至 1903 年赚了 1 800万盾。[48]1900 年黄志信去世。

黄仲涵从小接受中文教育，并通晓荷文、英文。黄志信在他成年后，即有意加以训练，给他4万盾，令其自营商业。他颇有建树。1890年黄仲涵24岁时，黄志信即将建源栈正式移交给黄仲涵兄弟管理。1917年货栈由黄仲涵单独经营，当时资本为1 500万盾。黄仲涵发挥了管理才干，实行任人唯贤的用人方针。在他管理建源公司的近30年间，业务有了很大发展，他不仅成为印尼最富有的华侨，而且还是“上海与澳洲之间（指东南亚地区——引者）最富有的人”[49]。建源公司成为不仅是华侨界，而且也是全印尼最大的企业。1924年黄仲涵死后，由其子继续经营。

建源公司总行设在三宝垄，在巴城、泗水、井里汶、梭罗、日惹、巨港、棉兰和锡江等25个地方设立分行，以后又向海外发展。1910年在伦敦设分行，以后陆续在槟城、怡保设分行。接着又在各地设分行（1914年在新加坡，1925年在加尔各答，1926年在孟买，1928年在卡拉奇，1929年在上海、厦门和香港，1932年在曼谷、阿姆斯特丹和大阪）。此外，在广州、天津也有分公司。第二次世界大战期间，公司受较大损失。战后恢复营业，1948年在纽约、仰光，1950年在巴西设分行。据估计，1924年公司财产达2亿盾[50]，到20世纪40年代达8亿盾。[51]

建源公司的主要产业有：

（一）进出口贸易

出口的印尼物资包括砂糖、椰干、木棉、皮革、咖啡、胡椒、丁香、藤条、松香及玉米等等，进口商品有大米、麻袋和化肥等。在20世纪30年代，它是印尼出口玉米到日本的最大出口商。与此同时，它的橡胶加工厂每月生产2 000 ~ 3 000吨的半成品，输往美国。

砂糖是建源公司的主要营业项目，而且是工农商联营。黄仲涵在1894年开始在帕吉斯（Pakies）购置糖厂，接着又在勒佐阿贡（Rejoagung）、丹古郎径（Tanggulangin）、罗门（Romen）

及克列贝（Krebet）买了糖厂。这 5 间糖厂以及甘蔗园地的面积共达 7 080 公顷，总投资 2 000 万盾。各糖厂的年产量如下：帕吉斯 13 000 吨，勒佐阿贡 35 000 吨，丹古郎径 20 500 吨，罗门 12 000 吨，克列贝 21 000 吨[52]，总产量达 101 500 吨。

在激烈的竞争中，黄仲涵派人到西方学习先进技术，用新设备装备糖厂，使糖厂电气化，产量逐年上升，到 20 世纪初，它出口的砂糖已达 20 万吨。第一次世界大战时出口下降至 6 万吨，以后有所好转，1926—1933 年每年平均出口 33 万吨。在印尼本国的销售量超过 20 万吨，占印尼砂糖总销售量的 60%。在市场竞争中，它击败了西方垄断资本。[53] 1923 年华侨糖厂有 13 家，其中黄仲涵拥有 5 家，产糖 86 万余担，占华侨糖厂总产量的 57%[54]，在华侨糖业中独占鳌头，因而被称为“糖王”。

（二）金融业和房地产业

1904 年黄仲涵在三宝垄、泗水建立银行，开始只是搞些贷款业务，以后扩大到证券交易和发行股票，并在印尼、马来亚、英国和中国经营房地产业。黄仲涵银行有 400 万盾的资本。[55]

（三）交通运输业

1912 年黄仲涵在三宝垄收购协荣茂轮船公司，有 6 条船（9 195 吨）往返于印尼与新加坡之间，主要用于运输货物，总投资 2 000 万盾。[56] 1928 年建立中爪哇码头仓库公司。

（四）工业

广州建源公司在东莞建立了糖厂。1918 年，建源公司在克列贝建木薯淀粉厂，薯类种植园连工厂占地 2 000 公顷。经过更新设备，产品从 6 种增至 35 种，年产量达 27 万担。[57] 1935—1942 年，在巨港、占碑、坤甸以及马辰经营橡胶业，开办印尼最大的橡胶制品厂，每月产量 3 000 吨，产品远销美国，销路很好，因而又有“印尼橡胶王”之称。1950 年在谏义里建一座现代化西药厂。1934 年建上海酒精厂，占地 140 亩，年产酒精

7 000加仑，纯度达96% ~97%，是当时远东最大最现代化的酒精厂。该厂1937年8月13日为日军占领，机器被运到日本，损失惨重。战后曾被国民党政府敲诈。新中国成立后，于1954年改为公私合营上海溶剂厂。

（五）种植业

为供应糖厂、薯粉厂及橡胶加工厂的原料，建源公司购置了甘蔗、薯类及橡胶种植园，形成工业、农业和商业相结合的联合企业，自产自销，不经过他人从中渔利的中间环节。此外，又经营茶、咖啡等种植园。

（六）保险业

黄仲涵银行设立保险部，经营水、火及人寿保险业务。

（七）新闻业

20世纪30年代在三宝垄发行《太阳日报》。

两次世界大战使建源公司业务受到很大影响。第一次世界大战期间，世界糖价下跌，又由于电报受检，建源糖厂不能直接对外营业，只能在爪哇、印度与日本之间营业（至1919年始正常），出口量因此下降。1919—1929年10年间，每年销售平均才7万吨；1924—1925年，荷印政府征收战争税。建源公司面对巨额税务，无法负担，被迫关掉糖厂。黄仲涵长子黄宗宣还把股票卖给了兄弟。1929年的经济危机迫使巴城建源公司关门。第二次世界大战使公司损失更大。伦敦分公司被炸，上海酒精厂、巨港橡胶厂都被炸毁。日军还炸毁了丹古郎径糖厂的大部分设备，没收了薯粉厂价值200万盾的设备。1946—1949年在荷印（尼）军冲突中，克列贝糖厂及薯粉厂被毁。

二战后，黄仲涵的后代经营在美国、荷兰、新加坡和泰国的企业（印尼部分已在1961年被政府没收）。

爪哇著名的华侨企业家尚有黄奕住（1868—1945年）。黄奕住是福建南安人，年轻时因家贫辍学，20岁赴南洋谋生。在印尼发迹后，专营糖业。以后又经营进出口和金融业，总行叫“黄日兴”。在北加浪岸、巴城、三宝垄、棉兰、新加坡和槟榔屿等地设有分号或代理处。1918 年黄奕住回国，把资本转投于中国。他在厦门和上海建立了一些实业。主要有：（1）上海中南银行。股金 2 000 万元，黄奕住占 75%，他人占 25%。该行有发行钞票权，共发行钞票 1 000 万元。在各城市设分行。总行由黄奕住任董事长，成为国内华侨金融业之首。（2）黄日兴钱庄。设于厦门，信用卓著。（3）厦门自来水公司。股金 110 万元。黄奕住及其儿子入股占半数以上。1923 年正式注册，建成使用后，居民称便。（4）厦门电话公司。1921 年 4 月，黄奕住以 10 万元收购其亲家的厦门德律风电话公司和日本人的川北电话公司。黄奕住以 30 万元改换了旧机器设备，并建厦门鼓浪屿海底电话电缆。电话公司总投资 100 万元。1923 年 10 月，鼓厦正式通话。此外，黄奕住还投资办海通船务公司，投资于全禾汽车公司，与菲律宾侨商李清泉合办中兴银行厦门分行。（5）1925 年在上海办进出口贸易商行日兴行，资本 25 万元，以进口糖为主，占全国进口糖的 70%。[58]

外岛的华侨商业。在外岛 287 051 名华侨生产者经营商业的约有 66 310 人。[59]

加里曼丹等地华侨商人的一个特点是，他们中的一些人常利用船只来进行交易活动，定期行驶于各河道，与当地居民贸易。例如在苏拉威西东海岸、马鲁古群岛和小巽他群岛等一些交通不便的地区，华侨小商利用荷兰皇家轮船公司的定期船只，同当地居民做买卖。这些华侨小商称为华侨船商人。买卖中心在望加锡（今乌戎班当，Ujung Pandang）。他们先采购望加锡华侨商店的商品，然后利用荷兰船只把商品运到各个岛屿转卖给消费者，又把当地的土特产再卖给望加锡的华侨商行。华侨船商人与华侨商行之间没有任何雇佣关系，而是互相独立的个体。华侨船商人处

于中间地位，受到当地居民和华侨商行的信任。缺了他们中间这一环，经济生活就要受到很大的影响。

当然，外岛华侨商人中，也有不少像爪哇侨商那样是固定性质的。如苏门答腊东部有华侨 10 余万人，大部分从事工业生产。从事商业的情况是：经营糖、米、杂货者最多，共计 988 家（其中从事进出口批发者，棉兰有 13 家米商，8 家黄豆商，8 家酱油商。其他各埠五六十家），大部分是小杂货店；咖啡室及旅馆 361 家；布匹商 147 家；金店 160 家。缝衣、渔业、药材业都是华侨经营。药材业在国货业中占 36% 以上，居第二位。全苏门答腊东部商店的 99% 操纵在广东、福建籍华侨手中，广东籍者有 1 722 家，福建籍者有 1516 家。[60]

三、华侨工业

印尼华侨在工业生产方面的力量不如商业领域雄厚。这是因为华侨工业起步比商业晚，且受殖民者诸多排挤之故。它们是在 20 世纪初以后才逐步发展起来的，而且大多数是农产品和出口经济作物的加工工业，属于中小型工厂或手工业工场。职工在 5 人以下的工厂占 35%，6 人以上的工厂占 38%。（详见表4 –11）

华侨工业的特点是，资金不足，厂小工人少，设备落后，多数是独立生产或为中间商人而生产，多设在靠近农村的小镇，利用购买力极低的农村廉价劳动力充当季节性工人或临时工，工厂主兼承担收购土特产品的任务。资本稍大的则设在中等城市，通过小商人去收购农产品，再运到工厂加工，这是华侨工业最初的情况。第一次世界大战期间，欧洲各国忙于战争，集中发展军火工业，原来进口到印尼的消费品大减，印尼日用品价格昂贵，于是华侨工业乘着这个有利的时机发展消费品的生产。等到战后欧洲工业品大量涌入时，华侨日用品工业又被排挤。由此可见，华侨工业始终处于外国资本主义经济的排挤之下，处于从属的依附地位。华侨工业只能在外国资本主义经济势力无法取代的传统工业经济部门以及利润较低的落后工业部门发展，局限性大。华侨工业长期以来受到殖民主义、帝国主义势力的限制与打击，在极为艰难曲折的环境中发展起来。[61]印尼的大型工厂都为欧洲人所垄断，华侨很难插足其间。

20 世纪 20 年代华侨工业与其他民族的工业比较情况如表 4－11。

由此可见，华侨工业资本有限，不可能像欧洲人的资本那样投资于大规模的采矿业、大型出口经济作物加工工厂、为大种植园和铁路运输业服务的机器修配厂等辅助性工业及为欧洲人服务的城市消费品工业等等，而只能投资于民间经济出口作物的加工工业、农产品食品加工工业，为当地居民提供消费的制造业，如纺织、皮革、花裙及卷烟等工业。

至于从事工业劳动的华侨工人，1930 年有 94 000 人，占所有工人总数（220 万）的 4%，占华侨人口的 5%。[62]

华侨工业比较占优势的有以下数种：

（一）碾米业

印尼农民收获稻谷后，即运至华侨所开设的米厂，用机器碾米。还有一些租种华侨私领地的农民，也把稻谷作为租税交给华侨碾米厂。印尼的碾米业 55%～60% 为华侨所经营。西爪哇的加拉横、芝甘北一带是主要的稻谷产区，爪哇华侨碾米厂主要集中在这里。在 70 家碾米厂中，有 67 家为华侨所有。[63]1925 年爪哇华侨米厂有 180 所，1937 年仍有 160 所。[64]经营米厂的多为漳州、泉州籍的土生华侨。其他产稻谷区如巴厘、龙目、苏拉威西南部也有华侨碾米厂。米厂投资多的达 20 万盾，少的只有 1 万盾。

表 4－11 20 世纪 20 年代华侨与其他民族开设的工厂情况比较表

厂别	工人在五人以下的厂数		工人在六人以上的厂数	
	华侨	欧洲人、土人合计	华侨	欧洲人、土人合计
烧瓦工场	20	740	38	152
烧砖工场	35	265	73	215
烧石灰工场	33	205	41	98
米场	16	225	141	336
面包饼干厂	164	39	63	42
脂油工场	26	6	35	35
火酒类工场	5	—	17	12
矿泉及汽水工场	38	6	35	46
制冰工场	12	2	24	42
切烟草厂	—	—	25	—
雪茄及香烟草厂	42	17	76	29
制油工厂	19	—	7	—
面类工场	40	10	13	1
烟火工场	13	1	10	3
炒咖啡工场	11	—	8	4
草宁酸工场	14	26	50	4
肥皂工场	41	1	24	15
锻冶工场	112	681	20	40
汽车工场	49	37	13	85
金银饰工场	142	292	20	25
采木及制材场	18	18	81	65

续上表

厂　　别	工人在五人以下的厂数		工人在六人以上的厂数	
	华侨	欧洲人、土人合计	华侨	欧洲人、土人合计
家具工场	323	314	204	35
车辆工场	28	30	17	22
印花布场	257	166	178	239
藤具工场	7	—	14	1
皮革干燥场	25	4	10	5
鞣皮工场	3	19	4	12
制皮鞋场	109	59	59	26
印刷所	68	34	42	101
木炭采掘	20	—	3	1
制茶工场	—	—	24	187
糖工场	—	—	31	578
树胶工场	—	—	31	578
精油场	—	—	28	41
裁缝所	100	139	15	40
共计	1 790	3 336	1 463	2 411

资料来源：刘继宣，束世澂：《中华民族拓殖南洋史》，商务印书馆，1935 年版，第 327 ~ 330 页。

（二）制糖工业

华侨曾在 17 世纪和 18 世纪时垄断爪哇的制糖业，在 130 间糖厂中，华侨占有 125 间。[65] 20 世纪以来，随着古巴、菲律宾、台湾糖业以及欧洲甜菜糖业的崛起，爪哇糖业受到打击，失去了原来的世界糖业销售中心的地位。而华侨糖厂由于在技术革新及经营管理方面抵不过欧洲人糖厂的竞争，再加上成本过高，优势终于为后者所取代。此外，世界砂糖市场价格的下跌（1918 年每百公斤从 1917 年的 18.34 盾降至 15 盾，1929 年为 12.37 盾）[66]，也影响了华侨糖厂的发展。1922 年爪哇华侨糖厂由 40 间减至 14 间，由 6 名华侨经营。[67]这 6 名华侨糖厂厂主是黄仲涵、黄全源、陈全福（一说陈全美）、李清汉、林积瑞（一说许元辉）和韩兆庆。他们的糖厂分别设在泗水、三宝垄、井里汶以及巴苏鲁安（岩望），1923 年（一说 1924 年）其砂糖总产量占爪哇总产量的 5%（一说 4%）。[68]至于投资额，1924 年华侨糖厂的资本占总资本的 16.6%，达 1.4 亿盾。[69]1929 年上升为 2.11 亿盾，占 26%，超过英、日资本，居第二位。[70]可见华侨糖厂虽已不如以前，但仍具有一定实力。

（三）花裙业

印尼妇女喜爱穿的花裙，当地素称巴泽（Batik），上面印有各种图案和特殊的色彩。华侨在花裙制造业方面有重要地位。1931 年，全爪哇有花裙厂 4 384 间，华侨经营的占 727 间，超过其他国家侨民（欧洲人的有 12 间，阿拉伯侨民的有 130 家），仅次于印尼人（3 515 间）而居第二位。[71]巴城附近的加烈、红牌及巴由兰区是花裙厂的集中地，华侨拥有的花裙厂达 150 间以上[73]，几乎垄断了当地的花裙业。厂主多为福建籍华侨。此外，北加浪岸也有华侨开办的花裙厂。一些工厂还将工作包给当地人在家中制作。也有一些华侨开办的小型花裙工业工场，一般只雇二三十名工人，大部分是当地妇女。这种工作方式虽然比较落后，但比较自由，因此颇受工人欢迎。

（四）卷烟业

卷烟厂的程序是以玉米皮或棕榈叶将烟叶裹上，内放丁香，便成了卷烟。华侨经营的卷烟厂有一定实力，多在中爪哇的北加浪岸、文池兰、巴突、沃诺梭博、马吉冷、新埠头及东爪哇的汶都窝梭一带。1933 年，中爪哇有 862 间卷烟厂，其中华侨经营的有 307 间，印尼人经营的有 550 间，阿拉伯人经营的有 5 间。[73]

（五）矿业

华侨矿业主不多。在邦加和勿里洞，不少华侨从事锡矿业生产，他们多数是契约工人。有关他们的情况将另节论述。

（六）伐木业

印尼华侨伐木业的兴起、发展和衰退与新加坡经济的发展紧密相关。新加坡是个弹丸小岛，缺乏各种自然资源，而那里的造船、建筑行业以及燃料都很需要大量木材。新加坡历来又是一个理想的转口贸易港。苏门答腊东岸靠近新加坡，交通方便，这里森林资源丰富，为发展伐木业及向新加坡出口木材提供了极为有利的条件。

在靠近新加坡的苏门答腊东岸的一些小岛，如凌加（Lingga）、新及（Singkep）及孟加丽（Bengkalis），于 1880 年左右兴起了华侨经营的伐木业。业主多为新加坡华侨，工人则为苏门答腊华侨。他们将这些岛屿的原木加工，为新加坡的造船厂、锯木厂或家具厂等提供木料。伐木场的规模不大，一般是 25～40 人，烧炭工场的工人不过几个人。

孟加丽和廖内伐木业包括锯木厂、船梁锯制厂、木柴厂及烧炭厂等，总数如下：孟加丽 1896 年有 84 间，1913 年增加到 216 间；孟加丽和廖内 1925 年共 378 间，1927 年 434 间，1930 年 476 间，1933 年 326 间，1934 年 315 间，1935 年 413 间。工人总数保持在二三千人，具体数字是，孟加丽 1890 年 1 570 人，1898 年 3 400 人；孟加丽和廖内 1930 年 3 506 人，1931 年 2 981 人，1932 年 2 493 人。[74]

20 世纪 30 年代中期，由于新加坡币贬值、印尼木材价格下跌，伐木工场工作条件恶劣等原因，印尼华侨经营的伐木业迅速衰退。1926 年，新加坡的木材有 80% 来自印尼，到了 1934 年，

下降到 25%。[75]

在加里曼丹和苏拉威西，不少华侨也从事伐木业。加里曼丹华侨锯木业有一定实力，1928 年所伐木材为 399 235 立方米，薪柴 185 500 立方米，木炭 36 000 立方米。[76]印尼华侨在伐木业的资本占全印尼伐木业总投资的 23%。其余 77% 为西方侨民所经营。[77]

（七）肥皂厂

1939 年在印尼 500 间肥皂厂中，华侨约占 80%[78]，可见其实力之雄厚。华侨开办的肥皂厂主要集中于巴城、三宝垄、玛琅、岩望及棉兰一带。

此外，有一定地位的华侨工业尚有汽水厂，占全印尼汽水厂总数的 60%；木薯粉厂，占 40% 以上（主要分布在勃良安州、梭罗及北加浪岸等）；锯木厂，占 30%（除分布在苏岛东岸一些岛屿及加里曼丹等地外，尚分布在巴城、泗水、锡江、巨港、棉兰、坤甸及三马林达等地）；椰油厂，占 25%（主要集中在巴城、三宝垄、斗横、谏义里及芝拉扎等地）；冰厂、咖啡厂及印刷厂，分别占 20%；机器修理厂，占 10%[79]，等等。还有酱油厂（分布在巴城、三宝垄及井里汶等地）、木棉厂（爪哇各地）、爆竹厂（三宝垄、巴城及井里汶）及石灰厂（梭罗及谏义里等地）。

华侨手工业工人和工艺匠（如裁缝、木匠、家具匠、鞋匠、金饰匠、铁匠、锡工及自行车修理工人等）都占相当数量。他们散布在各地城镇，给当地人民的生活带来了方便。华侨工厂主中，有些人还以贷款或提供原材料的方式，帮助印尼民族工业家发展纺织工厂、制鞋厂及卷烟厂等，为印尼民族工业的发展做出了贡献。

20 世纪 30 年代，华侨工业取得了比较快的发展。主要原因在于这一时期日货大批倾销印尼，荷兰鉴于自己工业落后，在印尼市场上受到日、美货的严重威胁，为维护本国利益，便实行了保护主义措施，提高进口商品的关税，如半制成品的税率从 6% 提高至 9%，一般制成品从 10% 提高至 18%，奢侈品从 12% 提高至 30%，商品范围包括水泥、啤酒、部分纺织品、白布及铁锅等等。印尼民族工业和华侨工业趁此机会获得了发展。

四、华侨农业

根据荷印政府的条例，土地禁止买卖。至于一些荒地，则由政府掌握，可按长期（75 年）或短期（50 年）的期限出租给外国人。但是，19 世纪初丹德尔斯及莱佛士统治时期，政府为应付财政上的困难，曾经出卖过部分土地给华侨，虽然后来又赎回一部分，但华侨仍占有一些土地。据 1932 年的统计，华侨占有的土地如下：西爪哇 7.3 万公顷，中爪哇 0.24 万公顷，东爪哇 0.11 万公顷，苏拉威西 285 公顷，合计 7.6 785 万公顷，总价值 26 400 000 盾。[80] 1937 年印尼华侨占有的土地占全部土地面积的 3%。[81] 这些私人占有土地大部分租给当地农民种植粮食作物，也有一些经营种植园。

此外，华侨还租借了一些土地经营种植园或种植蔬菜。如井里汶附近的洋葱业，即为华侨所有，而各地市郊的蔬菜，也大部分是华侨经营的。

1921 年，华侨投资于大种植园的资本是 2 亿盾。占全印尼种植园总资本的 11.3%[82]，仅次于英、荷资本。

在各种种植园资本中，华侨资本所占比例如下：糖 16.6%，橡胶 1.6%，烟草 1.5%，茶 6%，咖啡 3.3%。[83] 可见，华侨在种植园经济中较有势力的是糖（甘蔗）和茶叶。经营种植园的多为爪哇华侨。

在外岛的加里曼丹和苏门答腊，不少华侨从事农业生产。如

在加里曼丹，华侨往往向政府租借为期75年的土地，开垦为种植园。或者租借为期50年的土地，经营小规模的种植业。据1916年统计，华侨经营的大部分是为期50年的租借地，总面积超过84 000公顷。[84]据1930年的统计，西加里曼丹10万华侨中，有2万以上是从事农业生产的。[85]他们经营的农作物多为橡胶和椰子，以潮州籍和客家籍华侨居多。橡胶园多在喃吧哇、山口洋及三发一带，还有东南加里曼丹的马辰、三比一带，经营者多为福建、广东籍华侨。全印尼华侨橡胶园占地1.4万荷亩（约1万公顷），年产量值1 000万盾。[86]加里曼丹的椰子园多在喃吧哇、山口洋及邦戛一带。

据1930年统计，苏门答腊的邦加有7 600名华侨从事农业生产。[87]邦加、勿里洞盛产白胡椒，几乎全由华侨种植，而且技术高超。1910年邦加岛的华侨胡椒园有587个，占地12万公顷，华侨工人达3 000多人，1933年又增至1 234个，占地2万公顷。[88]苏门答腊经营橡胶、胡椒的多为潮州、客家以及福建籍华侨。经营胡椒资本较雄厚的有邦加的黄荣生（工人达千余人）、勿里洞的黄壬聪、烈港的黄鼎郎及文岛的曾桂进等等。

印尼华侨还从事渔业生产。苏门答腊的巴眼亚比是世界著名渔场，为潮州、福建籍华侨所开发。早在19世纪中叶，即已具有相当规模，到20世纪初，每年捕获的鱼虾达3.4万吨，值550万盾。1929年增至5.2万吨，值700余万盾。[89]华侨渔业工人达万人左右。所产鱼虾运销新加坡及中国。鱼干9/10运销爪哇，虾屑、鱼屑卖到邦加、廖岛和西加里曼丹做胡椒园肥料。爪哇华侨渔业实力不及苏门答腊。据1931年巴城鱼类批发市场卸货量统计，印尼人为88万盾，日本人52万盾，欧洲人39万盾，华侨34万盾。[90]巴城、泗水等地的部分华侨还从事池塘养鱼业。

一些华侨还从事养猪业。除龙目及巴厘外，其余各岛的养猪业几乎都是华侨经营的。

在苏门答腊东海岸，有一大批契约华工种植烟叶，详情将另节论述。

外岛华侨从事较大规模种植业的是苏门答腊的张煜南兄弟。张煜南（1851—1911年，字榕轩）和张鸿南（1861—1921年，字耀轩）出生于广东省梅县松口贫苦农民家庭。在家乡私塾读过几年书，因生活贫困，到南洋谋生。初期，他俩投奔富商张弼士为职工，以后逐渐升为高级职员，被委以“挂沙”职（全权代理人）。荷印政府当时计划开辟棉兰，张氏兄弟得到政府信任，张煜南被政府委任为华人官吏，官衔是玛腰（死后由张鸿南继任）。张氏兄弟积蓄了一笔资金，于是从事荒地的垦殖，大量种植橡胶和椰子，并开采锡矿。他们引进我国良种葱蒜、白菜及黄芽白等种苗，在马达山平原种植，获得良好收成。又从事淡水养鱼，引进我国良种鱼苗放养，受到华侨和当地人民的欢迎。此外，他们还投资于烟、赌、酒及地产业，19世纪末估计有七八千万盾的财产。[91]他们在棉兰建医院和公园，购置华侨墓地，兴办了一些慈善福利事业。

张煜南兄弟生前以举办潮汕铁路而闻名。1899年清政府委任张弼士为佛山铁路总办，旋调任闽广农工路矿大臣。张弼士曾上疏“招商兴办铁轨支路”，获准后即邀请张煜南兄弟回中国商讨兴办铁路事宜，着手筹建潮汕铁路。这条铁路南起汕头，北迄潮安，全长39公里，以后加筑意溪支线，总长42公里，全部工程估价190万元大洋。张煜南任潮汕铁路公司董事长。他用集资入股的办法筹集资金，股额为300万元。张氏兄弟各认购100万元，占全股的2/3。1904年9月正式动工，1906年10月完工，11月16日正式通车。全线共设6个站，每天开车6次，3列北上，3列返回汕头。这条铁路较美国华侨陈宜禧创办的新宁铁路早两年，成为海外华侨创办的第一条铁路，对韩江中上游各县以及赣闽边区归侨、侨眷的往来以及客货进出汕头港口，对促进城

乡的物资交流起了重要作用。抗日战争时期，日军占领潮汕，铁路被毁。

张煜南曾任中国驻槟榔屿副领事。他是一位爱国的民族主义者，曾向祖国捐助数十万元救济款项，曾被清朝政府授予花翎二品顶戴、四品青衫的头衔，1902 年又捐 8 万两白银修建一间广东高级中学，获四品京堂后补的头衔。张氏兄弟对祖国的建设和慈善事业均做出了一定贡献。

张弼士（1841—1916 年）。也是以从事垦殖业为主的华侨富商，广东大埔人，原名肇燮，字弼士。幼年生活贫苦，为人放牧。18 岁时出洋谋生，在巴城一华侨纸行当小工，得到店主信任，招为女婿。以后继承岳父遗产，销售各国名酒。得到荷印政府信任，承包饷码（烟酒专利权），获巨利。乃独创裕和公司，并在亚齐及日里等地投资于椰子、橡胶、咖啡及水稻垦殖业，又创办日里银行。终成巨富。又在马来亚经营土产业、航运业及锡矿业。他还在祖国投下巨资。1894 年，在烟台投资 300 万元创办张裕酿酒公司，拥有 700 余亩的葡萄园。该公司生产的白兰地、红葡萄酒和琼瑶浆曾获国际商品赛会金质奖章和最优质奖，遂更名为金奖白兰地。这是中国商品首次获国际奖。他又在佛山创办机器制砖的裕益公司，在广州办机器制布的亚通公司，在惠州办机器制造玻璃的公司，在雷州半岛办垦牧公司，在平海盐田办福裕公司，等等。

张弼士与张煜南兄弟开办轮船公司的经过充分反映了他们的民族爱国立场。原来，1878 年，张煜南以代理人身份随张弼士及德籍家庭医生等 4 人从巴城到新加坡办理商务。张弼士叮嘱管事买德国轮船官舱票 4 张，但却只买得官舱票 1 张，另加统舱票 3 张。原来德国资本家实行种族歧视政策，不准华人买官舱票，买到的那张官舱票是属于德籍医生的。张弼士民族自尊心大受伤害，勃然大怒。于是与张煜南兄弟等办广福和裕昌远洋轮船公司，张弼士认股过半，张煜南亦大力投资。他们购买了 4 艘轮船，航行于日里、新加坡、香港及上海等地。荷兰轮船公司妄图以降低票价等手段挤垮他们。但在华侨支持下，张氏 3 人顶住了巨大压力，终于渡过难关，留下了南洋华侨振奋民族精神的一段佳话。

张弼士 1890 年被清政府委派为首任驻槟榔屿领事，次年被升调驻新加坡总领事，是早期南洋著名侨领。清政府还授予他光禄大夫、侍郎、太仆寺正卿。民国时任参政院参政，并被授予二等嘉禾勋章。他曾捐助 8 万元创办马来亚第一所华侨学校——中华中小学。该校长期供着他的图像，教职员早晚必焚香供奉，足见当地侨胞对他的敬仰。

五、华侨金融业和保险业

华侨金融业力量不大，大部分是地方性的小金融机构，而且资本有限。20 世纪二三十年代的情况如表 4－12。

表 4－12　20 世纪二三十年代华侨金融业情况表

银行名称	总行所在地	注册资本	实收资本
巴达维亚银行	巴达维亚	3 000 000 盾	1 000 000 盾
黄仲涵银行	三宝垄	4 000 000 盾	全数缴清（1924 年减资为 500 000 盾）
中华银行	泗水	5 000 000 盾	2 031 000 盾
中华商业银行	棉兰	2 000 000 盾	1 000 000 盾
华通银行	坤甸	1 000 000 盾	全数缴清

资料来源：福田省三：《华侨经济论》，第 281 页。

以上总计，印尼华侨开办的银行总资本约1 500万盾。[92]而荷兰人开办的爪哇、荷兰、厄斯康多、商业（安达）、殖民等银行以及荷京商业公司、殖民地农业公司及日里公司等的资本总计达2.92亿盾。[93]在印尼设有分行的英国汇丰银行资本达2 000万港元，渣打银行资本达300万英镑。美国花旗银行资本达1.25亿美元。日本的正金银行和台湾银行资本达1.13亿日元。[94]两相比较，印尼华侨开办的资本可谓微不足道，实在难以同其他国家银行资本相匹敌。在欧洲人银行的垄断下，华侨金融业纷纷倒闭破产。1940年只剩下黄仲涵银行、和丰银行及华侨银行分行。

华侨还办了一些民信局，但规模不大。1930年有160家，在中国银行等的竞争下，1940年已不到百家。[95]华侨保险业有中华保险公司、南洋保险公司及中华水火保险公司，总资金为2 500万盾。[96]

六、华侨的经济负担和破产失业

印尼华侨远离祖国，寄人篱下，既得不到祖国政府的保护，又受殖民者的压迫和剥削，生命财产都得不到保障。1870年荷兰殖民者实行自由经济政策后，华侨的经济生活仍不稳定，在荷印政府有关政策的打击下，在国际形势和其他因素的影响下，不少华侨经常破产失业。造成他们的沉重经济负担和破产失业的因素概括起来有以下几个方面。

（一）苛捐杂税繁重

荷印政府征收苛捐杂税之繁多，在东南亚地区首屈一指。它可分为直接税与间接税两种。直接税包括：个人所得税，采取累进办法收税，即收入越多，征税越高，如每年收入1.5万盾者，征税5%，3.3万盾者为7%，6.5万盾者为10%等等；房产税，占房租的7%；公司税，按公司利润的一定比例上交；土地税，征收地价的 1%，但因地价变动，所收税率每 5 年变动一次。

间接税包括：出口税，各种出口物资都须征税；入口税，从各国进口的商品均须纳税；又有家具税（6%）、财产转移税（5%）、遗产税（直系亲属征 0.5% ~1%，其余征 15%）、马车税、汽车税、自行车税等；还有统计税，即从 1925 年起，输出入品按申报价，每 20 盾要交 0.05 盾。

华侨纳税的种类要比其他民族多。1933 年在爪哇要交房租限额税的亚洲外侨中，92% 是华侨。[97] 这显然是针对华侨而设的。入境税又是另一种沉重负担。如前所述，入境税额一涨再涨，由 25 盾直涨至 150 盾。又须交印花税。根据 1921 年法令，凡呈文须交 1.5 盾。办护照须交 2.5 ~6 盾，公债、支票及收据 10 盾以上者，须贴 0.16 盾之印花税，领取居留字亦须纳税。在第一次世界大战中，又另征战争税。

苛捐杂税对华侨是一种沉重的负担，成为许多华侨破产的主要原因之一。如 1935 年 1 月 18 日上海《申报》登载苏拉威西一返沪侨商曾谈到，荷印政府“苛税百出，本岛华人玛腰汤龙飞一家，在此二年中间，为居留政府征税至 20 万盾之多（合国币 40 万元左右），其他可以类推。中等之家尚可勉强应付，寻常之家，多有变卖所有，以偿此重税者，我居留侨胞……若迁入都市经营商业，资本薄弱者，往往所得不能抵偿政府重税，结果终归破产……”[98]。以建源公司为例，荷印政府在 1921 年向黄仲涵征收 3 500 万盾的战争税，后来又要他交双倍的所得税。[99] 黄被迫关掉糖厂，并迁移到新加坡避税，最后客死在那里。华侨小商贩破产失业者更多。

（二）荷印政府实行歧视的政策，打击华侨经济发展

如 1804 年颁布法令，禁止华侨直接购买从欧、美及非洲进口巴城的商品。从此，华侨商人营业范围大受限制，只能充作欧洲输出入商和印尼人之间的中介商。1816 年法令规定华侨到爪

哇旅行须持旅行许可证，1835 年的居住区条例规定华侨只能在指定的地区居住。这些都使华侨商贩营业活动受到打击。华侨三盘商赊欠二盘商的、二盘商欠欧洲人大商家的债务都无法还清，以致大批破产。1896 年泗水欧洲商人因此而受损失 114 万盾。[100]

（三）第一次世界大战导致的经济危机对华侨经济的影响

1917 年糖价大跌。华侨糖商曾连续召开紧急会议，商讨对策。尽管采取了一些办法，但收效甚微。此时，荷印政府采取限制运输大米到内地的政策，使华侨米商受损失。咖啡的跌价，使华侨咖啡商的利益受到影响。马森泉银行亦于 1927 年 6 月倒闭。1920—1923 年，根据法庭宣布的华侨破产案件如表 4 – 13。

表 4 – 13　1920—1923 年华侨破产情况表

年份	人数	财产	负债
1920	43	108 000 盾	1 605 000 盾
1921	48	790 000 盾	8 572 000 盾
1922	122	794 000 盾	5 554 000 盾
1923	151	1 923 000 盾	18 659 000 盾

资料来源：卡德：《中国人在荷属东印度的经济地位》，芝加哥大学出版社，1936 年版，第 67 页。

（四）1929—1933 年世界经济危机导致印尼的经济萧条

这次危机使印尼的输出入贸易大为减少，如出口商品（以百万盾为单位）1929 年为 1 443，1933 年减为 468；进口商品 1929 年为 1 052，1933 年减为 318。[101] 大米进口也减少了，1929 年为 1 亿盾，1930 年为 8 800 万盾，1931 年降到 5 600 万盾。[102] 1933 年荷印政府实行限制大米进口的政策，规定凡输入大米者必须领取特别准字，违者罚 1 年监禁或罚款 1 万盾。但印尼是缺粮国，如 1930 年就进口了 40 多万吨大米。[103] 1934 年政府不得不放宽了限制，从仰光和曼谷运进 4 万吨大米，但是却把进口大米的权力交给了欧洲商人，华侨米商要做大米生意，必须同欧洲商人洽商。很明显，荷印政府是在保护欧洲商人而打击华侨商人。

与此同时，各种土特产的价格急剧下降，例如：锡，1913 年每百公斤为 233.65 盾，1932 年为 115.66 盾；椰干，1913 年每公斤为 26.93 盾，1934 年为 4.52 盾；胡椒，1903 年每百公斤为 85.07 盾，1933 年为 36.86 盾；鱼干，1913 年每百公斤为 0.44 盾，1934 年为 0.12 盾。[104] 房租也下跌。所有从事这些职业的华侨都蒙受了损失。

荷印政府不准中国制造的棉织品、丝绸、化妆品等进口印尼。根据 1935 年 8 月的上海《申报》报道，“荷印华侨促进中荷贸易专门委员会”所列荷印政府禁止进口的中国商品达数百十种（原文如此）。[105] 不仅如此，国货因缺乏运输能力，完全依赖外轮运输（航行印尼的商船，荷兰占 79%，英国占 10%，日本占 6%，美国占 1%），运费昂贵，因而成本高昂，影响国货同其他国家商品的竞争能力，经营国货生意的侨商自然受到影响。

在经济危机影响下，印尼国民收入锐减。1929 年是 350 万盾，1934—1936 年只有 150 万盾。人民购买力大大下降。由于缺乏货币，当地居民又恢复了古老的以物易物的交换方式，使华侨中介商利益大受影响。

各种工厂都受到经济危机的冲击。如花裙业，1929 年勃良安州有花裙厂 812 家，工人 3 000 人以上，到 1932 年只剩下 47 家，工人只有 100 名，从此以后，花裙业几乎不复存在。[106] 其中倒闭的花裙厂中有不少就是华侨经营的。华侨糖厂、碾米厂及橡胶厂也都受到打击。荷印政府不但限制砂糖和橡胶的产量，而且限制出口量。如糖的出口量（以百万公斤为单位），1929年为2 403，1931年为1 553，1933年为1 152。[107] 1935年爪哇很多华侨糖厂倒闭，到1937年能维持下来的仅有黄仲涵的四家和李全才的一家。[108] 橡胶、咖啡出口的锐减使华侨商家和厂家都受到影响。在经济危机冲击下，荷印政府为增加财政收入，1932年开始征收财产税，1932—1933年应征税的华侨（包括财产在5万盾以下，190万盾以上者）达5 450人，征收财产税共5亿盾[109]，加重了华侨的负担。华侨的损失可从纳税总数得到反映。1930年纳税总额为3.38亿盾，到1933年减为1.9亿盾。[110]

在经济危机和荷印政府的经济政策双重袭击下，华侨破产者日益增加。如1930年为655人（全印尼破产者总数为1 125人），1931年增至913人（全印尼破产者为1 436人），1932年再增至943人（全印尼破产者为1 578人）。[111] 当时华侨占印尼总人口的2%，而破产华侨总数占全印尼破产者的半数以上，可见情况的严重。以三宝垄一地为例，华侨破产案件如表4－14。

表4－14　1930—1932年三宝垄华侨破产情况

年份	破产案件	负债额
1930	180宗	2 908 000盾
1931	226宗	3 843 000盾
1932	304宗	5 356 000盾

资料来源： 叶梦秋：《不景气氛围下的南洋华侨，经济衰落的检视》，载南京《华侨半月刊》，第25期，1933年6月15日出版，第7页。

华侨工人失业人数也日益增加。如1932年8月至9月爪哇华侨失业人数，单是职业介绍所报告的即达1 500人。[112] 20世纪

30 年代初邦加、勿里洞失业矿工达 15 000 多人。[113] 由于生产萎缩，外岛华工迅速减少。失业者、破产者离开印尼回到中国或到其他地方的很多。1930—1935 年外岛华侨劳动力减少了 7 万人。[114]

（五）荷印政府限制营业范围政策的影响

1934 年印尼出现一些新的行业，荷印政府为保护现存经济不至于被排挤，于是实行限制营业范围的政策（包括仓库业、制冰业、香烟业及印刷业等）。它规定必须有特别许可证者方可经营有关行业。一些华侨商人在经济危机时期，因各种原因而缩小了营业范围或暂时停止营业，以便伺机重整旗鼓。由于限制营业令的执行，使这些华侨拟从事上述有关行业的设想化为泡影，扩展业务受到限制，商业活动受到影响。

（六）欧洲商人的排挤和威胁

早期一些侨商因赊欠欧洲商人的债务超过支付能力而破产的为数不少。后来，有些欧洲商人就干脆抛开中介商这一环节，直接把商品出售给消费者。不过在 1920 年经济危机时期这种做法也只是在大城市里采用，而在小城市仍然行不通。到了 1929 年危机后，欧洲商人的触角也伸入到小城市并使华侨商人蒙受损失。如黄仲涵的儿子黄宗孝当时说：输入商“目前也当零售商。他们的推销员坐了运货汽车，满载货箱，到农民面前兜售。他们在糖厂和俱乐部里，向一般人推销货物，这是说输入商和中介商竞争拉顾客了”[115]。20 世纪 30 年代，欧美资产阶级为了掠夺印尼廉价劳动力和丰富的资源，开始在印尼投资兴建汽车装配厂、橡胶厂、肥皂厂、烟厂、酿酒厂及纺织厂等，对刚刚兴盛起来的华侨工业起了压制作用。

（七）日商的竞争

“九一八”事变后，印尼华侨掀起抵制日货运动，给日本经济以一定打击。但在印尼的日本商人不甘落后，纷纷亲自出马推

销商品，日本厂商也注意提高产品质量和竞争能力，并廉价出售。华侨在印尼总人口中毕竟是少数，当地居民使用日货仍然很多，日货仍然拥有市场。日货大批运销印尼，在总进口商品中所占比重不断上升：1909—1931 年为 1.25%，1925—1929 年为 10.2%，1931 年为 16%，1932 年为 21%，1933 年为 31%，1934 年为 32%。[116] 日货不仅价廉，且直接由日本侨民零售商经营，因而在印尼市场上排挤欧洲和中国进口商品，使侨商蒙受损失。

此外，华侨商人还遇到印尼商人的竞争。如 1911 年成立的印尼伊斯兰教商业联盟就是为了与华侨花裙业主竞争而成立的。以后，印尼各地都成立合作社抵制华侨商人，或者直接向消费者出售商品，或者直接向输入商购进原料，对华侨中介商也形成威胁。

第三节　印尼的契约华工

一、印尼契约华工的由来

契约华工（俗称“猪仔”）指的是西方殖民者为了掠夺殖民地或本国资源，用契约形式招募的中国劳工。华工在契约期间，必须为雇主劳动，工资低，劳动强度大，生活条件差，实际与奴隶劳动无异。他们只有在契约期满后方能获得人身自由。

契约华工最早于 18 世纪末 19 世纪初出现于东南亚。英国殖民者是建立契约华工制的罪魁祸首。新加坡和槟榔屿是最重要的贩运契约华工的两个中心。1885 年以前，印尼也从这里输入绝大部分的契约华工。

荷印政府输入契约华工有其特定的经济和社会背景。

从荷印方面来说，在东印度公司和实行强迫种植制时期，荷兰殖民者为了补充廉价劳动力，除了强征农民服无偿劳役外，又曾实行一种罪恶的盗人制度，被盗者包括印尼各岛屿及我国东南沿海一带的劳动人民。他们被盗后，即沦为丧失人身自由的奴隶，过着牛马不如的生活。

在奴隶的强烈反抗下，在世界公正舆论的谴责下，荷兰殖民者被迫于 1860 年废除了这一制度。

在奴隶制摇摇欲坠之际，正好契约华工制在兴起。用低价买回契约华工，实行超经济强制的剥削，显然要比奴隶制更为有利。买主不用再对契约工人负担更多责任，并且可以挑选强壮的劳力使用。奴役劳工的残酷手法并不亚于奴隶。这种变相的奴隶制既然对资本家更为有利，于是，殖民者用掠夺和招募的手段使用契约华工。

随着 1870 年《土地国有法令》和《糖业法》的实行，各种种植园和矿区大批地发展起来，劳动力的来源也就成为一个主要问题。此外，原来就有的私领地也迫切需要劳动力。这种矛盾，在外岛显得更为突出。在政府的鼓励下，外岛在租种政府荒地上发展起来的种植园，在 1880 年以后增加得更快。1880 年这种种植园在全国的占地面积是 98 000 公顷，到 1890 年激增至 806 000 公顷，它们大部分都在地广人稀的外岛。邦加和勿里洞锡矿的开发，也急需大批矿工。

在农村封建生产关系下，爪哇农民依附于封建地主和私领地地主，较难变成自由劳动力。于是，刻苦耐劳的契约华工也就很自然地成为资本家取得劳动力的最重要和最好的来源。

从中国方面来说，早在开放海禁之前，殖民者即已在我国沿海各通商口岸秘密招收华工，不过当时属于非法行为，因而人数不多。鸦片战争以后，1858 年签订的《天津条约》和 1860 年签

订的《北京条约》，清政府都被迫允许西方资本主义国家招募华工。1863年荷兰与中国签订的《中荷通商条约》规定："和民（即荷兰人）任便觅致诸色华庶识机分内工艺。"准许荷兰从中国雇工。从此，契约华工出洋合法化，为资本主义国家掠夺中国劳工敞开大门，使越来越多的契约华工涌到世界各地，涌到印尼。

一方面，殖民主义者需要大批廉价劳动力来开发种植园和矿山，另一方面，在家乡走投无路的我国劳动人民无法生存下去，政府又允许他们出去，一部悲惨的印尼契约华工史从此揭开了序幕。

二、契约华工到达印尼的过程

印尼的契约华工在1858年前绝大多数来自英属海峡殖民地，以后改由中国直接输入。

出洋当契约华工的多数是农村破产的福建和广东的无地佃农。例如福建省厦门有许多茶农由于茶业衰落，只好远离家乡出洋。此外，还有漳州、泉州或福州人。广东人当契约华工者以广州、肇庆、潮汕、嘉应、惠州及海南等地居多。

从职业来说，除农民外，出洋谋生者尚有失业工人、教师、学生及革命志士，也有少量地痞流氓、无业游民和冒险者。

英国殖民者最早掠夺华工的地点是广州，后因清廷干预，转到澳门。以后由于禁令松弛，朝廷腐败，官吏参加分肥，根本无法制止这种交易，掠夺地点又扩大到海口、汕头、厦门、福州、宁波和香港等地。

这些掠夺我国劳动力的重要据点设有"猪仔馆"，少则数家，多则数十家。例如汕头在1876年已达二三十家。从事贩卖契约华工的人贩子被称为"猪仔贩"或经纪人。他们同新加坡、槟榔屿、印尼文岛的“猪仔馆”紧密联系，互相勾结。“猪仔馆”多由封建会党头子把持。像新加坡的梁亚保和麦钧，槟榔屿的陈德，都是当时声名狼藉的最大人贩子。他们向我国各地的“猪仔贩”提出清单，再由“猪仔贩”到中国各地招募。善良而又无以为生的劳动人民经不起哄骗，在一张简单的契约上盖上手印或签上名字，从此就失去了人身自由。契约一般以 1 年为限。期满后再与雇主重订新约或另谋职业。

由此可知，我国香港、澳门、厦门、汕头及广州等地的“猪仔馆”是卖方，东南亚各地的“猪仔馆”是买方。卖方靠华工的身价赚钱，而买方则靠华工的劳力赚钱。契约华工从一上船那天起就已欠上一身债，不知以后要熬多少苦日子，才能把债务还清。有些人轻信“猪仔”贩子的哄骗，以为到了南洋就可以发财的美梦，很快就化成泡影。

一贫如洗的契约华工可以不必先交旅费，而是向“猪仔”贩子赊欠，这种人称为赊单新客。“猪仔”贩子在广东和福建招募华工的费用，包括招募费及旅费由雇主垫付。为了偿还，“猪仔”须工作 6 个月，不领工资，衣食由雇主供给，或工作 1 年，雇主从所得工资中扣除。还有一种是秘密挟持而得的“猪仔”。会党头子与“猪仔”贩子沆瀣一气，狼狈为奸，把那些阅历不深的农民骗到船上。到达港口后，立即转到小艇上，招呼买主议价，迅速在水上达成协议。如果“猪仔”敢反抗，便立遭毒打或被打手击落水中。因此，被秘密挟持者的命运比前者更为凄惨。

“猪仔贩”经常虚报各种费用，然后尽入自己腰包，而雇主则欺骗华工，随意延长华工抵偿赊欠费用的劳动时间。华工被整批整批地投入到设备极差的船舱里，“一入番舶，如载豚豕”。唯利是图的船主或猪仔贩为了多得利润，不管“猪仔”的死活，每船往往运载 300 ~ 700 人。因为载客越多，获利越厚。因此，

客船超载是司空见惯的现象。船主或"猪仔贩"还经常无故虐待华工。有些华工被迫反抗，杀死船主逃走，也有的染病死去或跳海自杀，船上死亡率极高。连外国人也承认"猪仔"船是"浮动地狱"。1874 年，英国曾规定船上不得超载，但利欲熏心的船主和"猪仔"贩子又想出其他点子来对付，办法是等"猪仔"船离开中国口岸后，再用小船运载多余的华工从海上上大船；快到英国殖民地港口时，又先将额外的船客装入其他小船入港。资本家和"猪仔"贩子之心狠手辣，于此可见一斑。

人们所以把契约华工称为"猪仔"，就在于他们受到的是猪一样的待遇。他们当中多数是被骗被拐被抢而来的。名为契约工人，实为人口买卖。华工到了外国，先是被关在笼子里，像动物那样任由雇主挑选。到达农场、矿山后，又受到资本家和种植园主的非法折磨，"其惨有不可宣状者"。"猪仔"贸易是西方殖民主义历史上最丑恶最肮脏的行径之一。荷兰殖民者参与扮演了这一可耻的角色。

贩运契约华工的方式是多种多样的。

1. 海盗掳掠。十七八世纪时，东南亚各国沿海海盗甚为猖獗。后来经过各国合力围剿，有所收敛，但并未完全绝迹。有些运载中国人员的船只经常遭到海盗袭击。货物被抢劫一空，人则被杀或被贱卖为奴。温雄飞据《印度群岛公报》所载《印度群岛之海盗与贩奴事业》一文，罗列出了遭海盗袭击的概况。据统计，从 1813 年至 1840 年，由中国南来的各种船只被海盗劫掠的共 17 起，被转卖为"猪仔"者超过千人。这些暴虐的海盗，劫掠手段极为残忍。如 1835 年 5 月，印度政府派遣巡逻舰一艘协助消灭海盗。在靠近新加坡的卡郎海盗巢穴，发现有被俘为奴拟转卖各处者，有 600 余人，其中有中国人，还有安南人和各岛的原住民等。1833 年 4 月，有中国货船一艘，开往邦加，载货值 1.1 万元。半途被盗劫，人货船均无影无踪。[117]

2. 诱骗。“猪仔贩”常通过他人把我国人民引至茶楼或赌场，再用钱财诱骗。没衣服的立即送给衣服，没有盘缠的立即送给船票，表面虚情假意，实则包藏祸心。那些天真无邪的农民还以为他们是一片好心！等到借了他们的钱，已经身不由己，只好任由“猪仔”贩子摆布，画押出洋，任人宰割。“猪仔”贩子还常欺骗人说，外国遍地是黄金，到那里工作几年，即可发财成为富翁，到时衣锦还乡多羡煞人！不少人就是这样上当受骗的。例如广东省阳江县织篢农场一位归侨、原苏门答腊日里烟园的契约华工刘亚平在谈到他当年如何被骗出洋时说：他 21 岁时，家里很穷，无以度日，后来被人贩子欺骗当了“猪仔”。原来说好要寄回家乡的安家费等全部被人贩子独吞，刘本人分文未得。[118]

契约上本来明文写上华工的工作地点、性质、时间、工资数、年限以及预支工资数等等，但是，“猪仔”贩子和雇主从来不把内容告诉对方，也从不履行契约。他们欺侮“猪仔”无知，随意践踏、撕毁契约，根本不把“猪仔”的死活放在眼里。

3. “猪仔”贩子常施用迷魂药，让上当者服用，使之昏昏沉沉地跟着“猪仔贩”上船，再用解醒药使其复醒。这时，受骗者已失去自由，后悔也莫及了。

当然，也有些是华工本人自愿上钩的。这些人实在无法在家乡生活下去，他们想，与其坐着等死，不如当个契约华工到南洋去闯闯，说不定有朝一日时来运转，还会重见天日，于是自愿卖身为“猪仔”。至于契约订多长时间，他们无法做主，完全由“猪仔”贩子操纵。

按照 1855 年清朝政府制定的华工出洋条例，契约华工出洋必须是自愿的。因此，无论是在中国各地的“猪仔馆”里，或是到达英国殖民地，已经失去自由的华工在受检查时都只有违心地答称是自愿的，否则就会被带回去遭到毒打。此外，契约华工还要检查身体是否合格，如果发现不合格者，常常被辞退回去，

对这些不合格者来说，被辞退也当是“祸中有福”了。

由于契约华工的反抗斗争和公正舆论的谴责，从19世纪70年代末开始，契约华工制在世界范围内来说，已逐渐走向衰落。美洲一些国家和澳大利亚已不再迫切需要华工。葡萄牙政府于1873年2月被迫发表声明，禁止通过澳门输送“猪仔”出口，马来亚于1877年颁布了契约华工订合同必须出于自愿等内容的移民条例（当然由于殖民者利欲熏心，这些条令实际上并没有认真执行）。清政府在舆论的压力下，也于1880年发布严禁诱拐“猪仔”出洋的命令，有些人贩子甚至被处以死刑。但是，此时期的印尼正是需要大量劳工的时候，所以从1876年至1900年间，到印尼的契约华工继续增加（从25万人增至32万人）。一些“猪仔”贩子在巨利诱惑下，不顾清政府的禁令，继续铤而走险。1888年，一“猪仔”贩子将华工数十名劫往香港，企图再运往新加坡，事为两广总督所闻，立即下令逮捕斩首。政府的禁令不但没有禁止人口贩卖活动，而且由于印尼、马来亚继续需要华工，反而提高了“猪仔”的卖价。由于殖民者的百般纵容，“猪仔”贩子继续采取各种手段劫掠华工，因而中国方面禁而不止。

综上所述，契约华工在尚未到达目的地前就已尝尽了人间的辛酸，除了那些死在中途者之外，等待着幸存者的又将是另一幅悲惨的生活图景。

三、日里、邦加和勿里洞契约华工的劳动和生活

进入19世纪后，印尼各种资源陆续被开发和利用，1870年以后，各种产品产量以及出口额都不断增加。爪哇1835年的输

出额为 3 700 万盾，1865 年增至 1.77 亿盾。[119] 1870 年至 1875 年，各种主要经济作物的出口总值，咖啡由 4 400 万盾增至 7 700 万盾，糖由 3 200 万盾增至 5 200 万盾，烟由 400 万盾增至 900 万盾。[120] 锡、煤、石油和金等都在加紧被开采。

生产的发展急需大量的劳动力，为此，殖民者对契约华工的入境给予种种"优待"。例如不必全数缴纳 150 盾的登岸入境税，甚至只交一半就可放行，护照也可以豁免。于是契约华工源源而来。他们主要集中在苏门答腊的日里烟园、邦加和勿里洞锡矿区。此外，苏门答腊新及锡矿、加里曼丹以及爪哇也有少量契约华工。

下面简述日里、邦加和勿里洞的契约华工状况。

（一）日里烟草种植园的契约华工

日里（Deli）是苏门答腊东海岸的一个州，首府是棉兰。这里气候温和，土地肥沃，适宜于种植做雪茄烟用的烟叶，叶薄味醇。早在 19 世纪以前，这里已开始种烟，但规模不大。19 世纪中期，荷兰人尼羽伊经过调查试验，证实在此种植烟草有利可图，于是在荷兰资本家支持下，于 1869 年创办日里烟草公司，占地 1 000 荷亩。接着英、荷资本家又在这里连续兴办几个烟草种植公司，到 1923 年，全岛已有种植园 62 个，占地 319 518 荷亩，实际种植面积为 22 754 荷亩，占种植园总面积的 7%。[121]

1888 年之前，日里华工主要来自英属海峡殖民地。种植园在草创阶段，入境者不多，1875 年不过 1 088 人，以后随着需要量的日增，每年流入三四千人。到 1887 年，日里契约华工已增至 6 万余人。[122] 1863 年，《中荷通商条约》允许荷兰在中国雇工。但是，在这个条约和 1866 年清政府与英法签订的移民条约中都规定严禁贩运"猪仔"，如果发现有用暴力或诱骗手段将我国人民私运出洋者，将一律处死。当然由于清廷的腐败，实际是有令不行，"猪仔"照样出去。1888 年，福建和广东两省当局为

满足日里种植园劳工的需要，允许在两省招募华工，但仍严禁诓骗绑架。从此，日里可以直接从厦门、汕头等地招募华工了。

为便于统一行动，日里 47 个种植园成立了招工总机构。1889 年正式派人到中国招工。1890 年至 1914 年，德国轮船公司开辟勿拉湾港至我国华南的航线，负责运载华工。自 1914 年至 1931 年则改由荷兰轮船公司运载。从此，从英属海峡殖民地转输的华工日见减少。

1888 年，从汕头直接运往日里的契约华工为 1 152 人，以后逐年增加。一般每年在 5 000 ~ 8 000 人，最多时的 1907 年达 10 820人。1892 年因日里烟园不景气，运来的契约华工只有 2 160人，1896 年和 1897 年，汕头发生鼠疫以及粮食丰收，到日里的人也不太多，1896 年为 6 661 人，1897 年为 4 435 人。1888 年至 1908 年，从汕头到日里的契约华工总数达 132 167 人。[123] 1890 年至 1931 年，在勿拉湾码头登岸的中国工人达 30.5 万人。[124]

由于需求量增加，契约华工的身价逐年上涨，1870 年到马来亚的每名华工，平均用 15 元就可买到手，而据 1901 年清朝出使大臣吕海寰的奏折："华人在日里地方承种烟叶，常有奸贩诱惑愚民出洋贩卖，壮者价七八十元，弱者三四十元，立据以 3 年为期，以种植之息偿其身价。"在谈到契约华工的处境时，他指出，华工"入园后不准出入，虽父兄子弟不能晤面，扣工资盘剥重利，工人忍气吞声，呼吁无门，且开科辟地各国人民皆得购地种烟，独华人不能"[125]。

由于中国官吏、"猪仔贩"及雇主的层层盘剥，日里契约华工从离开家门开始就一无所得。当时有句民谣唱道："龙虎窟（指烟园），会得入，不会得出"，点出了日里契约华工有去无回的悲惨遭遇。[126]

从 1910 年以后，爪哇农民逐渐从封建土地关系中解放出来，可以较自由地出卖劳动力了。他们越来越多地进入苏门答腊各地种植园，从此契约华工逐渐减少。据 1930 年的统计，日里契约华工有 26 037 人，而爪哇契约劳工则增至 361 619 人。[127] 1931 年以后，随着契约华工的离去或死亡，存留人数越来越少：1931 年为 22 245 人，1932 年为 17 497 人，1933 年只有 905 人。[128]

日里契约华工按荷印政府规定可分三种：一是新客，合同期为 3 年；二是老客，他们必须至少订过一次契约；三是支付日工资的工人，合同期为半年。后两种人名义上有较多自由，实际上由于贫穷，同样没有多少自由。

种植烟叶的工人，分为烟工和杂工。烟工多为华工，杂工则多是爪哇人。

烟工。资本家把烟地分成若干区域，按年轮种。凡是已到期的，要进行烧荒，使之成熟地。新垦地须砍伐原始森林，工人在 9—10 月间烧荒结束时开始上工，吃、住和工作都在烟田（烟田俗称“坝”）。劳动内容有：伐木、锄草、烧荒和垦地等等。经过工头量坝后，便抽签分坝。新来的华工第一年最少要种烟草一万五六千棵，普通工人种一万七八千棵，熟练工人可种两万至两万三四千棵。

分配完坝地后，即进行翻坝，把树皮、草根等等铲除干净，再松土和碎土。要翻坝三次方可下种。头坝翻完，即把土地分成若干垄（即“分烟山”），并开始搭烟棚，然后浇水、施肥、育苗、挖烟窟、下基肥及种烟苗。植苗后，必须早晚连续 3 天浇水。等烟苗长到 1 尺高时，必须及时捉虫和培土。烟苗如死掉，烟工必须补种；否则按死去的株数赔偿，一株赔 1 盾，在发工资时扣除。

对烟草危害最烈的是烟虫。烟虫繁殖力强，如不及时清除，会立即蔓延整个烟田，造成一无所获。所以除烟虫是坝上最重要的一项工作。工人须尽早报告有无虫害，如果知而不报必受重

罚。如虫太多时，则雇佣女工帮助清除。

待烟草长到一人高时，即开始采摘烟叶，这又是一项极为细致繁琐的工作。若烟长花，须将正枝之花除去，先摘去最下层的烟叶运入烟寮，用线串起来，放在高处待其干燥。17 天后，烟叶差不多已干燥，即可下串。于是再摘其他烟叶，待其干燥，再把干烟叶运入仓库。工人还要入坝，铲去烟根并加以烧弃。至此，坝上工作始告一段落。工人在坝上的时间前后约 8 个月。

烟叶入库后，又须拣烟，按质量之不同扎成一把。如扎不齐或把不同质的烟叶扎在一起，必须翻工，再犯则受重罚。在仓库拣烟叶约需 4 个月。

杂工主要从事开坝、挖沟、修路、锄草及除虫等事宜。

由此可见，工人的劳动强度极大，工作极为艰苦。

种植园最高负责人是大头家（经理），他负责烟园的经营管理，直接向总公司负责。权势极大，被称之为山中小皇帝。大头家之下设大财库，负责管理财会工作。又有 8～10 个二头家，管理生产和技术工作，每人管 6～10 个工头仔。这些二头家一半管华工，一半管爪哇工。以上三种管理人员均由荷兰人充任。

代表大头家管理华工的是华人大工头。管理爪哇工的是爪哇人“大万律”（Mandor，即大监工），大头工和大万律各为一人，权力很大，所有生产、工人纠纷等皆由他们负责管理。他们之下设小工头和小万律管理工人，直接向大工头和大万律负责。通常一个小工头管三四个工人。不言而喻，大、小工头都是华人中之败类，资本家之走卒。他们倚仗荷人之权势，欺压自己的同胞。

从大头家到小工头这些管理人员都不用参加生产，而是监督管理工人。他们每人都带有手杖，或用以毒打工人，或用以检查生产质量。这些人心狠手辣，工人稍有不慎即遭其拳打脚踢，有时还被押到经理处，向大头家投诉，又经一番毒打后，再用刑车押到埠里，由地方官来定罪。这些地方官吏自然与荷兰资本家串通一气。华工常以莫须有之罪名被判坐牢数月乃至一二年。有些人即使没被打死，也常在狱中病死或忧愤而死。在新闻被严密封锁的情况下，外界是很少有人知道这些悲惨的消息的，即使知道了，在殖民统治的淫威下，又有多少人敢出来讲公道话？

大工头的工资在 100 盾至 300 盾之间，他们多半是由小工头提升的。小工头工资约 30 盾，比工人多一倍。小工头是从契约期已满或已赎身的华工中挑选出来的。条件是必须忠实于荷兰资本家，由大工头向大头家推荐。他们多为大工头的心腹或同乡，大小工头的实际收入远远超出上述数字。因为他们往往从事赌馆、鸦片馆及以杂货店等剥削工人的营业。大工头尽管可以对华工作威作福，但他们又在大头家、二头家等白人指挥之下。因此，他们常贿赂这些白人上司，以博得主子的青睐，保证官运亨通。

大工头又常开设菜园、养猪场或糕点厂，在这些工场工作的多为契约已满，已“脱身”而获自由的华工。

烟园还从工人中选拔一批人充当亲丁。他们随身携带枪支，以保护大头家等统治者，同时缉捕逃亡、反抗的工人。[129]

契约华工在坝上工作期间，每天清晨 5 时出工，11 时收工，12 时又出工，至晚上 6 时以后始收工，有时还要开夜工直至晚上 9 时。

工人每月粮食定量为 16 斤米，经常吃的是粗粝不堪的碎糠饭和咸鱼青菜，以致营养不良。加上工作辛苦，不少人积劳成疾。如因体力不支或有病，必须出资请别人代劳，否则一误工时必受重罚。工资按件计算，每种千棵烟可获 9 ~ 12 盾。摘烟穿叶，每百串为 7 角。扎烟每千把为 2 盾。杂工工资按日计算，每日约 0. 35 盾。用具如锄、斧、镰刀、水斗及麻绳必须自费购买。

工人在坝上居住的条件极差。既无宿舍又无床铺，工人们随便在烟田一角盖上薄薄的树叶，找几块蕉叶铺在树叶上面就算是

床了。枕头是一根粗大的树枝。工人们白天在烈日之下劳动，夜晚则在露天、潮湿的泥地上休息，久而久之，就得了不少疾病。

不在坝上期间，生活条件也好不了多少。工人们住在一所长百余米、宽 20 米的大茅屋里，没有房间。每人有一张用竹吊布的蚊帐，一张高脚凳架起五六块粗板，盖上粗草席做成的床。一切用的吃的用具都堆在床上或床下。屋内人多地窄，空气污浊。地上未铺水泥，一下雨即泥泞不堪。厨房简陋，有些人就在屋内开火煮饭。工人生活条件之差可见一斑。

四五个烟园之间设一所设备简陋的医院，只能看一般的疾病。重病只能听天由命了。资本家每年从工人工资中扣除 2 盾作为医疗费用。

在这样差的条件下生活，契约华工的死亡率很高。如荷兰资本家办的某个种植园雇佣了 50 名契约华工。这些华工干的是筑路、筑篱笆及平整土地等繁重的体力劳动，半年后就有 48 人因病或被毒蛇猛兽侵袭而死去。接着又来了第二批 50 名契约华工，不久又死去 38 人。这种例子，各个种植园都可见到。

荷印殖民政府于 1880 年制定《苦力刑罚条例》，给资本家以种种处罚工人的特权。工人必须先做 3 个月的无偿劳动，资本家可根据需要解除契约，可以借故随意拘捕乃至审判或处罚工人。这一条例先实行于日里烟园，以后再扩及整个外岛。它为大小工头虐待折磨工人开了绿灯，加重了工人的苦难。

资本家为防止工人反抗，将他们编为若干队，每队设一长，合数队为一区，每区再设一监督为总管，由荷人充任。在园田四周密布铁丝网，由警察站岗放哨，在严密的监视下，工人很难逃亡。一旦被抓回，不是被毒打致死，就是被工头暗害。有些逃跑工人被抓回后，工头装着可怜他，几天后装着去打猎，带工人进山，然后突然命令打手将他绑在树上吊打，一直打到奄奄一息，再推入土坑里活埋。有些则被推入水中淹死。资本家这样做的目的是杀鸡儆猴。其他工人见状，也就不敢轻举妄动了。

有些契约华工以为做满工期即可回国或恢复自由，然而资本家是不会轻易放过这些廉价劳动力的。他们采取各种办法让工人被迫续约。例如，有的工人一年已到期，但工资已被补偿出洋时的各种费用，平时预支的零用钱，也要从中扣还。一年所得入不敷出，只好续约。有些工人向工头预支用费，要交很高的利息。工头开设了赌馆、妓院及鸦片馆，引诱工人前去花钱。工人钱用完了只好借债，再从工资中扣还。于是工人年复一年地陆续签订契约，成为资本家的长期契约工人，永远不能脱身。

有些契约工人感到归家乡前途渺茫，就在当地娶妻成家。资本家毫无理由地规定，如果是同爪哇契约女工结婚，必须延长契约年限。男的加 2 年，女的加 3 年，两人共 5 年。[130]结婚竟然也成了套在契约华工头上的另一层枷锁！

惟利是图的资本家视工人生命如草芥。如苏门答腊某工厂的工人都是被诱骗来的契约华工，有一次，资本家突然下令，全体工人必须领了饭牌才准进内吃饭，工人认为无理，派代表要求取消，经理不准，悍然令警察开枪。当场击毙数十人，伤者无数。当地华侨深为愤慨，要求中国领事出面交涉，荷人经理竟对中国领事说："打死你们中国人要什么紧？直如拍死一只蚊虫一般！你们中国人的生命是不值钱的。我们警察打死你一个人也耗我一粒子弹，每粒须值 1.5 角洋钱，我还要贵领事赔偿损失呢！"由于无强大的祖国政府做后盾，中国领事只好悻悻然离去，案子不了了之。[131]

虐待工人的事件终于引起人们的责难。荷印政府被迫于 1904 年在日里设立劳动检查局，说是要监督资本家对待工人的行为。1911 年又颁布所谓《自由劳工法》。然而这些条文形同虚设，虐待契约华工事件照样层出不穷。

资本家通过对中国和爪哇工人的残酷剥削，在工人的累累白

骨上，赚取了巨额利润。苏门答腊烟园（主要是日里烟园）的产量逐年上升。如 1920 年是 9 920 533 公斤，1924 年则达 18 163 714公斤，4 年间增加了 1 倍。当时印尼烟草出口收入超过 1 亿盾，占印尼出口商品的第三位，其中半数以上的利润来自苏岛的烟园。[132]

正是由于契约工人创造了巨额利润，荷兰资本家才以各种卑鄙无耻的手段把一批又一批的契约华工招来日里烟园。难怪一位荷兰二头家说："只要从每株烟草上摘下四片烟叶，便足够工本了，其余都是白赚的。"四片烟叶是一株烟草的 1/5 到 1/6，即资本家从工人手中抢走了 4/5 ~5/6 的劳动果实。[133]

日里烟园在 1929—1933 年经济危机期间，不再从我国输入契约华工，烟园从此一蹶不振。到太平洋战争前夕，所有烟园几乎全部关闭，改为橡胶种植园或做其他用场。

（二）邦加和勿里洞锡矿的契约华工

印尼的锡矿主要产于邦加、勿里洞和新及。新及锡矿开采较晚，华工亦较少，故略而不述。

邦加锡矿的开采先于勿里洞锡矿。两矿原归巨港苏丹管辖。1722 年，荷兰东印度公司与巨港苏丹签订买卖锡的协定。因公司不履行条约，苏丹把锡转售给暹罗、中国侨民及来往商人。苏丹不再信任荷兰人。1812 年，英国用武力征服了苏丹，从此，邦加和勿里洞锡矿转归英国管辖。1814 年转归荷兰人所有。

邦加锡矿多为河床冲积地，产量占印尼的 60%，勿里洞锡产占 37%，新及占 3%。[134]邦加和勿里洞锡矿的劳动组织、开采情况与华工生活状况大同小异，故合并于一起叙述。

早在巨港苏丹管辖期间，他们就已发现华侨矿工的技巧比土法要高明得多，于是开始从我国南方各省招募工人。英、荷接管后，更大规模招募华工。

勿里洞锡矿正式开采始于 1852 年，从香港和广州招来第一批 253 名契约华工[135]，以后华工即源源而来。契约华工在中国时即已订下契约，剃光了头并在胸前挂上牌子拍照，然后坐船开到两处锡矿。他们一上岸，荷枪实弹的数十名警察就已拿着粗大的麻绳在等候，旋即像驱赶牛羊那样把华工赶入用绳子围成的圈子里，把衣服烧毁，另由矿务局发给一套衣服、两米布，还有草席、粮食及锅等用具和食物（费用以后从工资中扣除），然后由警察押送到各个矿区去。从此，他们掉入了痛苦无边的深渊。

每年从中国招募的契约华工平均为 2 000 ~ 3 000 人。1920 年，勿里洞华工为 20 865 人，邦加岛约 2 万人。[136]契约华工是锡矿的主要劳动力，在开发锡矿中发挥了重要作用。1905 年华侨占邦加岛人口总数 38%，1930 年是 47%，华侨大部分是矿工。勿里洞 1930 年有华侨 28 614 人，约占总人口 73 409 的 40%，大部分也是矿工。[137]以后人数逐渐减少，到 1939 年两个矿区的契约华工共 2 万人。

两矿区主要由荷资经营，矿区通称巴力。大矿区拥有数百至上千工人，蕴藏量较丰富，适用于大规模开采，设备较好。小矿区的矿工数十人至上百人不等，设备较落后。除荷资外，也有私人合资经营的“巴力仔”或“龙邦份”等采矿组织，但规模小，工人只十来个，不起主要作用。

各矿区主要用人力采矿。20 世纪 20 年代才开始使用简陋的机器，如抽水机及挖泥机等。勿里洞矿区从 1902 年起使用挖泥船。

锡矿最高权力机构是总矿务局，设总经理 1 人，称“锡王”。各地矿务局设经理 1 人，他们都是荷兰人。各个矿区又设巴力头 1 人，由忠实于荷人的已脱身的华工或当地出生的土生华侨充任，他不直接管理矿区，在他与经理之间另有荷人担任的“鸭信勒”，其地位高于巴力头，负责监管 2 ~ 3 个巴力。巴力头向他报告锡的生产和其他情况，他再向经理负责，经理又综合大

矿区情况向总经理报告。

巴力头是直接管理各矿区事务的头子。他下面设大挂沙（大工头）、二挂沙（二工头）各1人，管生产和派工，是巴力头主要的技术助手。另有财库（会计）1人，负责统计和管账。又设一亲丁，管理粮食和事务性工作。直接管理工人生产的是带工。一个带工管30～40个矿工，他可以随意打骂工人。巴力设有卫生所。有卫生员万律1人，管理伙食的总库1人。又设管理机器的万律若干人，种菜工、养猪工及酿酒工若干人。[138]

巴力头如同日里烟园的大工头一样，对工人作威作福，称王称霸。利用赌场、鸦片馆和妓女院等引诱华工花钱借债，又开设小商店，贱买贵卖，从中剥削华工。

邦加与勿里洞矿区的契约华工以广东及广西籍的居多，尤以客家人占多数。工人劳动使用的是锄头、洋镐、扁担和畚箕等粗重而效率不高的工具，劳动强度极大。华工劳动场所之一是锡湖（或称矿湖）。如果锡矿上面有山坡，要先把山坡挖平。然后再采掘矿沙。矿沙上面一般有深达二三十米的浮土，全用人力挖去，为防止沙土倒塌，要在四周打上木桩。清除浮土后，继续往下深挖；挖深后，即以长约5米、宽不足半米的板梯伸入至矿坑中，往上挑锡泥，将锡泥挑到深几十米至一百米的锡湖中去冲洗，去掉浮泥，即得锡沙。工人往往从黎明一直干到深夜，才能挑完锡泥。完不成任务者，挨打之外还不给记工，等于白做。

在锡矿各厂做工苦不堪言。如邦加“矿厂半在山，山水下流，厂主不设抽水机，华工日在水中，既患潮湿，又系枵腹，故染病最易，天热异常，时症不息，死者枕藉”[139]。挑锡泥，每担畚箕重数十斤至上百斤，中途不得停歇，跳板两旁无保护设备，有些矿工因劳累而堕入坑底，非死即伤。如果发生塌方，就难免被活埋。1915年在勿里洞的岸党巴力一座锡湖中，就发生过因塌方活埋11名华工的惨剧。

有些矿工在锡窑（矿窑）劳动。锡窑以勿里洞锡矿居多。其劳动强度之大同在锡湖劳动相差无几。锡窑在地面以下一般有 5 ~ 7 层，每层高达 40 米，共深 200 多米。窑内伸手不见五指，漆黑一团。工人必须手持电石灯，头戴钢盔，拿着洋镐随升降机慢慢下降到窑内，升降机在每层停机时，工人即被分配到各自劳动岗位，用洋镐在窑壁上挖锡沙。窑内虽有镶在木柱上的木板，但安全设备极差，因而劳动时险象丛生。有时工人正在挖锡，石块突然从天而降，侥幸者折断手臂，不幸者脑浆迸裂惨死。有些工人在爆炸石块时被击中死去。有时塌方导致通路被封死，工人也被困死在里头。1912 年勿里洞帝骨矿区有 30 多名华工正在窑内挖锡沙，没想到挖到大湖底，湖水直涌进来，矿工们躲避不及，全被淹死。

20 世纪 30 年代以后，邦加矿区虽已采用机器操作，但采矿仍以人力为主，机器操作无安全保护措施，不少工人因伤致残或触电丧生。勿里洞锡矿资本家在 20 年代以后为了提高工作效率以便赚取更多利润，便开始使用挖锡船。它可在三四十米的锡湖中挖锡。船上装有泥斗、清沙机以及烤锡炉等。燃料起初用柴，以后用柴油和电力，但同样因无安全设备，仍常发生事故。

工头常采用各种方法虐待工人。法律规定不许鞭挞工人，上头就用绳索反缚工人双手，吊在树上，令打手手持棍棒猛击其腹部，工人即使痛彻肝肠也无外伤，送到医院以病死处理了事，工头照样逍遥法外。有些反对工头的工人被驱入猪笼溺毙。工人生病常被诬为偷懒，而加以毒打。敢反抗者将遭到更严厉的处罚，如被工头叫到偏僻处罚砍柴，或者剥光衣服吊在树上，然后用毒蚁放在身上乱咬。有时被工头开枪暗杀，工头只要说此工人已“逃走”，并从名单上除名就算完事。有一次，邦加矿区的工头打死 1 名生病的矿工，工头还说：“打死一个有十个来，打死十个有百个来”，“干不了活的，莫要占着这个位置”。[140] 可见其草

菅人命之一斑。

由于所谓“保护工人”的法律形同虚设，契约华工的生命得不到保障。他们被工头击伤、枪杀等事件时有发生。例如在邦加锡矿区，每年无辜惨死的契约华工总有数人，被工头打至重伤者也有百余人。1913 年 6 月，被枪杀者有 6 人。工人病故也无救济金。1918 年 10 月，邦加矿区时疫流行，工人失去医治而死去者达数千人，无一人得抚恤金。1917 年邦加矿区还无理不给 500 多契约华工发清单（没有清单者将不能获得自由，也不得回国）。[141]资本家还利用 1880 年的刑罚条例，任意拘捕审判契约华工。单是邦加岛，1913 年至 1919 年 8 月，就发生非法扣留契约华工事件达 500 起。

在契约期间，锡矿工人每天工资为 0.24 盾，每月可得七八盾，期满后若要回国，资方要另给 25 盾。如果不幸丧生，没有抚恤金。后来经过工人的斗争，资本家才被迫答应给死者家属抚恤费 75 盾，还答应抚养子女到成年。但实际上许多工人没成家，因而这只不过是骗人的伎俩而已。如果续约，每天工资为0.33～0.52 盾。发放工资通常在月底，工人只能领 80%，其余由资方扣存。

工人每十几个人一起住在面积为 48 平方米的宿舍里。睡的是木板凳。吃的是混有谷稗和沙土的糙米饭或是杂有少许绿豆的稀饭，菜是咸鱼和烂青菜，有时有豆浆。每天差不多都是一样的食品。有时只有饭加盐水而无菜蔬。工人因吃不饱，只好在巴力头开的商店里买高价副食品充饥。明知受欺诈，但又无可奈何。

矿工有小病一般不愿去卫生所诊治，宁可自己找些草药吃，因为医生医术差，且态度恶劣，常打骂工人。不少人往往因此由小病拖成大病，以至死亡。

工人没有任何政治权利和组织工会的自由。

资本家和工头为达到永远占有工人，不让他们回国的目的，特设各种赌馆，引诱工人放工之后去聚赌，让他们把钱输光，被迫再次订约。赌博分两种：一是现款赌；另一种最毒辣的是放账赌，即由工头先从工人工资中抽出部分发给工人作为赌本，然后设局开赌。每局 4 人。工头或赌棍从中“抽水”，有时抽水达 20%，直至把工人的赌资全部抽光为止。工人的钱赌光了，就不准再赌下去。赌博是一种杀人不见血的骗局。许多契约华工就是因为把钱赌光而失去了回家乡的时机，被牢牢地拴在矿区。

头人还利用高利贷盘剥工人。利息高得惊人，平均月利达 30%。赊购 1 斤猪肉，只给 12 两（1 斤为 16 两）。鸡蛋 1 只高达 0.15 盾，各种物品都贵得出奇。

按规定，契约华工期满后即可恢复人身自由，或回祖国或另谋工作。工人们无不盼望早日期满“脱身”。但资本家则千方百计想榨取他们终身的血汗，于是想出了种种诡计来延长他们的“脱身”年限。在日里烟园，他们扣发契约华工的“脱身”许可证。在邦加和勿里洞锡矿，他们把“脱身”许可证分为 3 种：第一种是做满两年的可离开锡矿回中国，或转到其他矿区工作，但不能自谋职业；第二种是做满 3 年者，可在锡矿自由从业；第三种是做满 5 年者，可在全印尼或转往新加坡自谋职业。实际上，华工无储蓄，回国不可能，在锡矿也是不可能自由从业的，绝大多数矿工都必须做满 5 年，也许会有一点“脱身”的机会。即使脱了身也不意味着取得了真正的自由。“脱身”之后两手空空，还得继续做工。“脱身”许可证上有矿工的照片，写着号码、姓名和矿场名，等等，就像是个犯人的标签。许可证上记载着工人的表现，那些工头总是尽量写上一些不好的表现，如懒惰、违命、打架、偷窃等等。按照规定，如果受过处分是不能“脱身”的。

殖民者和资本家还想尽办法不让契约华工离开矿区，以便更多地榨取这批最廉价的劳动力，剥削他们创造的更多的剩余价值。如邦加矿区的巴力头采用的“生育补助法”，即矿工每生 1

个小孩，矿上补助生活费 5 ~ 10 盾，用小恩小惠来鼓励工人多生孩子，从而把工人拖住，永久当他们的奴隶。如邦加勿里洋矿区的契约华工梁孟达家族五代人都没有完全脱离锡矿山的生活。[142]

有些外国学者说："苏门答腊的契约工人和夏威夷一样，是完全过着幸福的生活的。"[143]这完全是不顾事实的谎言。

两矿契约华工用他们辛勤的双手创造了财富，锡矿产量一直在上升。1854 年为 9 万担（每担重 61.76 公斤），1890 年增至 10 万担，1900 年为 20 万担，第一次世界大战后增至 25 万担。[144]邦加锡矿每担成本极低，不过 50 余盾，因此荷兰资本家获得巨利，1925—1926 年获利 4 000 万盾左右。表 4 – 15 是有关该矿获利情况。

表 4 – 15　1920—1926 年邦加锡矿情况表

年份	售出数量/担	价额/千盾	成本/千盾	收益/千盾
1920—1921	153 841	29 925	12 811	17 114
1921—1922	228 069	25 715	22 605	3 110
1922—1923	326 308	36 769	25 153	11 616
1923—1924	322 371	48 234	20 882	27 352
1924—1925	312 362	55 570	16 970	38 600
1925—1926	323 230	60 718	17 521	43 197

资料来源：张相时：《华侨中心之南洋》上卷，第十二章，海南书局，1927 年版，第 96 ~ 97 页。

有关勿里洞锡矿的产量和盈利，根据张相时上述资料第

99～100 页记载，1910 年产量为 4 800 吨，1915 年超过 5 000 吨，1917 年达 6 500 吨，1922 年超过 1 万吨。获利率：1888 年为 460%，1889 年为 430%，1890 年为 531%。从 1860—1892 年，共获利 5 400 万盾。[145]

四、契约华工的反抗斗争

在荷兰资本家惨无人道的压迫和剥削下，各地契约华工被迫展开了各种形式的反抗斗争，争取生存的权利。

（1）小规模的反抗。这种形式的反抗在从祖国家乡乘船出发时就已开始发生。许多契约华工忍受不了船上非人的生活，起而斗争。如 1876 年 7 月 26 日，一艘“猪仔”船因炎暑逼人，华工骚乱。有些船一靠岸，契约华工即从岸上攻击船员，相继逃走。1876 年，日里烟园发生华工暴动，荷兰资本家被杀死，受伤十余人。而华工被击毙者达千余人。邦加锡矿资方一次无理克扣工人的工资，愤怒的工人把职员痛殴一顿，吓得他不敢出来。

1871 年日里双溪巴挽种植园发生的 5 名契约华工的反抗斗争是脍炙人口的事件。当时，荷兰工头无理殴打工人，华工陈炳益、吴士升、李兰第、杨桂林及黄娱蜞 5 人喝鸡血结拜为共生死兄弟，发誓要为工人报仇。他们用镰刀杀死工头，结果被捕入狱。审判时，资方劝告他们，只要 1 人认罪，其余皆可免死。然而 5 个人都勇敢地承认说是自己杀的。最后，他们被判处绞刑。后人在棉兰北帝沙广场他们英勇就义的地方建立一座五祖庙。庙门上写着一副对联：“存心结义照千古，赤胆从忠著万年”。他们英勇斗争的事迹千古流传。

1927 年某日，日里烟园的工头硬说工人翻土不合格，强令翻工。12 个华工奋起反抗，痛打工头，使其狼狈逃窜。

（2）暴动。这是一种有组织的参加者较多的反抗形式。早

在 1849 年，邦加和勿里洞的华侨就已与印尼人民联合起来反抗荷兰殖民者。[146] 19 世纪末又有比较著名的邦加锡矿华工借中国抗法英雄刘永福的原名刘义发动的“刘义战争”。起义领袖是郑十五和郑十六。他们不满殖民者的压迫和剥削，发动契约华工联合起来反抗。他们身穿农民服装，头缠红巾，腰系红带，先在高木起义，捣毁一个锡矿公司，杀死公司办事员多人，然后到槟港捣毁了两个矿区。接着又到吉宁丹、双兴和东兴一带，得到许多矿工的热烈响应和支持，队伍迅速扩大。殖民者和资本家惊恐之余，赶忙调集大批军警前往镇压。由于力量悬殊，起义队伍最后终于被敌人弹压，起义失败了。1900 年，起义领袖被捕，被绑赴刑场处以绞刑。无数群众自动聚集在刑场周围，向殖民者表示强烈抗议。有人当场喊道：“刘义，你生做人，死也做神！”表达了人们对起义领袖的尊敬和爱戴。

（3）罢工。这是较常见的一种斗争方式。1924 年，邦加勿里洋区锡矿的资方无理扣发契约华工的“脱身”许可证。700 多名新来矿工奋起反抗。他们砸碎办事处的玻璃窗，然后举行罢工。1927 年，勿里洞新路矿区的三合矿窑因无劳动安全设备，致使 1 名华工死亡。全体华工要求资方安葬死者并发给抚恤金，但资方不理。愤怒的工人随即举行示威和罢工，强烈抗议资方的残酷压迫和剥削。[147] 1929 年，在苏东植物园发生多次契约华工的反抗斗争（包括罢工和暴动），据统计，反抗欧洲人资本家的有 12 次，反抗华人工头的有 18 次。[148] 20 世纪三四十年代，邦加和勿里洞矿区接连发生多起契约华工罢工事件。

（4）逃亡。邦加有个叫伯里径的村庄，这里有不少与当地妇女通婚的华侨。他们都是以前的契约华工，因不堪忍受虐待而逃亡来到这里。1922 年，邦加文岛矿区有大批华工逃亡，资方将矿区周围的铁丝网通上电流，使逃亡者被电死。在日里烟园，经常发生契约华工逃亡而又被抓回去毒打致死的事件。

（5）消极怠工。锡矿工人在推钻探机时，常趁工头不在，故意放慢脚步，不用气力推机器。种植园华工常出工不出力，用敷衍应付、偷工减料等办法来对付工头。

（6）自杀。这是一种消极的反抗形式。一些契约华工在船上就已投海自杀。在种植园和锡矿里，经常发生契约华工上吊或投水等自杀事件。

五、契约华工制的废除

契约华工的悲惨生活逐渐被揭露后，引起全世界主持正义的舆论和知名人士的强烈谴责。早在 1873 年 1 月 17 日，上海《申报》就发表社论指出："苍生无恙，使为殃舌之奴；赤子何知，竟作犬戎之族。此神人之共愤，实今昔所未闻。"[149] 印尼华侨曹运郎等在辛亥革命后上书孙中山，要求禁止贩卖"猪仔"，保护华侨。孙中山非常重视，连续发文给外交部及广东都督，要求严格禁止贩卖"猪仔"，指出："查海疆各省，奸人拐贩'猪仔'，陷入涂炭。曩在清朝，熟视无睹，致使被难同胞穷而无告。今民国既成，亟应拯救，以尊重人权，保全国体。……除令广东都督严行禁止'猪仔'出口外，合亟令行该部妥筹杜绝贩卖及保护侨民办法，务使博爱平等之义，实力推行。"[150] 这些都代表了中国人民的正义呼声。加上契约华工的反抗斗争，1931 年荷兰殖民者被迫修改 1880 年刑罚条例，虽然不敢再明目张胆地授予资方任意虐待工人的特权，但仍保留刑罚规定，如可拘禁长达 1 个月或罚款 100 盾等。以后逐渐废除刑罚，并规定 1921 年创办的农园，到 1940 年时不得再用契约劳工；1922 年至 1927 年创办的农园，到 1946 年后必须用 90% 的自由劳工；1928 年至 1930 年创办的农园，到 1946 年必须完全雇佣自由劳工；1931—1941 年创办的农园，从 1942 年起须采用半数自由劳工。可见，荷兰

统治印尼时期，契约劳工制并未完全废止。殖民者在其统治摇摇欲坠之际，仍念念不忘榨干契约劳工的最后一滴血来养肥他们自己。但是，这一丑恶的制度已逐步走向崩溃，则是谁也阻挡不了的趋势。

自1940年以后，契约华工实际上已越来越少，他们已逐渐由爪哇劳工所代替。契约华工脱身后，返回祖国的不多，多数留在印尼。有些就在原来的农园或锡矿附近，自己经营菜园，抚养妻儿，终其一生。也有一些到城市、工厂工作或开设小商店谋生。这些幸存者，前半生在暗无天日的环境里，为开发印尼的资源做出了贡献，后半生则继续在为印尼的经济繁荣而奋斗。

注　释

〔1〕《1894年11月10日恩格斯致佐尔格的信》，《马克思恩格斯论中国》，中国人民大学出版社，1950年版，第153页。

〔2〕祝秀侠主编：《华侨名人传》（一），台北中华文化出版事业委员会，1955年版，第52页。

〔3〕丘守愚：《二十世纪之南洋》，上海商务印书馆，1934年版，第169页。

〔4〕荷印政府中央统计局：《1930年人口调查》（*Volkstelling* 1930），第7卷，巴达维亚，1935年版，第22页。1930年人口调查中，华侨人口有两个数字：一为1 190 014人，另一为1 233 214人。前者是按各地华侨的籍贯统计（详见《1930年人口调查》第7卷，第286~294页），而后者则按地区统计（《1938年荷印统计年鉴》，第41页。参阅温广益、蔡仁龙等：《印度尼西亚华侨史》，海洋出版社，1985年版，第182页）。两者相差43 200人。这是由于在按各地华侨籍贯统计的人口中，苏门答腊地区少了33人（448 552－448 519），加里曼丹地区少了42 967人（134 287－91 320），其他岛屿少了200人（67 944－67 744），合计43 200人。

〔5〕刘丛：《东印度华侨概貌》，载广州《粤侨导报》第13、14期合刊

(1947年 7 月 1 日出版)，第 10 页。

〔 6 〕《中荷两国间两大问题始末》，载南京《海外月刊》，第 32 期，1935 年 5 月出版，第 71 页。

〔 7 〕〔 10 〕郁树锟主编：《南洋年鉴》，新加坡南洋报社有限公司，1951 年版，第癸 142 页。

〔 8 〕凡登・波须著：《荷属东印度概况》，费振东译，商务印书馆，1938 年版，第 441 页。

〔 9 〕《海外月刊》，第 32 期，第 72 页；第 33 期（1935 年 6 月出版），第 59 页。

〔 11 〕双清：《荷属东印度与英属马来半岛的比较》，巴城《天声日报十周年纪念册》，1932 年出版，C75 页；高事恒：《南洋论》，上海南洋经济研究所，1948 年出版，第 248 页。

〔 12 〕同〔 4 〕，第 40 页。

〔 13 〕根据《1930 年人口调查》第 7 卷，第 49 页历年人口数字统计。

〔 14 〕同〔 4 〕，第 48 页。

〔 15 〕同〔 4 〕，第 22 页。

〔 16 〕同〔 4 〕，第 11 页。

〔 17 〕同〔 16 〕。

〔 18 〕经济事务部中央统计局：《1941 年印尼统计手册》（*Statistical Pocket Book of Indonesia*），戈尔佛公司，雅加达，1947 年版，第 7 页。

〔 19 〕梁方仲：《中国历代户口、田地、田赋统计》，上海人民出版社，1981 年版，第 272 页，278 页。

〔 20 〕同〔 19 〕，第 38 页。

〔 21 〕《粤省近年商况》，载《东方杂志》，第 6 卷第 3 期，第 43 页。

〔 22 〕陈序经：《南洋与中国》，岭南大学西南社会经济研究所，1948 年版，第 36 页。

〔 23 〕根据饶宗颐总纂：《潮州志》（汕头潮州修志馆，1949 年刊本）中之《气候志》，第 14 ~ 27 页，《地质志》，第 19 页资料统计。

〔 24 〕《潮州志》中之《气候志》，第 21 页。

〔 25 〕中国人民政治协商会议广州市委员会文史资料研究委员会编：《广州百年大事记》上册，广东人民出版社，1984 年版，第 70 页，

88 页。

〔26〕同〔3〕，第 42 页。

〔27〕李玲：《华人移民印尼考略》，载香港《地平线》，1980 年第 9 期，第 50 页。

〔28〕同〔4〕，第 294 页。

〔29〕〔30〕〔31〕根据《1930 年人口调查》，第 7 卷，第 294 页资料换算。

〔32〕同〔4〕，第 159 ~ 160 页。

〔33〕《荷印报告书，1935》，第 2 卷，第 137 ~ 138 页，转引自卡德：《中国人在荷属东印度的经济地位》（W. J. Cator, *The Economic Position of the Chinese in the Netherlands East Indies*），芝加哥大学出版社，1936 年版，第 125 页。

〔34〕王任叔：《印尼社会发展概观》，生活书店，1948 年版，第 200 页。

〔35〕关于早期华侨多从商的原因，参看温广益：《荷兰东印度公司统治时期爪哇华侨较多从事商业活动的原因分析》，载《南洋问题》，1982 年第 1 期。

〔36〕同〔4〕，第 129 页。

〔37〕姚寄鸿：《荷印华侨的繁殖》，载《南洋学报》第二卷第三辑，新加坡南洋学会，1941 年 9 月出版，第 141 页。

〔38〕同〔22〕，第 59 ~ 60 页。

〔39〕《洪渊源自传》（*Autobiography of Ang Jan Goan*），加拿大，1980 年影印稿，第 231 页。

〔40〕福田省三：《华侨经济论》，东京岩松堂书店，1939 年版，第 276 页。

〔41〕莱佛士：《爪哇史》（T. S. Raffles, *The History of Java*）第一卷，吉隆坡牛津大学出版社，1965 年版，第 199 ~ 200 页。

〔42〕同〔3〕，第 180 页。这里的“普通商”，似指除土产商、杂货商及布匹商以外的商行。

〔43〕同〔33〕卡德书，第 103 ~ 104 页。

〔44〕珀塞尔：《东南亚的华人》（Victor Purcell, *The Chinese in Southeast Asia*），牛津大学出版社，1952 年版，第 504 页。

〔45〕刘继宣、束世澂：《中华民族拓殖南洋史》，商务印书馆，1935 年版，第 326 页。

〔46〕华侨问题研究会编：《印度尼西亚华侨问题资料》，北京华侨问题研究会，1951 年版，第 147 页。

〔47〕同〔40〕，第 274 页。

〔48〕林泉灵：《糖王黄仲涵》（Liem Tjwan Ling, *Raja Gula Oei Tiong Ham*），泗水萨布德拉出版社，1979 年版，第 10 页，第 32 页。

〔49〕同〔48〕，第 23 页。

〔50〕同〔48〕。

〔51〕丘守愚：《东印度与华侨经济发展史》，正中书局，1947 年版，第 413 页。

〔52〕同〔48〕，第 135 页。

〔53〕《印（尼）华企业》。转引自涂炳立：《印尼华侨大企业家黄志信黄仲涵父子发家致富的道路》，载北京大学《南亚与东南亚资料》，1983 年第 5 辑，第 115 页。

〔54〕同〔7〕，郁树锟主编：《南洋年鉴》，第 146 页。

〔55〕同〔48〕，第 24 页。

〔56〕同〔51〕，第 418 页。

〔57〕同〔48〕，第 49 页。

〔58〕黄奕住事迹主要根据林金枝：《近代华侨投资史上的著名人物黄奕住》（载北京《人物天地》，1985 年第 1 期）；黄笃奕等：《黄奕住先生生平事迹》（载《厦门文史资料》第 8 辑）等资料编写。

〔59〕根据〔33〕卡德书，第 131 页表格计算。

〔60〕南京《侨务月报》，1936 年 2 月号，第 2 ~ 3 页。

〔61〕关于印尼华侨工业的特点，参阅汪慕恒：《十九世纪末二十世纪初，印度尼西亚民族工业和华侨工业的产生和发展》，载福建华侨历史学会编：《华侨历史论丛》，第一辑，1984 年。

〔62〕同〔54〕，第 146 页。

〔63〕同〔33〕，卡德书，第 115 页。

〔64〕同〔51〕，第 389 页。

〔65〕同〔51〕，第 384 页。

〔66〕同〔3〕，第130页。
〔67〕同〔33〕卡德书，第114页。
〔68〕张相时：《华侨中心之南洋》上卷，第十二章，海南书局，1927年版，第12～13页。又见〔51〕第384页。
〔69〕同〔46〕，第148页。
〔70〕同〔3〕，第127页。
〔71〕同〔33〕，第118页。
〔72〕同〔51〕，第390页。
〔73〕同〔33〕，卡德书，第120页。
〔74〕同〔33〕，卡德书，第219～220页。
〔75〕同〔33〕，卡德书，第222页。
〔76〕同〔3〕，第151页。
〔77〕同〔51〕，第385页。
〔78〕同〔51〕，第389～390页。
〔79〕同〔51〕。
〔80〕根据〔45〕刘继宣，束世澂前揭书，第331～332页表格资料折算。
〔81〕同〔46〕，第149页。
〔82〕同〔33〕，卡德书，第104页。
〔83〕同〔68〕，第9页。
〔84〕同〔33〕，卡德书，第167页。
〔85〕同〔33〕，卡德书，第161页。
〔86〕黄克文：《荷属东印度与华侨的经济关系》，载南京《侨务日报》，1936年5—6月号，第5页。
〔87〕同〔33〕，卡德书，第162页。
〔88〕同〔51〕，第385页。
〔89〕同〔51〕，第387页。
〔90〕同〔46〕，第150页。
〔91〕沈雷渔：《苏门答腊一瞥》，上海正中书局，1936年版，第131页。
〔92〕不包括新加坡华侨银行在印尼四家代理处的资本。华侨银行的总资本为4 000万叻币。见丘守愚：《东印度与华侨经济发展史》，第

419 页。

〔93〕同〔92〕，据第 302～305 页资料统计。

〔94〕同〔92〕，第 305～307 页。

〔95〕同〔51〕，第 416～417 页。

〔96〕同〔46〕，第 151～152 页。

〔97〕同〔33〕，卡德书，第 125 页。

〔98〕同〔86〕，第 9 页。

〔99〕同〔48〕，第 25 页。

〔100〕林端志：《爪哇华侨中介商》，《南洋问题资料译丛》，1957 年第 4 期，第 31 页。

〔101〕布克：《荷属东印度经济的发展》（J. H. Boeke，*The Evolution of the Netherlands East Indies Economy*），荷兰和印尼太平洋关系委员会，纽约，1946 年版，第 26 页。

〔102〕同〔40〕，第 294 页。

〔103〕陈刚久：《荷属东印度禁止外米进口》，载上海《南洋情报》半月刊（1933 年 7 月 1 日出版），第 22～23 页。

〔104〕同〔33〕，卡德书，第 136 页。

〔105〕同〔86〕，第 9 页。

〔106〕同〔33〕，卡德书，第 119 页。

〔107〕同〔101〕，第 40 页。

〔108〕同〔51〕，第 384 页。

〔109〕同〔33〕，卡德书，第 125 页。

〔110〕同〔33〕，卡德书，第 124 页。

〔111〕同〔40〕，第 301 页。

〔112〕《半月来之国内外要闻》，载南京《华侨半月刊》第 15 期（1933 年 1 月 15 日出版），第 34 页。

〔113〕同〔40〕，第 292 页。

〔114〕同〔33〕，卡德书，第 134 页。

〔115〕同〔100〕，第 42 页。

〔116〕同〔100〕，第 40 页。

〔117〕温雄飞：《南洋华侨通史》，上海东方印书馆，1929 年版，第

163～165页。

〔118〕黄重言等：《“猪仔”华工访问录》，中山大学东南亚研究所，1979年版，第67～68页。

〔119〕海佛烈希：《南洋荷属东印度之经济》，上海，1929年版，第6页。

〔120〕《荷属东印度》（*Netherlands East Indies*），第2卷，伦敦，1944年版，第299页。

〔121〕同〔68〕，第44页。

〔122〕王彦威辑、王亮编：《清季外交史料》，第74卷，北平，1932年铅印本，第23页。

〔123〕同〔40〕，第254页。

〔124〕同〔44〕珀塞尔书，第505页。

〔125〕刘锦藻撰：《清朝续文献通考》，第339卷，外交三，商务印书馆，1936年版，第10806页。

〔126〕唐璜：《潮侨“过番”史话》，载香港《华人月刊》，1984年第11期，第48页。

〔127〕同〔40〕，第256页。

〔128〕《荷印报告书，1931—1935》，转引自〔33〕卡德书，第229页。

〔129〕有关烟园的管理机构简图，参阅〔118〕黄重言等前揭书，第27页。

〔130〕勃·阿南达·杜尔：《印尼的华侨》（Pramudya Ananta Toer, *Hoa Kiau di Indonesia*），雅加达明星出版社，1960年版，第124页。

〔131〕梁绍文：《南洋旅行漫记》，上海中华书局，1924年版，第112页。

〔132〕同〔68〕，所引书，第45页。

〔133〕同〔118〕，第31页。

〔134〕同〔11〕，《天声日报十周年纪念册》，C79页。

〔135〕同〔44〕，珀塞尔书，第495页。

〔136〕同〔33〕，卡德书，第195页。

〔137〕同〔33〕，卡德书，第198页，第133～134页。

〔138〕有关矿区管理机构简图，参阅同〔118〕黄重言等前揭书第

41 页。

〔139〕同〔125〕。

〔140〕梁孟达：《一个印尼华侨矿工自述》，载中国华侨历史学会编：《侨史资料》第 2 辑（1987 年 4 月出版），第 36 页。

〔141〕国务院侨工事务局编：《南洋和属网甲岛华工情形调查书》，1920 年 5 月，第 45～46 页。

〔142〕同〔140〕，第 35 页。

〔143〕同〔40〕，第 253 页。

〔144〕雅加达中华商报社编：《印尼商业年鉴》，雅加达中华商报社，1955 年版，第 228 页。

〔145〕同〔68〕，第 99～100 页；吴世璜：《印尼史话》，雅加达世界出版社，1951 年版，第 201 页。

〔146〕苏吉普托·维尔约·苏巴尔托：《从五个殖民主义时期到独立时期的历史》（Sutjipto Wirjo Suparto，*Dari Lima Zaman Pendjadjahan Menudju Zaman Kemerdekaan*），日惹音地拉出版社，1957 年版，第 81 页。

〔147〕常习之：《勿里洞华工事迹》，雅加达裴翠文化基金会，1963 年版，第 11 页。

〔148〕安东尼·里德：《人民的血》（Anthony Reid，*The Blood of the People*），吉隆坡牛津大学出版社，1979 年版，第 75 页注〔16〕。

〔149〕黄绍生：《"猪仔"贸易在潮汕》，《华声报》，1984 年 12 月 16 日，第 3 版。

〔150〕《令外交部妥筹禁绝贩卖"猪仔"及保护华侨办法文》，中国社会科学院近代史研究所中华民国史研究室等合编：《孙中山全集》第二卷，中华书局，1982 年版，第 251～252 页。

第五章

19世纪70年代至日本南侵前夕的印尼华侨（下）

(1871—1942年)

第一节　印尼华侨民族主义运动的兴起和发展

19世纪末20世纪初，亚洲各殖民地、半殖民地国家受压迫受剥削的各族人民掀起了反帝反殖的革命风暴。印尼华侨在各方面的影响下，逐步提高了民族觉悟，掀起了以提高华侨社会地位、争取华侨正当权益和支援中国革命为中心内容的运动，同印尼民族主义运动一起，汇成两股巨大的反抗荷兰殖民统治的洪流，在印尼华侨历史上占有极其重要的地位。

一、华侨民族主义运动兴起的历史背景

如前所述，到1900年，全印尼华侨已达52万人，其中爪哇和马都拉占27万人。

华侨民族主义运动首先是在爪哇土生华侨的领导和推动下发展起来的，这有其深刻的历史背景。

荷兰殖民者对华侨的深重压迫、奴役和剥削，是运动兴起的主因。

第一，如前所述，荷兰殖民者处处限制华侨的行动自由。根据《荷印居民通行证法令》和《荷印居民居住区域条例》，华侨被限制住在特定区域华人区（Ghettoes），未经许可，不得随意搬迁。华侨从傍晚 6 时半起到黎明前 5 时半止的一段时间内，如若走出家门，必须携带火把或灯笼，便于监视。这些规定，既限制了华侨同原住民的友好往来，也在一定程度上打击了华侨商贩的正常活动，堵塞了内地土特产品通过他们运到外地或外国的流通渠道，影响了华侨经济的发展。

第二，荷兰殖民者限制华侨的旅行自由。华侨要想从居住地到另一地区探亲或旅行，必须事先申请通行证，手续异常繁琐。申请人必须说明旅行的目的、地点和时间，提出证明人，既花钱，又费时。但没有通行证则寸步难行，违例者要罚款或坐牢。旅行到达目的地后，如不按时返回，必须在 24 小时内向当地政府申报，否则将会受惩处。而在返回时，又必须向出发地区的政府领回通行证。殖民者又规定，新客不得前往梭罗、日惹、玛琅和谏义里等内地旅行。旅行的种种限制不仅影响到华侨的正常经济活动，而且给亲友之间的正常交往带来极大不便。

第三，殖民地当局规定，中国人欲申请南来印尼旅行或定居，必须有人担保。到达目的地的码头口岸移民厅后，要由担保人来认领。认领之前，须经移民厅官员的层层盘问。由于来往移民众多，新客常常被迫在拘留所住一两夜。在海关受检时，他们还经常遭到无理的拘禁和打骂，妇女更受检查和警卫人员的人身侮辱。有关人员还随意滥用职权向移民敲诈勒索。新客须交入境税和印花税。

第四，华侨在法律地位上还受到种种歧视。根据荷印政府 1854 年法律条例第 109 条的规定，印尼居民被分为四等：(1) 欧洲

人；(2）荷兰后裔；(3）和欧洲人同等待遇者；(4）同原住民同等待遇者。华侨被列为第四等居民。到1906年，根据修改后的荷印宪法第163条，规定居民分为三等：(1）欧洲人；(2）荷兰后裔（原住民)；（3）东方外侨。[1]所谓东方外侨，包括印度、中国和阿拉伯等国的侨民。日本因国际地位的提高，其在印尼的侨民于1899年与欧洲侨民享有同等待遇。甚至连“泰国人、信仰基督教的以色列人与土耳其人也具有与欧洲人同等的地位”[2]。

可见，华侨和原住民的法律地位始终处于最低等。他们也因此在各方面备受歧视与凌辱。例如，火车分为三个等级的车厢。欧美人和日本人坐头等车厢，设备和卫生条件优越；有色人种只能坐二等车厢；原住民只能坐三等车厢。三等车厢又分两种。有色人种若想坐三等车厢，可买白色票，原住民买青色票。白票要比青票贵一倍，车厢较清洁，青票车厢则较脏。看电影或者看足球赛也分等级，看最便宜的站票，价钱也分两种。又如，20世纪初，巴城有一种有轨蒸汽车，有点类似火车，后面拉着两个车厢，座位分三等，头等位是白种人坐的，华侨只能坐二等位（有钱者可坐一等位)，而原住民只能坐三等位。

上述种种人为地划分地位等级的政策，一方面反映出殖民者的种族歧视政策，另一方面则说明殖民者处处在离间华侨与原住民之间的关系，挑起原住民对华侨的不满，埋下了部分印尼人民排华情绪的种子。

殖民者还无理规定，华侨不准穿西装，只可穿对襟的唐装；如果要穿西装上衣，里面必须穿上对襟衫和唐装裤。华侨必须留辫子，这被认为是华侨的民族标志；华侨不准讲统治者使用的荷语，只准讲印尼语和华语。因此，即使华侨富翁黄仲涵也不得不由律师向有关当局提出申请，才在1889年获准为第一个穿上西装的华侨。荷兰儿童还常肆意呼喊华侨为“猪猡”，身材高大的荷童还常称王称霸，随意殴打华侨而不受任何惩处。

华侨在刑事诉讼上的地位也是不平等的。殖民者规定，遇有刑事案件，欧洲侨民由高等法院审判，华侨由警察裁判所和原住民地方法院审判。同样的一个案件，在高等法院可判无罪，而地方法院则要判刑。警察裁判所所长有很大的权力，他可以随意捕人，也可无需证人而对被捕者随意定罪。审讯之前，华侨“被告”常被长期监禁和抄家。地方法院的主审官由欧籍人士担任。两个陪审官、一个检审官都是原住民，一个顾问是华侨，还有一位书记。很明显的是，法官常常是些不懂法律知识的外行人。无辜被捕的华侨常受迫害。他们被捕后，禁止家属探监。开庭时，“被告”不准坐着或站着，而必须手戴镣铐在警官前蹲下。荷警对华侨则直呼“支那人猪猡”，极尽侮辱之能事。监狱之伙食、卫生极为恶劣。被捕人常遭看守者任意虐待和勒索，稍不遂其意，即遭毒打鞭笞。

华侨也可申请成为“法律上的欧洲人”，但须具备以下条件：通晓荷文，拥有一定财产及必须服兵役等等。这种华侨寥寥可数。1893 年，爪哇华侨有 248 484 人，只有 28 人取得欧洲人的社会地位。[3]到 1920 年，爪哇华侨已增至 38 万多人，外岛华侨 42 万多人，而取得欧洲人法律地位者分别为 235 人和 293 人。[4]

荷印政府实行以华治华政策，并规定所有华侨都不得提拔为政府公务人员或官吏。

华侨在经济方面遭受的歧视、排斥和打击，纳税之沉重，本书第四章已有论述。

华侨在教育方面也是遭到歧视的。一般华侨子女被禁止到荷兰学校学习，只有极少数上层华侨子女才有机会和条件进入这种学校。原住民学校则以座位不足为理由拒收华侨子女。1870 年，荷印政府设教育部后，几位知名侨领曾联合上书，要求让华侨子女进入印尼人的学校就读，但被坚决拒绝，理由是华侨教育不属

荷印政府所管辖。因此，只有少数华侨子女在少量私塾上学，学的自然都是四书五经之类的古书，多数人无书可读。这不仅使文盲在华侨中占很大比例，而且也使中国文化在华侨社会有泯灭之危险。

20世纪初，一部分华侨社团在华侨社会中提倡孔子的儒家学说，革除华侨社会的陈规陋俗，倡导和普及中国文化，从而提高了华侨的民族自尊心。

与此同时，清朝政府对待华侨政策的改变，中国民主主义革命运动的发展，也成为海外华侨民族主义运动的推动力量。

清朝政府长期把海外华侨当作“甘弃祖宗庐墓”的弃民，采取歧视打击华侨的政策。从19世纪中期开始，帝国主义列强强迫中国与它们订立了许多不平等条约，借债赔款导致中国国库空虚，亟须外援。清朝政府中一些有识之士在深入了解外国和华侨情况的基础上，逐步认识到关注南洋华侨的经济和军事意义。他们上书朝廷，建议政府在东南亚设领事馆并派驻官员，利用华侨的经济力量来加强中国的经济和军事势力。这些有识之士逐步认识到保护华侨其实就是维护帝国的尊严。而且一旦华侨受害归国，还要增加国内的负担，而一部分国民出国谋生又可减轻国内的各种压力。19世纪60年代以后，清朝政府陆续派出一些使节出国访问。他们在给政府的奏折中，汇报了华侨对祖国的热爱和真挚感情。而印尼等地的华侨也希望中国政府在当地设领，保护华侨权益。于是，清朝政府开始实行争取、保护、宣抚而其实质又在于拉拢、控制和利用华侨的政策。正如两广总督张之洞1887年在派员调查华侨情况后写的奏折所云：“……中国如筹保护，小吕宋而外，当以加拉巴（今雅加达）为先，该处宜设总领事，兼办三宝垄等处事。于荷属各埠华人加以恩义，数十万之众皆可内附。”[5]

在上述宗旨指导下，清政府陆续派出各种代表团或使节到印尼，开展各种活动。例如：1887 年派考察团了解中印（尼）两国商业关系。同年，中国驻新加坡领事要求清政府维护印尼华侨利益。1891 年清政府请求荷印政府准许华侨捐款赈灾。1894 年，清政府废海禁，允许移民。1902 年，清政府颁布法令，允许并鼓励华侨商人回国投资于矿业。[6] 1903 年商业部成立，政府颁布统一的有关募招华侨资本的政策，允许在经营现代企业获得成功的华侨入朝做官，利用其专长，并以此表明对华侨的亲善。正是在这一背景下，1904 年，张弼士被"特派为考察海外商务大臣兼督办闽广农工路矿事宜"[7]。政府还给华侨享有与国内资本家相同的捐资买官的特权。凡投资 10 万元至 2 000 万元者，均可得不同之官衔。清政府通过这些政策来拉拢华侨。这也确实起了一定的作用。1906 年 5 月，两广总督岑春萱派刘士骥到爪哇查学。次年，农工商部侍郎杨士琦作为南洋宣抚使，率领两舰访问南洋。当"海蓉"号和"海圻"号于 12 月中旬抵达爪哇时，受到当地侨胞的欢迎。各地华侨还赶到三宝垄参观军舰。与此同时，清廷驻荷公使参赞钱洵也访问了印尼。一年后，上述两舰再次访问三宝垄。在孙中山的革命思想在印尼华侨中广泛传播之前，清廷组织的上述访问，对提高华侨的民族意识是起了一定作用的。

维新派领袖康有为于 20 世纪初到印尼华侨中开展保皇活动，对华侨教育发展起了一定的推动作用。

孙中山领导的革命运动，在印尼华侨中产生深远影响，并使他们放弃了对清朝的幻想，开始把祖国富强的希望寄托在革命党人身上。孙中山本希望能到印尼开展革命活动，但遭荷印总督拒绝，未果。但是不少革命党人都曾陆续到印尼活动，建立革命组织。与此同时，新客移民日益增加，他们之中有些人就是革命党人或支持、同情革命的，"他们从本国带来了革命运动"[8]。不少华侨经过革命派的宣传教育，从帝国主义列强瓜分中国势力范

围、强迫中国签订不平等条约等一系列事实中，逐步认识到清政府腐败无能的本质，只有推翻封建帝制，建设富强的共和国，华侨地位才能得到提高，正当权益才能获得保障。辛亥革命推翻了清朝统治，结束了中国两千多年的封建君主制度，极大地振奋了华侨的爱国热忱，革命热情空前高涨。他们剪辫子、开大会或游行，以各种方式举行庆祝活动，表达内心的欢欣，从而推动了华侨在当地争取和维护自身正当权益的斗争。

1905 年的俄国资产阶级民主革命，在殖民地和半殖民地国家中产生了强烈的反响，它唤起了整个亚洲的革命运动。土耳其、伊朗、波斯、中国、埃及、印度以及印尼等国都先后掀起了反对殖民主义、封建主义、争取民族独立的斗争。“亚洲的觉醒”提高了华侨的觉悟，对印尼华侨民族主义运动也产生了巨大的推动作用。

印尼近邻新加坡，这对印尼华侨民族主义运动的兴起也是一个有利的条件。我们知道，新加坡是印尼华侨接触外部世界的第一个窗口。这里是东南亚商品的集散地和旅客出入口岸，各种思想意识非常活跃。“可以毫不夸张地说，新加坡是东南亚华侨社会的首都，是东南亚华侨商业、政治和知识的中心。”[9] 新加坡华侨比较早地接受了孙中山的民主革命思想。以陈楚楠、张永福和林义顺为代表的华侨革命党人在孙中山、尤列（革命党人，1901 年到新加坡开展革命活动）影响下，组织了革命团体小桃源俱乐部，1903 年创办革命报馆《图南日报》，反对保皇，宣传革命。以后，孙中山多次到新加坡，促进了当地华侨民族意识的觉醒。1906 年，孙中山主持成立新加坡同盟会分会，逐渐把新加坡作为在东南亚华侨中开展革命运动、推翻清朝的中心，陆续派人到东南亚各地开展革命活动。新加坡是东南亚各地同盟会分会最早的总部所在地。不少印尼华侨常来往于新加坡与印尼之间，很自然地受到正在新加坡传播的中国民族主义思想的影响。

20 世纪初兴起的新式印尼华侨学校的不少教师即从新加坡招聘而来，他们促进了革命思想在印尼的传播。此外，新加坡华侨不受居留和旅行等诸多限制，也给印尼华侨以新的启示。

正是在上述各种内外条件和环境影响下，兴起了印尼华侨民族主义运动。

二、巴城中华会馆和其他华侨社团的建立及其活动

（一）巴城中华会馆的建立及其活动

1900 年 3 月 17 日，巴城侨领潘景赫（土生华侨，1900—1923 年任中华会馆理事长）、洪水昌（土生华侨，中华会馆第一届副理事长）、李金福（土生华侨，中华会馆第一届理事）、邱亚樊（新客，1900—1908 年任中华会馆副理事长）以及许金安、李兴廉和陈金山等 20 人，经过酝酿协商，正式成立近代印尼华侨社会的第一个团体——中华会馆。他们发表了致全体华侨的公开信。信中强调普及孔子学说的重要意义，认为它非常完善，不仅华侨，而且不少有知识的欧洲人也都很尊敬孔子的儒家学说。他们认为，掌握了良好的学说就不会胡来或腐化，即使干了坏事，也能较快地反省检讨。信中说："我们的先知留下了这么好的学说，为什么我们不去掌握它？""由于考虑到不少华侨还没学习好如此优秀和有用的孔子学说，我们二十个人发起成立中华会馆。"[10]

公开信提出中华会馆的宗旨包括：按孔子的教导，改革华侨中的不良风俗习惯；操办婚丧喜庆应尽量简朴，以减轻华侨负担；建立华侨学校，教授华文，用新式方法教学。

巴城中华会馆成立后，即着手开展以下各项工作：

1. 创办中华学堂。这个问题将在第四节专门论述。

2. 大力宣传和革除婚丧陋俗。印尼华侨社会迷信之风向来浓厚，奢侈挥霍、讲排场的风气也很盛行，因而在婚丧礼节中，存在着不少陈规陋俗。如家人死了要把枕头、头巾抛到屋顶，要买特备的水洗尸，在家停尸时间要长，出殡时要投掷西瓜，等等。又如举办婚礼，要在新人家的门口扔黄米、钱币，要大宴宾客数天。这些带有浓厚封建色彩的繁文缛节，既劳民伤财，又败坏社会风气。中华会馆通过各种方式，向广大华侨进行宣传，指出孔子并没有教导说必须这样做，并列举事实陈述其危害，号召大家加以改革，树立节俭、简朴的良好风尚。会馆设立丧事部，专门协助华侨办理丧事，深受华侨欢迎。

19 世纪末，巴城殖民当局开设一间赌馆，对象主要是华侨，目的是赚取华侨的钱财。赌馆承包人每月要向政府缴纳一笔租金。赌馆的开设，造成一些华侨家庭的不和甚至破产。潘景赫出面要求当局关闭赌馆，由他向政府缴租金，政府终于答应了他的要求。他经常历数赌博的危害，号召华侨坚决杜绝此恶习。

在中华会馆推动下，一些华侨办理婚礼、祝寿或丧事开始注意节俭，把省下的费用转赠给社团或学校，作为建校或慈善基金。

3. 开展福利互助活动。中华会馆设门诊部，免费为贫侨治病。一些贫侨还可按月向会馆丧事部缴一定的月捐，到年老病逝时，即可领得一笔丧葬费，丧事由会馆承办。

中华会馆还举办一些慈善事业。凡是印尼地方遇到自然灾害，会馆即捐款救灾。例如，1905 年 8 月捐款救济茂物火灾灾民。1914 年 5 月，捐款支援万隆高等工业学校。1924 年 10 月，赞助建立巴城华侨医院——养生院。中华会馆还把教室借给其他侨团办夜校，积极支持华侨业余教育活动，又设立奖学金，资助有志学习而家境贫困的华侨学生继续深造。

通过上述活动，密切了中华会馆同华侨和当地人民的联系，中华会馆的声望也迅速提高。

4. 为争取提高华侨正当权益而斗争。潘景赫经常以“华人”的笔名，在巴城《商报》撰文抨击荷兰殖民者歧视华侨的政策，提出华侨在法律上应与其他国家侨民享有同等地位。中华会馆机关刊物《八华月刊》也不断发出类似呼吁。1930 年通过的中华会馆新章程明确规定要“努力提高华侨的社会地位”[11]。中华会馆要求殖民当局让华侨子女享有与欧洲侨民子女相同的受教育权利。

中华会馆成立前，荷兰人和印尼人常称华侨为“支那人”，称中国为“支那”。华侨不喜欢这种称呼，认为这是对华侨的歧视和侮辱。中华会馆以“中华”命名，即含有维护中华民族尊严、争取平等地位的积极意义。从此以后，中华会馆和华侨办的报纸如《新报》等不再使用“支那”一词，而改用“中华”或“中国”。

中华会馆还上书当地政府，要求允许华侨开设药房，以便使贫侨得到救济。

1927 年 7 月，中华会馆致函巨港中华商会，号召他们发起消灭有损华侨人格的人力车的运动，不久即取得成功。

5. 密切同祖国的联系。中华会馆成立后，加强同祖国政府和人民的联系。1905 年 6 月，理事会致电中国政府，要求不要在美国政府提出的禁止向美国及其殖民地移民的条约上签字。会馆组织华侨欢迎来自祖国的考察团、代表团或使节，请他们向华侨发表演说，介绍祖国形势。当 1912 年中华民国政府成立时，中华会馆召开会议庆祝，并派代表参加在祖国召开的有关会议。祖国人民有灾难，会馆总是尽力支援。1908 年 6 月及 1912 年 4 月，会馆汇款支援两广等地水灾难民。1917 年 11 月 28 日，会馆成立专门委员会，负责研究和支援祖国难民事宜。1928 年 3 月，会馆会同一些侨团，赠送价值 600 元的钟给孙中山陵墓。

6. 中华会馆规定，理事会必须由华侨中的四大集团，即土生华侨、福建籍华侨、广州方言华侨及客家方言华侨的代表组成。会馆的会员多数是土生华侨。大家比较注意团结合作，很少搞派别斗争，因而每次改选都能顺利进行，使会务得到发展。中华会馆这一优良传统，成为其他侨团的表率，促进了华侨之间的团结。

巴城中华会馆的建立，在印尼华侨历史上具有重大意义。它揭开了印尼华侨民族主义运动的帷幕。在它的影响和推动下，各地纷纷成立中华会馆、各种侨团和学校，推动了华侨文教事业的发展。它把华侨团结在各地侨团周围，为提高华侨的正当权益同殖民者展开斗争，显示了华侨的觉悟和力量。它积极开展华侨福利慈善事业，提倡废除华侨社会中与时代不相适应的旧习俗，促进了华侨社会风气的进步。它还推动了印尼民族的觉醒，积极与印尼革命力量合作，为印尼民族解放运动做出了贡献。

（二）各地中华会馆及侨团的建立和发展

巴城中华会馆和中华学堂建立后，各地中华会馆纷纷成立，并且要求成为它的分会。到 1907 年，中华会馆已有 15 个分会，包括爪哇、苏门答腊及加里曼丹等地的分会。到 1914 年，分会增至 25 个。[12]不久，有的分会自行独立，不再受其管辖。

与此同时，各地成立了以“中华”命名的音乐会、商会或体育会。从此，华侨社团雨后春笋般地在各岛建立起来。据 1933 年 10 月的调查，东南亚共有华侨社团 256 个，其中印尼占 138 个。东南亚华侨各界职业团体 104 个，印尼占 47 个。[13]可见，印尼华侨社团在东南亚华侨中占有重要地位。

印尼侨团大致可分为 8 类：

1. 按省、府、县、姓氏或性别组织的团体。以省为单位的，如山东公会、江浙会馆及福建会馆等；以府为单位的，如泉州会馆、福州会馆、潮州会馆及琼州会馆等；以县为单位的更多，如永定会馆、大埔同乡会、永春公会、惠州会馆及玉融公会等；以姓氏为单位的，如西河堂、江夏公所、高阳宗祠及颖川自治会等；以性别为单位的，如印尼华侨妇女联合会。

2. 按不同职业性质组织的团体。如各地中华商会，总商会、华商杂货公会、汇兑公会、铁商公会、鲁成行工业会（木器工人的组织）、布商公会、革履公会及中华劳动会等。全爪哇有中华劳动联合会的总机关。

3. 互助团体。多数是为会员间开展福利互助而建立的，平时按月向会员收取月捐，逢会员有病伤则取之供用。如巴城和合会（会员有千人）、洪义顺（会员三四百人）及万合会等。泗水有和合会馆、义和会馆和义兴会馆等。

4. 文化教育团体。如巴城、泗水和三宝垄等爪哇各地中华会馆组成的爪哇华侨学务总会（后扩大为全印尼的荷属华侨学务总会）、各地书报社、巴城励志社及各地校友会等。

5. 慈善团体。如各地的赈济会、失业救济会、巴城新明会及保良局孤儿院。巴城养生院是一间较有地位和影响的，“中国以外唯一由华侨创办、自负经费、由华侨受理的医院”[14]。它由华侨名医柯全寿倡议，创建于 1924 年 12 月 28 日。在各地华侨支持下，先后建成门诊部、住院部、研究中心、护士宿舍及殡仪馆等（1965 年 6 月 1 日改名为胡沙达医院，拥有病床 500 张）。在其他城市，如万隆、泗水、棉兰或三宝垄等地，都建有华侨医院或中华医院。

6. 政治团体。如国民党支部、民主同盟支部等。

7. 宗教团体。如各地庙会以及基督教会等。

8. 文娱体育团体。如中华群力运动会、中华合唱团、中华音乐会、精武体育会、群乐社及足球会等。

华侨向有按行业、籍贯及业余兴趣等组织社团的习惯，因此，一个城镇常常有不少社团。以泗水为例，1930 年该市有华

侨近4万人，侨团即有42个，包括职业团体7个，同乡会9个，丧事会11个，慈善机关4个，体育机关2个，文化机关2个，等等。[15]有些华侨同时是几个侨团的会员。

这些侨团开展的主要活动有：

1. 传达当地政府有关华侨、经济以及各方面的方针政策，向当地政府反映华侨的正当要求，如要求取消不利于华侨生计或歧视性的法令、规定等。

2. 报告祖国形势，宣传热爱祖国的精神，动员华侨支援祖国的革命、建设或难民。在我国各个革命时期，华侨都组织相应的团体，这方面的内容将在有关章节中论述。

3. 兴办学校，吸收更多华侨子女入学。如巴城三大侨团的福建会馆（1912年成立）创办福建学校，广肇会馆（1909年成立）创办广仁学校，客家人的华侨公会（1865年成立）创办华侨公学等。

4. 举办福利事业。如为新来的会员寻找工作，办理移民手续，协助举办会员的婚丧活动，资助贫苦或有病的会员，举办夜市或义演，捐助当地灾民。

5. 开展文娱体育活动，开办图书资料室、夜校，活跃会员的文化体育生活。

6. 联络乡情，举办联欢及旅游等活动。

7. 在日本占领印尼时期，各地华侨组织了地下抗日团体，开展抗日活动（将另章论述）。

三、以新报派为中心的华侨民族主义运动

（一）新报派的产生、发展及其主要观点

在印尼民族解放运动兴起的同时，华侨也展开了争取正当权益的斗争。1900年成立的巴城中华会馆起了先锋作用。进入20

年代，以新报派为主的力量，把华侨民族主义运动推向新的高潮。

1910 年，巴城土生华侨创办《新报》马来文报馆。1921 年发行华文版《新报》。起初，它只是执行一般报社的任务，登登消息和广告而已，并没有形成自己的特色。不久，朱茂山、洪渊源和郭克明等人陆续担任该报社长和主编。他们在办好报纸的同时，逐渐意识到以斗争来争取提高华侨社会地位的重要意义。他们团结了一批当地有民族主义觉悟的文教界华侨，利用手头拥有报馆的有利条件来宣传自己的主张，逐渐形成为一个政治流派。由于这一派的主要人物在《新报》工作，担任编辑或记者，因此被称为新报派。此外尚有一批不在该报任职、但同情并支持其观点的华侨。新报派是在 1917 年在三宝垄召开的华侨大会前后形成的。

华侨民族主义运动的中心之所以在巴城，有其特定的历史条件。

首先，凡是从中国移民到爪哇的新客华侨或者南来的中国革命党人以及逃亡志士，第一个落脚点一般是巴城，然后再分散到各地去。这就使巴城华侨最先接受了民族主义思想的宣传。

其次，巴城同新加坡关系密切，来往于这两地的华侨很多。他们把在新加坡接受的民主、自由思想带到了巴城。

再次，巴城华侨人数比其他城市多。据 20 世纪 20 年代初的统计，爪哇共有华侨 318 700 人，其中巴城华侨为 41 100 人，其余几个主要城市的华侨人口为：泗水 29 000 人，三宝垄 35 000 人，井里汶 25 000 人，克杜 15 000 人。[16] 华侨人口的众多，容易形成力量，便于开展各种工作。

最后，巴城最早建立中华会馆和中华学校，民主革命思想不仅传播得较早，而且比较广泛和及时，这里的各种侨团也较集中，同中国革命运动有密切关系，在传播民族主义思想方面具有

得天独厚的条件。

在当时印尼华侨社会中开展政治活动的人物，按其政治倾向可分为三种流派：除新报派外，还有倾向支持荷印政府的中华会，它的根据地在三宝垄；有 20 世纪 30 年代兴起的倾向以印尼为华侨华人的祖国的印尼中华党，活动中心在泗水。后两派都有自己的政党组织和宗旨。唯独新报派没有固定的组织，没有选举出来的领袖，也没有成文的宗旨条例。然而，它在印尼华侨社会却发挥了重要作用。

新报派的主要领导人和成员有：

朱茂山（1891—1925 年）。出生于巴城，受过荷兰教育。主要依靠自学掌握了马来语、汉语和英语。他取得了欧洲人的法律地位。起初担任《华铎报》主编，同情和支持孙中山领导的革命运动。1917 年作为《新报》记者驻在中国，次年任《新报》总编辑兼社长。发表过不少有关宣传华侨民族主义运动的文章，1921 年 7 月汇集成册出版马来文版，书名为《印尼华人运动和福隆勃格先生》（*Pergerakan Tionghoa di Hindia Olanda dan Mr. P. H. Fromberg Sr.*）。福隆勃格是荷印政府汉务司官员，曾就国籍法问题发表过言论，朱撰文反对福的观点，该书选编了与福论战的文章。朱茂山是把《新报》导致民族主义倾向的先驱。

郭克明（1900—1975 年）。出生于巴城，在荷华学校接受教育，以后又在荷华师范学校学习。毕业后在茂物当教师。1922 年 11 月应聘到《新报》的姐妹报《民声报》工作。不久该报停刊，12 月，郭克明转到《新报》工作，起初任记者，朱茂山去世后，他接任总编辑职务，直至 1947 年。郭克明通过阅读西方著作了解并热爱中国文化。他积极支援中国的抗日战争，为中国红十字会筹募基金。1933 年他到中国旅游，被授予中国红十字会纪念章。返回印尼后，更加积极宣传抗日，因而多次遭到荷印政府的拘留审讯。日本占领印尼期间，他被日军通缉，但他巧妙地隐居在万隆，没有被捕。日本投降后，重任《新报》主编。郭克明才华横溢，用马来文和荷文发表了大量论著，如《记者生涯二十五年：1922—1947》、《中国简史》、《李太白传》、《暴风雨中的中国》等。还翻译过孙中山著作。1947 年，他辞去《新报》职务，任自由记者。20 世纪 50 年代主编过一些期刊。1951 年 8—12 月，他到中国观光，对中国备极赞扬。著有《到新中国去》、《人民中国社会简介》及《中日关系》等。1962 年到东欧和中国旅游，回来后出版《百日五万公里之旅》。郭克明还用中文发表过文章。

洪渊源（1894—1985 年）。出生于万隆。童年先在马来语学校读书，1905 年在万隆中华会馆所属学校求学，1909 年毕业后被选送至南京暨南学堂深造。1911 年返回爪哇，在尖美士及打横的华校任教。1922 年到《新报》工作。1925—1959 年任《新报》社长。他还兼任巴城中华会馆、中华商会、福建会馆、养生院、国籍协商会及中华侨团总会等社团的负责人。印尼华人领袖肖玉灿指出，洪渊源“对印尼独立斗争的贡献是卓著的。……在日本统治时期，他在芝马圩集中营被拘留期间的表现并不使人失望。他在华侨社会中素以最可信赖的从事社会公益事业的热心家著称。他为创办许多华侨学校做出相当大的贡献。在柯全寿医生发起创办的‘养生院’医院的建设中，他的贡献也是极大的。在老一辈人物中，洪渊源享有很高的名望”[17]。洪渊源在 1960—1965 年任《忠诚报》社长。1965 年“九三〇”事件后定居于加拿大。去世后骨灰运返北京安置。洪渊源同郭克明在《新报》任职时间最长，在新报派中扮演重要角色，发挥了重要作用。主要是由于他们两人的努力，才把《新报》办成为印尼华侨社会中最具影响的报纸。

柯全寿（1893—1948 年）。名医兼社会活动家。出生于中爪哇沙拉迪加。初在马来语小学及欧洲侨民小学上学，1908 年在

三宝垄荷文高级中学读书，1913 年赴荷兰攻读医学，1920 年毕业后在阿姆斯特丹工作 1 年，返巴城后在总医院及巴斯德细菌学院工作，1922 年开设私人诊所。1924 年创办养生院，任院长。1927 年他曾激烈批评蒋介石背叛中国革命。他本人不懂华文，但积极提倡华文教育，并聘请家庭教师教授华文。他痛恨荷兰殖民者推行的种族歧视政策，要求提高华侨社会的法律地位。他还积极从事抗日活动，筹募捐款、药品及救护车，派遣医疗队到中国抗战前线工作。1934 年访问过中国。由于他积极从事反帝反殖活动，受到英、荷、日政府的监视。英国不准他在英国殖民地登岸。日本占领期间他曾被监禁。柯全寿还积极支持印尼民族独立运动。

郑坚成（1880—1937 年）。出生于泗水，在福建学校受教育。后任《泗水新闻》主编及泗水华侨总会等侨团领导人。在 1917 年的三宝垄华侨代表大会上，他以雄辩的口才发表演说，坚决反对华侨派代表参加国民议会而赢得热烈喝彩。但自 1926 年后，他的观点不再倾向中国而倾向印尼。

此外，侯德广（1887—1928 年）、郭恒节（1891—1939 年）曾先后在 1913 年及 1916 年任《新报》主编，起初也是新报派成员，但后来改变了观点。

综上所述，新报派有以下几个特点：

1. 新报派的主要人物多数是祖籍福建、出生于巴城的土生华侨。有的人虽然出生在外地，但后来迁居巴城，长期在巴城工作和生活。巴城是新报派领导人集中的地方。

2. 他们中的多数人没有在中国受过教育，而是在印尼接受荷文或华文教育。他们的中国民族民主意识观念主要是在当地通过学校、社会或家庭教育而获得的。洪渊源以及吴朝元、凌应征、施棉熙和陈泽和（他们是《新报》编辑或华校教师）等人后来去暨南学堂深造；朱茂山、郭克明、柯全寿曾被派往中国当记者或观光，很自然地接受了更多中国文化的熏陶，增强了他们的民族主义意识，密切了他们同中国的联系和感情。

3. 他们大都出生于华侨中下层家庭，多从事文化教育工作，如编辑、记者、教师或医生等等。这些职业使他们能广泛地接触社会各个不同阶层的人物。他们勤于学习，阅读了大量书刊，阅历较深且广，具有比较敏锐的洞察力，容易接受新思想和新事物。而在他们的观点形成以后，又通过本身所掌握的报馆这一有利工具，宣传他们的主张，扩大他们的影响，从而争取到更多华侨的同情和支持，扩大了新报派的力量和阵容，使新报派在爪哇早期三个华侨政治派别论战中占有优势地位，对华侨社会产生巨大影响。

4. 他们在担任《新报》主要负责人时都很年轻。朱茂山、郭克明和洪渊源担任《新报》总编辑或社长时分别为 27 岁、25 岁和 31 岁。他们精力充沛，思想活跃，有进取精神，为开展工作提供了有利条件。

新报派的主要观点是：

1. 坚持华侨保留中国国籍。新报派的主要成员和支持者不少是土生华侨。他们中的不少人虽然没有到过中国，但却热爱具有悠久历史的故乡和中国文化，为自己具有中国血统而深感光荣与自豪。他们坚持华侨必须保留中国国籍。在国籍问题上，他们同荷印政府展开了斗争。

1907 年，荷兰政府颁布《荷兰国国籍及居住条例》。荷兰政府在国籍问题上采取出生地主义，规定凡出生在荷兰及其殖民地的人皆为荷兰籍民或臣（属）民。荷兰籍民指的是荷兰人，荷兰臣民则指的是在其殖民地出生的外族人。荷兰籍民享有更多的特权和利益。荷印政府改变过去对华侨实行敌视和杀戮的政策，现在把土生华侨划为荷兰臣民。荷印政府之所以要这样做，主要原因是华侨在印尼的人口增加很快，1860 年增长率是 1%，到 1900 年达到 2.73%，40 年间增加 31 万人，增加了 60%；华侨在经济上的地位日益重要，所从事的行业更为广泛，资本增加，

是一支不可忽视的力量，把土生华侨划入荷兰臣民，就可以更容易地加以管理和控制。

相反，如前所述，清廷则要利用华侨的力量，争取华侨财力物力上的支援，因而改变了过去抛弃华侨的政策，开始争取华侨。就在荷兰政府颁布国籍法不久，1909 年，清朝政府颁布了第一部中国国籍法。它采取血统主义，即凡是具有中国血统的人皆为中国籍民。因此海外华侨无论出生在何地都是中国人，保有中国国籍。

1910 年 2 月，荷印政府颁布《荷属东印度籍民条例》，内容与 1907 年条例基本相同。由于两国法律之不同，从此产生了华侨的双重国籍问题。

1911 年 5 月 8 日，中荷签订《中荷在荷兰殖民地设领条约》，规定土生华侨在印尼按荷兰国籍法、在别国按中国国籍法来处理国籍问题。1912 年中国颁布《中华民国国籍法》，仍以血统主义为原则，辅以出生地主义，这就使殖民统治时期的印尼华侨双重国籍问题一直没有得到解决。

在实际生活中，处理双重国籍问题往往遇到难题。例如一位土生华侨商人温某，原来在荷印政府中任职，1926 年，他因触犯荷印法律而到中国，后来根据荷兰领事馆的要求，温在上海被捕。荷兰领事馆坚持温是荷兰臣民，要求带回爪哇审讯。但中国政府根据本国国籍法，认为温是中国公民，应在中国审讯。最后这个案子交由中国上海混合法庭审理，中国方面打赢了这场官司。

在对待国籍问题上，新报派坚持血统主义立场，认为华侨“既生为中国人，就永远是中国人”[18]。郭克明说：华侨“必须坚持自己的民族性，不要被其他民族所同化”[19]。他们认为，华侨必须同中国保持密切联系，以便能得到中国的保护。华侨总有一天要回到自己的祖国生活，因而必须对华侨进行华文教育，在日常生活中也应讲华语。《新报》在论述华侨所面临的四种选择（成为爪哇人、印尼人、荷兰臣民或中国人）时指出："华侨无论从性格、文化、风格或宗教信仰等方面来说，都与印尼人不同，故不可能成为当地人。如果成为荷兰臣民，有朝一日中荷双方开战，华侨就可能与自己的祖国对抗。而荷兰是不可能长期统治印尼的，所以华侨也没有理由成为荷兰臣民。"[20]

为什么华侨不要成为荷兰臣民呢？一方面是强烈的中国民族主义意识使然；另一方面，新报派认为，荷兰"国籍法实际上是他们的一个政治武器，其目的在于割断印尼华侨同祖国的联系。很明显，这必然要引起华侨之间的互相抱怨和猜疑，引起不和的感情"[21]。而且即使华侨成了荷兰的臣民，仍然继续受歧视，只有义务而不能享受权利。洪渊源指出：出生在印尼的泰国侨民与欧洲侨民享有同等的待遇，台湾被日本侵占后，出生在印尼的台湾人也享有欧洲人的地位，原因就在于荷兰不敢欺侮泰国和日本，而华侨成为荷兰臣民后，仍然与印尼人一样，处于次等地位，这就是不平等的表现。[22]

2. 中国是华侨的靠山。为了使海外侨胞站起来，取得与欧洲侨民平等的地位，新报派认为，必须寄希望于中国的强大。朱茂山说：荷印政府歧视华侨，原因就在于华侨没有靠山。他们的祖国——中国太衰弱了。由于华侨没有一个强有力的祖国做靠山，因而在政治上处于被压迫地位。[23]郭克明撰文指出：日本、美国侨民在荷印国民议会并没有代表，然而他们的权益却比有代表的华侨更受重视，原因就在于日、美是强国。所以最重要的是要使中国强盛起来，使荷印政府真正能重视华侨利益。[24]

新报派尽管对当时中国封建军阀割据、政治腐败的政局深感失望，但是民族的感情，文化的魅力，故土的吸引，却使他们执著地热爱自己的故乡，希望中国有朝一日富强起来，成为华侨有力的后盾。1918 年 8 月 1 日《新报》的一篇文章写道："不管中

国是好是坏，是弱是强，中国总是我们自己的国家。”郭克明进一步指出：不管中国好坏强弱，她都是华侨的祖国，与我们的命运息息相关。如果中国被忽视了，处于世界各地的中华民族同样也要被忽视。中国地位提高了，世界各地中华民族的地位也就跟着提高了。[25]他们认为，不管是新客华侨还是土生华侨，都是中国人，应该团结起来，不分彼此，共同为本民族的正当权益而开展斗争。

为了让广大华侨关心中国局势，加强同中国的联系，增进对中国的了解，《新报》经常刊登有关中国的消息和文章，介绍中国传统文化。

3. 反对参与当地政治活动。新报派既然把华侨看成是中国籍民，在印尼属于外国侨民，理所当然地反对华侨参与当地的政治活动。他们认为，荷印政府炮制的 1918 年的国民议会是不纯正的机关，实际上是由荷兰人掌握实权的“影子议会”，是欺骗人民大众的工具，是不受当地人民信任和欢迎的代表机构，华人参与议会毫无好处可言。按照荷兰国籍法，新客华侨被认为是外国人，而土生华侨则是荷兰臣民。这样，华侨派代表参加议会就将分裂新客华侨和土生华侨，中国政府就将丧失保护土生华侨的权力。《新报》撰文指出：华侨如果参与了当地政治活动，就会产生以下后果：即意味着是荷兰臣民，就将与中国脱离关系，最多只能取得与印尼人相同的权利，而负担并不会因此减轻。[26]郭恒节也著文认为，介入当地政治活动，将使言论和纠纷更为复杂化。[27]他们认为，华侨完全没有必要派代表参加议会，侨居印尼的美国、德国、日本以及其他国家的侨民不也没有代表参加议会吗？

但是，柯全寿却认为华侨可以派代表参加议会。这不是为了讨好荷兰人，也不意味着华侨已加入荷兰国籍，而是利用议会这一讲坛，揭露殖民者的罪恶，反映华侨的正义呼声和要求。

4. 反对华人官吏制。新报派反对荷兰殖民者炮制的“以华治华”的华人官吏制度。认为华人官吏都是上层人物，都是由荷兰人委任的，他们忠实执行殖民政权的路线，是荷印政府的御用工具，不代表华侨利益，应废除这种制度。

5. 反对华侨服兵役。就在 1918 年荷印国民议会成立前夕，荷印政府中有人提出国防问题，认为面对日本的威胁，有必要建立防务委员会，在印尼人及其他荷兰臣民中推行义务兵役制，土生华侨亦不例外。不久，兵役法公布。新报派坚决反对华侨服兵役。

6. 提倡华文教育。在文化教育问题上，新报派认为，中国文化要高于荷兰文化。[28]因此，华侨应接受中国文化的教育。有关此问题，将在本章第四节中论述。

新报派的观点代表了印尼华侨中下层的利益。这些华侨多数是教师、报人、工人和农民，平日辛勤所得，仅足以糊口养家而已。荷兰殖民者残酷地欺压他们，处处损害他们的利益，使他们把希望寄托在祖国的富强上面，并希望将来回到故乡去生活，从而使他们产生保留中国国籍、反对在当地服兵役等观点。

（二）新报派及广大华侨同荷兰殖民者的斗争

围绕着华侨要不要参加国民议会的问题、国籍问题以及服兵役问题，新报派及其他侨团率领华侨同荷兰殖民者及华侨中不同观点的派别展开了斗争。

首先是对待国民议会的态度问题。巴城州议会的华人议员简福辉是积极主张华侨派代表参加议会活动的代表。他于 1881 年出生于巴城，受过荷文教育，本人是地主，1928 年中华会成立时，他当选为主席。1917 年，荷印政府颁布国民议会议员条例，规定地方议会中的华人议员可当选为国民议会候选人。简福辉事先不同其他华侨社团协商，即擅自在万隆召集地方议会华人议员会议，有 11 人参加（其中 7 名是华人官吏），目的是选举国民

议会华人议员候选人。此事一传出，立即遭到华侨社团的批评。简福辉只好同意于 1917 年 11 月 4 日在三宝垄召开一次华侨代表大会。来自 39 个华侨社团的 700 名代表参加了这次大会。大会争论异常激烈。代表新报派观点的郑坚成、郭恒节、侯德广及林秋贵等在发言中指出：议会是殖民者设置的陷阱，华人官员不代表华人。如果派华侨代表参加议会，就意味着承认了荷兰国籍法，华侨就成了荷兰臣民，就必须服兵役，这是广大具有民族主义感情的华侨所不能接受的。他们的发言尤其是郑坚成的发言受到热烈欢迎。简福辉及其追随者辩解说：中国太软弱了，无力保护印尼华侨，国籍问题难解决，华侨只好在失去中国保护的情况下谋求改善自己的地位。参加议会和当地政治活动就是这样的一条途径，可以通过这条途径来提高华侨的社会地位。他们认为依靠中国是不现实的，只有接受荷兰国籍法才是唯一的出路。

大会投票表决结果是，大多数人反对华侨参加议会，虽然没有做出决议，但是新报派代表的华侨民族主义势力明显地占了上风。尽管如此，当 1918 年国民议会正式召开时，简福辉和文岛华人官员林阿八还是不顾华侨民意，接受了荷印政府的委任，作为华侨代表参加了国民议会。

其次是围绕废除不平等条约的斗争。反对荷兰国籍法以及中荷不平等条约（1863 年的《中荷通商条约》及 1911 年 5 月 8 日的《中荷领事条约》）的运动早在 1917 年 3 月就已在华侨中陆续展开。爪哇、苏拉威西、东加里曼丹以及锡江（望加锡）等地的华侨陆续成立了废约委员会（或后援会），向北京政府递交了呈文。呈文指出：《中荷领事条约》中第二条规定中国各级领事“系商务事务官，为其辖内本国人之商业保护者”，第六条规定中国各级领事“毫无外交上之性质”[29]，实际上使中国领事只管商务而不保护侨民，也不过问华侨文教事业。还指出，这条约使“中国领事无异木偶，以致华侨受赋税之压迫，警察之虐待残杀，移民厅之无理留难居留之繁琐，遗产之没收等痛苦，而中国领事毫不能过问”。认为清朝政府承认在印尼及荷属领地出生的华侨子女是荷印国籍不仅仅是民族主义的障碍，而且是将数百万印尼华侨断送于外人。呈文还认为《中荷通商条约》给予在华荷人以各种特权和便利，是束缚中国关税自主，妨害司法独立，侵犯中国领土，因此强烈要求废除这些条约，并重申华侨不承认自己是荷兰臣民，要求保留中国国籍。

1918 年 10 月，在荷兰殖民者挑衅下，中爪哇古突士镇发生印尼人与华侨冲突事件，华侨房子被焚，财产被掠，伤亡多人。事情发生后，两族人所办报纸互相指责，关系紧张。为寻求合理解决，避免上荷兰殖民者的当，11 月，华侨代表 1 000 人在三宝垄集会，成立救济难民委员会，呼吁加强团结。中印（尼）两族领袖也举行会谈，使事态没有进一步扩大。华侨从这一事件中更体会到必须有强大的祖国做靠山，生命财产的安全才能获保障；所谓荷兰臣民能享受权利保证，不过是一纸空文。

1918 年 12 月 28 日，印尼许多华侨上书荷印总督，陈述不愿成为荷兰臣民的意愿。信中列举许多国家的国籍法都取血统主义，而荷兰国籍法却使华侨具有双重国籍。信中说，华侨与印尼人肤色、言语习惯、风俗、宗教、历史以及文化都不相同，想借政权的力量强迫华侨入籍，是不可能实现的，只能引起更大冲突。接着，他们在巴城召开“争取团结一致大会”，向议会请愿，表示不愿当荷兰臣民和服兵役。在爪哇的其他主要城市也举行了类似会议。

第一次世界大战结束后，1919 年 1 月 18 日，英、美、法、日等 17 个战胜国在巴黎凡尔赛宫召开了“和平会议”。这实际上是一次帝国主义强盗的分赃会议，他们企图利用会议来宰割战败国和重新瓜分殖民地。中国作为战胜国之一，也派出了 5 位代表出席会议。

当时举国上下和海外侨胞，都期望中国能利用战胜国的身份废除以前与外国签订的一系列不平等条约。印尼华侨更是翘首以待，希望中国政府能履行保护华侨的职责，不要承认荷兰的国籍法和兵役法，废除中荷领事条约。

1919 年 1 月，《新报》印刷了 3 000 份《关于国籍制度的声明》向华侨征集签名，以便把声明在巴黎和会前寄到中国代表团那里。《新报》一共征集了 28 789 名华侨的签名，并得到 200 个华侨团体的支持。《新报》还派侯德广到中国，向北京政府请愿，要求给华侨以放弃荷兰国籍的权力。但是软弱腐败的北洋军阀政府拒绝了这一要求。荷兰中华会主席、印尼华侨韩昭宗也写信给巴黎和会的中国代表，要求废除 1911 年《中荷领事条约》。

2 月，泗水、巴城和三宝垄分别成立华侨联合会，推荐熊理、黄宣献及韩希琦三人为代表，回国请愿。代表们于次年初抵达上海，侯德广参加了这一请愿团。请愿团向北京政府外交部递交了呈文，要求不承认荷兰国籍法，保护华侨，使华侨有保留中国籍的权利。然而请愿遭到北京政府拒绝。恼羞成怒的荷印政府采取打击报复政策，禁止代表们重返印尼。侯德广和黄宣献后来表示妥协，承认荷兰国籍法，才被允许入境。

在巴黎和会上，中国代表团的议案也遭到帝国主义列强的蛮横否决。卖国的北洋军阀政府不顾人民的反对，竟然几次训令代表团对日妥协，放弃对山东问题的力争。更可耻的是还准备在宰割中国的“和约”上签字。

在印尼本土，新报派展开了反对荷兰国籍法的运动。1920 年 3 月 6 日，汉务司官员福隆勃格应荷兰中华会之邀，谈了对国籍法的看法。他一方面承认华侨因受虐待而兴起民族主义运动，要求提高华侨的社会地位是可以理解的。但是另一方面，他又指责华侨反对荷兰国籍法是受民族主义者的煽动，是不了解法律所致。还说实际上荷兰臣民是可以享受各项权益的，各个民族的荷兰臣民在印尼都有着共同的利益。他无理地指责反对荷兰国籍法是一小撮有沙文主义情绪的华侨发动的，认为这一运动是排外的，同荷属东印度的利益是对抗的，因而对华侨本身也是毫无好处的。

朱茂山撰文驳斥了福隆勃格的观点。他指出：华侨之所以要保留中国国籍，首先是因为他们是伟大的中华民族的一部分，而荷兰国籍法却企图分裂新客华侨和土生华侨，强迫土生华侨成为荷兰臣民。荷兰殖民者长期实行种族隔离政策，使各族人民被隔离开来。各民族都有自己的民族利益。荷印防务也不是什么公共利益，而是维护荷兰资产阶级的利益。既然荷印政府不准华侨拥有土地，那么要他们服兵役来保卫谁的土地？答案不是不言而喻了吗？朱茂山认为，荷兰人和印尼人都有靠山或众多的民众，唯独华侨什么也没有，法律也不保护他们。华侨唯有寄希望于保留中国国籍，以便得到中国政府的保护。只要中国强大，荷印政府就得考虑给华侨以应有的地位。

反对荷兰国籍法和不平等条约的运动，由于荷印政府的破坏以及北京政府的腐败，没有取得什么进展。结果，《中荷领事条约》被重新修订。尽管如此，这一运动却提高了华侨的觉悟，促进了华侨的团结。同时，荷印政府担心具有强烈民族主义意识的华侨一旦服兵役，将不利于殖民政权，终于不敢强迫华侨当兵，这是运动取得的一个成果。

1924 年和 1925 年，中国历史上出现了国民议会运动和废除不平等条约的运动。国民党执政的南方政府于 1925 年宣布废除不平等条约。这鼓舞了印尼华侨。1927 年 5 月，在《中荷领事条约》将届期满之际，新报派在印尼各地掀起了反对中荷不平等条约的运动，不少侨团予以支持。他们派代表到北京和南方，希望说服南北政府不要重新订约。但是军阀控制的北京政府却依旧与荷兰政府重订了领事条约。

1927年，国民议会召开期间，有人提出了废除虐待契约劳工的刑事法和无需审讯即可逮捕并放逐被认为是危害公共安全的人的非常法的议案。简福辉却投票反对废除这两个法令，而且还反对印尼人应在议会中占多数席位的建议。新报派的柯全寿和吕炳健指责中华会代表地主资本家利益，不为华侨的正当权益而斗争，没有为改善华侨状况做过好事，而是一味讨好荷兰殖民政府，为殖民者效劳。并指出他们仇视印尼人民，最终将危及华侨的处境。当时不少报刊曾就此展开讨论。印尼民族主义者的报刊支持新报派的正义立场，批评中华会是“印尼人的敌人”。

以简福辉为代表的中华会的观点代表了华侨中的上层人士的利益，这些人多数是地主、华人官吏和大商人，属于比较富裕的阶层。他们是荷兰殖民者实行的各项政策的既得利益者。因此，他们希望在荷印政权的保护下，在殖民地永久定居下去。正因为如此，他们维护荷印政权，要求加入荷印国籍，争当国民议会议员，保留华人官吏制，而不关心中国利益，也就不足为怪了。

此外，广大华侨还积极开展反对荷印政府其他歧视华侨政策的斗争。

1905年，华侨商人赖其仁无端被一荷兰妇女诬蔑为贼，荷印警察按警察裁判权制度将其逮捕下狱，不准家人探视，不久冤死狱中。马辰华校教师柏汉襄也无辜被捕入狱。《华铎报》主编白苹洲于是在报上撰文呼吁废除虐待华侨的苛例，并以该报主笔名义直接谒见荷印总督，要求释放柏汉襄。在华侨压力下，柏终被释放。白苹洲又联络各地华侨上书荷印政府要求废除警察裁判权制度及限制华侨旅行的通行证制度，最后终于取得胜利。

1909年巴城和三宝垄等地侨团组织请愿团谒见荷印总督，并具文呈请中国驻荷公使陆征祥及北京政府向荷印政府交涉，要求此后华侨案件不受警察裁判所的审讯，改由法庭审理。

20世纪30年代初荷兰出版的一本名为《焚打通》

（*Vandale*）的大字典在解释荷文“Onbeschaamd”（意为“无耻”）一词意义时，竟肆无忌惮地引用了侮辱中国人的例句：“中国人为全东方最无耻之骗子”。此事引起广大华侨的极大义愤。林群贤领导的《新直报》立即加以揭露谴责。不少有正义感的印尼人民也纷纷为中国人民及华侨抱不平，认为是有意侮辱，是对有色人种的歧视，要求荷方予以纠正。这一事实充分显示了中印（尼）人民在反对种族歧视斗争中是并肩战斗的。

（三）新报派等受到的无理打击和迫害

由于新报派坚持正义和进步，成为荷印政府的眼中钉，从而屡遭殖民者以及后来的日本占领军政府的打击迫害。这主要表现在以下三个方面：

1. 无理拘留和审判新报派的领导人或禁止他们重返印尼。1924 年 11 月，郭克明被判刑 1 年，洪渊源被判刑 9 个月，后经律师辩护，洪被判无罪释放，郭以罚款 200 盾了事。侯德广返中国请愿被拒返印尼。郭恒节因撰文揭露过殖民者，当他在 1923 年周游欧洲后要返印尼时，也被禁止上岸，只好在上海住了 10 年。后经建源公司总经理黄宗孝（黄仲涵之子）担保，才解除了禁令。柯全寿也常受荷英殖民者的诸多刁难。1936 年，当印尼华侨准备选代表参加中国国会代表大会时，一些华侨竟遭荷印政府逮捕。

2. 妄图用经济手段来扼杀《新报》。荷印政府不准政府机关在《新报》刊登广告。欧洲人办的五大洋行也参与打击《新报》的勾当。《新报》上交的广告税格外苛重。巴城荷文报纸可从广告中得到 60% 以上的收入，而《新报》只能得 40%。[30]

3. 1936 年 11 月，马来文版《新报》被无理停刊 8 天。1937 年“七七”事变后，《新报》因宣传抗日被勒令停刊四五十次。[31] 日军占领期间，《新报》被封闭 3 年半，包括洪渊源在内的 12 名《新报》职员、柯全寿以及一些同情新报派的华侨被

捕，有些人被抓进集中营直至日本投降始获释。

荷兰殖民者和日本法西斯主义势力的种种迫害，并没有使新报派和坚持正义立场的华侨屈服，他们一直坚持从事进步的事业，赢得了广大华侨和印尼友人的尊敬和赞扬。

（四）华侨社会地位的提高

在中华会馆、各个侨团及新报派等华侨民族主义集团领导下，经过广大华侨的长期斗争，终于迫使荷印政府逐步取消了一些歧视和侮辱华侨的制度。

1904 年，华侨通行证有效期改为 1 年。1910 年规定华侨在主要公路旅行，无须许可证即可自由通行，这是华侨有史以来第一次获得自由行动的权利。1913 年，废除只有“荷兰人得任文官”的规定，改为“荷兰臣民”也可任文官，也就是说土生华侨也有了任政府公务人员的机会。1914 年取消警察裁判权制度和无故搜查华侨住宅的规定。1917 年，规定非欧洲籍侨民也可根据欧洲法律审理案件；华侨子女也可进原住民学校求学。1918 年取消华侨在外岛的旅行限制。1919 年取消华侨在爪哇居留地的限制（1926 年扩大到外岛）。1920 年废止华侨营业税，而代之以与其他种族一样的共通的所得税。1924 年规定欧洲家族法同样适用于华侨。1928 年废除甲必丹裁判制。20 世纪 30 年代废除华人官吏制度，等等。

这说明华侨民族主义运动取得了一定成果。

但是，在国籍问题上荷印政府始终不肯妥协。而且必须指出的是，殖民者出于其本性，从来没有放弃迫害华侨的行为。各地仍经常发生华侨受侮辱、歧视的事件。下面略举几例说明。

1927 年 5 月 3 日，加里曼丹生瓦生瓦埠的荷兰警察无理拘捕华侨 15 人。华侨要求荷方说明理由，并请求保释，不料警察竟向华侨开枪射击，打死华侨 12 人，重伤 19 人，轻伤 8 人。荷方还封锁消息，妄图消灭罪证。国民党政府迟至半年后才提抗议，也不了了之。

1928 年 5 月 1 日，三宝垄华侨工人拟举行劳动节游行，工人首领竟被逮捕。当地中华会馆亦遭到荷方搜查。石油公司职工 300 人要求警方释放被捕者，卫兵竟开枪扫射。华侨工人当场死 12 人，伤 28 人，被捕 18 人。

荷印政府于 20 世纪 30 年代规定华侨学校每周只准教授 1 小时华文（荷文为 7 小时，英文 3 小时），不准教授中国史地，华侨子女不准穿中山装及佩戴国民党党徽。在上海暨南大学学习的华侨青年学生限 3 年内必须返回，逾期不准返印尼。

1935 年 6 月 1 日，巴城植物园禁止华侨入内游览，而欧洲、日本侨民则可自由进入。华侨领取无线电收音机执照也被诸多限制：必须有 3 名保证人；不能使用短波无线电收音机；每年要交牌照税 45 盾。

20 世纪 30 年代，荷印政府还无理驱逐几百名华侨出境。

因此，华侨要取得真正的平等和更多的正当权益，仍然面临着艰巨的斗争。

印尼华侨民族主义运动是在以新报派为主力的华侨领袖领导下进行的，怎样评价它的作用呢？

如上所述，新报派是在印尼特定的历史条件下形成的。它所提出的争取华侨享有与欧洲侨民平等的权利、提高华侨的社会地位、反对在当地服兵役、有权选择中国国籍等等的观点，反映了当时大部分华侨的要求和呼声。它反对民族歧视、反抗殖民主义压迫的斗争是有进步意义和积极作用的。

即使当时的中国因国势衰微而受列强欺凌，新报派等广大华侨并不怨天尤人，而是保持了中华民族的自尊心和自信心，绝不低身下气甘受殖民主义者的欺侮，而是积极开展斗争。与此同时，他们又尽力支持中国的历次革命斗争（详见第二节），希望中国强盛起来。这说明他们虽然生活在国外，但并没有忘记自己

的故乡和根。郭克明、洪渊源以及柯全寿等虽没加入中国籍，不少人还是几代土生华人，但他们仍执著地希望中国强大起来。这说明中华民族是一个有很强凝聚力的民族。

可贵的是，新报派等广大华侨在印尼民族受殖民主义者压迫和剥削之际，没有袖手旁观，而是同情和支持印尼人民争取独立的斗争，揭露和抨击殖民者，和印尼人民并肩战斗（详见第三节），成为印尼民族解放运动的一个组成部分，并且做出了积极的贡献。

当然，由于历史条件的限制，新报派的斗争也存在一些不足之处。

首先，它片面地、不加分析地过分夸大了“生为中国人，死为中国鬼”的作用。不现实地要求所有华侨都保留中国籍。事实上，中国人移居印尼，历史悠久，不少人已数代定居于当地，有些人同当地人通婚生子，已在各方面同化于印尼人民。对这些人来说，保留当地国籍比之保留中国籍，更有利于在当地的生存和发展。他们不可能像郭克明所要求的那样都回中国去，也不可能要求已经完全“非中国化”的土生华人，再采用各种办法使之“重新中国化”。这一点，从理论上说是错误的，从实践上说也是做不到的。

其次，他们在支持印尼人民斗争时，有时不恰当地宣传既不能同化于当地人，也不能同化于荷兰人的观点，这是不利于团结各个不同的种族开展反殖斗争的。

第二节　印尼华侨对中国革命的支援

印尼华侨具有热爱祖国的优良传统，时刻关心着中国形势的发展。从20世纪初华侨更多地接受爱国主义教育、提高了民族觉悟以后，这种关心和支援就日益成为一种自觉的行动。华侨民族主义运动兴起后，就很自然地与爱国主义活动紧密地结合在一起。从孙中山领导的旧民主主义革命到中国共产党领导的新民主主义革命，都得到了印尼华侨的大力支援。印尼华侨对中国革命做出了巨大贡献。

一、对辛亥革命的支援

华侨对辛亥革命的支援，可分几个方面论述。

（一）组织革命团体，开展舆论宣传

1905 年中国同盟会成立后，即在新加坡设同盟分会，作为英荷两属地的革命总部，有计划地派遣 20 多人先后到印尼开展革命活动。他们多数当教师，向学生和家长灌输革命思想。

1907 年，巴城同盟会成立，参加者有吴伟康、李笃彬、钟秀珊、陈百鹏等 20 多人。为避免殖民者的干涉，没有打出同盟会的旗号而取名寄南社。为方便活动，1909 年以巴城书报社名义向荷印政府备案。各地先后成立的书报社有 52 处，比较著名的有：巴城书报社、三宝垄乐群书报社、泗水及亚齐书报社。日里书报社比较集中，共有 16 处，其成员前往中国参加革命的也最多。

书报社实际上是变相的革命机构。它在华侨中宣传反清的民族主义思想，同时联络华侨会党和组织。当时，印尼华侨会党多数起源于天地会，原来的宗旨是反清复明。由于封建地域、姓氏等观念的作祟，逐渐产生名目繁多的各种组织，彼此互相仇视，极不团结。书报社成立后即规劝这些组织的领袖捐弃前嫌，消除地域观念，它在促进华侨团结方面起了良好作用。

书报社在明朝灭亡纪念日开展演说会，以唤起华侨的民族意识。它散发传单，呼吁华侨不要为慈禧太后祝寿。

此外，书报社还购置进步书刊供华侨阅读，既活跃华侨的文化生活，又提高了华侨的觉悟。1912 年，巴城书报社接办了义成学校。

逃亡海外的改良派首领康有为及其门徒先在北美洲建立保皇会；旋在新加坡设分会，在南洋到处鼓吹君主立宪、开明专制的思想，力图把中国发展资本主义的美梦限制在维护封建帝制的基础上，把改革中国的希望寄托在清帝身上。他们极力反对孙中山的民主革命学说，破坏同盟会的革命活动。1903 年康有为到爪哇，除了劝学，宣传保皇是其中一个重要内容。如他在巴城时就用广州话对华侨说："凡属大清臣工百姓，都应效忠圣上，使国家大计，早日得以出自圣裁……"[32]他还说他带有光绪皇帝的衣带诏以"征求同志"。一些对光绪皇帝抱有幻想，梦想康有为上台后可以捞到好处的华侨资本家便争相倾向保皇党。康有为在巴城正式建立保皇党后，不少华侨资本家纷纷入党，以至"地方上一切有资力的人，都入其范围，势炎煊赫"[33]。爪哇的《乌岛日报》就是宣传保皇的喉舌。凡是加入保皇党者，还发给徽章，上面印有光绪帝、康有为、梁启超的像，分金质、银质和铜质三等。以缴纳金钱之多寡来分等级。爪哇一位资本家即奉送 70 万金以求得康有为的亲笔墨宝。不少华人官吏是保皇党人。商会、会党也都与保皇党有联系或受其控制。保皇党在印尼华侨中的社会基础是华人官吏、地主、商家及士绅阶级等。保皇党曾上书荷印政府，要求把寄南社主持人捕回中国，但未能得逞。

面对保皇党的嚣张气焰，书报社和广大华侨用各种方式同他们展开斗争，以便争取更多华侨倾向革命。利用报纸开展宣传是一个极其重要的方面。如《华铎报》的发刊词即针对保皇党的有害活动，指出："今日者，吾不惧他人之欺我、侮我、杀我、奴隶而牛马我。吾惟惧我之甘于自欺、自侮、自奴、自杀而牛马，则黄帝之华胄终没；而周孔之遗泽永沦。吾为之惧，吾不得不大声疾呼，痛哭哀号曰：同胞醒！同胞醒！”[34]它要华侨千万警惕，别上保皇党的当。《新报》创刊不到一周年，即发表译文《东方开始露出了曙光》，歌颂正蓬勃发展的中国革命运动。它还经常报道孙中山的言论和革命活动。《民铎报》、《泗滨日报》及《苏门答腊报》等都参与了同保皇党的大论战。当时的华侨报人潘俊发和叶水昌在 1906 年就已把孙中山的一些文章译成马来文发表。[35]这些报社和报人在抨击君主立宪和清朝的腐败政治、宣传民主革命思想等方面发挥了重要作用。

华侨革命团体除同盟会、书报社外，尚有陶成章为首的光复会。1908 年，泗水华侨沈钧业、庄啸国等在光复会领袖陶成章指导下筹备成立光复会。当时曾在明新阅报社举行明崇祯帝追悼大会，目的在于唤起民族意识，鼓吹推翻清朝政府。荷印政府得悉后，立即派警察干涉，华侨据理力争，几至动武。后在甲必丹劝说下，荷人不敢恃强，纠纷才平息下来。以后光复会会员日多，要求回国参加革命者亦不少。后来陶成章被荷印政府限期出境。文岛光复会势力也不小。

可惜的是，同盟会与光复会干部之间常闹矛盾，因而分散了力量。1910 年国内革命高潮到来时，在黄兴等的说服教育下，两会始消除成见，团结对敌。

在舆论宣传的启发鼓舞下，许多华侨提高了觉悟，踊跃参加革命组织。如坤甸华侨青年李春荣，17 岁时就读了《扬州十日记》等书，听说孙中山抵达新加坡，即乘船赴新，潜至同盟会会址晚晴园，面谒孙中山，请准加入同盟会。孙中山以他年轻恐贻误大局，劝他回去求学，但他决心已下，连续三次见孙中山，表示参加革命，虽诛九族亦无后悔。孙中山终为之感动，准他入盟，并赐以“义侠”的别号。民国成立后，孙中山还给他颁发旌义状，但他认为参加革命是国民天职，从不以旌状炫耀。

（二）经济上的支援

孙中山领导的民主革命运动，在经济上急需广大人民的支持。在这方面，华侨是一支重要的力量。

华侨工人和其他中下层阶级是热情支持孙中山革命的主力军。工人收入微薄，但他们节衣缩食，慷慨解囊。“他们随随便便就可以捐助二三十元，高兴的时候捐一个月两个月的薪水也是很多。他不管自己袋里有没有钱，总是捐了以后再来设法。这些工人一面写捐数，一面很爽直地说：‘钱是赚来的，有什么用呢！大家来热心捐助吧。’”“我们如果和他们讲清政府如何不好，我们应该如何革命救中国，工人听得很入耳，登时伸着拳头站起来，恨不得立刻就干起来！”[36]

店员和小商人也很热心，他们经常到各店串联同行，随便捐出一两个月的薪水。

正是在这些下层华侨群众热情支持下，书报社历次募捐成绩都很可观。

1907—1908 年，同盟会在中国粤桂滇地区发动 6 次起义。汪精卫和邓子瑜负责到印尼筹款，得到华侨的热烈响应和支持。孙中山知悉后，于 1908 年 3 月 4 日致函苏门答腊流石埠同盟会说：“……贵处同志热心公义，闻之甚慰”，“各同志协力筹款以助革命军之用”，“各同志之慷慨好义如此，洵足为国民前途庆，深望始终勿懈，益求进步。”[37]孙中山欣慰之情，溢于言表，当年，孙中山亲题横额“努力前进”赠给书报社。

1910 年 11 月，孙中山和各埠同盟会负责人在槟城开会，筹备广州起义，李燮和代表印尼同盟会和光复会参加了会议。

在黄花岗起义中，印尼华侨共捐款 32 550 元。起义失败后，又捐 5 000 余盾送香港作为善后之用。总计印尼华侨在 1907—1911 年间捐助革命的款项达 62 550 元。[38]

印尼华侨还举办一种预储捐，“以巩固实力，恢复国势为宗旨”，以备革命需要时用。到 1911 年七八月，共得款 2 万多盾，于武昌起义时带到香港供革命之用。[39] 到 1913 年，预储捐已达 47 100 余盾。[40]

从黄花岗之役至南京临时政府时期，印尼华侨继续捐款支持临时政府和光复各省，以巩固和发展革命的成果。吴伟康负责筹得 2 万港元做潮汕起义之用。从 1911 年 11 月至 1912 年 5 月，短短半年间，巴城、泗水及文岛等地华侨共捐献 67 650 元，给南方革命机构和政府使用。

泗水的蒋以麟支援光复的事迹是很感人的。由他负责的泗水同盟会汇去援助福州光复之用的款项即达 7 000 元。泗水书报社捐款做光复厦门之用的达 14 700 余元。泉州光复后，蒋以麟不仅继续捐资，还发动侨胞支援祖国建设。后来当他返回泗水时，“所投资金尽归乌有。在泗的父祖遗产，由于以麟慷慨输财助革命，加以投资公路破产，耗费至巨，弟侄辈指以麟份额早已超支，不能再染指，他不得不自谋生活……但无固定收入，生活陷于困难”[41]。泗水书报社总理蒋报和积极筹集大笔资金，对光复福州和厦门起了很大作用。

少数开明的华侨资本家也支持孙中山革命。吴玉章指出：“中国资产阶级还有一部分是在国外的，这就是华侨资产阶级。华侨资产阶级有很多人是从小商人出身，甚至有的从工人出身的，同国内封建统治阶级联系比较少。同时因他们接触了西方资本主义文化，又受到外国人的歧视，深恨清朝政府的腐败无能，容易产生革命情绪。”[42] 例如本书第四章第二节提到的苏门答腊华侨资本家张煜南兄弟投资修筑潮汕铁路就是一个典型事例。1911 年春，清政府以“铁路国有”之名，以六成付款把股权收归国有，并把路权卖给帝国主义，使张氏兄弟大受损失，极为愤慨，也从中看透了清政府的腐败卖国和掠夺华侨的本质。清室灭亡后，张鸿南鉴于孙中山需饷甚急，于是以南洋总商会张弼士及本人名义捐了一笔巨款给孙中山，还发动华侨踊跃捐输。民国成立后，孙中山于1912年8月到烟台参观张裕酒厂，并为酿酒公司题具“品重醴泉”匾额一方，对张鸿南则亲笔题“博爱”大字斗方一幅，表彰他们赞助革命的义举。黄仲涵也以“轩辕后人”之名义，捐助孙中山5万盾。

廖承志在谈到华侨对孙中山等革命党人财政上的巨大支援时曾指出：“孙中山这一批人的财政，完全来自海外华侨的支持；他甚至没有从广州得到金钱。美国和爪哇的华侨对他的支持最大。”[43]

（三）回国参加武装起义或输送干部

印尼华侨还以回祖国直接参加革命的实际行动来支持孙中山领导的民主革命运动。邦加岛华侨胡国梁、柳聘农及李燮和，巴城华侨罗福星等回国参加了黄花岗起义。一些参加起义的印尼华侨英勇献身，如：“黄花岗中的李祖奎、罗仲霍、李雁南等以及温生财、陈敬岳等烈士皆日里同志也。”[44]

罗仲霍（1882—1911年）。原籍惠州，曾侨居越南、马来亚和印尼日里等地。历任苏门答腊火水山中华学校校长和报社主编，曾见过孙中山并加入同盟会。不久即返国参加黄花岗起义。在攻打总督署中，左足中弹受伤被俘。被俘后在军警面前还大谈革命不止，随即慷慨就义，表现了革命者视死如归的精神。牺牲时仅30岁。

李炳辉（约1892—1911年）。别名祖奎，广东肇庆人。侨居过马来亚、新加坡及日里。原在马来亚皈依基督教，后入同盟会，从此以传教名义来宣传革命。1911年春回国参加起义。到香港后，其母函促南归，他挥泪详述不能归的理由，并附上一首诗：“回头二十年前事，此日呱呱坠地时，惭愧劬劳恩未报，只缘报国误乌私。”表现了他首重报国的赤子之心。在起义中他英勇献身。

李雁南（？—1911 年）。广东开平人，曾侨居日里等地。参加起义中，他受伤被俘。在审讯中他慷慨陈词，指出中国要有权，必须要革命，要打倒清廷。当要枪决他时，他厉声对刽子手说："可用枪从口内射击。"即张大口饮弹而死，使官警为之骇然。

七十二烈士之一的林修民（ ？—1911 年）是曾经侨居芙蓉和勿里洞的归侨，广东蕉岭人。因受外侮刺激，遂回国，又愤清廷腐败而东渡日本留学。回国后在家乡任教，从事革命活动。1911 年到广州参与策划黄花岗起义，随黄兴攻打督署，力战牺牲，时年 26 岁。

董必武赞扬在黄花岗起义中牺牲的爱国华侨是"中国人民的优秀儿女，是全体爱国华侨的光荣"。

曾经在日里及马来亚等地侨居过的温生财（1870—1911 年），广东梅县人，1911 年阴历三月初十，在广州暗杀清朝将军孚琦，英勇就义。

日里华侨陈敬岳（1870—1911 年）也是广东梅县人。1911 年阴历六月十九日在广州同林冠慈炸伤清水师提督李准后被捕。在审讯中，他坚贞不屈，并带病写下宣传革命的文章，被杀害时年 41 岁。

另外，在其他一些起义中也有印尼华侨参加。如：武昌起义后，巴达维亚华侨郭典三回国。他带领 20 多人攻打揭阳，不幸牺牲，钟枚初、巫爱我、刘万能、何庆德及冯节军受伤。[45] 巴城华侨书报社在武昌起义后的短短三个月内，先后输送了 26 人回国参加革命工作。[46]

暨南学堂关闭后，在那里学习的牙律华侨学生叶长河就地参加了革命运动。

泗水华侨蒋以麟早就表示："吾人既做革命之事，当然早存牺牲。"[47] 他先后加入光复会和同盟会。1911 年 5 月回到家乡福建泉州参加革命。他除了慷慨捐巨款作为光复泉州之用外，还英

勇参与了光复活动。他组织一批盟员，准备起事。10月底，在泉州保安会成立之日，他面对围观群众，激动地发表演说："从满人入关下令叫汉人留辫子，违者杀头，扬州被杀十日，嘉定被屠戮三次，无辜死者不知若干。满人杀戮我同胞之惨，可以想见，清朝现在必败，同胞们，共起革命吧，把清朝推倒。"[48] 11月，蒋以麟冒着危险前往泉州清朝防军统带协台唐万胜处，劝其反正。唐万胜开始态度傲慢，并问蒋为何不在南洋快乐生活，反而甘回祖国冒身家性命之险。蒋以麟严正回答说："目今列强虎视眈眈，吾人不忍使中国亡于满人之手，为救亡图存之计，策动革命，推翻专制政府建立新民国，以求平等自由。"[49]由于蒋以麟晓以大义，唐万胜终于反正，泉州得以避免流血而光复。附近各县闻风响应，也自动反正。蒋以麟做出了重大贡献。泗水华侨参加光复泉州的还有蒋报安、蒋报企和蒋度甫等人。

蒋以麟的父亲蒋报策、叔父蒋报料、堂弟蒋德卿都先后从泗水回泉州参加革命。厦门光复后，蒋德卿任临时南部分府府统制。蒋的亲戚王振邦从泗水回国后，组织厦门同盟会并任负责人，对光复厦门做出重要贡献。

厦门番仔街的合昌栈是泗水华侨蒋报烟开设的，原先是用来接待泗水侨客的，此时则成为革命党人的机关。泗水华侨此时回国参加革命的还有：叶世春在厦门，黄杏荪在漳州，庄啸国在上海，苏眇公在福州，各负重责。

（四）热烈庆祝武昌起义成功和南京临时政府的成立

黄花岗起义后，各地中华会馆、三合会、商会以及各界华侨本拟开会追悼起义烈士，但由于荷印政府的阻挠而未果。从那以后，保皇党威信扫地。

武昌起义成功和中华民国成立的消息传来，极大地振奋了华侨，他们相率剪掉了辫子。各地华侨奔走相告，集会庆祝。

在巴城，集会者达五六千人。华侨不顾荷警之破坏，毅然升起国旗，并敬礼，然后鞭炮齐鸣，欢声雷动，荷警无可奈何。在泗水庆祝大会进行中，荷警无理撕碎中国国旗，引起华侨的愤慨。华侨据理交涉，荷警以暴力相待，有 3 名华侨被捶毙，百多人被捕。警察的暴行引起华侨的更大愤怒，他们包围了荷兰官署。警察用马队及水龙头冲射，全体华侨罢市以示抗议。在坤甸和望加锡，也发生荷警撕碎中国国旗事件。各地华侨致电新成立的民国政府，呼吁祖国政府和人民的支持。中国政府立即同荷印政府交涉。上海 30 个团体表示声援。最后，荷印政府不得不退让，表示以后可以升旗开会，并把被捕华侨释放。坤甸华侨于是择日升旗，通知华侨参加，升旗时爆竹声闻遍全市，欢声震天，表达了扬眉吐气的海外中华儿女欢乐的心情。

热烈支持中华民国新政权的是华侨工农、店员和知识分子。少数华人官吏也开始转变原来的保皇态度，转而支持孙中山。例如在巴城，邱亚樊就是支持中华民国的华人雷珍兰，他第一个在店里升起了中国国旗。[50]多数华人官吏还在犹豫观望中。如巴城华人玛腰在清朝倒台后，对升不升国旗庆祝就顾虑重重，也不敢请求当地政府准予升旗，而是指示其下级和所管辖地区的华人官员，劝告华侨不要升国旗，除非荷兰政府已承认中华民国。可见华人官吏的民族感情要比普通大众差得多。

如前所述，南京临时政府成立后，华侨寄予极大希望，曾具文呈请新政府禁止贩卖“猪仔”华工，切实保护华侨。孙中山没有辜负华侨的期望，1912 年 3 月 19 日分别指示外交部和广东都督禁绝贩卖“猪仔”，指出：“今民国人民同享自由幸福，何忍侨民向隅，不为援手?”“民国既成，岂忍视同胞失所，不为拯救?”[51]

中国封建帝制的废除，共和制的建立，给华侨带来鼓舞和希望；孙中山对华侨的关怀，又反过来促进华侨对新政权的支持。

二、对南京政府和北伐战争的支援

（一）回国参加 1912 年的北伐

南京临时政府成立后，局势仍然动荡不定。清朝的精锐张勋及倪嗣冲所部，重兵集结于长江以北，对南京形成钳形攻势，威胁着新生政权。与此同时，革命派与北洋军阀头子袁世凯举行和谈，帝国主义、封建势力和立宪派企图逼使革命派向袁妥协，把政权让给袁世凯，条件是袁要承认共和，逼清帝退位。在北洋军阀咄咄逼人的形势下，提议北伐的力量暂时压倒了妥协迁就的力量。临时政府接受了孙中山提出的北伐建议。1912 年 1 月 11 日，孙中山以总统名义宣布，亲自指挥三军分六路北伐。

全国人民拥护北伐，海外华侨也纷起响应。坤甸华侨 63 人组织了决死队。他们启程回国之日，全埠商店休业欢送。决死队员们身穿黄色军服，由军乐队开路，爆竹声震天响，群情极为振奋。途经新加坡上街买东西时，许多华侨商店都不收钱以示敬意。

曾任黄花岗起义领导人之一，起义失败后转到南洋各地的姚雨平[52]此时到了泗水。他积极宣传革命，开展工作，并认识了梅县籍华侨邓寿南。邓把大部分财产都用来购置武器，支援北伐。数百名华侨青年主动回国参加北伐军的炸弹队。有许多人未经家长同意自筹旅费回国。印尼华侨青年回国参加北伐者达数百人。姚在兵源、财源充足的情况下，立即回国，被推为广东北伐军总司令。

这支由南洋华侨青年组成的华侨炸弹队，后来扩大为一个营，共 300 余人，武器充足，军容甚盛。他们在北伐中英勇杀敌，屡立战功，做出了卓越贡献。

1912 年清帝宣布退位，南北议和告成。《华铎报》大量报道了北伐军胜利的消息，华侨大为振奋。

（二）声讨袁世凯，掀起抵制日货的浪潮

袁世凯依靠帝国主义的支持，威逼孙中山辞去总统职位，1912 年 3 月当上了总统，随即撕去了“拥护共和”的假面具，向以孙中山为代表的革命势力发起疯狂的进攻，杀害了一批革命党人。1913 年 3 月派遣特务在上海暗杀国民党领导人之一的宋教仁，接着又镇压孙中山的“二次革命”，解散国民党和国会，废除临时约法，1914 年 5 月自订《中华民国约法》，规定袁世凯任终身总统，独揽一切大权。接着袁世凯大搞尊孔复古运动，掀起复辟帝制逆流。孙中山被迫流亡日本，另组中华革命党。袁世凯为了当上皇帝，不惜卖身投靠帝国主义，向英、法、德、日、俄等国大借外债，把盐政、田赋收入以及铁路建筑权几乎都拍卖给了帝国主义。1915 年 5 月 9 日，袁世凯公然答应日本提出的灭亡中国的“二十一条约”。8 月，袁世凯的一批党徒组织“筹安会”，为他当皇帝摇旗呐喊。12 月 12 日，袁世凯取消民国年号，当上了“中华帝国皇帝”。

袁世凯的一系列倒行逆施，引起全国人民、包括海外侨胞的强烈抗议和声讨。各地华侨纷纷通电加以斥责。泗水华侨在致各省将军、巡按使等的电文中指出筹安会“更变国体，欺罔元首，紊乱约法，实有召速亡之祸”[53]。三宝垄华侨的电文称：“海外侨众，所为椎心泣血，不能自已者，正以一线之良知未泯，上溯往古，下逮来今；内审本国情形，外察世界大势，深信此变更国体事，有百害而无一利……”[54]三宝垄中华商会于 1915 年 5 月 13 日召集会议做出决议，致电北京政府，请将“二十一条约”内容公开揭示，并要求勿签订有损国权的不平等条约。

在声讨袁世凯的同时，印尼华侨坚决支持孙中山的革命行动。巨港有 500 多名华侨加入中华革命党，万隆同盟会也改为中华革命党，党员人数增至 20 余人。孙中山为筹备经费，在南洋

各主要支部先后成立了筹饷局，印制“中华革命党债券”作为收据凭执。还按认购数之多寡，发给金质、银质或铜质勋章。印尼华侨踊跃认购债券，筹饷局职员带到印尼各地的债券被认购一空。据统计，印尼华侨认购债券将近12万元。1915年蔡锷于云南组织护国军讨袁时，黄仲涵汇款2.5万盾表示响应支持。各地华侨还发起抵制日货、募集“爱国捐”的运动。三宝垄“华侨，无男无女，无老无幼，莫不响应，妇女界亦以‘国家兴亡，匹妇有责’，不愿让男子专美，一致起而向女界劝捐，各社团亦热烈设法筹募，或表演新剧，借以筹款，乃将所得净利，拨充爱国捐，数日之间，各方募集之数已达2.6万盾”[55]。

印尼华侨还踊跃回国从军。孙中山指出，华侨参加的讨袁军可分两部分，活动于广东方面的主要由英、荷、法殖民地的华侨组成，有美、日等地华侨参加；另一部分是活动于山东方面的，主要由加、美华侨组成，有南洋及日本华侨参加。泗水华侨冯创和马显就是前往广东江门参加讨袁行动的。

孙中山从1917年到1925年，经历过两次护法、镇压陈炯明叛变，改组国民党促进国共第一次合作等重大事件。在这期间，印尼华侨在经济上的支援源源不断。据不完全统计超过10万元。孙中山回到广州重建大元帅府后，特别为热心捐献的巴城书报社社员吴宝能等16人颁发了金质和银质奖。为了捐资支援中国革命，巴城书报社原定的建会所的计划只好暂时搁置下来。

1917年7月，爪哇许多华侨团体得知张勋企图抬出已被废黜的宣统皇帝复辟的消息，纷纷打电报表示反对。

俄国十月革命的胜利和我国1919年发生的五四运动，对印尼华侨产生深刻的影响。一小部分华侨接受了马克思主义成为共产主义者，参加了印尼共产党，或者回祖国参加反帝反封建革命运动。

广大华侨积极响应国内开展的抵制日货运动。华侨中小商人拒绝与日商来往，不再买卖日货。在日本公司工作的华侨自动辞职。一些华侨青年组织了秘密团体“铁血千万眼”，对仍继续与日商勾结的商人实行惩罚，先是劝告，不听则用沥青涂去其商店招牌，或用有臭气的混合物涂抹他们的大门和窗户，以至画他们的脸。对个别冥顽不悟、继续反对华侨抵制日货的华人官吏则坚决打击，甚至把其杀死。例如 1919 年 9 月，亚齐西利利的雷珍兰李达山不听忠告，极力反对抵制日货运动，有一天他从一间店里出来，在回家路上被人刺死了。巴城商人刘景被割去了耳朵。各地华侨还号召使用国货。他们组织了巴城中国国货公司。泗水华侨组织了资本达 500 万盾的华侨兴业公司，营业范围包括建工厂及采办国内商品推销到南洋各国。[56] 有些地方的华侨还抵制日本人在爪哇经营的砂糖，结果这些糖被迫转销到美国。

1919 年 11 月 16 日，日本人在福州无理打伤正在开展抵制日货宣传的学生和警察。消息传到南洋，华侨极其愤慨，纷纷致电南北政府，要求向日本政府交涉抗议，并筹备特别捐予以支援。泗水华侨开会时，一发言者说：“这一次如果外交决裂，我情愿捐我所有财产的四分之一，充作军饷……”；还有许多人激动地起誓：“我情愿毁家纾难。”[57] 充分表现了印尼华侨的爱国精神。

（三）支援“五卅运动”和省港大罢工

1921 年 7 月中国共产党的成立，揭开了中国民主革命的新纪元，从此中国革命有了正确的领导，反帝反封建革命运动进一步高涨，华侨支援祖国革命的运动也走向高潮。

1925 年 5 月，日本资本家枪杀无辜的上海工人，激起上海人民的反帝怒潮，在 5 月 30 日的反帝大示威中，英国捕头竟下令开枪射击，制造了震惊中外的五卅惨案。全国人民纷纷游行示威声讨帝国主义罪行。6 月，广东地区发生著名的省港大罢工。

“五卅运动”和省港大罢工在海外引起强烈反响，华侨纷起

支援。《新报》馆募集了华侨和印尼人民的捐款6万盾。[58]泗水华侨成立华侨外交后援会，一个月就募捐1.6万余元，原来准备汇往广州罢工委员会，因香港当局从中阻难，只好在上海买了3 000包面粉转运广州，作为罢工工人的口粮。他们在致省港罢工委员会的电文中说："五卅惨案，普天同愤，国内各界一致罢工、罢市、罢学以抵抗帝国主义之压迫，而谋外交最后胜利，具见爱国挚诚，至堪钦佩……侨民踊跃输将，誓为后盾。"[59]据不完全统计，泗水华侨团体前后汇款达10余万元。

巴城平民夜校学生把节余的零用钱和向华侨募到的6 000角洋毫汇寄省港罢工委员会，并附上一封感人的信，信中说："罢工就是打倒帝国主义的先锋队，但是，我们侨居海外，不能随诸工友直接向帝国主义作战，很觉惭愧……我们惟有想来做我亲爱的省港罢工工友们的后盾作间接的工夫，每日除节省零用费积蓄起来外，工余再向侨胞之热心家募捐，接济省港罢工工友，俾达到最后的目的……我亲爱的省港罢工工友们：努力呵！奋斗呵！坚持到底呵！不打倒帝国主义，我们总无出头的好日子呵。"[60]说得何等诚挚感人！巴眼亚比平民社、三余研究社通过演剧进行募捐，横遭殖民者的迫害并被解散，但他们不甘心屈服，仍然以各种方式表达他们的支持。

省港大罢工在全国人民和海外侨胞热烈支持下，坚持了1年零4个月，在我国工运史上写下了光辉的篇章。

（四）支援北伐战争

1926年7月，在国共第一次合作的大好形势下，国民革命军开始北伐。巴城、泗水和万隆等地华侨纷纷致函、致电给革命政府，表示坚决支持，各地并成立北伐后援会，开展募捐等活动。如爪哇展玉市的华侨对北伐寄予厚望，认为"海外侨胞重洋远阻，已不能为政府执戈杀敌，效力疆场，唯有各捐些血汗之资以作政府后援而已"。并规定"凡属会员，应依照会章，认定月捐，逐月收齐，汇寄政府，以资捐助，而利成行，至北伐成功，全国统一时为止”。芝巴沥华侨也很关心国事，他们捐助北伐的军费很快就达 300 余盾。烈港华侨“磋商筹款，颇得侨胞赞助，目前成绩大有可观，足见该埠侨胞，真正热心爱国者，亦不乏人也”[61]。望加锡国民党支部的决议指出：“国民政府为贯彻扫除反动派军阀及帝国主义者之阴谋起见，乃有北伐之举，是皆急不容缓之工作。本党同志均应集中于此旗帜之下，一致奋斗。”[62]各地平民学校、巴城郑志虎美术社、棉兰屠宰行会以及各地鲁成行业会等都行动起来积极捐款支援北伐战争。

在新闻宣传界，巴城《新报》、《天声日报》等经常开设专栏，揭露北洋军阀的罪行，论述北伐的意义。1926 年初，三宝垄华侨集资创办《中南日报》，聘请陈韵皋为编辑，每天出两版，积极配合北伐战争，向华侨开展宣传工作。

1926 年 12 月，新报派人士林善雄，组织了有 150 多名华侨青年参加的义勇团，募集了 4 000 多盾捐款，回国参加北伐。泗水侨团组织了爱国团支援南方革命政府。

1925 年 6 月，北加浪岸中华学校校长张国基送华侨学生张国坚（原名张然和）、陈祁夕、李益立、黄怀信、薛俊炎及李禄寿回到长沙湖南省立第一师范和第一中学学习，有些人后来就留下来参加了中国革命。如张国坚后来参加了二万五千里长征，新中国成立后任国家经委副主任，1962 年因辛劳过度，患脑溢血逝世，终年 50 岁。在北伐战争激励下，张国基于 1926 年 12 月回到长沙，参加在武汉的中央农民运动讲习所的教务工作，1927 年参加八一南昌起义，任中央独立一师师长，起义失败后，他再次辗转南洋，继续从事教育工作，并发动华侨募捐，为抗日战争和解放战争提供了许多经济援助。

三、对祖国抗日战争的支援

早自1931年“九一八”事变时起，印尼华侨即已掀起支援祖国同胞抗日的运动，1937年“七七”全面抗战爆发后，这一运动随之掀起更大的高潮。

印尼华侨支援祖国抗日战争的形式多种多样：

（一）开展各种宣传活动，加强国际抗日统一战线

华侨办的华文或印尼文报纸、期刊纷纷发表文章，揭露和谴责日本法西斯主义的罪恶，唤起华侨的爱国主义觉悟。《新报》总编辑郭克明写文章批评蒋介石消极抗日的态度。他指出，蒋介石是个无能力维护中华民族尊严和荣誉的人，如果国民党继续成为权贵们的安乐窝，总有一天要复灭。他还批评蒋介石是个反复无常的人。泗水青年组织了青年互助社，宣传革命和抗日救国的道理。吴志满积极宣传抗日，组织革命同志会，提出拥护中国共产党，团结进步人士，反对豪绅地主，资助遇难烈士家属等的行动纲领。洪骏声等在玛琅出版《赤潮》杂志，宣传抗日。1933年5月被荷印政府取缔，50多人被无理拘捕，洪被逐回中国。“七七”以后，各地青年组织“读书会”及“救亡会”等团体，开展抗日活动。青年们演出话剧《放下你的鞭子》等抗日剧目。各地师生纷纷走上街头开展宣传。

《新报》以及《天声日报》等大量刊登抗日文章。当时荷印政府标榜中立，不许报刊提“敌、寇”等字眼，两报等都因此被勒令停刊，但他们并不屈服，复刊后继续以多种方式开展舆论宣传。

1938年12月，汪精卫及周佛海等一伙民族败类叛国投敌，激起各地华侨无比愤怒，纷纷通电声讨。巴城华侨代表大会的电文说：“汪提议和平，全体反对，决心拥护政府抗战到底，誓为后盾。”[63]

华侨的抗日宣传活动，赢得了当地各族侨民和印尼人民的同情和声援，扩大了国际反法西斯统一战线。爪哇的荷兰、阿拉伯籍侨民及印尼人民“对我国此次发动神圣的抗战，均表示无限的同情，及慷慨作物质上的援助”。荷人伯王苏先生“无时无刻不在炎日和风雨之下，奔走呼号，为我国难民请命”。他经手募得的支持我国的款项有30多万荷盾，折合国币达60万元。[64]

（二）开展抵制日货运动

各地华侨还发动抵制日货运动。他们上街宣传抵制日货的意义，印制奸商名单遍贴于街道，对于继续卖日货的商店，则在其商店招牌上洒泼柏油，或者没收其货物及罚款。最严重的则割其耳鼻以示惩戒。1932年10月，巴城中华总商会在当地举办国货样品展览，号召华侨不用、不买及不卖日货。在泗水，惩罚那些抗拒抵制日货运动的商家的行动是由当时的义和、和合及声气等团体派人去执行的。印尼华侨抵制日货的运动使日本经济受到严重打击。“七七”事变前后日本与印尼贸易情况见表5－1。

表5－1 1937—1938年日本与印尼贸易统计

（单位：千元）

年份	输出	输入
1937	200 051	153 450
1938	104 145	88 240

资料来源：黄警顽：《华侨对祖国的贡献》，上海棠棣出版社，1940年版，第335页。

由表5－1可知，两年内日货输出到印尼减少了48%，日本从印尼输入额减少了42%。

由于全体南洋华侨的抵制，日本与南洋的贸易额自1930年至1937年原来都是连年出超，从1938起变为入超。1937年日本对南洋贸易总额达7.6亿元，而1938年则下降到4.66亿元。在1938年最初的3个月里，日货在南洋的销售减少了54%，日方每月损失2 000万元。[65]

（三）积极开展募捐活动

“九一八”事变后，印尼各地华侨对日军暴行同表愤慨，对国土沦陷深为悲愤，对难民流离失所深表同情，对坚持抗战的义勇军深为敬佩。他们开展了各种形式的募捐运动，包括长期的月捐、义卖（卖花或演剧等）、还债、救济及献金等运动。泗水等56个地方，一年内捐献达国币557 709.82元，另毫银55 450两。[66]万鸦老华侨互助会募集会员捐，援助东北义勇军。1933年3月，该会向东北义勇军后援会汇去银元100两。先达华侨于1933年3月4日组织“赈济东北难民协会”，短短4天内即募得赈款1 800余盾，向银行买汇票得银2 300两，立即汇往上海东北难民救济会，转赈东北难胞。[67]《新报》馆共募得20.3万盾，寄给中国红十字会。[68]

1932年上海“一·二八”之役爆发，三宝垄华侨救国后援会发动华侨募捐，汇寄上海中国红十字会的银元达57 881.325两，国币7.1万元。寄往北平中国红十字会国币共6 132元。1933年榆热之役爆发，又寄往北平国币1万元。北平、上海中国红十字会曾奖给三宝垄华侨救国后援会“福利祖国”和“乐善不倦”的匾额。三宝垄还成立赈济中国水灾委员会，先后6次向上海华洋义赈会寄出国币38 510.38元，银元2 600两。1935年黄河及长江发生水灾，又寄国币11 000元。[69]

“七七”事变以后，募捐运动走向高潮。各地华侨到处张贴“节食救国”和“踊跃输将”等标语，号召华侨在此国难当头，大家应有钱出钱，有力出力，共赴国难。各地华校师生是一支募捐的主力。当时在巴城八华学校执教的张国基回忆说："记得那时每逢农历年除夕的夜市和元宵等重大节日，学校师生就上街募捐，用事先准备好的鲜花，向过路行人插花劝募，我们还登门向有钱人家劝募或举行各种义演、义卖等。"[70] 棉兰苏东中学第八附小的小学生谭洪务及林天福等人利用儿童节放假，自动将平日积蓄献出，合买虾饼，然后再去发售，将所得款项支援祖国同胞。其他各个学校都纷纷分组出动募捐，共得款 1 089. 12 盾，汇回祖国。[71] 坤甸华侨将原来的春祭扫墓活动改为节食助赈，将所得款救助祖国难胞。该埠慈善委员会自 1938 年 3 月 31 日至 4 月 10 日短短 10 天即收到各方义款 13 218. 59 盾。山口洋赈委会很快就募得 12 537 盾。[72] 巴城华侨李健丰、陈维松及汤宗伯在几个月内捐助抗战军费达 2. 3 万元，汤自己又另捐 3. 6 万盾。[73] 泗水华侨成立"土产商赈灾会"、"青年募捐队"和"工人募捐队"，筹得巨款汇给八路军，这些捐款足建两三个医院。当时延安一份油印简报专就此发了消息，盛赞泗水华侨爱国壮举。在苏门答腊南部小镇丹榕艺林，只有一百来户华侨，这时也掀起了支援祖国抗战的热潮，他们组织了筹赈会，开展抗日救国工作。学生们成立募捐队，不仅华侨热情捐款，印尼朋友也把铜币投进募捐箱。印尼朋友还参加了华侨义演乐队的演出。在义卖蛋糕中，林启文以 60 盾买下了蛋糕（当时这笔钱可买 600 公斤上好的新鲜牛肉，相当于一个教员的月工资）。[74]

各地还涌现许多感人事迹。如坤甸华侨马细旦，足疾多年不能行走，更不能工作，终日以手代步，爬行到街上行乞度日。抗战后，他见国内同胞惨遭屠杀，深为愤慨，激发起爱国热忱。他爬到街上，向侨胞发表演说，痛陈祖国难胞惨状，听者无不动容，纷纷给钱。他将两日行乞所得钱交到慈善委员会，转汇祖国赈济难胞。人们赞扬他是一个真正的热血男儿。[75] 有些华侨还变卖家乡的财产支持抗日。文岛华侨何维书、何维添及何震球兄弟

3 人，将家乡的产业田园全部变卖，共得 1 290 余元，全部送国防公债劝募会，捐助政府作为空防建设之用。[76] 爪哇华侨许启兴（父亲是福建籍华侨，母亲是爪哇贵族）在抗战初期，曾主办巴城华侨慈善夜市，奔走筹款，并组织救护队回国。他还打算建飞机制造厂支援抗日，不幸在巴城防空演习时遇难，年仅 31 岁。中国政府电唁表示惋惜，荷兰女王、首相及荷印总督都电唁悼念。

至于华侨把举办婚丧活动、婴儿弥月庆祝所得费用转做抗日费用的事例更是屡见不鲜。总之，华侨不分老幼，都动员起来参加支援祖国抗日的各种活动。

当时的荷印政府不准华侨公开开展抗日活动，于是华侨把原来的抗敌后援会改称“华侨救济祖国灾民慈善委员会”，作为募捐的中心。所募捐款汇寄贵阳万国红十字会，再转交政府做军费之用。

抗战爆发后，巴城侨领庄西言会同菲律宾侨领李清泉，提出组织南洋华侨救亡最高机构的建议，以便克服各地华侨步调不一的缺点，加强统一领导。这一建议得到陈嘉庚的响应和赞同。1938 年 10 月，各地侨领 160 多人在新加坡集会，共商在海外抗日救亡的大计。成立了“南洋各属华侨筹赈总会”，由陈嘉庚任主席，庄西言、李清泉任副主席。全印尼共成立 46 个分会，以赈灾会、公益社及慈善事业委员会等等名义出现。开展活动的内容包括：筹募救国义捐、救国公债、救济伤兵难民的赈款，献金购置武器，抵制日货及拒绝为日本人服务等等。全印尼一共募得义捐 450 万盾，购买公债 250 万盾。[77] 陈嘉庚指出：1939—1941 年间，印尼华侨约有 160 万人，每月认捐国币 160 万元，每人平均 1 元。[78]

《新报》在 1937 年 8 月建立了旨在支援中国抗日的“中国救济基金”，4 年内，共募得 1 715 854 盾。[79]《新报》职员自动减薪 5% ~10%，用以支援抗日，后因持续时间长，减薪比例有所减少。[80]

在南洋各国华侨中，印尼华侨的抗日捐献是很突出的。自 1937 年 7 月至 1940 年 2 月，海外华侨至少已捐款 1 亿元。由中国海外事务委员会经办的达 6 850 万元，其中以英属海峡殖民地和印尼华侨所捐最多。前者捐 2 600 万元；爪哇华侨捐 700 万元，苏门答腊华侨捐 350 万元。[81]华侨捐款的积极性很高，如 1938 年 11 月至 1940 年 12 月的两年内，巴城华侨原认捐 14 157 250 元，结果完成 31 535 287 元[82]，超过原计划的一倍多。

华侨汇款也是一项有力的支援。据统计，印尼、马来亚、菲律宾和缅甸四国华侨一年给国内家属汇款达 13.2 亿元。[83]根据世界银行的公例，如有基本金 1 元，便可发行纸币 4 元。华侨汇款都是现金，因此，中国政府便可发行 52.8 亿元的纸币，除 13.2 亿元作为侨属赡养费外，还多余 39.6 亿元。可见，侨汇是当时中国最大的国际收入，对支持抗战具有重大意义。日本法西斯政府把侨汇称为“抗日战费”，对此极为仇恨和恐惧，但又无可奈何。于是日寇在 20 世纪 40 年代初侵占东南亚各国时大肆屠杀虐待华侨，作为报复手段，印尼华侨亦不能幸免。

印尼华侨还捐献大批物资。抗日时期，我国华南和西南地区疟疾流行，严重威胁人民生命安全，亟须奎宁丸救济。巴城华侨踊跃捐献，不到两年，即捐 1 亿粒以上。[84]重庆难童保育会及寒衣募捐会急需 30 万件寒衣，印尼华侨认捐了 6 万件，以每件 3 元计，共值 18 万元。

1939 年冬，陈嘉庚和庄西言率领南洋华侨回国慰劳视察团，到祖国各地慰劳抗日将士，爪哇华侨另组救济队回国服务。他们带去了大批药物等物资。慰劳团在 10 个月内，足迹遍历各地。回到南洋后，向华侨宣传抗日形势，进一步激发了华侨的爱国热情。

（四）奔赴祖国抗日第一线，开展救亡工作

印尼华侨不仅在金钱和物质上大力支援祖国，一些华侨家长还亲自把子女送回祖国直接参加抗战。许多热血沸腾的华侨青年在未征得父兄同意的情况下，抛弃了在南洋较为优裕的物质生活，奔赴祖国抗日前线，有的人为此而牺牲了宝贵的生命，留下了许多可歌可泣的动人事迹。

养生院院长柯全寿积极发起组织医疗队到中国，前后共派出4批，每批10余人（全爪哇共派出13批）。所有医生、护士和司机均经严格挑选和训练，而且都是自愿参加的。医疗队所需的救护车以及医药器材都是华侨捐送的。出发前，救护队发起人兼理事长柯全寿向大家发表讲话。他除勉励大家努力工作外，还一再提醒队员们，前线条件艰苦，随时都有牺牲之可能，不去者仍可退出。然而不仅没一个人退出，而且一路上还有不少人自愿加入。1937年12月启程的一批医疗队员共17人，其中有1位土生荷人和1位荷兰退伍军人。在船上，还有船员要求参加。从广州赴长沙前夕，队长吴云灿医生再次提醒大家，如有不愿去者仍可退出，但同样没人退出。[85]医疗队员待遇虽微薄，但他们从不计较。他们在前线救死扶伤，表现出色，受到中国红十字会的称赞。后来，有些队员继续留在国内工作。

此外，爪哇华侨娘子军别动队及棉兰华侨女子救护队也都在前线发挥了重要作用。

不少华侨青年冲破国民党重重封锁，冒着生命危险先后到达延安，参加了延安华侨救国联合会，积极开展抗日救亡和华侨统战工作。他们以亲身体会，向海外亲友写信介绍中国共产党的抗日主张和各项政策，帮助他们消除对党的疑虑，提高华侨的爱国主义觉悟，发动他们参加当地的抗日活动。泗水华侨青年陈文基、吴华清及蔡其娇等在党培养下，后来成为革命的积极分子。

一些华侨青年参加了八路军、新四军等抗日部队，直接同日军作战。李林是其中突出的一位。

李林是爪哇女华侨，1916年出生于福建闽侯县的一个贫苦农民家庭。因生活所迫，父母把她送给厦门一李姓印尼侨商为养女，改名李秀若，不久到了印尼。她于1930年14岁时回国，先在厦门集美中学及杭州女中求学，1935年春转去上海爱国女中。在进步学生帮助下，她开始参加抗日活动。1936年春，参加了上海党的外围组织抗日救国青年团。同年暑期参加学生抗日宣传团同松江县警察的斗争。她上台演说，抗议当局不准演出抗日话剧，高喊“打倒汉奸”，使群众深受感动。1936年，她改名李林，转赴北平民国大学政治系。12月12日，北平学联组织游行示威，抗议国民党政府逮捕“七君子”。李林担任旗手，中途遇到警察堵截，她对同伴说：“如果我倒下了，请你们接过去，红旗绝不能倒!”她挥舞红旗，指挥队伍前进，警察打伤了她的手，鲜血直流，她仍英勇向前。1937年她加入了中国共产党，被派往太原参加山西省牺牲救国同盟会，以后在雁北参加武装斗争，担任八路军一二〇师雁北抗日游击队第八支队政委。她作战英勇，不久晋升为一二〇师独立第六支队骑兵营教导员，并任中共晋绥边区工委会宣传委员、边区第十一行政专署常委兼秘书主任、晋西行政公署委员等职。李林对敌作战，战果赫赫，人们称之为“双枪女英雄”。日本侵略军悬赏5 000元缉捕她。贺龙曾对她说：“听说鬼子们听了你的名字都怕呢，了不起!”1940年4月26日，李林在一次反扫荡战中，在连续重创敌人后壮烈牺牲，年仅24岁。

1985年4月26日李林殉难45周年纪念日，山西省平鲁县举行隆重纪念活动。中共中央顾问委员会副主任薄一波题词：“中华民族的优秀儿女共产党员的光辉模范”。全国侨联主席张国基题词：“女中英杰　侨界典型　海外归来　卫国保民　奋勇抗战

献身成仁　功标史册　万古长存”[86]。

一些印尼华侨青年参加了空军部队。如巴城华侨游济华曾在空军服役。万隆华侨梁添成1939年6月11日在重庆空战中英勇牺牲。巴达维亚归侨青年陈镇和原为暨南大学学生，“九一八”事变后，他曾以诗言志：“男儿莫惜少年头，快把钢刀试新仇，杀尽倭奴雪旧耻，誓平扶桑方罢休。”表达了对日本法西斯的仇恨。1934年他投入广东航空学校，“七七”事变后转入杭州航空学校，毕业后驻防西南、西北等地。1942年1月2日与同伴去新疆哈密接收苏联援机时不幸以身殉职，年仅36岁。在1939年冬陕西南郑空战中，印尼华侨刘盛芳壮烈殉国，政府向其父刘长英发了慰问信和抚恤金。刘长英复信说：“当兹抗战需要之际，噩耗传来，五内痛伤，爱子之悲。承政府俯赐之恤金1万元，值此抗战时期，国家经济上正待张罗之际，实不敢领受，拟请将盛芳恤金，全部捐赠祖国，为抗战军费。”[87]一片赤子之心，何等感人！

抗战时期，陈嘉庚曾组织南侨技工回国服务团回国服务，许多华侨参加。这些人后来活跃在滇缅公路，负责运输外国援助中国的物资。其中有印尼华侨陈武烈、林亚龙及叶贵芳等人。[88]

华侨在抗战中做出的杰出贡献，深得海内外同胞好评。宋庆龄在1938年9月的一次讲话中指出：海外各地华侨以各种方式开展救国运动，“给予抗战以极大的帮助，这是值得大大赞扬和效法的。”[89]

第三节　华侨对印尼民族解放运动的支援

20世纪初，随着资本主义因素的萌芽和发展，印尼无产阶级和民族资产阶级诞生了。印尼民族解放运动也应时而生，成为“亚洲觉醒”的组成部分。

1908 年 5 月，巴城成立了至善社，这是印尼知识分子建立的第一个民族主义组织。它是以爪哇上层贵族、公务人员和知识分子为主，以提高爪哇人的文化教育水平和发展经济为宗旨的改良主义组织。它不敢触动殖民制度，但它第一次提出了要尊重印尼民族尊严的口号，因此它的成立具有一定的历史意义，是印尼民族主义运动兴起的标志。

1912 年，以土生荷人为主的东印度党在万隆成立。它提出了“东印度属于东印度人所有”的口号，第一次提出了争取印尼独立以及各个民族（包括各国侨民和印尼人）一律平等的斗争目标。由于这个党旗帜鲜明，第二年即被荷印政府取缔，几位领袖被流放。

1912 年，代表印尼民族资产阶级利益的伊斯兰教联盟成立。它提出了“穆斯林团结起来实行互助合作”的口号。由于它把伊斯兰教同争取民族独立结合起来，因而很快取得人民支持，发展成一个群众性的政党，1916 年它号称拥有 80 万党员。[90]

1914 年，一批印尼先进知识分子同一些同情印尼人民的荷兰知识分子共同组织了东印度社会民主联盟。它明确提出了“争取印尼独立”的口号。它以马列主义教育工农大众。1920 年 5 月改组为印尼共产党。

此外，1908 年，印尼留荷学生在荷兰组织了印尼协会，也以争取独立为目标，表示要同殖民主义划清界限。这些留学生回国后，在泗水、万隆等地成立研究会，宣传民族主义，为 1927 年成立民族党奠定了基础。此外，各种青年团体纷纷成立，如 1915 年的爪哇和苏门答腊青年组织，1918 年的苏门答腊协会以及米那哈沙、安汶青年同盟等等。它们都提出了民族独立、自由的要求。

进入 20 世纪 20 年代，印尼民族解放运动进一步向前发展。

印尼共产党领导了1926—1927年爪哇和苏门答腊地区的武装起义，失败后被取缔，转入地下斗争。

苏加诺此时也积极投身于抗荷斗争。1927年他建立民族党并任主席。在他倡议下，印尼十多个团体于1928年成立抗荷统一战线组织——印尼民族政党联盟。

1928年10月28日，印尼青年第二届代表大会在巴城召开，通过了“青年宣誓”誓词，提出了一个民族、一个祖国和一种语言的口号，并制定了印尼国旗，唱起了印尼国歌——大印尼歌。大会号召人民争取民族的解放和国家的独立。这次大会振奋了印尼人民的爱国热情，具有重要的历史意义。

1929年苏加诺被捕，民族党解散。哈达另建印尼国民教育党。苏加诺于1931年获释后建立印尼党。民族党的分裂影响了战斗力。1933年苏加诺再次被捕。20世纪30年代，印尼建立了不少政党。这些政党在对如何争取独立的问题上分成了与荷兰合作与不合作两派，因而削弱了对敌斗争的力量。

华侨在印尼人民为争取民族的解放和国家的独立斗争中，从来没有袖手旁观，而是给予积极支援。这主要表现在以下几个方面。

（一）舆论上和道义上的支持

巴城中华会馆的建立给印尼民族主义者树立了榜样，推动了至善社的建立。当时的一些报刊认为：“华侨兴办华侨学校，提高了爪哇人的觉悟，促进了至善社的建立。”[91]《印尼青年》杂志发表评论说：“我们为什么不学习中华会馆的经验？他们办教育……他们还要求华侨必须具有与欧洲移民平等的地位。”[92]至善社创始人之一的哇希丁医生在爪哇游说时，也曾以华侨和其他国家侨民创办团体维护本族利益的事例来鼓励爪哇人成立自己的组织。[93]1904年，一个印尼人的宗教团体曾致函中华会馆了解开展活动的经验。

巴城中华会馆热情地满足了印尼朋友的要求。1910 年该馆理事会应至善社的要求，邀请他们一起开会，介绍了组织工作的经验。当英苏林德党及伊斯兰教联盟于 1918 年向中华会馆提出一起发动消灭鸦片、不准在药房出售以免危害人民健康的呼吁时，中华会馆即派人表示支持发起这项运动。

1918 年 8 月 20 日，《新报》发表《亚细亚主义》一文，认为亚细亚主义意味着亚洲事务必须由亚洲人自己来解决，亚洲人民面临着驱逐白人帝国主义的共同任务，不管哪一个民族都应该团结起来。基于这一认识，新报派认为，印尼人民和华侨都是亚洲人，华侨民族主义者有义务支持印尼人民争取独立的斗争，"印尼人民现在受荷兰压迫，他们追求独立的斗争是正义的，可贵的"[94]。他们认为，印尼人民的胜利就是中国人民的胜利。支援印尼人民的正义事业并不等于要放弃自己的中国国籍。郭克明认为，保留中国籍的华侨支持印尼人民比那些已加入荷印国籍的华人（指当荷兰臣民）的支持更有意义。

新报派认为，印尼华侨民族主义运动与印尼民族解放运动的目标是一致的。两族人民必须携手并进。1918 年 10 月中爪哇古突士事件发生后，一些怀有偏激情绪的印尼人攻击华侨。而个别伊斯兰教联盟左派的领导人、后来成为印尼共产党早期领袖的斯马温及达尔梭诺，也由于当时条件的限制，分不清问题的现象和实质，非议华侨。新报派对他们采取了又团结又斗争的方针。《新报》撰文指出：华侨热爱祖国，保留中国国籍，并不意味着他们憎恨其他民族。印尼人民的抗荷斗争应联合其他民族，尤其是要联合除印尼人民以外人数最多的华侨。印尼人民仇恨的是资本主义而不是华侨，华侨工人和印尼工人没有任何理由不联合起来，因为两者都受资本主义的压迫。[95]后来经过两族领袖的反复协商，事情终于得到圆满解决。

荷兰统治印尼时期，印尼一向被称为"荷属东印度"

(Hindia Belanda)，印尼人民被称为“土人”(Bumi Putera)，中国被称为“支那”。为表示对印尼人民的尊重和支持，20世纪20年代初期，《新报》开始使用“印度尼西亚”和“印度尼西亚语”的名词。而印尼作者给《新报》撰文时，也不再使用“支那”这一带有侮辱性的字眼，而改用“中国”或“中华”。华侨青年代表参加了1928年10月第二届印尼青年代表大会。这次大会提出“印尼是一个民族、一个国家和使用一种语言”的口号。从此，《新报》也把以前使用的马来文改为印尼文。《新报》的这些做法带动了其他马来文报纸。

1926年5月，印尼青年第一届代表大会在巴城召开，目标是寻求印尼的独立和统一。《新报》首先在头版头条报道了这一特大消息。后来，其他所有马来文报也跟着报道。[96] 1928年10月29—30日，《新报》刊登了第二届印尼青年大会的完整新闻[97]，表达了对这次大会的支持。

《新报》还经常撰文介绍中国、印度、菲律宾和摩洛哥等国人民反对殖民主义的斗争，介绍孙中山、甘地等各国民族运动领袖。一位印尼民族主义律师看了《新报》的许多文章和消息后，曾对洪渊源说：许多殖民地国家发生的事将成为我们的经验和教训，他们的斗争以及他们的领袖和人民的牺牲将鼓舞印尼人民，他们的成功和失败，也就是印尼人民的成功和失败。[98]他表示欣赏《新报》的这种立场和做法。

苏加诺早年在万隆领导印尼革命时期，他的朋友中有不少人就是新报派的成员或支持者。如陈伯和是《新报》撰稿人，林瑞泉、洪万伊等是《新报》的支持者。苏加诺常同他们讨论争取印尼独立的问题。林、洪是印刷厂主，他们帮助苏加诺印发传单，对传播苏加诺的革命思想起了重要作用。苏加诺也因此同《新报》接上了关系。他支持《新报》的立场和观点。1923年秋，苏加诺冒着被两个荷兰特务盯梢的危险，访问了《新报》，同朱茂山及洪渊源亲切交谈。苏加诺感谢他们对印尼民族独立运动的支持，感谢他们常常冒着生命危险来进行这些工作。苏加诺还曾到郭克明家访问，希望郭支持他出版的一份报纸，并希望郭帮他同中国民族主义者取得联系。1929年2月23日，《新报》第一版刊登了苏加诺的照片和事迹："苏加诺先生，工学士，是万隆印尼民族党先驱，《印尼团结》编辑、《青年印尼火炬》主编。"[99]1930年苏加诺在万隆受荷兰殖民者审讯，郭克明在《新报》撰文抨击荷兰殖民者，支持苏加诺的正义斗争。其他华侨报刊也坚持真理，不顾有被查封的危险，全文刊登苏加诺的辩护词——《印度尼西亚的控诉》。

印尼国歌《大印尼》作者苏勃拉曼曾当过《新报》记者。他的这一不朽作品就是第一次刊登在《新报》周刊上的。当他写好这首歌后，曾经给一些朋友传阅，但无地方发表，后来找到洪渊源，希望《新报》能予以刊登。洪与编辑部协商后，便于1928年11月10日在《新报》周刊发表。[100]这件事在读者中引起了极大震动。不少人原来以为这首歌应该首先是在印尼人办的报刊登载的。

20世纪30年代初，柯全寿曾向洪渊源提出，有两位进步的、支持印尼民族独立运动的荷兰新闻工作者想在巴城出版一份荷文报，但资金不足，希望《新报》馆予以支持。洪表示赞同，并拿出几百盾储蓄参加股份，这份荷文报终于出版。

《新报》还经常以显要位置报道民族党的活动情况。"被称为倾向于中国的华裔所办的（这份）报纸，却成了印尼独立斗争的领袖们传播革命理想的重要工具和论坛。这一点苏加诺生前曾一再提到。"[101]所以，民族党办的《印尼团结》旬刊认为，《新报》始终是持公正立场的印尼独立运动的支持者，而且是印尼人民可以信赖和必读的报纸。[102]

属于新报派的郭克明和柯全寿是印尼民族党机关报《青年

印尼火炬报》的撰稿人，其他一些《新报》的编辑和记者也常为印尼人办的报刊撰稿，抨击殖民主义，支持印尼民族独立运动。

以林群贤为主席的印尼中华党，是继新报派和中华会后，于20世纪30年代兴起的第三个华侨政治流派。它以坚决支持印尼民族解放运动而著称。

林群贤，1896年出生于东加里曼丹的马辰，父亲是小商人。林群贤小学受的是荷兰教育，经常受荷童欺侮，幼小的心灵滋长了仇恨种族歧视的思想。小学没毕业，他就到壳牌石油公司做事，不久转到土生华侨报馆《天平报》当学徒。第一次世界大战期间，他在泗水《春秋》周报工作。1917年离开《春秋》，自办《书林》周报，不久停刊，转去亚齐经商。1918年12月任巴东《苏岛之光》主编。1921年11月任《泗水新闻》主编。这一时期，他一直在宣传华侨民族主义。1925年3月转到泗水《公众之声》当编辑，开始转向提倡华侨应成为“印尼籍民”的观点。不久他出任泗水《新直报》主编。1932年9月，他组织印尼中华党并任主席。印尼中华党的宗旨是在经济、社会和政治方面帮助印尼发展，成为人人有平等权利和义务的国家。

林群贤与中华党坚信，经过不屈不挠的斗争，印尼终将打败荷兰，取得政治上的独立，成为有主权的国家。印尼是印尼华人的祖国，而不能把她看作是外国或暂时居留地。印尼华人的利益、地位以及感情同印尼人民息息相关。他们必须把一切希望寄托在印尼，履行印尼人所应尽的义务。中国毕竟离印尼华侨华人太远了，印尼华侨华人必须与印尼人民并肩战斗，为印尼的独立而斗争，因为这也是反帝斗争。但林群贤强调必须通过渐进的顺序，也就是在议会中支持印尼民族主义者的方式而非革命的方式来实现印尼的独立，在荷印政府宪法所允许的范围内来实现独立的目标。

林群贤主张区分新客华侨与土生华侨华人。他认为，土生华侨华人已世代居住在印尼，生于斯，长于斯，最终将长眠于斯。他们的母亲有些是印尼人，因而他们很自然地要站在印尼民族一边，成为印尼人民。但是，成为印尼人民并不一定非信仰伊斯兰教不可，因为不少印尼人民也信仰基督教。“印尼人”可以是一个种族概念，也可以从政治上理解为一个国家的居民，亦即已成为印尼籍的居民。已经成为印尼居民的土生华人可以保留自己的风俗习惯和文化，并不一定要同化于印尼人民。

印尼中华党的机关报《新直报》始终支持印尼民族独立运动，发表各种抨击荷兰殖民主义罪恶的文章。1938 年，它第一次把斯诺的《中国的红星》翻译成印尼文加以连载（后被荷印政府禁止），对印尼革命者开展抗荷运动产生良好深刻的影响。[103]

当林群贤在 20 世纪 20 年代末为《商报》撰文并成为实际主编时，不少印尼民族主义者在该报发表文章，宣传民族主义。在林群贤支持下，印尼民族主义者萨努西・巴尼等创办了《觉醒报》，并同《商报》共用一家印刷厂，甚至新闻报道和文章也是两报共用。林又是《觉醒报》的撰稿人。印尼中华党领导人蔡志良也在印尼民族统一党办的《大众之声》报工作以示支持。

印尼华侨报刊坚持真理、主持正义的坚定立场，赢得了印尼人民的信任，在印尼人民中享有很高威信。一位印尼作者著文论述殖民统治时期华侨报刊的作用时曾经这样说道：“不可否认的，在推广认识民族运动的目标和理想方面，华人报章的影响相当广泛，这是不足为奇的。这种影响在华人社会里引起了人们对印尼民族主义目标和崇高神圣的理想的认识。”[104]

除了上述华侨政治流派和新闻战线声援印尼民族解放运动外，印尼华侨还冒着被殖民者逮捕或拘禁的危险，从物质上和道义上支持印尼民族主义的领导人。

1938 年，苏加诺被流放到苏门答腊的萌姑露，就曾得到信

仰伊斯兰教的华侨黄清兴的很大帮助。[105]印尼民族党不接受华侨为党员，但巨港华侨郭曾洪（音译）仍积极协助建立民族党地方支部，支部成立大会就在他家里召开，他还曾试图在邦加岛建立民族党而未果。由于他支持印尼民族独立运动而曾遭到荷印政府的拘禁。季普托·莽昆库苏莫是东印度党创始人之一，他长期被荷印政府拘禁。1940年，当他从苏加巫眉流放到巴城时，当地一位华侨曾让出一座设备较好的房子给他居住。[106]

（二）直接参加抗荷斗争

20世纪20年代，三宝垄成立海洋和仓库工会，泗水和巴城成立港务工作者工会。不久，二者合并为海港和海洋工人工会。华侨陈炳捷是该组织领导人之一。不少华侨海员是它的会员。华侨糖厂工人参加了制糖工会。在印尼工人反抗荷兰资本家的斗争中，如1925年的工人大罢工、工会领导的牙威暴动及1924年12月的泗水工人大会，都有华侨工人参加，华侨报刊也予以声援。华侨工人参加了三宝垄汽轮和驳船工会发动的罢工，而1925年6月华侨印刷工人的罢工，也得到印尼工人的支持。

印尼史籍介绍印尼早期革命时，高度评价了华侨的功绩，指出："印尼华侨不仅支援中国革命，而且他们中的许多人支持印尼工人的革命斗争。"[107]印尼著名作家勃·阿南达·杜尔也说："在独立运动和争取提高社会地位运动中，华侨贡献很大。"[108]

印尼人建立的一些主要政党如共产党、民族党、民族统一党和人民运动党等都认为，在抗荷斗争中，华侨与印尼人民有着共同的目标和利益，应该团结一致共同对敌。有的政党还敞开大门，欢迎外族侨民参加他们的组织。

华侨许春远、陈炳捷参加了印尼共产党和1926—1927年的大起义。这以后，一些土生华侨知识分子如陈粦如、蔡锡胤及黄义发等相继入党。他们3人又是印尼中华党的领导人或《新直报》的负责人。

在 1926—1927 年大起义中，不少华侨也参加了战斗。荷兰官员关于这次起义事件的报告书，也承认华侨积极协助印尼人民。报告书写道：在万丹有家华侨金铺，屋前做首饰生意，屋后却为起义队伍制造弹药武器。[109]起义失败后，有 823 名起义者被流放到条件恶劣的利辜岛，其中有 10 名是华侨。[110]

这些人后来大部分惨死于流放地。那些幸存的华侨革命者并不屈服于殖民者的淫威，他们在经过重重困难绕道澳大利亚返回印尼期间，还在澳大利亚积极进行争取印尼独立的活动。他们在澳大利亚成立印尼独立委员会，出版《自由印尼通讯》，鼓吹印尼的独立。后来又在悉尼成立印澳友好同盟。他们的这些活动，对于争取世界人民特别是澳洲人民对印尼民族独立运动的同情和支持，起了积极作用。他们的这些功劳，后来也得到印尼共和国政府的追认。[111]

1937 年，沙里佛丁领导的印尼人民运动党向外族侨民敞开了大门，林群贤在 20 世纪 30 年代末参加了该党，但仍同印尼中华党保持密切联系。

当然，支持都是相互的。在华侨支持印尼民族解放运动的同时，印尼民族主义者也给华侨的正义斗争以声援。例如一些印尼民族主义者在华侨报刊当编辑或记者，撰文支持华侨反对荷兰殖民者的斗争等。而 1932 年 5 月发生在泗水的反对荷兰种族歧视的事件则是华侨、阿拉伯侨民和印尼人民共同合作斗争的范例。当时，荷兰人占优势的泗水足球协会在组织一场球赛中，拒绝给华侨报界发免费入场券，引起华侨的强烈抗议。1 位荷兰官员写侮辱性的文章，说没有必要同有色人种进行合作。华侨报刊著文认为，这很明显是侮辱有色人种，呼吁各族人民开展反对种族歧视的斗争。这一倡议得到《大众之声》报的支持响应。5 月 8 日，召开了有 40 个组织，包括印尼人、华侨和阿拉伯侨民三大民族的政党和体育协会的代表参加的大会，当场成立亚洲人民团

结行动委员会，林群贤当选为主席。发言者纷纷谴责殖民者的挑拨阴谋，号召抵制足球赛。大会遭到当权者的破坏，林群贤被拘留。印尼民族政党联盟强烈抗议殖民当局的卑劣行径，迫使殖民当局释放林群贤。这次斗争促进了各族人民之间的团结和互相支持，显示了团结反殖的力量。

1933 年 6 月 4 日，印尼中华党召开第一届代表大会。一些印尼政党派代表出席会议。民族统一党主席苏托莫到会做题为《印尼土生华侨的历史与他们所扮演的角色》的发言。他称赞土生华侨像印尼的儿子，是印尼珍贵的财产，他们热爱印尼这块他们生长的地方，他们是未来的印尼民族的栋梁之一。季普托特地从流放地寄来贺信，热烈祝贺大会的召开，并希望土生华侨为“印尼母亲”工作，但也不要忘记“中国父亲”。林群贤表示，印尼中华党追求印尼各民族地位平等这一理想，支持印尼人民为创造独立的印尼这一崇高的事业而开展的斗争。

印尼华侨在日军占领和印尼独立战争时期，都积极支持印尼人民抗日和抗击殖民主义及帝国主义者的斗争。这方面的问题将另章论述。

第四节　印尼华侨的教育事业

印尼最早的华侨教育场所是 1691 年在巴城的华人公馆（荷印政府委任甲必丹等治理华侨事务的机构）倡议下建立的私塾式的义学。它 1729 年附设于华侨办的医院兼养老院——养济院内，经费由公馆承担，学生有三四十名。东印度公司曾派几名荷童来此学习汉文。后因管理不善而停办。1787 年，华侨甲必丹又在华侨庙宇金德院内重办义学，称明德书院[112]，后称明诚书院。

义学完全采用旧式私塾的教育方式。“掌教”（即教师）是福建漳州、泉州两地来的落第秀才，以闽南方言教学生，背诵四书五经。由于当时交通不便，不易聘请到塾师，所以有时只好叫寺庙的僧侣来任教，水平之低可想而知。学生读了四五年还不会写家信，成绩极差。

除义学外，还有一批私塾，学生学习成绩同样很差。1900 年，全印尼有 439 间私塾和义学（其中 257 间在爪哇，巴城有 28 间）。这些旧式学校有学生 7 835 人。[113]

印尼华侨移民历史悠久，而教育事业如此落后，究其原因，主要是：

（1）多数华侨是由于在国内无以为生或躲避战乱而来的，他们开始只把印尼当作暂时的居留地，并无长久居住的打算，因而不重视教育；

（2）印尼物产富饶，气候良好，土地肥沃，只要肯于出卖劳力，无需丰富的知识，一日三餐较易解决，因而华侨对接受教育没有迫切的要求；

（3）由于交通不便，从国内来的教师很少，师资问题不易解决，也就谈不上兴办什么教育事业了。

巴城中华会馆成立后，决心扭转华侨教育落后的面貌。1900 年 7 月，它向全体华侨发出了《巴城中华会馆兴办学堂公启》，指出：

“以四千余年神明之胄，远处海外，番其语言，番其举止，番其起居，番其饮食，番其衣服，番其礼法，华语且不识，遑知有中学。诗书且不读，遑知有孔孟，其弊随地有之，而巴城尤甚，盖巴城立埠数百年，华众数十万或生长斯土，或服贾是邦，闽人也、客人也、广人也，恒格格不相入。除货物交易外，老死不相往还，秦越肥瘠，绝不关心，可叹者一。金德之院，安邮之庙，男女膜拜，泥首祷祀，络绎不绝。独于二千余年之教主，则耳不闻其名，口不诵其经，心不仪其形。其有终身不履中土者，更不知有大成之殿与至圣之称，悖道而驰，可叹者二。义学

之设，二百余年，训蒙之师，所在多有，求能造就一二聪颖子弟，诵习经文，发明文义，讲求掌故，属缀词单日，已不可得，灭聪塞明，可叹者三。有此三弊，坐视不顾，论种类则自生自灭，论圣教则或存或亡，岂不哀哉！某等不敏，独拳拳于会馆孔庙学堂诸端，正如此也。今既荷蒙政府允许给字开办，集众会议；于会馆中先设立小学校一区，变通中国办法，参以东西洋教科章程，详立科表，教以认字、串字、习算、作论，以及东西各国语言文字之入门，天算地舆之初级，分班按序，日新月异。凡众商子弟，酌量捐资入学，以扩见闻，将来经费既充，拟推广于荷领各州府，而巴城特总其焉。庶几风光所开，人皆务实，由幼学而普通，由普通而高等，由高等而专门，十年以后，人才蔚起，雪野蛮之耻，洗半教之名，是幼学一种，为巴城育才之始基，实即寰宇太平之成算。凡我同志，想不河（何）叹斯言，谨将简明章程，节录于后，以冀太君子快睹而奖成之，某等幸甚，大局幸甚……”[114]

该公启还详细列举了 8 条办学章程、学生与教员之比例、经费概算等等。

在巴城中华会馆的呼吁和华侨支持下，1901 年 3 月 17 日，印尼华侨社会第一间新式学校——中华学堂终于呱呱坠地，宣告成立，因它位于巴城八帝贯街（今商业街），故又称八华学校。

从巴城中华会馆学校诞生至 1942 年日本侵占印尼时为止，印尼华侨教育的发展大致可分为以下三个阶段。

一、1901—1911 年，华侨教育的兴盛时期

中华学堂已完全具备现代学校的性质。第一任校长是福建人、新加坡著名的林文庆博士的私人中文教师卢桂舫。学校采用日本横滨华侨学校——大同学校的教育方式办学，以普通话

（又称正音，官话）讲课。初时有学生 35 人，教员 2 人。[115] 中华学堂教授现代汉语，虽然已不用背诵古书，但仍按中华会馆关于宣传孔子学说的精神，向学生灌输尊孔思想，并规定孔子诞辰放假一天。校门口悬挂着孔子的画像。学生上学，放学，要向孔子像鞠躬。学习课程包括汉语、算术、常识、音乐、体育、尺牍及英语等。

巴城中华学堂创办初期，与旧的明诚书院并存。由于传统的封建保守思想的影响，一些顽固坚持旧的私塾教育的旧学派坚决反对中华学堂的新教育方法和措施，反对以日本华侨小学浅显易懂的教材启蒙学生，认为仍应从四书五经学起，甚至对用粉笔写字也啧有烦言，认为用千古不变的毛笔写字才是正统。他们对新学诸多挑剔，百般责难，甚至无理取闹，故意提出一些怪题，企图考倒教师，借以证明他们所坚持的旧教育才是颠扑不破的、有用的教育。由此可见，提倡新的教育方式的中华学堂从一诞生起就面临着革新与守旧的尖锐斗争。一部分华侨在没有体会到新学的好处之前，当然是不会把子女送到中华学堂去学习的，他们还要观望、等待。所以学校开办之初学生不多，学校经费主要来自热心新式教育的华侨的捐助，华人公馆继续拨款给义学。中华学堂前途维艰。

中华学堂的领导和教师们认识到，要在斗争中求得生存与发展，必须用事实来回答各种抵制和怀疑华侨教育的言行。于是，一方面，由主张新学而对旧学又有很深根底的教师们对旧学派提出的问题一一加以回答。他们应答自如，用事实证明推广新式教育的教员质量并不低。另一方面，则于 1902 年由中华学堂与义学两校学生举行了一次成绩会考。这是一次新学与旧学谁优谁劣的较量，也可以说是革新与守旧两种势力的一次竞赛。

会考的结果证明，新式的中华学堂学生在对汉语的理解与运用能力方面远远超过旧式的学生。这使广大尚持怀疑态度的华侨

家长从确凿的事实中看到了新式教育方法的好处，从而大大地提高了中华学堂的声望。保守的旧学派在事实面前，也不得不承认新式教育具有很大的优越性。结果，华人公馆决定把义学合并于中华学堂。原来的300盾办学经费除留75盾作为金德院的正常开支外，其余225盾转拨给中华学堂使用。中华学堂终于在实践和斗争中站稳了脚跟。不久，各地私塾悉被淘汰。1912年中华民国成立后，中华学堂改称中华学校，成为巴城华侨社会唯一的学校。

越来越多的中华学校教师从日本及中国招聘而来。他们受过资本主义环境和民主主义思想的熏陶，到校后，向学生们灌输救国救民的民族主义思想，培养学生的爱国精神。儒学影响逐步在减弱。

1901年9月，中华学校又另成立一间英文学校，名为耶鲁学院，由曾在美国留学的李登辉（1873—1947年，近代中国教育家，福建同安人，生于印尼巴城。1899年毕业于美国耶鲁大学。曾在槟榔屿及巴城任教。1905年返中国。1906年任上海复旦公学英文部主任。1913年任校长。1917年该校改为复旦大学。李主持校务长达23年。1931年“九一八”事变后，致力抗日运动，曾痛斥国民政府消极抗日行径。1936年8月被迫辞去复旦校长职务。以复旦大学补习班名义继续办学，坚持不教日文。著有《英文实用教科书》及《中国问题之重要因素》等著作）任校长。但4年后该校并入中华学校。1912年6月，学校增设中学部。中华学校起初是男女分班，1928年才合班上课。后来，八华学校偏重英文，学生英语水平普遍比其他学校的学生要高。他们可以参加会考，升入香港大学学习。到1931年，中华学校学生已达800人，教师30余人。[116]

巴城中华学堂的建立影响深远。接着，茂物、克杜（Kedu）、庞越（Probolinggo）、玛琅等地华侨率先响应，纷纷建立中华学校。到1903年底爪哇中华学校已有6间。[117]以后发展更快，到1912年，爪哇中华学校已达65所，学生达5 451人。[118]

爪哇各地华校成立后，外文科都聘用英语而非荷语教师，主要是荷语教师少。从荷兰聘请教师，工资太高，还要负担教师全家的休假旅费、养老金等。这是中华会馆无力做到的，于是只好就近从新加坡聘请英文教师。

新式华校所以在短短10年间取得迅速发展，主要原因在于：

1. 广大华侨从事实中看到，无论从认字、理解、运用等各方面来说，新式教育都要比旧式的强，受过新式教育的孩子也较聪明有礼，更能适应环境，为将来就业提供了各种便利条件。华侨看到教育的重大作用，自然踊跃送孩子上学，支持开办新式学校。教育光荣感逐渐渗透到华侨心中，成为互相激励、竞相办学的有利因素。

2. 随着华侨民族觉悟的提高，更多华侨希望子女们多学点中国文化，多了解祖国形势，让中华民族文化在海外继续发扬光大。而荷印政府对华侨教育的歧视扼杀政策，使华侨深为愤慨，他们决心依靠自己的力量，把华侨教育事业兴办起来。

3. 1903年9月，康有为应巴城中华会馆的邀请，从新加坡到爪哇视察新学，也在一定程度上鼓励了华侨办学的积极性。他先后到巴城、三宝垄、梭罗、谏义里、日惹、马吉冷、锦石、岩望以及井里汶等地游历，新式教育所取得的成就给他留下了良好印象。他在各地发表演说，在鼓吹保皇的同时，也大力号召华侨要爱国，要办学。他说："为中国人，就必须恢复中国人之优良风俗，讲中国之语言，识中国之文字，读中国之圣贤遗训，然后可成为一个真正之中国子民……操中国语言、识中国文字，中国人方得谓之中国人，现在各会馆间有兴办学堂，但其数不多，尤须陆续增加。文字之声音应用国音，日常言谈应用国语。"[119]因此，尽管康有为逆时代之潮流，在海外华侨社会中拼命鼓吹保皇主义，以致起了很坏的作用；但是，他在提倡华侨社会应有中华

民族的光荣感、自豪感，要努力继承有几千年历史的中国文化、大力兴办华侨教育事业方面，是起了一定的进步作用的。

4. 与此同时，孙中山领导的革命派也来到爪哇宣传革命，组织革命活动，陆续在各地建立“书报社”作为活动据点，与保皇派展开了针锋相对的斗争。然而在提倡华侨兴学这一点上，两派的认识和观点则是一致的，这就给华侨以很大的激励和鼓舞。工人、店员、知识分子、小商小贩等下层华侨是拥护革命派的主力军，他们虽然没有掌握侨团和学校的领导权，但仍积极支持教育工作。尤其是在外岛，那里的新客华侨居多，在革命派的推动下，教育事业发展得很快。辛亥革命爆发前夕，外岛的华侨学校已达40多所[120]，不少是同乡团体兴办的。他们根据各自的特点和需要给学校命名。例如棉兰客家人侨团主办的称敦本学校，闽南华侨主办的称华商学校，广肇侨团主办的称神州学校等。随着保皇势力的削弱，南来的革命派知识分子的增加，学校中拥护革命的教师逐步占据优势。不少著名的中国同盟会会员，如张继、田桐、易本羲、李桂中、时功璧和陈方度等20余人，还有支持革命的留日学生董鸿祎、王嘉榘、王文庆、沈钧业和魏兰，以及文学家苏曼殊、后任浙江都督的陶成章等都先后应聘到爪哇等地的华侨学校任教。他们在宣传中国文化，传播资产阶级民主自由思想等方面发挥了积极作用，对华侨教育事业的发展起了推动作用。

5. 摇摇欲坠的清朝政府眼见革命派在华侨中积极活动，争取了不少华侨的同情和支持，深为忧虑。为了笼络侨心，他们也表示了一些关心华侨教育的姿态。这主要表现在两个方面：首先，派一些官员到印尼各地查学和劝学。如1906年刘士骥到爪哇查学，他邀集了爪哇各地华人官吏和中华会馆的代表到万隆开会。在会上，各地代表建议组织华校统一的联合教育机构。刘士骥回国后，两广总督岑春萱又派新加坡林文庆到爪哇，推动了联合机构的筹备，在三宝垄成立中华总会，第二年 5 月 5 日改名为爪哇学务总会。紧接着，中国驻荷公使馆参赞钱洵率几名教员到爪哇宣讲中国文化；清廷农工商部侍郎杨士琦率舰来访；福建提学使派陈华来查学；闽绅陈宝琛因建漳厦铁路事到印尼招股，顺便也到处劝学。所有这些活动，对于华侨教育事业的发展无疑都起了一定的推动作用。

爪哇华侨学务总会成立后，没有固定的会所，由巴城、三宝垄和泗水的中华会馆轮流主办会务，一年一任（后改两年一任）。由于内部矛盾，几年后，巴城中华会馆退出了总会。爪哇学务总会主要做了几件工作：(1) 为各地学校代聘教师，购置教具。(2) 派人到还没有学校的地方劝学。(3) 制定学务总会章程，在荷印政府备案。(4) 在泗水建一间办学公所，预先聘请两位没有薪水的候补教师，当各校向总会要教师时，就请他们前去任教，否则就留在总会做些文书之类的工作。(5) 1910 年向清政府申请资助筹办第一间华侨中学。两江总督端方同意拨 2 万两开办费，以后每年拨 6 千两作为常年经费。但因革命浪潮澎湃，经费被人贪污中饱私囊而使计划流产。最后还是依靠华侨自己的力量，筹得几万盾基金，才使华侨中学于 1911 年开学。校址设在三宝垄。华侨中学办了两年半后，终因经费拮据于 1914 年 2 月停办。这里应该提到的是，广东学务处于 1905 年派汪凤翔任印尼华侨劝学所总董兼视学员。学务总会成立后，汪利用自己职权，企图控制总会，召开过一次教育研究会，定出课程标准和学校章程，并举办学生竞试会。他企图以检查教学为名，取缔学校中倾向革命的教员，结果遭到教师的抵制，自讨没趣，最后悄然返国。到 1911 年，加入爪哇学务总会的各地中华学校共有 93 间。[121] 这一年，由于外岛华侨教育的飞速发展，许多学校要求加入学务总会，于是，爪哇华侨学务总会扩大为印尼华侨学务总会，统一领导全印尼华侨教育事宜。

清政府企图拉拢华侨的另一个表现是在 1907 年由两江总督端方在南京建立暨南学堂。招生对象是华侨学生，首先是招收爪哇的华侨学生，学宿膳费全免。巴城中华会馆第一批选送了 21 人回国就读，以后又陆续有几十名爪哇华侨学生就读。到 1908 年 10 月，回暨南学堂求学的爪哇华侨学生共有 111 人。[122] 1909 年以后，东南亚其他各国的华侨学生也开始进入该校学习。

二、1912—1927 年，华侨教育的持续发展时期

1911 年的武昌起义推翻了清朝的统治，华侨爱国热情空前高涨，印尼华侨教育尤其是外岛的教育事业蓬勃发展。接着袁世凯称帝和北洋军阀混战，祖国政局动荡，使华侨爱国热情受到影响，挫伤了华侨的办学积极性。因师资不足及经费短缺等原因，有十余所华校停办。回国升学的华侨学生减少，暨南学堂也停办。爪哇华侨学生有一部分转到荷华学校就读。尽管华侨教育一度出现不景气现象，但为时不长。1919 年发生的“五四运动，对海外华侨文化的影响，比辛亥革命更为巨大，爪哇各埠华侨学校的开办如雨后春笋，教师来自曾受中等教育的新青年”[123]。1924 年孙中山改组国民党，促成国共第一次合作，北伐战争的胜利，给华侨很大鼓舞，民族主义运动进一步高涨。1927 年 4 月，蒋介石背叛革命，一批革命知识青年被迫逃亡东南亚，补充了华侨学校的师资力量。

从 1912 年至 1927 年的印尼华侨教育有如下几个特点：

（一）持续向前发展

中华民国政府建立后，很重视华侨教育，把华侨教育列入了政府工作的议事日程。首先是派员对华侨教育进行调查和指导。1912 年福建政府派郑贞文、陈鸿祺到印尼任学务调查员。1915 年北京政府教育部也派高登鲤、梁家义为驻外视察员。1916 年

教育部委派江苏教育会副会长黄炎培及林鼎华到爪哇调查华侨教育，并被聘请为学务总会的顾问。其次是指定有关机构和人员管理华侨教育事务。1913 年，中国教育部与外交部议决委托中国驻外领事兼管教育。同年中国教育部决定由驻外领事管理华侨学务规程。1914 年中国教育部令印尼各埠领事调查各地华校状况，并于同年公布华侨子弟回国学习规程。接着中国教育部又在 1917 年委派熊理为学务总会视学员。再次是嘉奖做出突出贡献的华侨教育界和商界人士或学校，如 1917 年先后由总统、教育总长奖给学务总会总理陈显源以及支持办学的黄仲涵、张鸿南匾额或奖章，教育部也奖励学务总会视学熊理、三宝垄中华学校校长石鸣球等三人，1919 年教育部又奖励多人，一些成绩显著的学校也受到表彰。以上措施对推动华侨教育起了一定作用。

在此阶段，印尼华侨学务总会做了以下一些工作：

1. 重视调查研究。于 1916 年至 1919 年先后四次派熊理到印尼各岛调查华校情况，为华侨教育的改进和发展提供了参考和依据。

2. 暨南学堂停办后，为欲返回爪哇而经费无着的该校学生筹措旅费。

3. 召开教育研究会，就各项重大问题进行研讨并形成决议。1917 年暑期，在泗水召开会议，决定华校小学开设的课程，初小课程为：修身、国文（包括商业、商业信件）、国语、算术、体操（唱歌）、图画、手工（女生另授缝纫科）；高小课程除上述外，另加簿记、史地、商业（男生）、家事（女生，包括缝纫、烹饪）。采用两学期制，以中国出版的英文课本为教科书。戒用体罚。1926 年教育研究会制定华侨教育的宗旨是“养成健全之华侨，发扬中华民族精神，培植适于南洋之充实生活能力，增进各民族感情”[124]。

4. 1917 年 7 月及 1919 年 1 月，两次举办学生学习成绩展览会，主要目的是通过展览来研究教材及教学方法是否适应于学生的程度。参加第一次展览会的学校有 40 所，展品 2 287 件，成绩好的给予奖励。参加第二次展览的学校有 54 所，展品 7 105 件。根据分数排列分为四等，分别给奖。展览会起到了互相观摩、促进教学及鼓舞办学的作用。

5. 出版《教育月报》。一半中文，一半马来文（后改为印尼文），内容包括言论、研究、调查、记载、教材、学生成绩及视察报告等，一共出了 12 期。1925 年出版半月刊(次年改为周刊)。1928 年出版《荷印华侨教育鉴》，为研究印尼华侨教育史提供了珍贵的资料。

6. 组织名人演讲会，如 1916 年请章太炎在泗水讲《主人教育和奴隶教育》问题，黄炎培讲《华侨教育上之要点》。

7. 选送学生回祖国深造。

8. 先后四次派代表参加全国教育联合会会议：1917 年黄炎培，1918 年赵正平，1919 年熊理，1925 年张庭英与张国基。

9. 选拔优秀校董和教员，报请中国教育部予以奖励，对学习优秀的学生，也采用多种方式予以嘉奖。

10. 1927 年召开教材年鉴编辑会议。

印尼华侨学务总会于 1921—1925 年间曾因经费困难、内部不团结等原因停止活动数年，1925 年恢复活动，最后终因经费拮据而于 1927 年终止一切活动。

在印尼学务总会推动下，这一时期的印尼华侨教育事业不断发展，有关数字见表 5 - 2。

表 5 - 2　1912—1926 年华侨学校发展统计表

年份	学校数	学生数	教师数
1912	65	5 451	—
1914	148	10 840	—

续上表

年份	学校数	学生数	教师数
1919	215	15 948	600
1926	313	31 441	1 105

注：1912年为爪哇华侨学校情况。

1914—1926年为全印尼华侨学校情况。

资料来源：根据荷属华侨学务总会编辑委员会编：《荷印华侨教育鉴》，巴城，1928年版，第376页、402页、408页及448页资料编制。

（二）外岛学校迅速增加

如果说20世纪20年代前华校主要是在爪哇岛发展，那么到20年代以后，发展的重点则已转移到外岛。例如，1919年爪哇华校有128所，到1926年仅有173所，7年之间只增加45所。而同一时期，外岛华校则从87所增加到140所，7年之间增加近一半。[125]

外岛华校发展快的原因主要是经费较爪哇充足；外岛新客华侨比土生华侨多，懂汉语的人比爪哇多，更重视华侨教育；外岛荷华学校较少，华侨子女要求学，只有自办学校，解决上学问题，舍此无第二条路可走；外岛华校董教之间、师生之间关系较好，学潮较少。

（三）出现平民学校

五四运动后，印尼华侨受新文化运动影响，各地出现不少平民学校，如1924—1927年4年间，各地就有平民学校上百间。[126]这些学校招收贫侨子女入学，并附设夜校和识字班，招收工人、店员。选用更富于反帝反封建内容的教材，密切配合祖国的革命斗争，发动华侨捐款支援北伐和五卅运动，积极开展福利活动。一批南来的革命志士在华校或侨团任职后，一些学校开办了初中或师范班。这些学校朝气蓬勃，相比之下，中华会馆所属学校要保守落后得多了。

（四）儿童接受教育的比例不高

经过20多年的努力，华侨教育固然得到了很大发展，但儿童接受教育的比率仍不够高。如20世纪20年代英、美受教育率占全人口的18%，德、法为16%，日本为13%，而印尼华侨1926年有810 470人，受教育者只有31 441人，只占3.88%。[127]华侨女子受教育率更低，如1926年统计，全印尼在学男女生为30 280人，女生只有8 268人，男生为22 012人。男女生总数占全体华侨人口的3.73%，女生只占男生的37%，占全体华侨总人口的1%。[128]而且华侨中学甚少，20年代仅巴城、北加浪岸及邦加的中华学校附设了初中部，设备很不完善。巴城中华学校初中部专为将来到香港大学深造而设，偏重英语。所以严格说来，一直到20年代，印尼华侨社会尚无完整的中学和师范教育。这些都表明，这个时期的印尼华侨教育发展得很不平衡，无论从普及或提高来说，任务都还很艰巨。[129]

（五）在殖民者的敌视、破坏下，华侨教育开始发生分化

各地华侨学校的建立和发展，引起了荷兰殖民当局的疑惧和妒忌。他们担心华侨觉悟提高后，将更多地倾向中国，对其殖民地产生更大的离心力，最终导致对殖民政府的不忠而危及其统治。为此，他们一反过去不许华侨子女进学校就读的愚民政策，改而采取分化和同化华侨的政策。

第一，荷印政府于1906年组织了一个委员会，专门就教育问题研究对策。经过权衡利弊，决定由政府建立专供华侨儿童读书的荷华学校，课程与荷兰小学相同。不设中文和中国史地课。这种学校1908年始创于巴城，以后逐步普及于爪哇和外岛的大中城市，接着，荷兰天主教会和基督教会也乘机仿效建校，并领取政府津贴。显然，教会办校是政府授意和赞助的。荷印政府还

颁布条例，允许华侨自办荷华学校。政府对在荷华学校就读的学生，给予种种优待：他们毕业后可以在政府办的职业学校、荷兰师范学校及高等学校学习；凡在荷华师范学校毕业而又在荷华学校工作的学生，可享受公务员待遇。荷华学校是官办学府，经费充足，校舍设备、师资和各方面条件都要比中华学校优越得多，这样就可以吸引更多中等生活水平以上的华侨子女来此就读。

很明显，荷印政府创办荷华学校的目的在于扩大对抗中华会馆学校的力量，削弱华侨民族主义的影响，争夺华侨教育的领导权，争夺华侨子女，使新一代的华侨儿童的民族主义思想意识逐渐淡薄，疏远自己的祖国，逐步成为亲荷的力量。荷人凡登·波须就说：荷印政府所以“这样急切地开办荷华小学或者是因为政府怕华人自办学校太多了，过分的鼓吹了国家思想于东印度有不利”。一家荷文报纸针对荷华学校学生拥挤之情况说：“荷印政府设立荷华学校之步骤已收奇效。在数年内中华学堂将自行消灭。”[130]这就道出了荷印政府办荷华学校的实质。

在创办荷华学校的同时，荷印政府颁布国籍法，规定不分种族，凡出生在印尼的人都具有荷印国籍，华侨子女自不例外。荷印政府在教育与国籍问题上抓紧采取同步同化华侨的政策，说明殖民当局在新的形势下，妄图加快同化华侨的步伐。

一些华侨，尤其是土生华侨，考虑到子女将来的工作和前途问题，便把子女转到荷华学校求学。因此荷华学校发展很快，1910年官办荷华学校才17所，学生2 780人[131]，1926年已达108所，学生11 900人。[132]

第二，荷印政府规定，凡在未设有荷华学校的地区，华侨子女得入专为印尼人开设的荷印小学或乡村小学学习。很明显，这也是荷印政府企图削弱华侨民族主义意识的又一种手段。1909年，荷印政府颁布新条例，规定中华会馆学校及其他学校得向政府申请津贴，企图把华侨教育逐步纳入他们所实行的奴化教育的

计划，达到削弱以至最后消灭华侨教育的目的。

三、1928—1942 年，华侨教育的分化时期

1929—1933 年的世界经济危机，使印尼华侨经济也受到影响。在经济不景气的影响下，一部分华侨学校因经费困难等原因而停办，华侨教育遭到一定的挫折。但随着危机的过去，华侨教育又重新发展起来。据雅加达“华侨书业公会”负责人的估计，到 1940 年，全印尼华侨小学约有 650 所、教职员约 2 500 余人，学生达 76 000 人。[133]

到 20 世纪三四十年代，印尼华侨学校不仅已遍布大中城市，而且已普及到穷乡僻壤，为小学教育的普及提供了有利条件。

这一时期，不仅小学教育发达，中学也日渐增多，而且日趋完善。爪哇华侨学务总会办的第一间华侨中学于 1914 年停办后，1916 年三宝垄兴建了一间重视英语教学的华英中学。1917 年巴城广仁学校附设了初中部，但这些中学寥若晨星，而且还很不理想，教师多由小学教员兼任，质量得不到保证。学生也只有一二十人。这种情况很不适应形势发展的需要。除了少数富裕华侨可让子女到荷兰学校或外国继续深造外，大部分华侨儿童念完小学只好辍学，影响整个华侨文化水平的提高。鉴于这些情况，华侨教育界一些有识之士从 20 世纪 20 年代起开始在一些有条件的小学附设了中学，30 年代以后得到比较大的发展。这些中学不再统称中华学校，而是各取校名。有的成为独立中学。例如泗水新华中学、励志中学、华侨中学，棉兰苏东中学，巴城八华学校等等。其中以 1939 年成立的巴城中华中学（创办人为李春鸣、张国基、李善基和陈章基）为最著名。

据 1934 年对 259 间华校的调查，全印尼有中学 21 间，多数只办初中，有学生 1 251 名，占小学生总数（29 187 人）的

4.28%。[134]由于中学有限，多数小学毕业生仍不能升入中学读书。据1936年的统计，在6岁至14岁之间的20万华侨儿童中，大约9.8万人在接受教育，其中4.5万人在华侨学校，2.3万人在公立和接受补贴的学校，1.3万人在印尼人办的小学及马华学校，2 500人在六年制欧洲人学校，1.35万人在私立荷华学校。[135]

由于华侨教育事业的发展，华侨儿童接受教育的比例日益增加，他们的识字率要比新客华侨高。据20世纪30年代的统计，在120多万华侨中，识字的有34.6万，占28%。如以新客同土生华侨相比，9岁以上土生华侨识字者占40%，而新客只占24%。[136]主要原因是新客年龄在25～50岁之间，而土生华侨以20岁以下者为多数。他们自然要比新客的父辈一代容易接受教育。而在土生华侨家庭中，父母亲年轻时因华侨教育尚未普及，许多人因而不懂汉语，不会讲普通话。反之，当他们的子女到达入学年龄时，各地中华学校已普遍建立起来，越来越多的人得到入学的机会，因此许多土生华侨儿童或青年不再是文盲，他们会讲国语，认得华语文字。这正是华侨教育事业普及的结果。

华侨子女能在当地上大学的占少数。1930—1931年，在万隆工科大学新进华侨学生的仅有4人，占全校新生的9.1%，法政大学16名，占17.8%，医科大学22名，占37.9%。[137]

一些印尼华侨学生回到中国暨南学校深造。[138]

印尼华侨学务总会停办后，没有再成立全印尼华校的联合机构。1934年成立巴城华校联合会，但名不副实，甚少活动。1937年8月，召开过华侨教育会议，决定组织荷印华侨教育总会。1938年8月在巴城召开第二次会议，因一部分代表发生误会，大会不欢而散。[139]以后成立华侨教育总会的事也就不了了之。当时能真正做一点联络工作和发挥一点作用的教育机构，仅苏东华侨教育会而已。

华侨教育的分化，是这个时期的显著特点。从20世纪20年代起，在荷印政府的敌视、分化下，华侨教育界逐步分化成为两派。一派以土生华侨领袖为代表，他们认为多数华侨子女长大后要在当地就业，因而逐渐对华文教育的作用产生了疑问。随着殖民者的蓄意破坏和荷华学校的增加，这种疑问有增无减。他们越来越认为华侨学校应向荷华学校靠拢，少教或不教有关中国文化的课程。有些人甚至认为华侨学校应合并到荷华学校中去。这派人以土生华侨中的上层富裕商人为主。原来创办巴城中华会馆的侨领潘景赫和李金福等人都把子女送进了荷华学校。甚至连最初倾向中国的华侨民族主义者郭恒节、郑坚成等也要求把中华会馆学校改办为荷华学校，这些土生华侨对华文教育日益失去信心和兴趣，越来越热衷于西方教育了。到1932年，荷华学校又进一步增加。情况如表5－3。

表5－3　1932年荷华学校情况表

	国立	市立	基督教办	天主教办	非宗教办	总数
荷华学校数	64	4	29	15	5	117
荷华学校学生人数	13 236	944	6 120	2 196	857	23 353

资料来源： 乐天：《东印度华侨国民教育概况》，见《巴城新报二十五周年纪念特刊》，1935年版，第91页。

另一派以新客华侨为主。如前所述，从20世纪20年代以后，新客华侨增加得很快，每年都有1万名以上的新客被批准在爪哇入境，在外岛的也很多。新客刚自故乡来，对中国文化有较深的感情，因而主张进行中国民族文化的教育。新报派的主要领导人虽然是土生华侨，但有些人曾在中国学习，有些则在当地受过华文教育，因而在教育问题上，他们与新客华侨观点一致。他们都认为，华侨不应该忘记自己祖先的文化，因此必须使华侨儿童接受中国文化的教育，认识汉字，会听、说、读、写中文，了解中国史地，有中华民族的自尊心和自豪感。但是，为了华侨子弟将来在当地的生存，华侨学校应加强当地语文、史地课程和职业技能的训练。有些人还认为，荷华学校必须“中华化”，增设中文、中国史地和中国文化课程。洪渊源曾撰文指出中华学校的一些弊端，认为中国出版的教科书不适应印尼的环境和需要，必须改革中华学校的教学内容。有些人认为，接受一点荷语教育没有坏处，不能认为念了一点荷兰文就会忘记自己的民族。他们列举了印尼至善社及伊斯兰教联盟的一些领导人为例，指出他们虽接受了荷兰教育，但仍然开展抗荷斗争。然而，由于聘请荷语教师工资过高，而且涉及不少问题，因而华侨学校不设荷语课。

新客华侨对学校的领导主要表现在两个方面：

1. 在新客华侨无力开办学校的地方，他们接管了中华会馆所属的学校，例如巴城新巴杀、老巴杀及丹那阿望等地的中华会馆学校此时都改由新客华侨领导。茂物 90% 的中华会馆所属学校以前掌握在土生华侨手中，现在已由新客华侨接办。这些学校的学生大多数是新客华侨的子女或者比较贫穷及不能进荷华学校学习的土生华侨的子女。

2. 新客华侨团体由于不满意中华会馆学校的教学内容或方式，自己开办新的学校。例如在巴城，属于福建、客家或广肇籍的华侨团体都分别创建新校，它们不再称中华学校。如 1931 年的一次调查显示，巴城 15 间华侨学校中，有 13 间是用不同名称的由新客华侨团体创办的学校[140]，如客家人团体办的义成学校及平民学校等等。

随着教育界的分化，两种不同体系的教育界人士各自建立了自己的团体。接受荷语教育的师生建立华人教师协会、大中学学

生会。接受华文教育的新客华侨师生又另建组织。

1931年“九一八”事变和1937年“七七”抗战爆发，激起广大华侨义愤，各地华侨学校在教学活动中都加入了不少宣传抗日的爱国主义教育内容。师生们纷纷走上街头，或义演或募捐，有的还回国参加抗战。这是华侨学校开展民族主义教育的必然结果。

根据乐天前揭文所载，20世纪30年代初全印尼华侨学校共有450所，学生估计约45 000名，华侨学校数字差不多等于同期荷华学校的四倍，学生是荷华学校的一倍。这说明民族主义思潮在华侨中还具有很深远的影响。祖国对华侨还具有很强的吸引力，多数华侨仍不愿让自己的子女受荷华学校的教育。

四、华侨教育存在的问题和困难

印尼华侨教育从1901年巴城中华学堂算起，经过全体华侨40多年的艰苦奋斗，到1940年，创办学校达650间，取得了非常可观的成绩。同时也彻底粉碎了荷印舆论界20世纪30年代散布的所谓“在数年内中华学堂将自行消灭”的谰言。华侨学校在培养人才、普及文化教育、促进华侨热爱祖国以及为当地服务等各方面都做出了杰出的贡献。

但华侨教育事业在前进中也遇到不少困难和问题，主要有以下几方面。

经费困难。华侨办学完全依靠自己力量，自筹资金建校。荷印政府虽曾于1909年规定华校可申请津贴，但校董们不愿受政府控制，不愿申请。中国政府在1927年后也规定华校不得领取当地政府的津贴，所以多数华校都不领当地政府的资助。后来，中国政府规定华侨学校有困难者可向中国注册申请津贴，但这只不过是腐败的国民党政府装潢门面的一种姿态而已。多数华校并不去登记。如 1934 年国民党政府发放补助金 199 920 元（国币），当时印尼华校 450 间，向中国立案的仅 29 间，而得到补助的只有 12 间。[141]

华侨学校一般没有固定的建校基金，除固定的学费收入外，办学经费常是临时筹措。经费来源有学费（家境贫寒的学生可免缴）；董事月捐，每月数角至数盾，收入不多；商店月捐，只有一些地方实行；货捐，即由商店的入口货和土产方面抽点钱助校，有些对办教育有抵触情绪或唯利是图的商家常常少捐或抗捐；华侨家庭举办喜庆、丧事时的捐献；旅馆捐，即向旅客抽取少量捐款；经政府允许公开卖彩票；与慈善机关、当地人办的学校或医院共同举办夜市，共同分享所得，一般一年一次，等等。依靠这些办法筹措经费是不能保证正常的收入的。不少学校依靠富裕校董们的自愿捐献。这些校董在经济情况较好，本人热心时尚可乐意捐助，否则常分文不给。所以一些地方的华校常因经费无着而停办。根据 1930 年对 93 间学校的调查，经费不足的即达 58 间[142]，超过一半还多。

校舍不足，设备欠完善。这是经费困难所造成的必然结果。许多学校只好租赁、借用外单位房子或使用旧房。1930 年对 93 间学校的调查，缺乏校舍者达 38 间。[143]不少学校没有运动场，学生没有活动场所、仪器、图书资料，娱乐设备以及桌椅板凳不足。教室狭窄，光线不好，影响学生视力。

行政不统一。一些学校的董事会包揽大权，而董事又多为商人，他们不懂教育，又喜欢指手画脚，校长有职无权。诸如聘请教师、经济预算、制定教师职责或教务工作等等，都必须征得董事会同意方可实行。一些行为不当的教师常利用这一点空子，奔走于董事之间，攻击校长或其他同事，以至闹起风潮，影响极坏。一些社会上品行不端、不学无术而又想混饭吃的人也乘此机会讨好董事，挤进教师队伍，降低师资质量，败坏学校声誉。

没有统一的教育宗旨，课程之开设往往因校因人而异。有的学校偏科严重，重视了英文而偏废了华文，或者是相反。有的重视体操、音乐或手工、图画，而有的则主张取消这些科目。不少学校教育内容一味模仿中国，一般都是将中国教材稍加修订就使用。在算术教学中引用的是中国的度量衡与币制，常识或自然课所讲述的动植物、季节或气候都以中国为主，没有组织力量选编一套适合于各地情况、又利于学生将来谋生的教材。这种教学方式固然有利于提高学生对故乡的热爱，然而却不利于大多数需留在当地工作的华侨子女。

教师队伍质量不高。华侨教育向来不重视师范教育以培养师资，以至影响教师来源。首先，华校中大约有一半教师来自中国，这有利有弊。利的方面是他们熟悉祖国情况，中文程度较高，对提高学生的爱国主义觉悟起了重要作用。但不足之处是他们不懂当地语言，不了解当地情况，到达印尼后不重视学会当地语言，不自修提高，不能因材施教；而对于大部分要留在当地生活的华侨后一代来说，掌握当地语言、史地状况以及现状又是必不可少的条件和最起码的要求。中国来的教师如果不进一步培训提高，自然是不能满足家长和学生要求的。这也是一部分学生转到荷华学校就读的原因。其次，多数教师只受过中等教育，由于教师严重不足，兼课现象极为普遍，一些中学教师多由小学校长或教师兼任，有些学校只好留用小学毕业生或者临时聘请店员。他们知识有限，又无教学经验，由这些人来教学，当然会直接影响教学质量。再次，一般教师教学负担过重，平均每日授课 5 个小时。教师工资太低，有些人只好到外面兼职，这也影响到备课和教学。

忽视职业教育。华侨学生毕业后，大部分要留在当地就业，除一部分从商外，也有部分人要去从事工业、农业工作，而华侨学校多偏重商业的训练，忽视职业技能教育，如木工、染织、机械、农林、海产等技能的训练都未列入课程，这对学生毕业后的充分就业是不利的。

荷印政府的打击和破坏。随着华侨教育事业的日益发展，荷印政府对待华侨教育也从原来采取的拉拢、分化瓦解政策逐步转向实行打击和迫害的政策。

荷印政府成立了归总督公署管辖的汉务司（后与日务司合并，改为东亚事务局），负责监督、处理各国侨民事务，教育也归它管辖。1923 年 3 月政府把 1880 年的《设教学则》修订为《荷印限制私立学校条例》，1929 年颁布《华侨学校注册条例》，1932 年 10 月 1 日又颁《取缔私立学校条例》。所有这些机构设置和条例的颁布，使打击、阻挠和破坏华侨教育的措施越来越系统化和法律化。条例规定华侨学校必须接受汉务司的随时检查和监督，如有违例者则处以拘禁或罚款。它使华侨教育受到严重干扰和摧残。

综观上述各项条例，荷印政府打击华侨教育的手段可以概括为三个方面：

1. 迫害教师。荷印政府规定：凡需在私立学校任教者，必须经过比普通移民更为严格的审查，由政府指定专职官员专门来审查他们，只有领取了教员准字方可执教。凡从中国聘请来的教师，须详细申报姓名、简历以及职业等等。只有“行为举动认为不致有扰乱治安之影响者”，以及经实地调查，“认为确实无疑点可指摘者”[144]，方允予考虑。经审查批准入境后，复由学校发公函致移民厅，派一名董事前往担保，然后才可到任。手续极为麻烦。这些条件漫无标准，殖民当局的视学员常借故不准教师入境。条例还规定校长教师若违反某项规定，即可处以监禁或罚款，于是视学员常到各校检查，无理驱逐或解雇教师。1930 年上半年，北加浪岸等地华校教师受迫害的事件即达 10 宗。1930 年 3 月，八华学校一学生作文题为：“何谓爱国?”即被认

为“危害当地治安”，教师被勒令停职。同月，马辰中华学校两位教师也无故被警署传讯拘留，虽经校董保释，仍无效。同月，汉务司及芝加拉市长视察芝加拉中华学校，以该校学生对其缺乏礼貌及某教师居留字不合手续为理由，勒令该教师停职。7月，先达中华学校一位教师因毕业证书与居留字名字不同，即被拘留，勒令候轮返国。望加锡中华学校两位女教师到校未及一个月，荷印政府不宣布任何理由就把她们递解出境。[145]有些学生作文中出现“团结”、“禁卖日货”、“东洋小鬼”字样，也被荷印政府认为伤害各民族感情，挑拨各民族关系而将教师驱逐出境。据统计，从1929年9月至1930年10月，被政府以各种无理借口而递解出境的有25间华校的33位教员。如1929年10月准备到万鸦老育才学校任教的三位女教师景多思、林宏婉和景晏如就因所谓入境时查出新时代教科书而被拘禁押回。[146]

本章第二节提到的20世纪30年代初期被荷印政府取缔的抗日《赤潮》月刊，是由祖国南来的教师编辑的。事后有关人员悉数被捕，一部分流放到西伊里安的利辜，一部分被驱逐出境。接着，荷印政府于1935年公布《外国劳工非常时期条例》（1937年增加补充条例），规定所有外国受薪者入境，必须经雇主事先申请并获批准才能在印尼居住。这是荷印政府限制中国知识分子入境，扼杀华侨教育的又一措施。

2. 无故取缔学校。1932年10月1日颁布的《取缔私立学校条例》规定：凡私立学校“经负责之视学员视察考虑，认为不合卫生，有倒塌之虞”，以及“教室狭窄，而学生人数过多等情者”，“不合卫生、崩毁以及有扰乱治安等情况，最高长官得执行该项权限暂时或永远封闭”[147]。于是，一些学校即常遭到无理封闭之厄运。当荷印政府得悉一些华校向中国有关方面请求注册以便领取津贴一事后，立即组织人马到各华侨学校搜查盘问，一些学校负责人被传讯、迫害。荷印政府的目的在于断绝华校的经济来源，不让其生存发展，同时断绝华校同祖国的联系。结果很多华校为避免麻烦而被迫取消向中国有关部门的注册。

3. 严厉查禁各种教材或书刊。1930 年汉务司一官员在一次华侨社团临时会议上说："此地系荷兰殖民地，办理学校，应遵荷兰政府教育条例，所谓三民主义教育，只行之中国，在荷政府监督之下，学校儿童，不应灌注反帝国主义思想，此后荷政府当严厉禁止。"[148] 在这一"宗旨"指导下，荷印政府随意扩大"禁书"范围。禁止学校采用中国有关书局出版的新课本。所有进口或本地出版的中文印刷品，都须经汉务司的严格审查，经批准方可使用。汉务司又常派人到校突击检查，调查时带上华人翻译随员，备有样本书目以凭对照，除课本外，学生的作业也要一一翻阅。如发现未经审查的课本或"禁书"，立即查究，当事人常被拘禁、罚款或驱逐出境。因而校长、教师务必十分谨慎，否则便有被逐之危险。

所谓"禁书"，涉及面极为广泛，凡国语、史地、常识以及公民等教材有关于革命、反帝、政治、爱国、雪耻、图强等文字或思想者，都属禁书之列。甚至连有关劝用国货之歌曲、同情农工及努力前进等文字者，也被认为违反了教育条例。马克思等名字更被视为洪水猛兽，涉及他的书刊都严禁进口。有讲到工农、压迫剥削以及孙中山等字眼的书刊都属禁止之列。1931 年 7 月，荷印政府公布了 572 种被禁华文书籍。[149] 到 1938 年 7 月，荷印政府公布的中文"禁书"已达 1 000 余种。有关当局甚至以笔画多寡排列来规定禁书的种类，如书名有"三民"、"中央"、"中国"者即被查禁，于是凡冠以"中"字的书 63 种，"三民"字样的书 31 种，都被列入禁书。连极为普通的《中学生文艺》、《学生杂志》、《少年杂志》、《小朋友演说》等都被查禁。有些教科书被查出来定期焚烧，学校被勒令停办，负责人被处分。许多学校被迫使用陈腐教材。有的学校更出现同时使用几种版本的

教材，或将某些教材撕去几页才获准使用的怪现象。

印尼华侨在办学过程中，虽然历尽艰险和挫折，但在广大华侨的热心支持下，终于冲破重重阻力和破坏，克服了无数困难，把一间又一间的学校兴建起来。无论是在偏僻的乡村，还是在繁华的都市，只要有华侨居住的地方，都可以找到华侨学校，听到莘莘学子朗朗的读书声。华侨教育界人士边办学，边总结经验教训，使华侨中小学教育事业办得越来越完善，为后期的发展奠定了坚实的基础。

第五节　印尼华侨的新闻事业

一、印尼华侨新闻事业的兴起和发展

印尼华侨的新闻事业是随着20世纪初兴起的民族主义运动而出现的。创办报刊必须具有特定的条件。首先，必须有一批受过教育、有民族觉悟、懂得办报的编辑和记者等人才。而在20世纪之前，多数华侨还处在封建意识影响之下，文化程度又不高，因而没有阅读报刊的强烈要求。华侨子女当时有条件读书的也多在私塾就读，没有经过现代新闻专业业务方面的训练，不具备兴办报馆的条件。其次，20世纪以前华侨文化教育事业不发达，还没有出现华侨创办的出版社或印刷馆。再次，如果由社会地位低下的普通华侨来当报馆负责人，势必要经常受到荷印政府的诸多干扰和破坏，而已取得欧洲人法律地位的华侨又极少。所以在20世纪之前，印尼的新闻事业全由荷兰人或土生的荷印（尼）混血人所垄断。

从19世纪下半叶起，少数华侨子弟在教会学校或在荷兰人

开设的私人补习班学习马来语、荷语、写作、绘画和数学等课程，逐步掌握了从事近代新闻事业所需具备的业务知识，开始踏入新闻界。

巴城中华会馆创始人之一的李金福（1853—1912 年）是土生华侨新闻事业界的先驱。他早年在茂物受过荷兰教育。19 世纪 70 年代专门为贫侨子弟办过一间学校，然而后来他的兴趣却转移到写作和办报方面。80 年代，他出版过一系列儿童读物。1886 年出版的《巴达维亚马来语》是土生华侨所编著的最早的马来语语法书。同年，他移居巴城，在土生荷人办的《巴城新闻报道》（*Pemberita Betawi*）工作，以后担任编辑。不久离开该报，任自由记者。他一生共出版过 25 本书。他同一些人合股开设印刷厂，为出版报刊、书籍提供了有利条件。另一位土生华侨黄再兴，1893 年任《西方之星》主编。

1900 年巴城中华会馆的成立标志着华侨新闻事业进入了一个新阶段。随着华侨民族意识的高涨以及掌握马来文和华文的华侨日益增加，迫切需要有华侨自己开办的报纸，以便反映华侨的呼声和要求，了解中国的形势，宣传华侨民族主义，于是，华侨自己开办的报纸应运而生。

20 世纪初出版的华侨报纸适应当时中华会馆提倡儒家学说的需要，主要宣传孔孟之道、中国文化，此外也报道一些经济新闻。创办人主要是土生华侨。所有报纸都是周刊。这些报纸主要有：（1）1901 年，余载祥（Yoe Tjai Siang）在苏加巫眉办的马来文版《理报》（*Li Po*）；（2）1902 年的《泗水新闻》（*Pewarta Soerabaja*）；（3）1902 年三宝垄《综合新闻》（*Warna Warta*）；（4）1903 年巴城的《商业新闻》（*Chabar Perniagaan*）；（5）1904 年梭罗蔡珠贯（Tjoa Tjoe Koan）办的中文及马来文版的《译报》（*Ik Po*）。此外，还有泗水出版的《论文》（*Loen Boen*），茂物的《和报》（*Ho Po*）以及 1904 年棉兰的《苏岛日报》。

1905 年中国同盟会成立，开始有计划地派遣革命志士到印尼开展革命活动，在各地成立了书报社，许多人还在学校任教。革命党人和华侨陆续创办了报刊，通过多种渠道在华侨中宣传推翻清朝、建立共和的民主主义思想。

当时比较著名的报纸是 1909 年出版的四家中文周报：

（一）巴城书报社出版的《华铎报》

它的宗旨是“以培养华侨独立、合群、尚武的品德，和国家观念”[150]。初为周刊，后改为三日刊，采用书本式发行，每册约 20 页。它抨击保皇思想，鼓吹革命学说。该报发起人陈百鹏是巴城同盟会负责人，主编是白苹洲，编辑钟公任等都是同盟会会员，发行量达 3 000 余份。《华铎报》还发行马来文版，主要读者是土生华侨。由于经费困难，该报于 1919 年停办。

（二）三宝垄书报社出版的《爪哇公报》

主编先后为马乃东、苏甘定和韩希琦。这是中爪哇最早的华文报纸。因经费困难，一年后停刊。

（三）泗水书报社出版的《汉文新报》

同时出版马来文版。主编是一位新客华侨教师。

（四）棉兰出版的《苏门答腊报》

主编是新客华侨。它还发行到新加坡。《苏门答腊报》和《汉文新报》的主编后来都被荷印政府无理驱逐出境。

此外，华侨还发行了其他一些报刊。如 1908 年泗水出版的《泗滨日报》中文版，它虽不是书报社所办，但有些股东是同盟会的会员，总编辑田桐即为同盟会会员（曾任新加坡同盟会《中兴报》记者，著有《南国篇》，被认为干涉荷人政治，勒令出境）。1909 年的《中爪哇报》，它同时发行中文与马来文版，社长是马厥猷，聘请了几个土生荷人任编辑。1908 年泗水出版的《民铎报》及《巴城日报》，它们都直接或间接与革命党人有关，经常抨击帝制，宣传革命。

二、代表三种政治流派的华侨报刊

1910 年以后，随着爪哇华侨政治倾向的逐渐分化，印尼华侨新闻业也明显地分成了三派。

（一）新报派

其喉舌是巴城 1910 年创办的马来文《新报》。起初是周刊，1912 年改成日报。创办人是刘玉兰和游新义。为便于工作，起初聘请荷兰人任社长。1921 年 2 月出版华文版《新报》。东爪哇马来文版在泗水印刷。1927 年出版过荷文版季刊，三年后停刊。《新报》社长洪渊源、总编辑朱茂山、郭克明都是土生华侨。他们代表那些倾向中国、反对加入荷印国籍的华侨的呼声。《新报》是印尼华侨社会中影响最大的报纸，一直发行到 1959 年被勒令停刊，发行量也最大，创刊不久即达 10 000 份。此外，马来文版《泗水新闻》同情并支持新报派观点，主编是郑坚成。

（二）中华会

其喉舌是巴城马来文版《商报》（*Perniagaan*，1907 年称《商业新闻》），发行量 5 000 份。领袖是简福辉，倾向荷印政权，赞成同荷兰人合作，主张华侨成为荷兰臣民，赞同华侨派代表参加荷印政府炮制的国民议会。1934 年中华会分裂成亲荷派和中立派，前者后来出版《中华指南》周刊（*Pelita Tionghoa*）；《商报》由中立派接办。

（三）印尼中华党

1929 年泗水出版的马来文版《新直报》（*Sin Tit Po*，其前身是 20 世纪初的《共和之声》）是它的机关报。领袖是林群贤，政治上支持印尼民族独立运动，主张华侨应以印尼为祖国，参加印尼国籍。

此外，另有一些较著名的报社，如 1909 年三宝垄的马来文

版《中爪哇报》(*Djawa Tengah*),1914 年泗水马来文版《东方之光》(*Tjahaja Timoer*)、《春秋》(*Tjhoen Tjhioe*),1921 年三宝垄马来文版《亚洲》(*Asia*),同年巴城出版的马来文《光报》(*Kong Po*),1922 年巴城马来文《民声报》(*Bin Seng*),1923 年巴城马来文《竞报》(*Keng Po*),1925 年万隆马来文版《新民版》(*Sin Bin*),等等。

20 世纪 20 年代以后,新客华侨增加很多,他们多数不懂马来文。于是,适应这些读者需要的华文报馆陆续问世,如 1921 年的巴城《新报》和《天声日报》,1922 年的巴城《工商日报》、泗水《大公商报》和棉兰《南洋日报》(1930 年改称《新中华报》)及《苏岛日报》,1923 年的《三宝垄日报》,1925 年的《锡江日报》,1922 年的巴城《全民日报》(起初称《巴达维亚日报》)和三宝垄《中南日报》,1927 年的锡江《民声报》,1928 年的泗水《爪哇每日电讯》、《泗滨新报》和棉兰《新中华报》,1929 年的巴城《荷属民国日报》和泗水《侨声日报》等等。

这里着重叙述《新报》和《天声日报》。

《新报》在洪渊源等的领导下,不仅马来文版很受欢迎,中文版也办得相当出色。洪渊源专门从中国聘请几位大学生担任主要编辑和管理人员,对内容实行革新,社论和副刊很有特色,很受读者欢迎。《新报》在上海、南京和梅县等地聘有特约记者。由他们撰写的"发自中国的特约通讯,常常是南洋华文报刊的独特新闻,连新加坡的华文报都比不上。'五四运动'后勃兴的新文艺作品,也开始在该报出现,所谓《新报》是名副其实的新型华文报。提高了巴城华侨的文化水准"[151]。20 世纪 30 年代发行量达 1 万份。[152]

《天声日报》是巴城国民党支部的机关报。孙中山曾为该报题写报名并赠祝词:"大汉天声,轰腾寰宇。文化既敷,被之南暨。我党主义,揭橥三民,曰维民族,胞兴会宏;发展民权,人群自治；畅遂民生，群生乐利。惟笔与墨，时用宣传，斯民党牖，勗哉维贤。"[153]20 世纪 30 年代该报发行量达五六千份。[154]《天声日报》创刊后，在宣传三民主义，要求提高华侨正当权益以及宣传抗日等方面做过一定的努力，有过一定的贡献。一些负责人、职员和编辑曾被荷印政府驱逐出境或逮捕入狱。在日军占领时期，社长等十余人也被关进集中营。但该报作为国民党之喉舌，自从 1927 年蒋介石叛变革命后，一直站在拥蒋反共的立场。

20 世纪 30 年代日本帝国主义侵略我国，站在舆论前哨阵地的各家报社这时都自然地结成抗日统一战线，声讨日寇罪行，号召华侨全力抗日。原来的三派报馆，这时都以抗日宣传为主要报道内容。

在 20 世纪 30 年代，以巴城和三宝垄为中心，又出版了一些马来文版的华侨报纸。主要的有巴城 1931 年的《侨声》（*Kiao Seng*），1934 年的《光华报》（*Kong Hoa Po*），1936 年的《公言》（*Kung Yen*）和《洪报》。三宝垄出版的是：1933 年的《日报》（*Djit Po*），1934 年的《太阳报》（*Mata Hari*），1936 年的《垄川之声》（*Soeara Semarang*）。但 30 年代几乎没有出版新的中文报纸。

这一时期华侨办的报纸发行一般为数千份至 1 万份。

华侨报社主要依靠广告收入来维持出版。资金较雄厚的是《新报》，约有 30 万盾，泗水《新直报》有 2.5 万盾。华侨报社一般有比较现代化的印刷厂，设备较完善。除在印尼各地派驻记者和通讯员，订阅国内外通讯社的电讯稿，在中国有记者外，有些还在欧洲一些国家驻有通讯员。

华侨报章内容充实，广泛"支持或不反对印尼民族解放运动，更自由和更多地刊登客观的与忠实的印尼问题，所以有不少印尼人订阅华人报章"，甚至"订华人报的印尼人比订印尼人报的华人还要多"[155]。

由于爪哇岛的土生华侨多，因此土生华侨办的报纸多集中在爪哇，外岛较少。一些报馆因经费困难，被迫停刊，如战前29家华文报，停刊的即达11家。[156]

除办报外，华侨还出版了一批期刊，包括周刊、半月刊。据1939年的统计，全印尼华侨出版的印尼文报有16家，中文报7家，印尼文周刊11家，中文周刊8家，印尼文月刊22家，中文月刊2家。[157]

注 释

〔1〕肖玉灿：《殊途同归》，香港地平线出版社，1981年版，第20页。

〔2〕潘开兴：《印度尼西亚的中国侨生》，载《南洋问题资料译丛》，1957年第3期，第31页。

〔3〕廖建裕：《爪哇土生华人政治》（Leo Suryadinata，*Peranakan Chinese Politics in Java*），新加坡大学出版社，1981年版，第3页。

〔4〕查理·库柏尔：《印尼土生华人概貌》，澳大利亚国立大学远东历史系编：《远东历史论文集》，1973年第8期，第148页。

〔5〕王彦威辑，王亮编：《清季外交史料》，第74卷，北平1932年铅印本，第24页。

〔6〕〔7〕朱寿朋编：《东华续录》（光绪朝），上海集成图书公司，1909年版，第173卷，第8页；第190卷，第2页。

〔8〕《列宁选集》，第二卷，人民出版社，1972年版，第447页。

〔9〕李·E. 威廉斯：《华侨民族主义》（Lea E. Willialls，*Overseas Chinese Nationalism*），〔美〕伊利诺伊斯自由出版社，1960年版，第42页。

〔10〕梁友兰：《巴城中华会馆40年历史》（Nio Joe Lan，*Riwajat 40 Taon Dari Tiong Hoa Hwe Koan Batavia*），巴城中华会馆，1940年版，第202页。

〔11〕同〔10〕，第192页。

〔12〕同〔10〕，第139页，74页。

〔13〕郁树锟主编：《南洋年鉴》，新加坡南洋报社有限公司，1951年版，癸152页。

〔14〕珀塞尔:《东南亚的华人》，牛津大学出版社，1952 年版，第 631 页注 2。

〔15〕张少凌:《荷印概观及华侨实况（下）》，载南京《侨务月报》，1936 年第 9 号，第 3 页。

〔16〕司徒赞:《南洋荷领东印度地理》，暨南学堂，1922 年版，第 1 页，42 页，62 页，91 页，51 页，66 页。

〔17〕肖玉灿:《五个时代》，香港地平线出版社，1982 年版，第 279 ~ 280 页。

〔18〕《吴炳良君与〈商报〉》，巴城《新报》（马来文版，下同），1918 年 8 月 1 日。

〔19〕郭克明:《记者生涯二十五年（1922—1947）》（Kwee Kek Beng, *Doea Poeloe Lima Tahun Sebagai Wartawan*, 1922—1947），玛琅模范出版社，1948 年版，第 20 页。

〔20〕《华人与议会》，载《新报》，1917 年 11 月 8 日。

〔21〕郭克明:《有必要参加议会吗?》，《中爪哇报》，1927 年 3 月 22—23 日。转引自廖建裕编《印尼华人的政治思想》（Leo Suryadinata, *Political Thinking of the Indonesian Chinese*），新加坡大学出版社，1977 年版，第 29 ~ 30 页。

〔22〕《洪渊源自传》（*Autobiography of Ang Jan Goan*），加拿大，1980 年影印稿，第 68 页。

〔23〕朱茂山:《印尼华人运动与福隆勃格先生》（Tjoe Bovw San, *Pergerakan Tionghoa di Hindia Olanda dan Mr. P. H. Fromberg Sr*），巴城，1921 年版，第 9 ~ 10 页，124 页。

〔24〕廖建裕:《郭克明：土生华侨民族主义倾向者的困境》，雅加达《棱镜》（*Prisma*）月刊，1984 年第 10 期，第 86 页。

〔25〕同〔19〕，第 29 页。

〔26〕《印尼的华族》，《新报》，1917 年 11 月 28 日。

〔27〕郭恒节:《两个顽固派》（Kwee Hing Tjiat, *Doea Kepala Batoe*），柏林，1921 年版，第 67 页。

〔28〕1985 年 11 月 26 日作者在广州访问原《新报》记者黄隆泰先生的谈话记录。

〔29〕《海外月刊》，1933年第10期，第8页。
〔30〕同〔22〕，第18页。
〔31〕泽春：《被人遗忘的两个字：华侨》，载上海《侨声报》，1946年8月27日。
〔32〕廖嗣兰：《辛亥革命前后荷属东印度华侨情况的回忆》，载中国人民政治协商会议广东委员会文史资料研究委员会编：《广东辛亥革命史料》，广东人民出版社，1981年版，第192页。
〔33〕笃彬：《华侨书报社略史》，载暨南大学南洋美洲文化事业部编：《南洋研究》，第三卷第三期（1930年12月出版），第122页。
〔34〕冯爱群：《华侨报业史》，台湾学生书局，1976年版，第40页。
〔35〕克劳丁·萨尔曼：《印尼华人译著的马来文文学作品》（Claudine Salmon，*Literature in Malay by the Chinese of Indonesia*），巴黎1981年版，第31页，291页。
〔36〕胡汉民：《南洋与中国革命》，载南京《新亚细亚》，第一卷第六期（1931年3月1日出版），第11页。
〔37〕孙中山：《致流石同盟会员函》，广东省社会科学院历史研究室等合编：《孙中山全集》，第一卷，中华书局，1981年版，第359页。
〔38〕华侨革命史编纂委员会编纂：《华侨革命史》（下），台北正中书局，1981年版，第198页。
〔39〕同〔33〕，第126页。
〔40〕蒋永敬：《华侨开国革命史料》，台北正中书局，1977年版，第372页。
〔41〕《蒋以麟》，载中国人民政治协商会议福建省泉州市委员会文史资料研究委员会编：《泉州文史资料》第9辑（1981年出版），第92页。
〔42〕吴玉章：《辛亥革命》，人民出版社，1974年版，第7页。
〔43〕《海伦·斯诺谈宋庆龄》，北京《参考消息》，1981年5月27日，第2版。
〔44〕同〔40〕，第356页。
〔45〕同〔33〕，第126页；蒋永敬：《华侨开国革命史料》，第373～374页。

〔46〕同〔40〕，第 374 页。

〔47〕〔48〕〔49〕蒋以麟：《辛亥革命泉州光复记》，载《泉州文史资料》，第 9 辑，第 10 页，11 页，16 页。

〔50〕同〔9〕，第 142 页。

〔51〕《令外交部妥筹禁绝贩卖“猪仔”及保护华侨办法文》，《令广东都督严禁贩卖“猪仔”文》，中国社会科学院近代史研究所中华民国史研究室等编：《孙中山全集》，第二卷，中华书局，1982 年版，第 252 页。

〔52〕姚雨平，广东平远人，早年参加同盟会，北伐后，一直跟随孙中山。曾任军政府顾问。汕头卫戍司令，粤军总部顾问、广州国民政府参议及南京国民政府监察院委员等职。解放后任广东省人民政府参事室主任、政协广东省常委、民革中央委员及省人民代表等职。1974 年 9 月病逝，终年 93 岁。参阅简单：《姚雨平传略》，载《广东文史资料》，第 38 辑（1983 年 6 月出版）。

〔53〕〔54〕同〔38〕，第 515 页，519 页。

〔55〕爪哇三宝垄中华商会编：《三宝垄中华商会三十周年纪念册》，三宝垄中华商会，1937 年版，第 8 页。

〔56〕汤腾汉：《五四运动以来的南洋华侨》，载南京《少年世界》第一卷第四期（1920 年 4 月 1 日出版），第 64 页。

〔57〕同上，第 56 页。

〔58〕同〔19〕，第 56 页。

〔59〕《泗水华侨汇款救济亡友》，载广州《工人之路》，第 27 期第 2 版（1925年 7 月 21 日）。

〔60〕《巴达维亚华侨对罢工之热诚》，载《工人之路》，第 343 期第 2 版（1926年 6 月 8 日）。

〔61〕《荷属华侨纷起组织北伐后援会》，广州《海外周刊》，第 23 期（1926年 8 月 23 日出版），第 21 页，22 页。

〔62〕《中国国民党望加锡支部议布》，载《海外周刊》，第 20 期（1926 年 7 月 19 日出版），第 22 ~ 23 页。

〔63〕重庆《新华日报》，1939 年 1 月 4 日，第 2 版。

〔64〕郑鸿儒：《归国参战侨胞访问记》，载广州《华侨战线》，第一卷第

二期（1938 年 3 月 16 日出版），第 21 页。

〔65〕黄警顽：《华侨对祖国的贡献》，上海棠棣社，1940 年版，第 333 ~ 334 页。

〔66〕《驻泗水领事呈报侨胞捐款一览表》，载南京《华侨周报》，第 19 ~ 20 期合刊（1932 年 12 月 6 日出版），第 64 ~ 67 页。

〔67〕南京《海外月刊》，第 8 期，（1933 年 4 月出版），第 87 页，90 页。

〔68〕同〔19〕，第 58 页。

〔69〕同〔55〕，第 9 页。

〔70〕张国基：《抗日战争中的华侨》，载北京《中国建设》，1985 年第 8 期，第 25 页。

〔71〕《苏岛儿童在庆祝儿童节中不忘祖国战区难民》，载广州《华侨战士》月刊（1938 年 5 月 16 日出版），第 25 页。

〔72〕《坤甸华侨救亡动态一览》，载《华侨战士》月刊（1938 年 5 月 16 日出版），第 23 页；《荷属山口洋华侨赈委会印发第一期赈款征信录》，《华侨战士》月刊（1938 年 5 月 16 日出版），第 22 页。

〔73〕郑鸿儒：《华侨救国阵容的总检阅》，载《华侨战线》第一卷第三、四期合刊（1938 年 4 月 16 日出版），第 42 页。

〔74〕肖强：《印尼丹榕艺林侨胞爱国抗日纪事》，汕头华侨历史学会编：《汕头侨史论丛》，汕头华侨历史学会 1986 年版，第 281 ~ 282 页。

〔75〕《行乞助赈，如马细旦君可谓真正热血男儿》，载《华侨战士》月刊，1938 年 5 月 16 日，第 24 页。

〔76〕许侠夫：《华侨抗敌后援的动态》，载《华侨战线》，第一卷第十一、十二期合刊（1938 年 8 月 16 日出版），第 42 页。

〔77〕陈直夫编：《华侨与中国国民革命运动》，香港 1981 年版，第 182 页。

〔78〕陈嘉庚：《南侨回忆录》，新加坡怡和轩，1946 年版，第 344 页。

〔79〕《四年半的中国赈济基金》，载《新报周刊专号》，1942 年 2 月 13 日，转引自廖建裕：《爪哇土生华人政治》，第 105 页。

〔80〕同〔22〕，第 210 页。

〔81〕同〔65〕，第 190 页。

〔82〕〔83〕海燕：《太平洋战争中谈南洋华侨》，载延安《解放日报》，

1941 年 12 月 12 日，第 3 版。

〔84〕《丘元荣明日离渝》，载《新华日报》，1941 年 4 月 21 日，第 1 版。

〔85〕郭维鸿：《荷属华侨救护队》，载《养生院二十五周年纪念特刊》，雅加达 1950 年版，第 40 ~ 42 页。

〔86〕李林事迹根据以下资料编写：贾唯英：《怀念李林》，载《人民日报》，1985 年 5 月 12 日，第 5 版；黄如捷：《抗战中的女英雄李林》，载《中国建设》，1985 年第 6 期；《山西将举行李林殉难日纪念活动》，载《华声报》，1985 年 4 月 23 日，第 1 版。

〔87〕《捍卫祖国的华侨空军战士》，载美国《三民晨报》，1940 年 5 月 30 日，转引自巫乐华：《航空救国，彪炳史册》，载《华声报》，1985 年 8 月 27 日，第 4 版。

〔88〕蔡若水：《南侨技工回国服务团部分调查史料》，载《泉州华侨史料》编委会编：《泉州华侨史料》第二辑（1985 年出版），第 161 ~ 162 页。

〔89〕宋庆龄：《华侨总动员——庆祝华侨第二届会员代表大会》，载《新华日报》，1938 年 9 月 23 日，第 4 版。

〔90〕普林戈迪多：《印尼人民运动史》（A. K. Pringgodigdo, *Sejarah Pergerakan Rakyat Indonesia*），雅加达人民之灯出版社，1980 年版，第 6 页。

〔91〕《至善社月刊》，1926 年 4—6 月号，三宝垄；《至善社历史文件选编》（*Kilasan Petikan Sejarah Budi Utomo*），雅加达伊达友基金会，1975 年版，第 63 页。

〔92〕阿卜杜拉赫曼·苏约米哈尔佐：《至善社巴达维亚分会》（Abdurraehman Surjomihardjo, *Budi Utomo Cabang Betawi*），雅加达查雅出版社，1980 年版，第 56 页。

〔93〕彭德斯编：《印尼：1830—1942 年有关殖民主义和民族主义的文件选编》（Chr. L. M. Penders, *Indonesia: Selected Documents on Colonialism and Nationalism*, 1830—1942），昆士兰大学出版社，1977 年版，第 216 页。

〔94〕《华人与议会》，载《新报》，1917 年 11 月 1 日。

〔95〕《致达尔梭诺君》，载《新报》，1918 年 11 月 21 日。

〔96〕杜迪·布约哈尔梭佐：《苏勃拉曼：印尼国歌的作者》，载雅加达《印尼观察家报》英文版，1984年8月23日。

〔97〕雅加达《忠诚报》，1965年6月17日第1版说：《新报》刊登《青年誓词》的日期是1928年9月29—30日，疑月份有误。因通过《青年誓词》的第二届印尼青年代会召开于1928年的10月28日。

〔98〕同〔22〕，第78页。

〔99〕雅加达《忠诚报》，1965年6月17日，第1版。

〔100〕玛丽·F·萨默斯：《印尼土生华人政治》（Mary F. Somers, *Peranakan Chinese Politics in Indonesia*），纽约康奈尔大学出版，1964年版，第6页。1965年6月17《忠诚报》说《大印尼歌》刊登于1928年10月29—30日的《新报》。

〔101〕肖玉灿：《殊途同归》，香港地平线出版社，1981年版，第36页。

〔102〕巴城《印尼团结》（*Persatuan Indonesia*），1930年1月20—30日。

〔103〕邹谠编：《危机中的中国》（Tang Tsou, *China in Crisis*）第二卷，芝加哥，1968年版，第357页。

〔104〕S. Tj. S：《革命斗争时期的华人报章》，载雅加达《觉醒周刊》第34期（1957年8月24日出版），第22页。

〔105〕梭里金沙兰：《黎明之子朋加诺》（Solichin Salam, *Bung Karno Putera Fajar*），雅加达阿贡山出版社，1981年版，第81~82页。

〔106〕巴尔发斯：《季普托·芒昆库苏莫传》（M. Balfas, *Dr. Tjipto Mangunkoesoemo*），雅加达大桥出版社，1957年版，第122页。

〔107〕拉志斯：《印尼民族运动史》（S. T. Rutges, *Sejarah Pergerakan Nasional Indonesia*），泗水哈奄务碌出版社，1951年版，第28页。

〔108〕勃·阿南达·杜尔：《印尼的华侨》，雅加达明星出版社，1960年版，第95页。

〔109〕印友：《一页珍贵的史料》，载香港《周末报》，1960年4月13日。

〔110〕同〔90〕，第33页。

〔111〕同〔109〕。

〔112〕一说明德书院建于1775年，见乐天《东印度华侨国民教育概论》，巴城《新报二十五周年纪念特刊》，1935年出版，第88页。

〔113〕李·E. 威廉斯:《华人民族主义——1900—1916 年印尼泛华运动》（*Overseas Chinese Nationalism—The Genesis of the Pan-Chinese Movement in Indonesia*, 1900—1906），美国伊利诺伊斯自由出版社，1960 年，第 66 页。另一资料说，1899 年爪哇和马都拉有 217 间私塾和义学，学生 4 452 人；外岛有 152 间，学生 2 170 人。玛丽·萨默斯:《印尼土生华人政治》（*Peranakan Chinese Politics in Indonesia*），1965 年康奈尔大学博士论文，第 8 页。转引自廖建裕:《现阶段的印尼华族研究》，新加坡教育出版社，1978 年，第 48 页。

〔114〕雅加达《华侨导报月刊》第 33 期（1955 年 5 月 1 日），第 16 页。

〔115〕同〔10〕，第 23 页。

〔116〕同〔10〕，第 162 ~ 163 页。

〔117〕同〔112〕，第 89 页。

〔118〕荷属华侨学务会编辑委员会编:《荷印华侨教育鉴》，1928 年版，第 376 页。又据同〔112〕，第 89 页，乐天文说，1912 年全印尼华校达 89 间。

〔119〕同〔32〕，第 193 页。

〔120〕司徒赞:《荷兰统治时期的印度尼西亚华侨教育简史》，载广州暨南大学东南亚研究所编:《东南亚研究资料》，1963 年第 1 期，第 52 页。

〔121〕林天佑:《三宝垄历史》（Liem Thian Joe, *Riwajat Semarang*），三宝垄何金友书局，1933 年版，第 198 页。

〔122〕同〔10〕，第 103 页。

〔123〕吴继岳:《六十年海外见闻录》，香港南粤出版社，1983 年版，第 53 页。

〔124〕同〔118〕，第 414 页。

〔125〕同〔118〕，第 108 ~ 109 页。

〔126〕同〔120〕，第 53 页。

〔127〕同〔118〕，第 110 页。

〔128〕同〔118〕，第 129 页。

〔129〕附：1926 年全印尼华侨学校情况统计表（见下页）。

1926 年全印尼华侨学校情况统计表

地区	正式学校	私塾	夜校	学生总人数
万丹	5	1	1	333
巴城	20	2	—	2 601
勃良安	14	2	—	1 302
井里汶	12	6	1	1 024
北加浪岸	10	2	1	1 168
三宝垄	18	1	2	2 151
南旺	10	—	—	913
泗水	12	9	3	1 501
马都拉	3	2	—	111
巴苏鲁安	11	3	—	1 107
麦思岐	11	—	1	684
满由马士	13	—	—	1 208
克杜	10	—	—	1 058
日惹	2	1	—	244
梭罗	11	—	—	1 159
茉莉芬	2	—	—	197
谏义里	9	—	—	779
苏岛西海岸	3	16	—	301
打班奴利	1	—	—	100
萌菇露	1	—	—	39
楠榜	1	—	—	50

续上表

地区	正式学校	私塾	夜校	学生总人数
巨港	6	—	—	603
占碑	2	—	—	250
苏岛东海岸	35	3	3	3 932
亚齐	15	—	—	1 223
廖内	6	—	—	677
邦加	10	3	—	1 380
勿里洞	6	3	—	667
西加里曼丹	19	3	—	1 380
东加里曼丹	9	3	—	780
万鸦老	5	—	—	300
苏拉威西	5	—	—	644
摩鹿加	3	—	—	141
帝汶和佛罗烈斯	5	—	—	277
巴厘和龙目	8	-	—	704
总计	313	60	12	30 988

资料来源：根据《荷印华侨教育鉴》，第 427 ~ 451 页有关资料统计表格编制。

由上表可知，1926 年爪哇、马都拉有正式华侨学校 173 间，私塾 29 间，夜校 9 间，学生总人数达 1 754 人；外岛有正式华侨学校 145 间，私塾 31 间，夜校 3 间，学生 13 448 人。全印尼华侨学校比 20 世纪初有了很大的发展。

〔130〕凡登·波须著，费振东译：《荷属东印度概况》，商务印书馆，1938 年版，第 432 ~ 433 页；《巴城新报二十五周年纪念特刊》，

1935 年，第 89 页。

〔131〕熊理:《欧战后之华侨教育》，载《教育报》第 9 期（1919 年 6 月出版），第 9 页，转引同〔120〕，第 55 页。

〔132〕同〔118〕，第 109 页。

〔133〕同〔120〕，第 54 页。

〔134〕同〔112〕，第 91 页。

〔135〕同〔14〕，第 531 页。

〔136〕陈洌:《荷属东印度的华侨》，上海《东方杂志》，第 33 卷第 9 期（1936 年 5 月 1 日出版），第 57 ~ 58 页。

〔137〕陈学海:《中荷领约及荷印虐待华侨实况》，载《海外月刊》第 10 期（1933 年月出版），第 7 页。

〔138〕暨南学堂在 1911 年停办后，一直到 1917 年，才由黄炎培筹备复办。1918 年改称暨南学校，设中学部和师范科（中专性质）。从此由补习学校性质过渡到专门培养华侨子女的学校。1927 年改为暨南大学，附设中小学部，高中设师范科，免费招收华侨学生。国内其他大中学校对回国读书的华侨学生也给予种种优待。这成为印尼华侨兴办中学的一种动力。不少有志学习的华侨学生中学毕业后，陆续返国升学。据 1934 年调查，每年到上海升学者约 400 人，包括其他地区估计有 800 人。参见〔112〕，第 92 页。

〔139〕同〔10〕，第 167 ~ 168 页。

〔140〕《荷属各埠同侨学校调查表》，载巴城《天声日报十周年纪念册》，1932 年出版，$X_1 \sim X_3$ 页。

〔141〕李全寿:《印度尼西亚华侨教育史（二）》，新加坡南洋学会编:《南洋学报》第 15 卷第 2 辑（1959 年 12 月出版），第 20 页。

〔142〕〔143〕根据《天声日报十周年纪念册》，$X_1 \sim X_{19}$ 页资料统计。

〔144〕同〔135〕，第 27 页。

〔145〕陈福璿:《一年来荷属东印度侨校见闻拾零》，载暨南大学海外文化事业部编:《南洋研究》第 3 卷第 4 号（1931 年 5 月出版），第 19 ~ 20 页。

〔146〕钱鹤:《华侨学校教职员出境及被捕表》，载钱鹤编:《南洋华侨学校之调查与统计》，上海暨南大学南洋文化事业部，1930 年版，

第555～556页。

〔147〕同〔137〕，第28页。

〔148〕〔149〕林之光、朱化雨合编：《南洋华侨教育调查研究》，广州国立中山大学出版部，1936年版，第157页。

〔150〕同〔34〕，第40页。

〔151〕同〔123〕，第54页。

〔152〕伊藤武雄：《华侨调查汇报》第1辑，南满洲铁道株式会社上海事务所，1940年版，第59页。但据吴继岳说，1930年他离开巴城时，《新报》销数已达数万份，参见〔123〕，第54页。

〔153〕同〔34〕，第41页。

〔154〕同〔152〕，第60页。

〔155〕S. Tj. S：《革命斗争时期的华人报章》，载雅加达《觉醒周刊》，第34、33期（1957年8月24日、8月17日出版），第22页，5页。

〔156〕《南洋年鉴》，癸150～151页。

〔157〕罗伯特·波恩：《印尼华人的作用》（Robert C. Bone Jr.，*The Role of the Chinese in Indonesia*），（美）国务院对外服务局，1951年版，第93页。

第 六 章

日本法西斯主义统治下的印尼华侨

（1942—1945 年）

1941 年 12 月 8 日，日本军国主义政府派遣侵略军偷袭珍珠港，太平洋战争爆发。日军侵略矛头直指东南亚诸国。

短短几个月间，日本侵略者先后占领泰国、马来亚、新加坡和菲律宾。

1942 年 2 月中旬，日军先后攻占邦加及苏门答腊。2 月 25 日占领坤甸。2 月下旬，联军与日本海军大战于爪哇海，联军全军覆没。28 日午夜，日军从南安由（Indramayu）、直葛（Tegal）及厨闽（Tuban）分三路从爪哇登陆，直指巴城、三宝垄和泗水，爪哇几个主要城市相继沦陷。3 月 5 日巴城和茂物相继被占，荷军撤退至万隆。9 日荷军正式向日军投降。9 日荷、英、澳等国联军被俘。从此印尼进入日本法西斯主义统治的黑暗时期。

第一节　日本占领军统治印尼的政策

日军占领印尼后，利用印尼人民的反荷情绪，以解放印尼人民的姿态出现，然而它所实行的却是一系列军政一体化的法西斯统治政策。

在政治上，日军在爪哇成立军政监部作为最高统治机构，恢复巴城的原名雅加达。把印尼分为三个地区：爪哇为一个地区，由日本陆军第十六军团直接统治，总部设在雅加达；苏门答腊为一个地区，归新加坡的日本陆军管辖；其余岛屿为另一个地区，由日本海军统治，总部设在望加锡。

在各地县和市一级，日军设行政长官，县以上的官吏都由日本人担任，县以下则由当地变节分子或亲日派人士担任。

日军统治者解散所有政党、工会和社团等组织，严禁政治活动。各地实行严格的户籍登记制度，所有百姓都登记在区、乡长的户籍簿里，不准随意搬迁。要迁移者，必须事先向区长或乡长申请准字；经审核确系“良民”，再调查搬迁原因，才能发给准迁证。搬走后，又须将原来的准字交给新区长或乡长登记，由后者再发给新通知书，才被承认为正式居民，并领到配给物资。可见，在这种户籍制度下，老百姓已失去了行动自由。

日军对印尼人民和华侨采取残暴的统治政策，以所谓“敌国公民”和“敌性官员”等莫须有的罪名，大肆逮捕进步人士和抗日分子，以及那些未及离开印尼的荷印政府官员。单是被关押在西爪哇芝马墟国际集中营的荷、英、美、中等 33 国的公民就达 1 万多人，一些人惨死狱中。日军在加里曼丹屠杀了 2 万多人。日军奸淫掳掠无所不为。他们大力推行所谓“三亚运动”，胡说什么日本是“亚洲的领袖”、“亚洲的保护者”和“亚洲的光明”，鼓吹建立“大东亚共荣圈”，由日本来统治亚洲。日军把印尼时间倒拨一个半小时，以东京时间为标准时间，强迫印尼人民遥拜东京，废除公元的国际制度，而以日本皇纪为纪年。

日军在实行血腥镇压的同时，又实行欺骗政策，允许印尼人唱《大印尼歌》，准许挂红白旗，释放被荷印政府拘留的政治

犯，欺骗说将给印尼自治和独立。“大部分民族资产阶级以及可以说整个买办资产阶级实行了与日本合作的政策。民族资产阶级看到人民抗日力量不怎么强大，他们幻想日本将给印尼‘独立’，于是他们便实行同日本合作的政策。”[1]

1943年3月，日军在爪哇和马都拉成立民众力量总会，宣称这是走向自治的第一步，由刚获释的苏加诺和哈达任正副主席。五六月间，日军实行所谓新政策，即允许缅甸、菲律宾“独立”；马来亚人、印尼人可参政，即允许爪哇自治。8月，成立印尼中央参议院，苏加诺任议长。各地成立相应的议会。实际上，参政院（会）的议员中，2/3由日方指定，其余由间接方式产生。能当上议员的大都是日本的忠实走卒或上层分子。参政院毫无实权，唯日军之命是从，只是一个咨询机构，开会闭会都由日军指定。议会用的文字是日文，完全成了日军的御用机关。1944年3月，成立爪哇奉公会以代替原来的人民力量总部。

日本统治者利用人民力量总部和参政院，大规模征募印尼劳力，遣送到东南亚各地为日军修建军事工程或修路。他们在恶劣条件下服役，不是被杀害就是劳累而死。据统计，在外国死亡者达200万人。在日本占领时期，印尼人民被迫参加日军辅助部队，在前线阵亡和在印尼国内外服劳役受折磨而死者约500万人。由于大批男青年被征调，农村只剩老弱妇孺，生产大受影响。

在军事上，日军通过参政院征调印尼青年建立伪“卫国军”(PETA，Pembela Tanah Air)。又设青年团、警卫团、雄牛队和先锋队接受军事训练，为日军充实兵力。

在经济上，为适应战时经济体制的需要，日本统治者把印尼的经济纳入战争轨道，大肆掠夺丰富的自然资源。严禁人民储存石油，否则全部没收。原来大批出口的砂糖、橡胶、咖啡等都服从于战争需要，用于战争。为军事需要而扩大钢铁、机器和药物的生产。农民种的粮食必须以官价卖给政府，不准收藏，否则重罚。单是1942年第一季度，日军就掠夺了砂糖10万吨、玉米4 000吨。私人土地被没收的达36万公顷。每年要输入日本300万吨粮食。[2]

由于日军的巧取豪夺，印尼耕地大量缩减，如爪哇水稻面积从1942年的400万公顷减少到1945年的300万公顷，玉米耕地面积同期由220万公顷减少到140万公顷。稻米产量1942年是830万吨，1945年减为560万吨，玉米同期由220万吨减到90万吨。[3]

日本侵略者垄断印尼贸易，不准输入印尼不能生产的日用品，而且把当地各种物资源源输出。在金融政策方面，组织苏门答腊、马来亚银行协会，控制各国银行，并逐步以日元为通货，取代英镑、美元和荷盾的地位。

在日本统治者的榨取下，印尼主要日用品奇缺。粮食、砂糖、盐和肥皂等等实行配给制。各种物价扶摇直上。战前爪哇大米官价每公斤不过8分，现在黑市米价每公斤达4.5盾。由于布料奇缺，爪哇织布厂只好改产麻袋。在爪哇一匹布值一两千盾，花裙一条从数盾涨到数百盾。战前一公斤肉不过0.20盾，现在涨到40~50盾，战前一只鸡不过0.20盾，现在要几十盾，一尾小鱼战前不过3分钱，现在要1盾多。[4]

物资短缺、物价飞涨的结果是，农民纷纷涌入城市，社会秩序一片混乱，饿殍、饥民到处可见。许多人没布衣穿，只好穿上不透气的树胶花裙或麻袋。日军还征用奎宁丸工厂，全部产品用于战争，堂堂的奎宁丸生产大国，这时却很难在市场上买到奎宁丸，以致疟疾等疾病流行。许多人在贫病交加中死去。

在文化教育方面，日本统治者关闭所有学校和报社。几个月后又允许印尼文和华文学校继续开办。出版官办报纸。成立宣传部，负责文教工作。成立青年训练机构，进行亲日宣传，大力推

行日语教学，实行奴化教育。

对于被捕者，日军严刑拷打，拔指甲、灌肥皂水、用点着的烟头烧肉体、倒吊、鞭笞等等酷刑无所不用，不少人被折磨致死，有的患精神病或终生残废。

日寇的所作所为使印尼人民看清他们并不是自己的救世主，而是残暴的法西斯主义者。印尼共产党在艰苦的条件下组织人民兴起“反法西斯运动”、“新印尼运动”、“印尼独立运动”，在苏卡米斯京监狱建立“印度尼西亚代表”的抗日组织，发行地下刊物《红色灯塔》，揭露日军罪行，号召人民起来斗争。

印尼人民发扬了过去反抗荷兰殖民者的光荣传统，开展了各种形式的抗日活动。各地经常发生工人罢工、怠工、破坏日本军队交通运输等事件。1942 年 7 月东苏门答腊爆发阿隆起义，反对日军支持种植园主非法夺去已回到农民手中的土地。南安由、爪哇新雅巴那（Singaparna）等地的农民发起反征粮的斗争。在谏义里、勿里达的卫国军中以及三宝垄、亚齐等地都有起义发生。各地学生、工人、市民等不同阶层的人民都发动过罢课、反军训、抗粮等斗争，打击了日军的嚣张气焰。

第二节　日本占领军对华侨的压迫和剥削

印尼华侨在日本占领时期，同样处在受压迫、剥削之下，经受了种种苦难。

鉴于印尼华侨积极支援中国的抗日战争，日本侵略军一踏上印尼国土，即大施淫威，把残害华侨作为报复手段。

（1）屠杀。早在 1941 年 12 月，日军即已派遣 9 架飞机，狂轰滥炸华侨集中的加里曼丹坤甸市。继而低空扫射，死伤 2 000 多人，其中 95% 是华侨。日军进占该岛后，立即逮捕坤甸、山口洋及新钉等地侨领及其眷属千余人，然后蒙其双目，用卡车运往郊外，用机关枪扫射，用大刀乱砍，甚至加以活埋。加里曼丹和望加锡抗日华侨被捕后，被枪杀或活埋者达上千人。望加锡玛腰汤良辉一家6口、《华侨日报》记者李莫成以及侨领10余人被捕后未经审讯，均惨遭杀害。苏门答腊等地被捕的抗日华侨有上百人，大部分被囚于监狱。棉兰华侨抗日青年10余人被秘密杀害。邦加侨领陈川流等被杀害。日军登陆泗水时也杀害了大批华侨。在苏门答腊避难的我国著名作家郁达夫也是被日军杀害的，详情后述。

（2）强迫服劳役。日本侵略者为掠夺印尼的丰富资源，除强征印尼人民服劳役、当苦力外，对华侨也不放过。产油区的巨港原为巴达夫石油公司、美孚石油公司及荷印石油公司经营，日军南侵时，油区遭严重破坏。进驻巨港后，日军设三菱公司，立即到处征用人力恢复石油生产。从1943年起，从勿里洞抽调到这里的华工达500多人。原定期限为半年，然而由于非人的折磨，多数人未及半年即已死于饥饿、疾病或被日军屠杀，极少数侥幸回到勿里洞的，也已是皮包骨头。1944年，日军在勿里洞丹绒郊区建筑3公里长、几百公尺宽的飞机场，征调了三四千名华侨和印尼工人到这里服役。工作条件极其恶劣，每月工资不足20盾，还不够买1公斤的野猪肉，每月粮食才6公斤大米，平时吃的是咸鱼，碰上好日子才能吃上2盎司的猪肉、1块豆腐、100条豆芽。由于营养不足，许多人得了浮肿病。住的茅棚遍地是臭虫，像苍蝇大的山蚊到处叮人，不少人被活活折磨得病死去。当监工的日本鬼子常无辜毒打工人。经过7个多月的紧张劳动，机场修建好了，但是有300多名华侨和印尼工人却被繁重的劳役夺去了生命。[5]

（3）逮捕拘禁。日军占领印尼后，即以所谓“敌性华侨”名义大肆逮捕爪哇爱国华侨。被捕者包括各地侨领和侨团的负责

人，以及从国内来的文化人和新闻工作者，前后达542人，著名侨领洪渊源、司徒赞、柯全寿、庄西言、丘元荣、陈兴砚、麦爝煊、吴慎机及张添聪等先后被捕，最后集中囚禁于万隆附近的芝马墟国际集中营。这里的卫生、伙食等条件都很差。早餐是一碗用盐调的木薯粉稀汤；午餐是250克的白薯或木薯，几片生萝卜；晚餐是180克的米饭，一点肉片青菜。“犯人”常在半夜饿醒。由于营养缺乏，加上疾病流行，不少人得病死亡。有时一天要死几个人。被捕者还被迫做苦役。在集中营“年满60岁的免除劳动，16岁至30岁为一等劳务，30岁至50岁为二等劳务，50岁至60岁为三等劳务。一等劳务的劳动最重，一年到头，几乎每天由日本宪兵或印尼看守押着外出劳动。……每天，吃过分量很少的早饭，就各自整队出发，徒步到农场去种苞谷、种番茄、种菜；到火车站去卸货，到仓库去背米、背箱子；最苦的是被驱下阴沟去掏秽物，臭气难闻，泥污扑面，在宪兵的皮鞭下，只得忍受。遇到宪兵发怒，他就野蛮打人”[6]。被捕下狱的华侨还受到种种折磨。拳打脚踢、不给饮食，司空见惯。日军还常命令“犯人”面对面站立互相掌掴，直打至鼻青脸肿为止。有22名华侨不堪虐待，惨死狱中，巴城中华会馆创始人之一许金安、华侨公会会长沈选青就在其中。其余被捕者直至日本投降始获释。在苏门答腊的先达政治犯集中营里，关押着印尼进步人士及各族侨民545名，其中华侨90名，他们同样受尽虐待。其他各地侨领、抗日分子被捕的也不少。

日军还对华侨和当地居民实行一种侮辱性的规定：凡经过日军岗哨或军政机关门前者，必须向站岗士兵行90度鞠躬礼，否则就要遭到严刑拷打，甚至被捕。1943年当联军作战开始转向胜利时，日本军政府又耍新的花招，在主要马路上用油漆涂上英美国旗，强迫过路人践踏，以激起人民对联军的仇恨心理。凡不愿在上面走过的人，即遭警察拘留问罪。不少华侨和印尼人民宁肯绕道走远路也不上日军圈套。

（4）恢复限制旅行制。荷兰殖民者取消了对华侨旅行的各种限制，日军入侵印尼后，又恢复了限制旅行的制度。规定除印尼人以外的所有外侨，凡年满18岁以上者，必须于1942年5月底前向各地政府登记，领取登记证随身携带，以备日军随时检查。登记费男子100盾，女子50盾，不少贫侨无法一次还清，只好分期摊还。有的人直至日本投降都还未还清。单是登记费一项，华侨就被日军搜括去2亿盾。

（5）经济上的打击摧残。日军常借各种口实征用华侨物品。由于交通不便，流通堵塞，通货膨胀等原因，使华侨蒙受巨大损失。日本侵略者还支持印尼人在经济上同华侨展开竞争，以此来加深两族之间的矛盾。日军占领爪哇之初，还纵容盗匪抢劫华侨的钱财，甚至连门窗、庙宇都被拆除毁坏。巴城的红牌区受害最重。匪徒甚至备有马车来装运华侨的财物。尽管如此，华侨小商贩仍然冒着危险继续起着沟通城乡物资交流的作用，一方面维持华侨自身的生存，另一方面帮助当地人民解决生活上的困难。由于日本占领者的打击，华侨资本严重缩减，不少中小企业破产。日本占领时期，华侨财产损失约4.8亿美元，约占华侨财产的30%。[7]

（6）实行独裁统治。日本统治者取缔所有侨团，另组亲日的华侨总会，作为沟通日本军政府与华侨之间的渠道。严禁言论自由，实行新闻封锁，所有华侨报纸都被封闭。后来才出版官办的马来文和中文版《共荣报》（中文版《洪报》于1942年9月合并于《共荣报》），进行无耻的卖国宣传，甚至捏造历史，造谣说什么“在一万年以前，日本国旗已飘扬在埃及尼罗河和美洲密西西比河一带”。至于侈言日军战果，讳败为胜，更是日日如此[8]，有爱国良心的华侨和印尼人民均嗤之以鼻。在消息被封锁的情况下，华侨只能靠偷听联军电台广播了解世界发展的形势。

（7）摧残华侨教育。1942 年 8 月 1 日，日军军政监部批准华侨小学可复办。但中学则一律停办。小学复办条件极苛刻：限制使用校名；所有教材须经日本当局审定方准使用，不得散发有反日或爱国主义内容的课本；日语列为必修课；禁止教授英、荷语；荷华学校学生必须转到华侨学校就读。复校后，学校大力贯彻法西斯主义教育，上课前学生一律到广场集中，先遥拜天皇，唱日本国歌及“大东亚共荣圈”歌，再三呼“万岁”。一到节日，师生还要操舞日本旗子集会游行，或听所谓“名人”的亲日演讲宣传。

雅加达华校有 15 间。由于荷华学校停办，华校学生人数增加。如雅加达新华学校 1939 年有学生 300 余人，1943 年达 600 余人。[9]直葛中华学校有 800 余人。[10]

为解决华校中学生开学问题，雅加达一批原华校教师开办数理化讲习所，1943 年开学，分 3 个班级：甲班（初中三程度），学习期限 1 年，乙班（初中二），学习 2 年，丙班（初中一）学习 3 年。甲班有 1 个班。乙、丙班各有 2 个班，有学生 200 余人。[11]讲习所于 1945 年 8 月停办。它为战后的华校输送了一批优秀的学生和教师。

此时期的华侨学校加强了华文教学。

第三节　华侨的抗日活动

在太平洋战争爆发前夕，中国共产党曾倡议并于 1941 年 10 月 27 日在延安召开了东方各民族反法西斯大会，号召世界上所有反对德、日、意法西斯统治的人们联合起来反对共同的敌人。12 月 9 日，中共中央发表《太平洋战争宣言》，指出：“自太平洋战争爆发以后，全世界一切民主国家将无处不受法西斯国家的侵略，同时全世界的一切民主国家也将无处不起而抵抗。全世界一切国家一切民族划分为举行侵略战争的法西斯阵线与举行解放战争的反法西斯阵线，已经最后地明朗化了。”该宣言在列举的各项任务中指出，必须“加强南洋及各地华侨同胞的内部团结，反对一部分人的挑拨离间行为，同时全体华侨应与各友邦政府及各本地民族协同一致，反对日本法西斯的进攻。”[12]同一天，中共中央在《关于太平洋反日统一战线的指示》中又指出：“必须大大地开展南洋与英美各地的华侨工作，华侨工作的方针应当是团结全体华侨，团结其各阶层各党派，共同进行反日斗争，宣传并拥护祖国的团结抗战，赞助并参加当地政府的一切抗日的设施与行动。”[13]号召在南洋各地广泛开展统一战线工作。

印尼华侨积极响应中共中央的号召，同印尼人民团结起来，在艰苦条件下，开展了多种形式的抗日斗争。

首先是组织抗日团体，开展抗日工作。日寇占领爪哇后，泗水华侨组织了民族抗日大同盟及反法西斯大同盟。不久，两个团体合并成抗日民族解放大同盟，简称民大，领导东爪哇华侨的抗日活动。他们集资开办了利源造纸厂和蛋糕厂，把利润作为活动经费。又利用谏义里玛琅和多隆亚公的蛋糕厂以及靠近中爪哇的马格丹华侨的亚弄店作为抗日联络的宣传点，开展了抗日工作。民大还派出一些懂印尼语的成员，开办华侨家庭补习班，争取一些土生华侨知名人士参加抗日活动。

在中、西爪哇，华侨与部分印尼朋友也组织了抗日民族解放大同盟，后来活动范围扩大到全爪哇，成员成倍增加。他们的主要工作是收听联军的广播电台、刺探情报、炸毁日军列车等，给日寇以沉重打击。各地侨胞因收听电台而被捕者达20多人，在狱中受尽折磨，但始终坚贞不屈，表现了英勇无畏的气概。

国民党派驻印尼的复兴社成员，也做了一些有益抗日的工

作。复兴社机关设于中爪哇的庞越，吸收了一批华侨青年开展抗日活动。他们设置电台，收听广播，然后向社会宣传，揭穿日军的种种谣言。他们还筹募款子，购置武器，准备营救被捕的各国俘虏。但因汉奸告密，有 53 人于 1942 年 11 月 30 日被捕，其中 17 人被害，其余被判刑。

我国著名爱国拳师霍元甲的儿子霍东阁、孙子霍寿嵩后来到万隆定居。霍东阁曾任长黄公会主席，霍寿嵩任精武会体育会会长。日军占领时期，霍东阁被捕入狱，后逃脱，与霍寿嵩参加红十字会救护队，同印尼人民一起进行抗日活动。日本投降后，印尼政府为感谢他们的支援和献身精神，特发给一笔奖金。

苏门答腊的华侨抗日活动也很活跃。这里的华侨青年民族主义意识很强烈。1942 年 3 月 12 日，日军登陆棉兰后，陈吉海等人即发起组织了华侨抗敌协会，周斌等建立苏岛人民抗敌协会。此外，苏岛各地华侨还成立了火水山反法西斯同盟、先达反法西斯同盟、马达山反法西斯同盟及妇女反法西斯同盟等组织。为统一步调，加强团结的力量，1942 年 11 月，各个抗日组织派代表召开联席会议，决定联合作战，建立苏岛反法西斯同盟，简称“反盟”。反盟成立后，主要开展了以下一些工作：（1）出版《前进周报》，撰文揭露日本法西斯罪恶，介绍国际反法西斯形势，教育华侨提高觉悟，不上敌人的当。（2）教育和培养青年革命力量，为更大规模的反帝斗争打下基础。（3）设法联合印尼人民的抗日力量，配合作战。（4）1943 年 4 月，反盟同马来亚人民的抗日军取得联系，发动华侨捐款支援马来亚抗日游击队。

1943 年 9 月 20 日，日军发动大检举运动。由于叛徒告密，反盟有百多人被捕，这就是著名的“九二〇”事件。在审讯中，这些优秀的华侨抗日儿女表现了视死如归的革命精神和英雄气概。被判刑者 56 人，其中 3 人惨死狱中。反盟领导人周斌曾回国求学于延安，参加过八路军。回到印尼后，曾在棉兰及火水山等华校任教。他在被审讯中，坚贞不屈，痛斥日寇暴行，1944年3月23日英勇就义，年仅32岁。同他一起牺牲的还有甄树熙、陈吉海、冯禹萱、陈吉满、伍华鎏、方木生、霍警亚、李金涌、雷灼光、谢白鸿、李振华、李复以及陈季华等人。杨万元在集中营里被日军施以灌水、火烧及倒悬等种种酷刑，但他英勇不屈，最后为避免对质和保守秘密而夺刀自杀，壮烈牺牲，年仅28岁。其余牺牲的华侨，也都在20~30岁之间。人们为悼念他们，在1946年9月20日烈士牺牲三周年时出版了《血仇》纪念刊，悼词说："你们的鲜血，撒下革命的种子……我们将继续你们那为人类幸福而坚决斗争的英勇精神，……安眠吧，永远刻在我们心坎里的战士！"

在集中营里，华侨和印尼战友在衣食、药品等方面互通有无，互相支持帮助，体现了战斗的友谊。华侨还向印尼战友学习印尼语，研究印尼艺术习俗，表现了革命乐观主义精神。

其次是武装反抗。当日军从厨闽登陆逼近泗水时，荷军纷纷逃窜。由印尼人民和华侨组成的防卫团坚守阵地，英勇抗击。激战数日，毙伤日寇多人，终因力量对比悬殊又无后援而被迫撤退。日军进城后大肆屠杀，死伤甚众。

在加里曼丹坤甸附近的昔加罗（Sekadau，离坤甸300余公里），爱国华侨郑武昌、许雄安、林勤名等秘密搜集枪弹上山举事，后潜入坤甸，同当地华侨黄农溪、郑清源取得联系。许等请黄、郑共赴山区抗日。黄、郑平素爱国，答应留在坤甸暗中给他们以支援。1944年初，黄、郑不幸被日军逮捕杀害。1944年4月1日，日军又逮捕13名华侨和印尼抗日志士，杀害了11人。抗日同盟战士于是化整为零，散布在穷乡僻壤，以种粮食为掩护，并联络印尼人和达雅克族组成抗日人民军，伺机起事。

1945年4月19日，上候县（Sanggau）属各地华侨和印尼群

众杀死日军警长等4人。日军调兵反扑，抗日战士英勇作战。8月1日曾一度攻下昔加罗埠，但旋又陷入敌手。两族抗日战士仍合力抗日，破坏敌人交通线、桥梁及公路等，继续坚持武装斗争。日本投降时，抗日战士尚未得到消息，日方要求谈判，抗日战士要求日方先解除武装再谈。日方不允，谈判作罢。9月初，日本投降消息已传遍各地，抗日队伍立即开进昔加罗，日军被迫撤退至坤甸。这支抗日队伍在昔加罗维持社会治安，制止土匪的骚扰破坏活动，减少了人民损失。这支由华侨、印尼人和达雅族三方联合组成的抗日武装力量，活跃于卡江流域，谱写了一曲团结抗日的凯歌。

爪哇华侨保护陈嘉庚的事迹也是值得记载的。著名的新加坡爱国侨领陈嘉庚在祖国抗日战争期间，一直领导南洋华侨站在支援祖国抗日的前列，因而成为日军搜捕的目标。1942年2月3日，在新加坡即将沦陷的前夕，陈嘉庚到印尼避难。先是到苏门答腊，然后到万隆、雅加达、展玉及梭罗等地，最后住在玛琅，在印尼住了三年半之久（在玛琅及附近的巴都住了三年又两个月）。日本宪兵、暗探一直在跟踪他，处境十分危险。爪哇各地华侨黄丹季、郭美丞、庄西言、郭应麟、廖天赐、李荣坤、陈明津及陈嘉祺等人做了大量掩护的工作。他们或是提供住处，或是中途接应，或是巧妙地应付敌人的盘问，使陈嘉庚得以安然无事。他的《南侨回忆录》就是在玛琅和巴都写就的。[14]在巴都，陈嘉庚化名李文雪，以李荣坤叔父的名义，同李一家人住在一起近两年半之久。李荣坤祖籍福建厦门，是第四代土生华侨，在泗水一华侨开办的工厂当职员，日寇南侵后，搬到巴都居住。他与陈嘉庚素不相识，也不是厦门大学或集美学校的校友。但他敬仰陈嘉庚的为人，当陈嘉庚住在玛琅时，他即经常把打听到的消息传达给掩护陈嘉庚的厦大校友。当陈嘉庚的同行、马来亚华侨刘玉水希望李荣坤能接待陈嘉庚同住时，李荣坤慨然应允。为避免节外生枝，李荣坤不向家人泄露陈嘉庚的真实身份。在此期间，他失业在家，靠平时储蓄及亲友资助度日。泗水华侨颜受谱是资助人之一。有几次日本军人曾突然闯进李家，责问陈嘉庚是谁，李荣坤都机智掩护，化险为夷。李荣坤60多岁的老母亲在一次与陈嘉庚闲聊中，获悉陈嘉庚的真实身份（李荣坤事前没向陈嘉庚交代清楚他向家人隐瞒真情的事），深为家庭的安全忧虑。尽管李荣坤一再做工作，但老人终于忧郁成疯，一病19年，直至去世。陈嘉庚直到日本投降才离开李家返回新加坡。李荣坤为掩护陈嘉庚做出了重大牺牲，但是他毫无怨言，认为这是自己应尽的责任和义务。[15]这表现了他那不顾自家安危、在患难中救助爱国侨领的高尚品质，受到人们的赞扬和好评。

最后简述一下郁达夫、王任叔（巴人）等人在印尼的抗日活动。太平洋战争爆发后，胡愈之、郁达夫、王任叔等一批来自祖国的文化界知名人士在新加坡组织了“华侨文化界战时工作团”。1942年2月，日军轰击新加坡，英军撤退。胡愈之等先后乘船漂流到苏门答腊。他们在华侨掩护下，组织了抗日团体，开展抗日工作。5月，郁达夫到达武吉丁宜附近的巴爷公务（Paja Kumbuh），化名赵廉，在华侨帮助下，冒充商人开办酒厂。在一次乘车途中，他用日语同日本军官交涉，解了乘客之危，以后便被迫充当日本宪兵部的翻译。郁达夫是一个很有民族气节的作家、诗人，很早就进行反日宣传。此时，他虽在万不得已的情况下，违心地做了敌人的翻译，但他坚决不做损害人民的事情。他拒绝领取侵略者发的工资。更可贵的是，他利用自己的特殊身份为印尼人民和华侨做了许多好事。他经常把事先得到日军要逮捕的抗日志士的名单泄露给有关人员，使他们能及早防范和躲避，以免被捕，挽救了一批华侨和印尼人。一些不幸被捕者，经过郁达夫的暗中营救也得到释放。他还掩护来自新加坡的一批文化界人士，为国家保存了宝贵的人才。胡愈之等人能在日本宪兵眼皮

底下化险为夷，没有一人被逮捕监禁，主要就是因为有郁达夫的掩护。

此外，郁达夫还常在华侨中宣传团结抗日，做消除歧见的工作。他还协助消除印尼人与华侨之间的误会，使两族友好生活，相安无事。

郁达夫对日本侵略者深恶痛绝。他曾对胡愈之说："现在日本的情形正如东罗马帝国的末期完全一样。"他对每天来往他家的日本宪兵怀着极度的憎恶和仇恨，他说："我没有勇气和力量杀死敌人，但我可以使他们慢性麻醉而死。"[16]他吩咐酒厂卖给日本人的酒，酒精的度数越高越好。

郁达夫尽管身处逆境，但他一直设法摆脱翻译的工作。后来他终于买通了一位日本医生，证明自己患有肺病而于1943年二三月间获准辞职（当时肺病是不治之症，日本人最怕这种传染病）。但他的真正身份最后终因汉奸告密而泄露。他自知身处虎口难以逃脱，但仍然满怀爱国热忱。他在当时写下的《乱离杂诗》中，用"一死何难仇未复，百身可赎我奚辞"，"天意似将颁大任，微躯岂厌忍饥寒"，"长歌正气重来读，我比前贤路已宽"等诗句，抒发了他心中的悲愤和临危不惧的壮志。

据当时下令杀害郁达夫的主谋、原驻苏门答腊武吉丁宜的日本宪兵班长招认，日本军事当局获知郁达夫的真相后便于1945年8月29日下令绑架处置郁达夫。当晚或第二天，郁达夫即被日本人绑架并掐死。[17]

郁达夫被杀害的消息传出，当地华侨和印尼人民都很悲痛。人们尊敬他、怀念他，当地华侨组织了一个委员会办理善后事宜，负责慰问和照顾他的遗孀和两个孩子。

郁达夫是一个爱国者，在中国人民和印尼华侨的心里，在反法西斯战争胜利的纪念碑上，将永远铭刻着郁达夫烈士的名字。

苏门答腊华侨寇文成、蔡清竹以及曾连发等人，当时不顾个人的安危或自身的穷困，想方设法掩护胡愈之、郁达夫、王任叔等文化界人士，人们也是不会忘记他们的。

王任叔与郁达夫分手后，于 1943 年 1 月，从先达转到了棉兰，当时他虽年近五十，但“他的革命热情却还像火一般炽烈”[18]。他积极参加了反盟的领导工作，深得盟员和当地华侨及印尼人民的尊敬。

王任叔在华侨的掩护下安然无恙。1984 年整理出版的王任叔著《印尼散记》一书，其中《从棉兰到蒂加笃罗》一章，生动地描述了棉兰华侨青年英勇机智开展抗日活动的情景。

注　释

〔1〕印尼共产党历史研究所编：《印度尼西亚共产党的四十年》，中译本，人民出版社，1963 年版，第 36 页。

〔2〕《南洋半月》，延安《解放日报》，1942 年 6 月 9 日，第 3 版。

〔3〕苏联大百科全书：《印度尼西亚》，三联书店，1956 年版，第 19 页。

〔4〕翠虹：《沦陷时期在爪哇》，新加坡《星期六周刊》，第 138 期，1952 年 4 月 26 日出版，第 7 ~ 8 页；第 140 期，1952 年 5 月 10 日出版，第 14 页。

〔5〕常习之：《勿里洞华工事迹》，雅加达翡翠文化基金会，1963 年版，第 71 ~ 74 页。

〔6〕张又君：《爪哇华侨集中营纪实》，中国华侨历史学会编：《侨史资料》第 1 辑（1987 年 1 月出版），第 23 页。

〔7〕中华年鉴社编：《中华年鉴》，1948 年（缺出版地点），第1929页。

〔8〕同〔4〕，第 139 期（1952 年 5 月 3 日出版），第 14 页。

〔9〕《椰城中华会馆五十周年纪念刊》，雅加达，1950 年，第 62 页；《印尼椰加达新华学校成立九十八周年纪念特刊》，雅加达，2002 年，第 35 ~ 36 页。

〔10〕《印尼直华建校九十周年纪念特刊》，广州，1996 年，第 32 页。

〔11〕黄昆章主编：《华侨华人百科全书 · 教育科技卷》，中国华侨出版社，1999 年，第 4 ~ 5 页。

〔12〕〔13〕延安《解放日报》，1941 年 12 月 9 日第 1 版，1941 年 12 月 13 日第 11 版。

〔14〕黄丹季：《陈嘉庚先生玛琅遇难记》，载《陈嘉庚先生纪念册》，第 42～44 页。

〔15〕1986 年 11 月 5 日、8 日作者访问李荣坤先生的谈话记录；林翠锦：《我陪校主避难玛琅的一些回忆》，《回忆陈嘉庚》，文史资料出版社，1984 年版，第 102～103 页。

〔16〕胡愈之：《郁达夫的流亡和失踪》，《新文学史料》，1978 年第 1 辑，人民文学出版社，第 186～187 页。

〔17〕王培舜：《郁达夫遇害真相》，《羊城晚报》，1985 年 10 月 4 日，第 4 版。

〔18〕烟波：《客居在印尼的王任叔》，巴人著：《印尼散记》，湖南人民出版社，1984 年版，第 337 页。

第 七 章

印尼独立战争时期的华侨

（1945—1949 年）

1945 年 8 月 14 日，日本法西斯统治集团在世界人民的沉重打击下，终于宣布无条件投降。

1945 年 8 月 17 日，苏加诺与哈达在印尼进步青年的压力下宣布印尼独立。印尼共和国诞生了。

美、英、荷等帝国主义、殖民主义者极端仇视印尼的独立，想方设法企图将她扼杀在摇篮里。9 月，英军开进雅加达，接着侵占万隆、三宝垄。10 月 25 日，英军登陆泗水，当地军民和华侨英勇反击。与此同时，各地都爆发反对帝国主义干涉印尼内政的斗争。11 月，印尼共和国被迫迁都日惹。

荷兰殖民者在美英支持下卷土重来。他们陆续在几个大城市设荷印民政管理署，接着在一些地区成立联邦区傀儡政权，并于 1946 年初运进 5 万多名荷军，对印尼人民实行血腥镇压，连续在 1947 年 7 月 21 日及 1948 年 12 月 19 日发动了两次殖民战争，向印尼共和国进攻（即所谓“警卫行动”）。

在帝国主义、殖民主义者的压力下，印尼几届内阁执行投降路线，连续与荷兰签订《林芽椰蒂协定》、《仑维尔协定》和《圆桌会议协定》，使印尼丧失了外交、国防和经济上的主权，沦为半殖民地与半封建国家。

从宣布独立至1949年12月荷兰“移交主权”，印尼人民与帝国主义、殖民主义者展开了长达数年的捍卫独立果实的武装斗争，出现了动荡、复杂的局面。

第一节　战后的印尼华侨社会

一、华侨人口与经济

1949年，印尼华侨人口已达200万左右。[1]

由于政局动荡，治安混乱，越来越多华侨向大中城市集中。据1950年估计，各城市的华侨人口如下：雅加达247 786人，泗水102 363人，万隆62 019人，三宝垄59 824人，玛琅24 069人，梭罗约50 000人，北加浪岸约10 200人，巨港约170 000人，先达11 893人，马辰约11 000人，山口洋约17 000人，三马林达约6 000人，望加锡约27 000人。[2]爪哇和苏门答腊仍然是华侨集中的两大岛屿。

印尼独立后，政府实行维护和扶植民族工商业的政策，但因医治战争创伤及对付帝国主义的干涉侵略，尚未制定一套完整的对待华侨经济的政策，也无暇对华侨经济采取大规模限制的措施，因此华侨仍能像战前那样，继续从事以商业为主的职业。

在雅加达，根据中华商会的统计，各种华侨商店数如下：亚弄店2 001间，杂货店257间，食品店156间，土产店152间，鞋店145间，首饰店121间，布店91间，汇兑店83间，药店80间，油米店74间，摊商64间，铁器店48间，烟草店26间，瓷器店16间，书店15间，花店13间。

在泗水，华侨商店约4 000家，其中亚弄店2 000家，土产商200多家，布店50～60家，杂货商60～70家。

在加里曼丹，内地华侨从事小商小贩的仍然很多，他们同当地人民关系融洽。华侨商人用工业品交换他们的土特产品，沟通城市和乡村的物资交流。该岛南部和东部也靠华侨商人活跃经济。如三马林达的华侨小商仍像过去一样经常乘着小船，载着日用品深入到内地，交换当地人民的木材、藤及树脂等，有时就让当地人赊欠，以后再慢慢偿还。战后西加里曼丹的华侨商店有5 000余间，资本较大者500余间，其中有100余间经营土产出入口生意。

在苏拉威西，有华侨2.7万人，大部分经商。

可见战后华侨仍像战前一样，以小商小贩居多，依靠克勤克俭谋生。

此时华侨从事工业的多数仍是小工业。如1951年雅加达的大小工厂有6 000家，华侨经营的达536家，占8.9%；其中较多的是肥皂厂（58家）、卷烟厂（39家）、花裙厂（39家）、酱油厂（38家）、皮具厂（31家）、糖水厂（30家）。其他尚有印刷厂、机器厂、修理厂、化妆品厂、糕饼厂以及酿酒厂等等。在北加浪岸的1 000多家花裙厂中，华侨经营的占300余家。在西加里曼丹的坤甸，华侨开办的规模较大的工厂约有15间，胶厂6间，木锯板厂6间，冰厂2间，机器铁厂1间。职工由50人至200人不等，资本10万盾至50万盾。[3]

二、华侨社团的活动及华侨文教事业

（一）华侨社团的活动

日本投降后，原有的各类侨团陆续恢复活动。同时增加了许多新侨团。这个时期侨团活动的内容主要有以下几方面。

1. 反对蒋介石反共反人民的活动。广大华侨迫切希望战后的祖国能尽快医治战争创伤，走上繁荣昌盛的道路。然而蒋介石

却妄图独吞胜利果实，在假和谈的掩护下，继续执行反共反人民的政策，悍然撕毁了1946年1月中共代表团与蒋介石国民党政府代表签订的《停战协定》和《政协决议》，接着于1946年7月发动全面内战，并一手策划召开“国民大会”，通过“宪法”，1948年自任“总统”。

蒋介石一系列的倒行逆施，使越来越多华侨认清了他反共反人民的真面目。一些著名的侨领和报人，如司徒赞、洪渊源、林群贤、郭克明及肖玉灿等人都认为，中国的希望寄托在中国共产党身上，蒋介石发动的内战不得民心，最后必以失败而告终。许多侨团为配合祖国开展的民主运动，纷纷举行各种集会，抗议国民党政府反共反民主的罪行。苏门答腊中国民主同盟支部也同侨团一起参加了这些活动。在泗水及三宝垄等地，一些爱国青年以喜悦的心情争相传阅毛泽东的《论联合政府》。各地侨团纷纷发表社论或文章，号召华侨加强团结，拥护中国共产党关于建立联合政府的主张。一些拥护国民党的侨团策划“戡乱”签名活动，企图为蒋介石的反共活动摇旗呐喊，但遭到广大华侨的坚决抵制。结果，参加签名的侨团只有十几个，不到印尼侨团的1/10。

国民党政府在战后派遣特使到印尼进行分裂华侨的活动，企图争取更多华侨的支持，但遭到进步侨团的抵制。当他们召开所谓“国民政府慰问团”大会时，许多侨团纷纷揭发其分裂阴谋。泗水华侨领袖傅维丹劝说当地吴姓延陵公会和陈姓有妫堂的华侨千万别上当，拒绝参加会议，维护了华侨的团结。

华侨还对国民党召开“国民代表大会”的阴谋展开斗争。国民党当局当时采用指派华侨代表的办法，企图一手包办代替。1946年4月7日，雅加达33个侨团召开会议，反对国民党的这一做法，指出所有4名代表都是国民党员，其中邓鉴堂早已在日占时期死去，而王尚志则是名声扫地的亲蒋人物。《新报》指出这些“国大代表”，“如其代表党部，则一切非党外人士所能知，如其代表侨民，我们斩钉截铁的声明，否认这些指定代表”。华侨团体拒不承认“国大”通过的“宪法”。印尼华侨成立了“巴城华侨促进民主联合委员会”，推选19个社团代表负责，呼吁各地华侨团体一致行动起来，领导华侨开展争取建立新中国的斗争。[4]

各地华侨还想方设法汇寄捐款、药物支持人民解放军。一些华侨青年回到祖国，或参加学习，或参加解放战争，为新中国的诞生贡献了力量。

各地侨团还纷纷投入了收容和救济逃难华侨的活动。

2. 勿里洞和邦加华工开展的罢工斗争。1946年2—4月，勿里洞各地华工成立中华劳工会，会员共有4 700人。它领导华工开展罢工斗争。当时，契约劳工制尚未彻底废除。

1945年10月，勿里洞的荷兰锡矿公司复业，当时华工生活工作条件仍很恶劣，工资收入低微，入不敷出。1946年4月，工会向资方提出了改善待遇的要求。荷兰资本家不仅不理会工会的要求，反而贴出挑衅性的布告说：如果工人嫌工资低，公司可遣送他们回中国去。工人忍无可忍，4月29日，丹绒华工首先罢工。接着新路、岸党工人积极响应，他们浩浩荡荡地结队前行，高喊“送我们回中国去”的口号直奔公司办事处。

就在这关键时刻，玛纥工会领导人违背了事先订好的“一处斗争，全岛支援”的诺言，没有下令罢工。一部分玛纥工人愤怒谴责工会领导人的背叛行为，响应罢工；但另一部分工人却被领导人的背叛行为所迷惑。资方见有机可乘，便出动军警弹压，一部分工人被捕入狱，46人被驱逐出境。被驱逐者在前往码头时，一路上高喊：“中华劳工会万岁！”“团结起来反对荷兰鬼！”表现了工人阶级大无畏的气概。

这次罢工前后35天，虽然工资待遇未获提高，但殖民者终于被迫废除了契约华工制，这是一个很大的胜利。

事后，勿里洞中华劳工会领导人总结了经验教训，1947 年元旦成立了勿里洞中华劳工总会，各地称中华劳工分会。总会统理全岛工会的财政、宣传等事宜，出版《工声》月刊，改组了玛纮工会，清除了原来的领导人。

1947 年 3 月 14 日，劳工总会向锡矿公司提出了提高工资、粮食定量等四项要求。5 月 3 日，总会下达第二次罢工命令。华工 3 100 人、印尼工人 4 000 多人一起罢工。总会有计划地安排工人转去农园工作，作为长期罢工的准备。资方用不让病人看病或住院、不接送工人子女上学等手段破坏罢工斗争。

罢工得到印尼人民和各地华侨的支持。《新报》、《生活报》发表评论，印尼共和国广播电台广播文章，谴责殖民者，使罢工工人受到很大鼓舞。

殖民者以逮捕工人、减少输入粮食促其涨价以及挑拨离间等手段来破坏罢工。为了保存工人的力量，105 天后，总工会于 8 月 16 日宣布复工。

5 月 3 日罢工正值荷兰军队进攻日惹期间，需要大量费用。罢工减少了锡的生产，从经济上打击殖民者，支持了印尼人民的正义斗争。

邦加华工也向资方开展了斗争。1946 年邦加华工成立劳工联合会，领导工人的斗争。1947 年烈港三号矿区资方要把 15 名铁路工人调到其他单位，工人提出意见后，资方反而辞退了工人，而且拒不承认工会的代表权。于是，工会便领导工人罢工。这次罢工前后共 10 天，资方被迫承认工会的合法地位。同年，焊接工人也开展了要求提高生活待遇的罢工，并取得了胜利。1949 年，汽车工人因汽车厂主任（荷人）无理侮辱司机而开展罢工。资方被迫把该主任调走。

此外，各地侨团为捍卫华侨的正当权益，也领导罢工罢市斗争。1946 年 8 月，荷军攻占万隆，毁去房屋 600 余间。华侨无家可归者达 2 万余人。荷军的暴行激起华侨的强烈愤慨。侨团领导华侨纷纷罢市抗议，工人散发传单要求停止侮辱华侨。在荷兰机关工作的华侨全体罢工。日惹陷落后，华侨也开展了罢工、罢市斗争。

（二）华侨教育事业

日本占领时期，荷华学校停办，华侨子女改入华侨学校就读。战后荷华学校未再复办，而华侨人口增长，适龄儿童也随着增加，一些中学生长期失学，此时虽已超龄，仍愿意留在学校学习。所以这一时期的华侨学校比以前有较大发展，不仅小学，而且中学也成倍增加。

据联邦区教育部 1948 年统计，1948 年联邦区有华侨商业学校 1 间，华侨小学 588 间，中学 43 间[5]，一共有 631 间。共和区华校有 92 间。1949 年全印尼华侨学校共 816 间左右[6]，比 1940 年的 650 所增加了 166 间。学生人数也有很大增长。联邦区有 172 608 人，共和区有 55 000 人[7]，合计 227 608 人，比 1940 年的 76 000 人，增加了 151 608 人。

联邦区荷印政府教育部于 1947 年 10 月宣布给经济困难之华侨学校以津贴，企图以此来拉拢华侨，但接受补助的多为小城镇和外岛经费困难者。

战后由于环境的变化，荷兰人占领的联邦区不再办荷华学校，荷印政府仅办普通小学招收各籍学生，分为以荷语和印尼语授课的两种学校。1945—1949 年华侨学生在此两类学校就读者仅 23 878 人，同时期在联邦区私立华侨小学的学生达 135 361 人，为前者之 567.73%[8]，即为前者之 5 倍有余。这主要由于中国在第二次世界大战中是战胜国，华侨深感自豪，纷纷把子女送进华侨小学接受祖国文化教育的结果。

这一时期，完整的华侨中学已陆续建立并臻于完善。1945 年 10 月 15 日，在雅加达著名侨领司徒赞等人的倡议下，由广肇会馆、华侨公会和福建会馆三大侨团平均承担费用的联合中学举行创建及开学典礼。它是各属华侨大团结的产物。1946 年 6 月，改名为“华侨公立巴城中学”，简称“巴中”，由司徒赞任校长。它与战前建立的八华学校、中华中学一起成为雅加达享有盛名的三间华侨创办的中学。它们都逐步开设小学部和幼稚园，有的还设师范班培养侨校师资。各地规模较大的华侨学校，中小学生人数达一两千人。如雅加达中华中学 1949 年 7 月开学时，中学部学生有 900 余人，小学部学生也有 900 余人。[9] 许多学校由于人数拥挤，学生只好分上下午班上课。

各校学制普遍是小学六年，初中三年，高中三年。

这一时期，荷印双方均由于忙于战争，无暇顾及华侨教育事业的发展，所以在荷占区基本上是沿袭战前对待华侨教育的政策，共和区政府一般都是放手让华侨自己管理学校。各地华校多沿用以前的办法，建立董事会，设校长 1 人，副校长若干人，各类主任若干人治理学校。

（三）华侨新闻事业

日本投降后，一些原有的华侨报社如《新报》、《天声日报》、《竞报》及《新中华报》等相继复刊。

更多的华侨中文报纸陆续兴办起来。比较有影响的是 1945 年 10 月 24 日在雅加达创办的《生活报》。它的宗旨是热爱祖国，宣扬民主，拥护真理，为促进中印（尼）两民族友好关系而努力。[10] 其他各地华侨都陆续创办中文报馆，见表 7－1。

据统计，战后初期印尼华侨办的中文报纸主要有 14 家，它们是：雅加达的《新报》、《生活报》、《天声日报》和《星期日报》，泗水的《大公商报》、《华侨新闻》和《青光日报》，棉兰的《民报》、《新中华报》、《民主报》和《苏岛时报》，坤甸的《黎明报》、《中华日报》和《诚报》。[11]

表 7－1　1949 年 9 月印尼华文报概况表

地点	报名	社长或经理	主编
雅加达	新报	总经理洪渊源	编辑委员会主编宋中铨（该报编辑部为三人委员制）
雅加达	生活报	社长王纪元	王纪元暂兼
雅加达	天声日报	社长吴慎机	杨坚伟
雅加达	星期日报	经理傅启明	徐竞先
泗水	大公商报	社长林青芬	张实中
泗水	华侨新闻	社长郑丛森	陈炳洪
泗水	青光日报	社长叶立庚	陈文柱
棉兰	民报	社长叶贻芳	林革尘
棉兰	新中华报	社长丁伯文	夏应伟
棉兰	民主报	社长叶贻东	陈明枫
棉兰	苏岛时报	经理陈维明	朱健军
坤甸	黎明报	经理林勤海	张世成
坤甸	中华日报	经理邬松风	邬松风兼
坤甸	诚报	经理廖永庆	黎介英

资料来源：郁树锟主编：《南洋年鉴》，新加坡南洋报社有限公司，1951 年，戊 107 页。

据1949年9月统计，印尼有31家印尼文报，其中华侨办的有8家，几占全数的1/4。它们是雅加达出版的《新报》、《竞报》、《醒报》，泗水的《泗水日报》、《爪哇日报》，巨港的《侨胞报》、《玛琅日报》，以及泗水华侨华人与印尼商人合办的《民意报》。[12]

战后华侨办的印尼文报馆如此众多，反映了印尼文在日常生活中所占的地位日趋重要。印尼独立后，印尼语已成为国语，商场来往、文件信札、日常会话都以印尼文为主。为适应新形势的发展，华侨加紧学习印尼文，懂印尼语的人越来越多。华侨华人办的印尼文报社的增加正是这一形势发展的必然结果。这些印尼文报的销量也比战前多，如《新报》是45 000份，《竞报》是40 000份，《新民报》有15 000份，泗水的《社会号角报》有11 000万份。规模较小的泗水《爪哇邮报》也有6 000份。[13]

《生活报》、《新报》、《华侨日报》、《黎明报》、《匡庐日报》及《大公商报》坚决反对蒋介石反共反人民的政策；相反，《天声日报》、《青光报》、《诚报》及《新中华报》则拥护蒋介石国民党政府。还有一些是所谓不偏不倚的中立报纸，如《苏岛时报》及《华侨新闻》等。

第二节　华侨对印尼独立战争的支援

在独立战争期间，华侨曾遭受不少灾难。有些人被杀，有些人的财产被洗劫一空。华侨的生命财产安全没有得到保障。

1945年11月，英军在泗水登陆，并派飞机狂轰滥炸，华侨伤亡60余人，房屋被焚43间，财产损失5 000余万盾。当英军轰炸及进攻万隆、三宝垄等地时，华侨死亡40余人，伤70余人。

同时，在独立战争时期的复杂形势下，由于荷兰殖民者的挑拨离间，华侨也曾遭到某些不明真相的印尼军人、非正规部队以及趁火打劫的暴徒的迫害和袭击，生命财产受到重大损失。[14]

但是，印尼华侨在独立战争时期，仍然一如既往，继续支持印尼人民的正义斗争，反抗帝国主义、殖民主义者的侵略干涉。正如阿南达·杜尔所指出："革命初期就有很多华侨遭杀害。经常为蝇头小利而埋头苦干的华侨，平时很少表示他们的政治态度，我想这是任何人都会理解的。可是，独立一开始，不少华侨便立刻展开了支援和参加了印尼的革命活动。"[15]这种支援包括以下几种方式：

（一）舆论宣传上的支持

战后，印尼华侨进步舆论界坚持以往的立场，继续支持为捍卫独立果实而战的印尼共和国政府和人民。正如一位印尼作者所说：印尼华人创办的报刊，"在完成其使命，采取不反对、不阻挠（印尼）民族运动，不追随殖民者，不当殖民主义和帝国主义工具这方面，是有功劳的"[16]。

具有坚定支持印尼民族解放运动光荣传统的《新报》复刊后，仍然一如既往，谴责卷土重来企图绞杀年轻共和国的殖民主义和帝国主义，支持共和国。刚刚诞生不久的《生活报》在1945年12月1日的社论中指出："殖民地的解放，是历史的必然归宿，只有站在同情印尼独立民主的立场，方能找出迅速解决的途径。"[17]《生活报》"公开发表新闻和言论，同情和支持印尼的民族独立运动，反对荷兰殖民主义卷土重来，企图重占印尼的侵略行为，1947年和1948年，荷兰殖民者先后两次采取所谓'警卫行动'，妄图占领当时印尼民族独立运动的发源地——日惹及其他中小城市，《生活报》为此连续发表评论和消息，反对荷兰殖民主义的侵略行为"[18]。其他如《民主报》、《竞报》等也都不顾殖民主义和帝国主义的威胁和压力，坚定地站在印尼人民一边。1945 年 10 月 9 日，《竞报》主编杨明月刚刚获释，立即撰文鼓励华侨支持印尼革命。泗水华侨青年印发《泗水华侨之声》的中文和印尼文传单，号召华侨响应孙中山关于中国必须联合世界上以平等待我之民族共同奋斗的教导，支持印尼人民的民族独立运动。

（二）踊跃捐款赠物，支持独立战争

印尼独立后，共和国面临着殖民主义者和帝国主义者的严重威胁，困难重重。华侨尽管自身处在动乱之中，生命财产得不到保障，但他们仍然发扬支援印尼人民的光荣传统，节衣缩食，给共和国政府以物质支援。

在印尼宣布独立的前几天里，苏加诺曾在离雅加达 40 公里的小镇宁各洛避难，当地华侨饶怡祥提供房屋给他居住，使他得到保护，印尼领袖还在这里讨论了筹备独立等重要议题。[19]

爪哇华侨募捐了很多款物。如中爪哇文池兰华侨捐了 1.8 万盾。第一次殖民战争结束后，共和区的中华总会曾筹募一笔慰劳金送给前线的印尼军队。[20]在联军占领区，华侨曾募得巨款捐给印尼红十字会。有些没有纳税义务的华侨主动向印尼税务局缴税，从财政上支持印尼独立运动。[21]养生院附设的红十字会经常输送药物到前线给印尼军队。柯全寿组织了筹款委员会，筹集各界捐款五六万盾，转送给印尼红十字会总部。1948 年 3 月，他抱病亲自前往西郎前线，把物资捐献给印尼部队，回来不几天就与世长辞了，充分表现了他忠于印尼人民的献身精神。

荷军发动第二次殖民战争，首都日惹被攻占，印尼政府领导人被俘。经济非常困难，日惹苏丹请求华侨给予支援。华侨当即筹集了一大笔款支援印尼政府，协助它解决了不少困难。后来哈达副总统亲自写信向华侨表示感谢。

1947 年 10 月间，荷军进犯泗水郊外一带时，拉旺中华总商会主席张绵盛发动当地华侨向印尼军队捐赠 10 万多盾，外加许多药品、衣服和军械。印尼军官苏约诺于1949年12月1日给他的信写道："先生援助我们军队的金钱和物资全部收到（附收据）。在此，我谨代表我们全体官兵以及我们的国家，对你们的援助，表示衷心的感谢。为着我们共同的和国家的利益，希望永远保持这种患难相助的精神。"[22]

苏门答腊巨港华侨总会向华侨募集了一批物资送给印尼军队。在荷军严密封锁下，为印尼军队冒险执行任务的华侨船只有90艘之多。当时担任巨港警长的毛梭诺曾说："巨港华侨总会领导华侨支持印尼反抗荷兰，对于印尼独立运动的贡献是难以估量的。"[23]

（三）以各种方式在前线服务

在英荷军队侵略印尼期间，不少华侨青年弃商、弃学，以各种方式直接在前线服务，同印尼军民一道抗击侵略者，有些人牺牲了宝贵的生命，用鲜血保卫了印尼的独立。最著名的是1945年10—11月的泗水保卫战。

当英国侵略军进犯泗水时，泗水华侨成立了战地服务团，报名者十分踊跃。他们来不及训练就奔赴前线作战或抢救伤病员。华侨学校、华侨的别墅、住房都用作临时伤兵医院。许多华侨妇女主动参加印尼红十字会救护队。华侨捐献的药品、食物和衣服，源源送到前线。不少华侨越过联军封锁线，把武器弹药送给印尼军队。华侨青年严贤钟和欧阳祖德参加了印尼人民的暴动队。郑如英参加了红色民兵。

泗水前线的后方基地——惹班和绒网两地的华侨也都参加了战斗。他们的住房、商店或仓库接待了大批战士和难民。绒网中华总会组织华侨每天为印尼军队筹办粮食，用卡车把饭菜送往前线。当时的印尼共和国电台特别广播说："在泗水战斗中，中国人和印尼人并肩作战，打击残暴的敌人；中国妇女跟印尼妇女一起，在印尼红十字会里积极地工作着。"

泗水保卫战坚持了6个星期，华侨牺牲5 000多人。英军占领泗水后，奸淫烧杀无所不为。华侨战时服务团继续领导华侨开展反暴政的罢工、罢市、罢课运动，召开全市华侨参加的大会，组织1.5万名华侨举行示威，迫使英军答应了华侨提出的一些要求，惩办了一些为非作歹者。东爪哇保卫独立指挥官当时在广播中高度评价了这场斗争的意义，号召华侨坚持到底，争取最后胜利。

为了纪念这一具有历史意义的战斗，印尼政府后来把11月10日定为烈士节。人们永远怀念为保卫独立而并肩战斗、英勇献身的印尼人民和华侨战友。

玛琅附近的巴都华侨在李荣坤、吴序增领导下成立中华红十字会，协助印尼红十字会押解1.2万名日本俘虏，救济难侨，帮助印尼军队输送药品食物。

荷军进占玛琅后，华侨继续坚持斗争。一位华侨被荷军无理枪杀后，几千名华侨和印尼人民召开抗议大会。荷军派兵镇压，造成流血事件，日惹印尼电台当晚广播表示支持华侨的斗争。

为了认真总结玛琅华侨青年支持印尼共和国斗争的经验，泗水保卫战后，在巴都的斯列达召开了东爪哇华侨青年代表会议，讨论如何进一步扩大东爪哇各地华侨青年的团结合作问题。“大家认为华裔青年同样是印尼儿女，在保卫印尼共和国的斗争中，应该与其他印尼儿女并肩站在一起。会议认为有必要使华裔青年都普遍认识到这一点，保卫已宣告独立的印尼共和国，这是包括华裔青年在内的全体印尼青年的职责！”[24]12月底，成立了中华青年会，继续开展支持印尼正义事业的斗争。

在茂物，华侨红十字会人员和印尼红十字会人员互相合作，不分昼夜在炮火连天的战场上抢救伤员，送到设在中华总会的临时医院治疗。

邦加烈港华侨温敬多于1946年组织中华暴动队，积极为印尼军队输送弹药。玛琅华侨热烈响应印尼城防驻军司令的全民抗战的号召，组织华侨青年服务团，领导人是曾瑞星和肖玉美。他们配合维持治安、救护伤员及开展宣传工作。

爪哇其他地方，如茉莉芬、梭罗、日惹、万隆、谏义里等地华侨都与印尼人民并肩战斗。华侨工人、商人及学生反对荷军暴行的罢工、罢市、罢课事件不断发生。

西爪哇双木丹华侨杨福林在第一次殖民战争中的事迹极为感人。杨从小就痛恨帝国主义对弱小民族的压迫和剥削。当荷军进攻印尼时，他对子女们说："美英日荷等八国联军也曾侵略过中国，他们压迫印尼，也压迫中国，要反抗！"当荷军进攻双木丹时，老弱妇孺和坚持抗战的士兵都隐蔽到山中，杨福林以经商外侨的身份，冒着枪林弹雨，向印尼军队输送食品、药物、衣服、香烟等。为了战士，他从不考虑个人的得失，有一次他将一件很好的衣服换了20瓶奎宁丸送上山去。他知道日军投降时在深山里扔了许多弹药，便告诉印尼军队。弹药挖出后，他又承担了收藏任务。他家就是战士从山上下来开秘密会议的地点。荷军曾四次传讯他，但都一无所获。以后荷军想收买他，又被他严词拒绝。一天下午，荷军闯入他家，拔出手枪威胁他说："你是帮助印尼军队的，你要为我们服务。"杨佯作不知。荷军把他打到牙齿出血，但他一直不屈服。事后印尼政府授予他独立奖状，上面写着："证明：杨福林在独立革命中有功劳，有权力接受这张奖状。印尼共和国国防部长苏比约诺。"

祖籍广东大埔的双木丹华侨温北兴于1946年弃商从戎，参加保卫独立斗争果实的战斗。先后两次被荷军逮捕入狱，受酷刑，但他坚贞不屈。出狱后继续支持印尼革命，被授予上校军衔。曾任双木丹镇军区司令部军需筹备委员等职。1960年及1983年先后被西爪哇及印尼国防部长授奖，荣获独立斗争荣誉战士勋章。温北兴于1996年病逝，享年84岁，为表彰其功绩，

双木丹镇军区司令部于1997年建“北兴斗争纪念堂”。

梭罗华人医生温文英与一些华侨青年于1933年创办济生医院。独立战争时期收治了不少印尼军人。温文英医生曾亲自为印尼著名的苏迪曼将军医治肺病。

东爪哇华侨陈金和、余良成和吴三道等都荣获过印尼政府发给的荣誉奖状，他们被尊称为“一九四五年八一七宣言独立人士”[25]。

在外岛，住在望加锡的华侨韩林光同印尼朋友一道进行抗荷斗争，参加了游击队伍“印尼老虎队”。他开的咖啡店成为印尼战士活动的中心。店的货架是双层的，外面一层放商品，里面一层放军火、子弹和秘密文件。他时常在店里掩护被荷军追捕的印尼地下战士，放他们从后门逃走。在时局紧张时，他的店被荷军打穿了许多洞眼，家属已到别处躲避，而他则留下来当游击队的交通员。1962年12月14日韩林光病逝。许多印尼战友都很悲痛，有的特地从医院抱病出来为他办丧事，他的棺材上面覆盖着印尼国旗。当地退伍军人扶着灵柩缓缓行进，有些印尼战友痛哭失声。[26]

（四）直接参加反抗侵略者的战斗

西加里曼丹孟加映（Bengkayang）华侨早在20世纪初就曾与当地人民高举“三点会”旗帜，武装反抗荷兰殖民者，尽管后来被镇压下去，但革命的火种并未熄灭。1946年10月上旬，两族人民又高举武装斗争大旗，进攻荷兰殖民军，并一度占领当地重要据点，逮捕了平日作威作福的荷兰军政要员。只是由于力量悬殊，最后被击退，转入游击活动。华侨彭娘保生前在父亲店中工作，无论在道义上和物质上都给抗荷队伍以积极的支援。他曾对妻子说：“印尼民族和我们不是被荷人奴役了几百年吗？现在他们要争取独立，我们有什么理由不站在他们一边支持他们？我们的祖父在世时曾与印尼民族共同组织过三点会和荷兰开战。”后来他参加了抗荷队伍，英勇献身。他的事迹在当地人民中广为流传。[27]

一些华侨还参加了国际志愿军，在苏门答腊为共和国作战。万鸦老华侨李约翰于1946年参加印尼海军，出生入死地冲出殖民军的包围，从新加坡向共和国运送军火。由于他在抗荷战争中有杰出的贡献，1949年被任命为海军中校，1960年晋升为少将，担任印尼海军司令。李约翰一生共获17枚勋章，最高为共和国伟大男儿乌达玛奖章。[28]

在荷军发动的第二次殖民战争中，华侨青年王永利进入山区同印尼人民一起坚持游击战，打击荷兰军队，直到最后胜利。

（五）抵制荷兰殖民者制造分裂会议的阴谋

1946年10月，荷兰总督樊穆克在邦加槟港召开少数民族代表大会。邀请对象包括侨居印尼的荷兰人、华侨和阿拉伯侨民，企图把他们拉入荷兰炮制的傀儡政权中。泗水华侨公仆协会主席蔡锡胤坚决反对华侨派代表参加。结果，泗水和棉兰华侨都拒绝出席。蔡锡胤还联合泗水战时华侨服务团等侨团反对荷兰成立的保安队，认为这是殖民者分裂华侨与印尼人民、制造两族矛盾的阴谋。

（六）参加印尼政府，为建设印尼做出贡献

一些华人领袖因长期支持印尼人民的正义斗争，当1945年8月29日印尼中央国民委员会成立时，有7名华人代表当选为委员，他们是雅加达的林群贤、杨明月、陈宝源，玛琅的肖玉灿，茉莉芬的叶全明，谏义里的陈文安，文罗禾梭的黄海金。此外，陈粦如、黄义发作为社会党代表，刘金和作为共产党代表也当选为委员。有的华人参加了内阁，如王永利担任财政部次长兼商业银行总裁。这些华人施展才干，为印尼的建设和国际地位的提高做出了贡献。

华侨对印尼保卫独立战争的支持，赢得了印尼领袖和人民的赞扬。1947年11月，印尼安塔拉通讯分社社长塔哈鲁汀·阿赫

墨德说："过去和现在，在印尼境内的华侨都坚决地支持印尼共和国政府，准备牺牲一切以对付侵略者，甚至因而牺牲自己生命亦在所不惜。"苏加诺总统1956年访华时，曾在广州对当年支援过印尼的侨领黄洁说："我们在最困难的时候得到了你们的帮助，让我再次表示感谢。"[29] 1957年10月20日，苏加诺在接见印尼国籍协商会的代表时，再次表示相信：目前投资时期和将来的建设时期，印尼华裔公民都能做出巨大的贡献，就像在保卫印尼独立的武装斗争时期他们曾经提供过巨大的帮助一样。[30]

一位印尼作者在1985年出版的一本畅销书《新籍民》中指出："无论是在独立初的政界或是在现在的建设时期，有很多华裔印尼籍民为印尼作出了贡献。""我们还认识或了解一位伟大的民族主义者黄永久（Oei Yong Tjioe），他充满了对印尼民族的热爱，在独立战争初期的岁月里，曾经同苏加诺、哈达以及其他共和派一起战斗。黄永久为了印尼民族、祖国而无私地作战。我想我们都热爱和信任黄永久，我们还需要成千甚至成百万个像黄永久那样的人。"[31]

中国共产党本着一贯支持印尼人民反帝反殖事业的立场，当新中国政府成立后，即承认印尼共和国。1950年4月，两国正式建立外交关系。从此，两国关系进入了友好合作的新时期。印尼华侨欢欣鼓舞。他们发扬过去支持印尼人民革命的光荣传统，在新的历史时期，为印尼的经济建设做出新的贡献。

注　释

〔1〕郁树锟主编：《南洋年鉴》，新加坡南洋报社有限公司，1951年版，戊26页。

〔2〕吴世璜：《印尼地理与经济》，雅加达世界出版社，1955年版，第11～12页。

〔3〕战后华侨经济概况、西加里曼丹及坤甸华侨工商业数字资料参见惠

时:《西婆华侨商业概况》，载星洲文化出版社编:《战后南洋华侨概况——西婆罗洲之部》，星洲文化出版社，1947 年版。其余地区概况根据吴世璜:《印尼地理与经济》有关章节编写。

〔4〕《爪哇巴城三十余华侨团体反对指派国大代表》，见《解放日报》，1946 年 5 月 18 日第 1 版。

〔5〕同〔1〕，戊 103 页。

〔6〕〔7〕〔8〕李全寿:《印度尼西亚华侨教育史（一)》，载新加坡南洋学会编:《南洋学报》，第 15 卷第 1 辑，1959 年 7 月出版，第 12 页。

〔9〕《中华中学二十五周年校庆暨 1964 年毕业纪念刊》，雅加达中华中学，1964 年刊印，C－13 页。

〔10〕壬丁:《我对生活报的希望》，载《生活报十周年纪念刊》，雅加达生活报社，1955 年版，第 12 页。

〔11〕〔12〕同〔1〕，戊 107 页。

〔13〕廖建裕:《现阶段的印尼华族研究》，新加坡教育出版社，1978 年版，第 82 页。

〔14〕据统计，自 1945 年 9 月至 1949 年 9 月的 4 年间，印尼各地华侨在烧杀掳掠中，死伤 3 507 人，失踪 1 563 人（大部分遇害），损失财产 5.3 亿盾，叻币 2 830 万元。参见《南洋年鉴》，癸 136 页。又据联合国安理会之调查报告，有 1 000 名华侨被杀害，1 万人失踪，10 万人无家可归。见安东尼·里德:《1945—1950 印尼民族革命》(Anthony Reid, *Indonesian National Revlution*, 1945—1950)，澳大利亚朗曼出版社，1974 年版，第 120 页，注 17。此外尚有二十几万华侨被无辜集中，失去人身自由，其中一些人因故死亡。对于华侨无故遭难，印尼政府表示同情，苏加诺总统和沙里尔总理在 1946 年 6 月发表广播讲话表示歉意。1947 年 8 月，该届内阁总理沙利佛丁下令印尼军警保护华侨，但效果不大。

〔15〕勃·阿南达·杜尔:《印尼的华侨》，雅加达明星出版社，1960 年版，第 98 页。

〔16〕S. Tj. S:《革命斗争时期的华人报章（下)》，载雅加达《觉醒周刊》第 34 期（1957 年 8 月 24 日出版），第 22 页。

〔17〕中山大学历史系东南亚历史研究室编著：《印度尼西亚华侨史初稿》第9章，1960年油印本第9页。

〔18〕黄周规、邹访今：《印尼爱国华侨的喉舌——生活报》，载中国社会科学院新闻研究所《新闻研究资料》编辑室编：《新闻研究资料》，1981年第4辑，新华出版社，1981年版，第162页。

〔19〕乌玛尔巴山：《起义前夕捍卫朋加诺》，雅加达《忠诚报》，1965年8月16日，第3版；《印度尼西亚日报》，1994年10月7日。

〔20〕珀塞尔：《东南亚的华人》，第562~563页。

〔21〕巴城中华总会编：《1945—1947年印尼华侨惨遭牺牲实录》，巴城中华总会，1947年版，第5页。

〔22〕《印度尼西亚华侨和印度尼西亚人民患难与共》，载雅加达《印华经济报》，1960年2月13日第2版。

〔23〕江河：《华侨与印尼人民的友谊是用鲜血凝成的》，北京《侨务报》，1959年第12期，第29页。

〔24〕肖玉灿：《五个时代》，中译本，香港地平线出版社，1982年版，第96~97页。

〔25〕周毅：《排华逆流难断兄弟情》，北京《人民日报》，1960年3月7日，第4版。

〔26〕韩南周：《遥远的忆念》，载雅加达《忠诚报》，1965年8月11日，第3版。

〔27〕吴一鸣：《孟加映印中人民抗荷事迹片断》，载雅加达《生活报》，1959年7月29日，第4版。

〔28〕李卓辉编著：《印华先驱人物光辉岁月》，雅加达联通书局出版社，2003年版，第180页。

〔29〕同〔23〕。

〔30〕北京《人民日报》，1957年10月22日，第6版。

〔31〕西斯沃诺·友多·胡梭多：《新籍民》（*Warga Baru*），献给我的祖国基金会出版社，雅加达，1985年版，第91~92页。